Devocional para casais

Publicações
Pão Diário

Devocional para casais

David *e* Tereza Ferguson

Originally published in the USA under the title:
One Year® Book: Devotions for Couples, by David and Teresa Ferguson
Copyright © 2005 by David and Teresa Ferguson
Portuguese edition © 2016 by Publicações Pão Diário with permission of
Tyndalle House Publishers, Inc. All rights reserved

Coordenação editorial: Dayse Fontoura
Tradução: Maria Emília de Oliveira
Edição: Dayse Fontoura, Thaís Soler, Lozane Winter
Projeto gráfico e capa: Audrey Novac Ribeiro
Foto da capa: © Shutterstock
Diagramação: Ana Yasbeck

Dados Internacionais de Catalogação na Publicação (CIP)

Ferguson, David and Teresa

Devocional para casais. Tradução: Maria Emília de Oliveira — Curitiba/PR, Publicações Pão Diário.

Título original: *One Year Book: Devotions for Couples*

| 1. Família | 2. Religião prática | 3. Vida cristã | 4. Meditação e devoção |

Proibida a reprodução total ou parcial, sem prévia autorização, por escrito, da editora.

Todos os direitos reservados e protegidos pela Lei 9.610, de 19/02/1998.
Permissão para reprodução: permissao@paodiario.org

Exceto quando indicado o contrário, os trechos bíblicos mencionados são da edição Revista e Atualizada de João F. de Almeida © 2009 Sociedade Bíblica do Brasil.

Publicações Pão Diário
Caixa Postal 9740,
82620-981 Curitiba/PR, Brasil
publicacoes@paodiario.org • www.paodiario.org
(41) 3257-4028

Capa brochura: WN145 • ISBN: 978-1-68043-640-2
Capa dura: QQ335 • ISBN: 978-65-5350-118-8

1.ª edição: 2016
9.ª impressão: 2024

Impresso na China

Como extrair o melhor deste livro

Acreditamos que o casamento é um dos relacionamentos mais empolgantes que Deus criou. Às vezes, porém, a união conjugal torna-se exaustiva porque há necessidade de esforço para mantê-la viva e viçosa. No entanto, podemos afirmar — por experiência própria e por observar outros casamentos — que vale a pena esforçar-se para intensificar a intimidade na vida a dois.

Em nosso livro *Never Alone* (Nunca mais sozinho), comentamos o fato de que Deus criou, de maneira única, o marido e a esposa para que um preenchesse a "solidão" do outro. Notamos que, quando criou o primeiro homem, Deus disse que seria bom que ele não ficasse sozinho, portanto criou Eva para preencher o vazio existente em Adão. Acreditamos que Deus chama maridos e esposas para serem Seus parceiros, com a finalidade de satisfazerem as necessidades um do outro, como aceitação, ternura, apreciação, aprovação, atenção, bem-estar, encorajamento, respeito, segurança e apoio.

No que este livro poderá me ajudar?

Esta ferramenta devocional diária o ajudará a aumentar sua capacidade de aliar-se a Deus para atender às necessidades de seu cônjuge. Dividimos o livro em 52 temas e cada um abrange um bloco de sete dias. Por exemplo, as meditações de 1.º de janeiro a 7 de janeiro abordam o tema da aceitação, e as meditações de 8 a 14 de janeiro discutem a admoestação (crítica construtiva). Organizamos o livro desta maneira por acreditar que, ao estudar um aspecto da vida a dois durante um período de sete dias, você compreenderá melhor os elementos que fazem do casamento tudo aquilo que ele pode ser.

Quais são os temas abordados?

No decorrer de um ano, abrangeremos estes temas em blocos de sete dias:

1. aceitação
2. admoestação
3. afeto
4. gratidão
5. aprovação
6. atenção
7. cuidado
8. consolo
9. compaixão
10. confissão
11. consideração
12. conselho
13. corte
14. sujeição
15. dedicação
16. disciplina
17. edificação
18. encorajamento
19. alegria
20. súplica
21. enaltecimento
22. exortação
23. perdão
24. liberdade
25. delicadeza
26. graça
27. felicidade
28. harmonia
29. honra
30. hospitalidade
31. instrução
32. intimidade
33. bondade
34. liderança
35. amor
36. misericórdia
37. paz
38. elogio
39. oração
40. proteção
41. repreensão
42. correção
43. respeito
44. segurança
45. serviço
46. apoio
47. solidariedade
48. ensino
49. tolerância
50. treinamento
51. confiança
52. entendimento

Ao terminar o ano, você constatará que passou um tempo concentrado em aprender como melhorar o relacionamento com seu cônjuge nessas áreas.

Como devo manusear o livro?

Cada dia inclui um versículo da Bíblia, uma meditação que em geral se baseia em uma história de nosso casamento e vida familiar, uma oração e uma pergunta de comprometimento pessoal que o ajudará a pôr em prática o que aprendeu ao ler a meditação. A melhor maneira de aprofundar-se neste livro é lê-lo com seu cônjuge, mas nem todos preferirão essa forma de leitura. É bem possível que, conforme você puser em prática o que aprendeu nestas páginas, seu cônjuge notará a diferença e poderá até pedir para ler o restante do livro com você. E, quando terminar a leitura do livro em 31 de dezembro, comece novamente em 1.º de janeiro para aprofundar seu conhecimento no trabalho em parceria com Deus naquilo que Ele deseja realizar em seu casamento.

Encorajamento para a jornada

À medida que ler este devocional com duração de um ano, você conhecerá as lutas verdadeiras no casamento — em nosso casamento, no casamento das pessoas que conhecemos e, quem sabe, até no seu. Mas conhecerá também as vitórias verdadeiras e duradouras. Verá que Deus nos concede tudo de que necessitamos para que nosso casamento seja cada vez mais semelhante ao que Ele tem em mente para nós.

No início da leitura deste livro, gostaríamos de transmitir-lhe uma palavra final de encorajamento. Queremos que você nunca se esqueça de que o casamento foi idealizado por Deus e, como tal, só Ele sabe o que é necessário para ajudar os casamentos a sobreviverem e adquirirem viço. Deus deseja que você aprofunde sua intimidade com Ele e com seu cônjuge por meio desta união. Preste atenção ao que Ele diz e permita-lhe fazer o que for necessário a fim de que haja uma intimidade cada vez maior entre vocês.

janeiro

- ♥ *aceitação*
- ♥ *admoestação*
- ♥ *afeto*
- ♥ *gratidão*
- ♥ *aprovação*

1.º DE JANEIRO *aceitação*

Uma reação deliberada, incondicional e positiva

Portanto, acolhei-vos uns aos outros... —ROMANOS 15:7

Minha habilidade (de Teresa) para demonstrar aceitação de outra pessoa depende de meu conhecimento profundo do Cristo que as ama e as aceita. Se devo aceitar meu cônjuge como Cristo me aceitou, preciso então entender Seu amor maravilhoso por mim.

Deus fez uma escolha deliberada ao permitir que Cristo morresse em meu lugar. A escolha também não foi conveniente nem fácil. Foi uma escolha que priorizou o relacionamento entre meu Pai celestial e eu, Sua filha. Cristo tomou a iniciativa quando "veio buscar e salvar o perdido" (LUCAS 19:10). Ele não esperou que "eu me organizasse adequadamente". Ao contrário, deixou de lado minhas ações e pecados e aceitou-me como eu era. Essa aceitação é incondicional e permanente. Não há nada que eu possa fazer para conquistar ou perdê-la.

Deus demonstrou Sua aceitação incondicional quando viu além de meus erros e enxergou minhas necessidades. Não justificou meu pecado, mas deu-me o melhor de si para perdoar aquele pecado.

Esse tipo de "ver além" também funciona no casamento.

Aceitar meu marido como Cristo me aceitou significa fazer uma escolha. A escolha não é conveniente nem fácil. Significa tomar iniciativa. Talvez signifique ser a primeira a dizer: "Querido, eu o amo". Talvez não signifique esperar até que ele mude para dizer-lhe que me sinto muito feliz por ser sua esposa.

Aceitar meu marido incondicionalmente significa deixar de lado as diferenças, as divergências, as contendas, as irritações, os defeitos de personalidade e as idiossincrasias. Significa até deixar de lado os erros e os pecados cometidos — não os justificar, mas enxergar seu valor apesar deles.

Deus, ajuda-me a "ver além" dos defeitos de meu marido
e a amá-lo como tu me amaste.

 De que modo você pode demonstrar diariamente seu amor deliberado e incondicional por seu cônjuge?

2 DE JANEIRO   *aceitação*

A aceitação começa com Ele

Portanto, acolhei-vos uns aos outros, como também Cristo nos acolheu para a glória de Deus. —ROMANOS 15:7

Minha esposa é muito diferente de mim. Eu (David) sou acomodado e tenho a tendência de remar a favor da maré, ao passo que ela é muito pontual, chegando a ser compulsiva quanto a horários. Sou flexível — talvez até um pouco alheio a detalhes — ao passo que ela é perfeccionista. Falo pouco e sou reservado, ao passo que ela é extrovertida e gosta de atenção.

Quando minha vida fica estressante, essas diferenças entre nós fazem minha esposa parecer — de acordo com minha perspectiva — impaciente, crítica e falante. Para mim, é difícil aceitar esses traços de caráter.

No entanto, tenho aprendido que aceitação não significa tolerar o comportamento de alguém. Significa olhar mais profundamente do que somente as ações da pessoa para ver seu valor verdadeiro, assim como Deus faz comigo quando vê meus pecados. Cristo viu além do egoísmo e da ganância de Zaqueu e ofereceu bondade e calor humano. Jesus separou a impulsividade e a traição covarde de Pedro do valor que ele possuía. Cristo conversou com a mulher à beira do poço, uma mulher que vivera ano após ano no mesmo pecado, e ofereceu-lhe liberdade porque viu nela uma necessidade de amor incondicional.

Já fui egoísta ou ganancioso em meu casamento? Sem dúvida! Cheguei até a decepcionar minha esposa por não lhe dar atenção especial e, às vezes, roubar-lhe a alegria. Tomo atitudes sem pensar ou digo palavras descuidadas? Com certeza! Já a traí com algo que ela me confiou? Há pecados com os quais convivo ano após ano? Sim!

No entanto, apesar dessas imperfeições e pecados, Deus continua a aceitar-me, oferecendo bondade e compaixão.

Quando vejo além do jeito de ser de Teresa, minha gratidão a ela como companheira especial e amorosa aumenta cada vez mais. Mas isso só acontece quando me lembro de que Cristo me aceita apesar de minhas imperfeições.

Senhor, que minha gratidão por tu me aceitares sem reservas me torne feliz em aceitar meu cônjuge.

 De que maneira você poderá lembrar-se sempre do valor verdadeiro de seu cônjuge, apesar das imperfeições dele?

3 DE JANEIRO   *aceitação*

Sou nota 10!

Porque, com uma única oferta, aperfeiçoou para sempre quantos estão sendo santificados. —HEBREUS 10:14

Eu (Teresa) sempre me criticava — e, para ser sincera, criticava os outros. Entendia que Deus estava no céu com uma lupa enorme e uma folha de papel na mão, inspecionando cada movimento meu. Quando eu ia à igreja ou realizava uma boa ação, ele fazia uma anotação na folha de papel. Mas, na mesma folha, ele fazia uma anotação após cada erro, pecado ou imperfeição. Eu acreditava que o número de "boas" anotações a meu respeito determinava a quantidade de amor e aceitação que receberia de Deus.

Essa minha percepção errônea de Deus teve um impacto enorme em meu casamento. Eu acreditava que, pelo fato de Deus estar me inspecionando e olhando meus erros constantemente, eu também deveria fazer o mesmo com meu marido. Durante uma dessas inspeções, entendi que precisava confessar esse pecado a Deus e pedir-lhe perdão.

Antigamente, quando confessava meus pecados a Deus e expunha meu mau comportamento, eu esperava uma resposta indiferente: "Tudo bem, Teresa" e ouvia Deus dizer com relutância: "Eu lhe perdoo. Vou anotar sua confissão na folha de papel, e desta vez vamos esquecer o assunto".

No momento, porém, em que confessei meu pecado específico, meu Pai celestial disse meigamente: "Eu sei o que você fez. Você está perdoada, Teresa".

Quando ouvi a verdade de Deus — que Ele conhece meus pecados e me aceita mesmo assim — um peso me foi tirado dos ombros. Entendi que Deus não segura uma folha de papel e uma lupa para me inspecionar. Ao contrário, Ele segura a coroa de espinhos que Seu filho usou e os pregos que traspassaram Suas mãos e pés.

Vi Deus como Ele realmente é: o Pai celestial que me vê como um ser perfeito graças à Cruz.

> *Senhor, ajuda-me a abandonar a folha de papel e a lupa que uso para examinar meu cônjuge.*

 De que modo suas percepções errôneas a respeito de Deus exerceram influência sobre o relacionamento com seu cônjuge?

4 DE JANEIRO *aceitação*

Aceitação em um sicômoro

Zaqueu, desce depressa, pois me convém ficar hoje em tua casa.
—LUCAS 19:5

Zaqueu — um publicano odiado, traidor de seu povo e ladrão — era sem dúvida ridicularizado e atacado com frequência em razão de seus pecados. Solitário e curioso, ele subiu em uma árvore para poder ver de perto aquele "Messias". Não sabia se Jesus notaria sua presença. E se notasse, o rejeitaria?

Que milagre o chamado de Cristo deve ter sido para aquele homem excluído da sociedade!

Nosso Salvador chamou Zaqueu para incluí-lo em Seu grupo, convidando-o a fazer uma refeição juntos, o que na época era considerado um dos eventos sociais mais íntimos. Aquela foi uma oferta deliberada de acolhida, aceitação e de um relacionamento amistoso.

Em meio aos erros de Zaqueu, Jesus ofereceu compaixão, companheirismo e aceitação. É interessante notar o que Cristo não fez naquele dia: Ele não atacou o comportamento do publicano, não apontou suas falhas nem lhe deu conselhos úteis. Não lembrou a Zaqueu o que ele deveria estar fazendo nem o criticou por não ter mais responsabilidade. Jesus não citou as Escrituras para Zaqueu nem fez comparações com outros publicanos da cidade. Não tentou manipular mudanças nem deixou de demonstrar ternura.

Eu (Teresa) quero reagir com David da mesma forma que Cristo reagiu com Zaqueu. Ao descobrir as falhas inevitáveis de David, quero libertar-me do impulso de ser crítica e de aconselhá-lo. Quero dizer palavras ternas e de acolhimento, em vez de ser julgadora e fazer comparações. Quero ter certeza de que o "tapete de boas-vindas" esteja sempre estendido. Ser semelhante a Cristo significa que sempre convidarei David para fazer parte de meu grupo.

Quero reagir a David com palavras e ações que o convidem a "descer da árvore". Afinal é terrivelmente solitário permanecer lá!

Deus, lembra-me de olhar para Jesus como meu exemplo quando notar as imperfeições dos outros.

 Que atitudes você deve tomar hoje para substituir palavras de julgamento, comparação, queixa e crítica por palavras de aceitação e amor incondicionais?

5 DE JANEIRO   *aceitação*

Bem-vindo ao lar!

Quem vos recebe a mim me recebe; e quem me recebe recebe aquele que me enviou. —MATEUS 10:40

Quando Jesus retorna à Sua cidade com os discípulos, eles entram pelos fundos da sinagoga de Nazaré onde Ele havia adorado o Pai quando criança. O sacerdote acabara de proferir as palavras de encerramento e os músicos começavam a conduzir o povo em um cântico de adoração: "Louvemos a Jeová! Hosana ao Senhor nosso Deus!".

O Salvador se emociona com os sentimentos de alegria e gratidão. Está em companhia de familiares e amigos, e juntos adoram o único Deus verdadeiro.

Antes que alguém tenha a chance de sair do lugar, Jesus começa a falar. Transmite ensinamentos com coragem e clareza incomuns a respeito do Deus sobre quem eles acabaram de estudar nas Escrituras.

Quando Jesus termina Seus ensinamentos, o povo sai da sinagoga um pouco aturdido. Alguns vizinhos aproximam-se para apertar Sua mão. Algumas autoridades da sinagoga murmuram um desconfortável: "Obrigado por estar conosco hoje". O Salvador, porém, sabe que o coração daquela gente está repleto de indagações, como: "Quem Ele pensa que é? Não é o filho do carpinteiro?". A Bíblia explica desta maneira: "E escandalizavam-se nele" (MATEUS 13:57).

Você é capaz de sentir a rejeição? Jesus está em Sua cidade, o lugar onde deveria ser totalmente aceito, mas os amigos e vizinhos se escandalizam nele e colocam em seus corações uma tabuleta com letras bem legíveis: "Indesejado".

Você teria oferecido aceitação e acolhida a Jesus naquela situação ou teria erguido o cartaz de "Indesejado"? Antes de responder à pergunta, pense nestas palavras de Jesus: "Quem vos recebe a mim me recebe".

Quando eu (Teresa) aceito meu marido, estou aceitando Cristo, que o enviou a mim. Todas as vezes que saúdo David, estou dizendo "Bem-vindo" ao Senhor.

*Senhor, quero acolher Tua presença todos os dias,
ao acolher o cônjuge que tu me deste.*

 Como você pode aceitar e acolher seu cônjuge todos os dias de sua vida?

6 DE JANEIRO   *aceitação*

Assim como sou

Por que é que você vê o cisco que está no olho do seu irmão e não repara na trave de madeira que está no seu próprio olho? —MATEUS 7:3 NTLH

Eu (Teresa) cresci em uma família que valorizava rotina e horários. No entanto, a família de meu marido era muito mais tranquila. Os pais dele trabalhavam fora, e as rotinas nem sempre eram as mesmas todos os dias.

Em razão dessa diferença no modo de criação, quando David e eu nos casamos, nossas expectativas eram tão diferentes quanto o amarelo do vermelho. Por exemplo, eu preparava os pratos favoritos de David para o jantar, na certeza de que ele chegaria às 17h30 em ponto todos os dias, daria um beijo no rosto das crianças e no meu e sentaria para jantar com a família. Porém, na maioria das noites, mais do que me dou ao trabalho de contabilizar, eu terminava o dia tamborilando com os dedos na mesa, um ar de desaprovação no rosto e um jantar frio no forno enquanto aguardava meu marido voltar para casa.

Ao fazer uma retrospectiva, percebo que não reagia bem à situação. Aliás, eu era muito intolerante. Para mim, a aparente falta de consideração de David pela comida que eu preparara era totalmente inaceitável. Deus, porém, mostrou-me que aquele não era necessariamente um problema de David. Um dia, com Sua voz suave, Ele incutiu em mim estes pensamentos: *Teresa, essa sua intolerância quanto aos horários David não é exatamente uma "trave" em seu olho? Não se preocupe com o cisco no olho dele. Parte do conflito entre vocês ocorre em razão da sua falta de aceitação às diferenças que tem com David.*

Ainda necessito que David me informe sobre a hora que voltará para casa. Necessito também de alguns "agradecimentos" de vez em quando. Mas cada jantar fora de hora é um lembrete para que eu aceite David como ele é, em vez de tentar mudá-lo para ser igual a mim.

> *Deus, quero aceitar meu cônjuge como ele é e focar nas mudanças que devo fazer em minha vida.*

 Que mudanças Deus pode estar tentando fazer em você, usando as falhas e as imperfeições de seu cônjuge como ferramentas para promover essas mudanças?

7 DE JANEIRO *aceitação*

Aceitando uma pessoa imperfeita

Mas Deus prova o seu próprio amor para conosco pelo fato de ter Cristo morrido por nós, sendo nós ainda pecadores. —ROMANOS 5:8

Esse versículo diz que Cristo morreu por nós, mesmo quando ainda éramos pecadores. A melhor palavra do versículo é "ainda". Ele morreu por mim quando eu (David) ainda era rebelde e pecador a respeito das coisas de Deus.

Devemos amar nosso cônjuge da mesma forma que Cristo nos amou. Devemos amar nosso cônjuge, embora ele seja imperfeito e pecador. Você me pergunta: Como fazer isso? Considerando o fato de que Ele nos amou primeiro.

Quase todos os casais atravessam várias fases no casamento antes de conseguirem se comprometer a amar uma pessoa de carne e osso, e reconhecidamente imperfeita. Alguns casais demoram um pouco para abandonar a tentativa de mudar o cônjuge e decidir aceitar um ao outro quando ambos ainda são pecadores.

Em que fase você se encontra?

Fase romântica: Você vê seu cônjuge como uma pessoa perfeita, aquela que tem tudo para atender às suas necessidades.

Fase da barganha: Seu cônjuge certamente não é perfeito, e você só mudará se ele mudar.

Fase coercitiva: Você mudará seu cônjuge, quer ele goste, quer não.

Fase do desespero: Você desiste de tentar mudar seu cônjuge por acreditar que ele jamais mudará.

Realismo romântico: Finalmente você chega ao ponto de que pode pôr em prática Romanos 5:8 e amar seu cônjuge, o qual vê e admite as próprias imperfeições. Essa fase do casamento resume-se nesta promessa:

"Eu o aceito para ser meu cônjuge tendo pleno conhecimento de que algumas vezes você me decepcionará seriamente e me magoará profundamente. Apesar de todas as suas fraquezas e erros, comprometo-me a amá-lo. Sou capaz de fazer isso porque Cristo me aceitou, me amou e morreu por mim quando eu ainda era pecador."

> *Pai celeste, que eu entenda que amor verdadeiro é um compromisso incondicional com um ser imperfeito.*

 De que forma você pode demonstrar amor incondicional por seu cônjuge?

8 DE JANEIRO   *admoestação*

Orientação construtiva

Nada façais por partidarismo [...] mas por humildade, considerando cada um os outros superiores a si mesmo. —FILIPENSES 2:3

Admoestação: orientação construtiva para evitar algo; aviso.

Essa definição de admoestação tem um sentido positivo. Mas eu (Teresa) tenho de admitir que minhas admoestações não têm soado tão positivas. Confesso prontamente que sou uma pessoa controladora. David chama esse meu modo de agir de "dominador", e às vezes isso tem sido motivo de contenda em nosso casamento. Por melhores que sejam minhas intenções, às vezes minha tendência de ser "dominadora" passa por cima de minhas tentativas bem-intencionadas de oferecer orientação construtiva.

É claro que tinha as melhores intenções ao advertir David sobre os perigos na próxima curva da estrada, quando ele dirigia em alta velocidade. Não queria que ele fosse multado de novo. Mas, infelizmente, David não aceita minhas advertências como orientações positivas ou construtivas. Suponho que necessito melhorar minha técnica. Acho que não usei palavras muito positivas quando disse: "David, não corra tanto assim! Você não viu a placa de limite de velocidade? Está acelerando demais nesta parte da estrada".

David deve ter imaginado que eu estava dizendo aquelas palavras por interesse próprio. Eu não queria criar problemas com a seguradora. Não queria ser parada pelo policial e passar vergonha novamente. Não queria que David passasse mais um sábado no curso de direção defensiva.

Preciso admitir que minha tentativa de admoestá-lo naquele dia girou inteiramente em torno de mim. Eu! Eu! Eu!

Finalmente decidi parar de controlar o modo de dirigir de David e deixei as advertências a cargo de Deus. Quando fiz isso, logo descobri que não só ele passou a atender melhor aos meus alertas, mas eu também fiquei mais livre para concentrar-me naquilo em que ele está certo.

É isso que é admoestação!

Pai celeste, dá-me palavras certas e tom de voz certo para oferecer orientações construtivas.

 Que atitudes você pode tomar para ter certeza de que sua motivação para advertir seu cônjuge tenha a finalidade de cuidar dele e preocupar-se com ele?

9 DE JANEIRO — *admoestação*

Advertência no jardim

...porque, no dia em que [da árvore] comeres, certamente morrerás.
—GÊNESIS 2:17

Lembra-se da admoestação de Deus a Adão? Que grande ato de amor foi aquele!

Alguns anos atrás, eu (David) jamais teria dito que advertir Adão a respeito da árvore foi um ato de "amor" de Deus. Ao contrário, eu considerava essa advertência como se o Senhor estivesse privando Adão de alguma coisa, pendurando um doce na frente dele e depois puxando esse doce para longe.

Hoje entendo que a advertência de Deus foi um ato de profundo amor pela humanidade.

A verdade é que Deus criou um paraíso espetacular para Adão e forneceu-lhe generosamente tudo para atender às suas necessidades e desejos. Impôs apenas um limite: Havia uma árvore no meio do jardim na qual Adão não podia tocar, porque Deus sabia que se Adão comesse daquele fruto, ele e todas as gerações futuras estariam destinadas ao sofrimento.

Deus colocou a árvore no jardim porque queria que o homem escolhesse um relacionamento de amor mútuo. Se não houvesse a "árvore proibida", não haveria escolha, e o homem obedeceria a Deus por falta de alternativa. Deus advertiu Adão a respeito da árvore porque não queria prejudicar nem separá-lo dele. Que Deus maravilhoso!

Ao atravessarmos o caminho estreito que leva à vida, precisaremos lembrar que as advertências de Deus são sempre claras e visam a nossos melhores interesses. Servem para nos guardar, proteger e defender dos perigos, não para impor limites.

A admoestação mútua no casamento deve ter a mesma finalidade. Quando me sinto impelido a admoestar Teresa, preciso antes consultar cuidadosamente meu coração para saber se a motivação é certa. Preciso perguntar a mim mesmo se estou motivado a falar visando aos melhores interesses dela e pensando em seu bem-estar ou se estou falando para atender a meus desejos egoístas de conveniência, retaliação, julgamento ou acusação.

Pai, ajuda-me a examinar meus motivos antes de admoestar meu cônjuge.

 Como você pode ter certeza absoluta de que seu coração está verdadeiramente com a motivação certa quando sente a necessidade de admoestar seu cônjuge?

10 DE JANEIRO *admoestação*

Uma voz de advertência

E certo estou, meus irmãos [...] de que estais possuídos de bondade, cheios de todo o conhecimento, aptos para vos admoestardes uns aos outros. —ROMANOS 15:14

Assim como a parábola da ovelha perdida, eu (Teresa) tenho a tendência de perder-me em meio aos solavancos da vida. Por esse motivo, alegro-me quase sempre por não ter sido excluída das advertências de Deus.

Tenho a tendência de ser autossuficiente e teimosa. Às vezes, faço pouco caso da orientação de Deus, sempre imaginando que sou capaz de resolver meus problemas sozinha. E exatamente quando tenho mais necessidade de resolver meus problemas — e admito isso — Deus está presente para, com amor, me ajudar a enxergar a solução.

Conheço outras ovelhas de Deus que têm a tendência de desprezar escancaradamente as admoestações do Pastor. Elas assumem riscos, como se estivessem "desafiando" Deus a salvá-las no momento mais calamitoso de necessidade. Há ainda outras ovelhas que pensam assim: "De que adianta seguir a orientação de Deus? Nem sei se Ele se preocupa comigo".

Todas essas ovelhas — eu inclusive — têm uma ideia errada a respeito de Deus. O Grande Pastor prometeu que nos guiará e nos conduzirá mediante Seu Espírito e Sua Palavra escrita. Nossa única responsabilidade é prestar atenção à Sua maravilhosa orientação e direção.

Deus também nos deu outras ovelhas que podem servir como vozes de Sua orientação. Entre essas "outras ovelhas" ele nos deu um cônjuge. Jesus vive dentro do coração de meu marido, por isso certamente o usa para guiar-me e instruir-me.

A Bíblia diz que, pelo fato de David ter um relacionamento com Cristo, ele é "cheio de todo o conhecimento". Quero, portanto, ouvir as advertências de Deus para mim, colocadas por Ele no coração de meu marido.

Pai, torna meu coração sensível à voz admoestatória,
Tua e de meu cônjuge, a quem tu usas para me corrigir.

 Que fatores o impedem de prestar atenção às palavras de admoestação que vêm de seu cônjuge? O que você pode fazer para eliminar esses impedimentos?

11 DE JANEIRO *admoestação*

Quem necessita de admoestação?

Não vos escrevo estas coisas para vos envergonhar; pelo contrário, para vos admoestar como a filhos meus amados. —1 CORÍNTIOS 4:14

"Querido, você quer mesmo seguir pela estrada interestadual?"
Foi uma pergunta bastante inocente. Teresa estava apenas tentando nos ajudar a chegar no horário a nosso compromisso social. E qual foi minha reação?

"Eu sei como chegar lá", respondi de modo ríspido e sarcástico.

Por que eu (David) reagi tão rápido e com raiva? Porque, embora necessite de admoestações, sou resistente a elas. Para mim, orientação construtiva significa que não sei nada, que meu modo de agir não é perfeito. Trata-se de uma verdade difícil de engolir.

Naquele momento, comecei a refletir no modo como Deus me encorajara a relacionar-me com meus filhos. Eu os advertia sobre subir em escadas e atravessar a rua. Advertia-os sobre suas atitudes com os professores e reações com os colegas na escola. Será que eu fazia isso porque queria transformar meus filhos em crianças infelizes ou prejudicar o divertimento deles? Claro que não. Será que dizia isso para expor a ignorância de meus filhos? De jeito nenhum! Minha motivação ao dar essas advertências consistia em amor. Não queria que meus filhos se ferissem ou ferissem os outros.

Meu pensamento seguinte foi o mais sensato de todos. Enquanto analisava as interações com meus filhos ao longo dos anos, percebi que eles possuíam um coração muito mais propenso ao ensino do que eu. Pois na maioria das vezes, eles aceitavam e seguiam minhas instruções e advertências.

Ponderei sobre se eu poderia ter a mesma disposição para receber instruções, se poderia ter um espírito mais propenso a isso.

Naquele momento, pedi a Deus que me concedesse um coração semelhante ao de uma criança e mais disposto a receber admoestações da esposa que Ele amorosamente colocara em minha vida.

> *Pai, dá-me um coração terno e receptivo para aceitar as admoestações amorosas de meu cônjuge.*

 Que atitudes você pode tomar para permitir que seu coração seja receptivo às admoestações que Deus lhe faz por meio de seu cônjuge?

12 DE JANEIRO *admoestação*

Aviso: Perigo adiante

Guia os humildes na justiça e ensina aos mansos o seu caminho.
—SALMO 25:9

Há muitas placas de aviso na vida. Placas com os dizeres: "NÃO ENTRE", "PARE", "CUIDADO", "PERIGO À FRENTE" são colocadas para nos ajudar a evitar situações perigosas.

Eu (David) preciso confessar que tenho dificuldade de prestar atenção a sinais de alerta. Vejo a placa "CUIDADO! PONTE COBERTA DE GELO" e acelero até perder o controle do carro e derrapar. Vejo a placa "PARE" e penso: *Ah, vou desprezar esse aviso só desta vez!* Vejo a placa "EM OBRAS" e passo pelos cones, sem me lembrar dos perigos à frente.

Em Sua Palavra escrita, a Bíblia, Deus apresenta numerosos avisos para me ajudar a evitar as situações de perigo em meu casamento. Tenho de admitir que há ocasiões em que deixo também de prestar atenção a esses alertas. Por exemplo, Deus diz em Efésios que não deve sair de minha boca "nenhuma palavra torpe", mas somente aquela que "transmita graça" (4:29). Porém, preciso pensar no número de discussões com Teresa que poderia ter evitado. Bastava ter prestado atenção àquele aviso. Em 1 Timóteo, Deus diz que não devo correr atrás do dinheiro (6:9,10). E penso no número de conflitos que poderia ter evitado se tivesse dado prioridade ao relacionamento com minha esposa e não ao dinheiro.

A Palavra de Deus dá-nos toda a orientação de que necessitamos para manter nossos relacionamentos — relacionamentos com pessoas imperfeitas, inclusive nosso cônjuge — no caminho certo. É nessa Palavra que encontramos não apenas encorajamento para fazer o que devemos, mas também advertências sobre o que precisamos evitar.

Deus, ajuda-me a ler Tua Palavra com espírito de humildade.
Torna-me receptivo aos Teus avisos.

 Ao ler a Palavra de Deus, que advertências você tem lido que se aplicam a seu casamento?

13 DE JANEIRO *admoestação*

Onde está sua lealdade?

...portanto, cuidai de vós mesmos e não sejais infiéis. —MALAQUIAS 2:16

Minha família (de Teresa) partiu logo depois dos feriados comemorativos. A casa finalmente ficou silenciosa, mas David parecia estranhamente calado.

"Querido", perguntei, "qual é o problema?". David começou a dizer que se sentiu excluído e colocado em segundo plano durante a visita de minha família e que foi o último a receber minha atenção quando meus parentes estavam conosco. David falou com brandura, mas suas palavras atingiram-me em cheio quando ele disse: "Teresa, preciso saber se você se preocupa comigo, mesmo quando sua família está por perto. Preciso saber se sou sua prioridade máxima".

Ouvi atentamente, porém tive dificuldade em aceitar suas palavras. Minha reação imediata foi defensiva: "Você sempre tem problema em adaptar-se à minha família. Dou muita atenção a eles porque não os vejo com tanta frequência". Vi que todas as minhas justificativas não eliminaram a mágoa nos olhos dele.

Liguei para uma amiga naquela noite para falar sobre minha difícil situação. "Amy", eu disse, "muitos de meus irmãos e irmãs têm deficiência auditiva, portanto há ocasiões que a maioria da comunicação é feita por linguagem de sinais. David não conhece a linguagem de sinais, por isso é difícil incluí-lo em tudo. Você não acha que ele está sendo sensível demais?".

Minha amiga ouviu-me por alguns instantes e depois fez-me lembrar carinhosamente que meu marido necessitava em primeiro lugar que eu fosse sua esposa, e em segundo, uma filha ou irmã. Disse que ele precisava ter a certeza de que eu pensava nele em primeiro lugar, antes de meus parentes. Precisava que eu me sentasse a seu lado e o incluísse nas conversas em família. Precisava ter certeza de que a xícara de chá dele estivesse cheia e que eu preparasse sua torta de abóbora com todo carinho.

Deus, ajuda-me a lembrar que, depois de meu relacionamento contigo, devo colocar meu relacionamento com meu marido acima de todos os outros.

 Que atos de amor você pode realizar para assegurar a seu cônjuge de que ele ocupa o primeiro lugar em sua lista de prioridades neste mundo?

14 DE JANEIRO *admoestação*

Admoestações para que concordemos

Andarão dois juntos, se não houver entre eles acordo? —AMÓS 3:3

Concordar sobre aonde vocês estão indo é essencial para a unidade em um relacionamento. Esse tipo de unidade pode começar com esta regra simples: Nenhum dos cônjuges deve assumir um compromisso que envolva o outro cônjuge sem antes conversarem sobre o assunto. Pode também incluir temas como noite semanal em família, refazer planos ou ideias sobre as férias. Cada um desses temas incentiva a "caminhar junto" como casal ou família.

Pense em sua satisfação quando elimina item após item de sua lista de tarefas ou quando aquela sensação de dever cumprido chega depois de atingir uma meta mais alta. O efeito é o mesmo quando estabelecemos metas para o casamento e para a família. O cumprimento dessas metas produz uma sensação profunda de aproximação e união.

Analise as seguintes áreas do casamento e da família enquanto pensa no quão próximos você e seu cônjuge "caminham juntos":

1- *Finanças:* Poupança, dízimo, redução de dívidas, plano de aposentadoria, investimento, preparação para a faculdade. 2- *Criação dos filhos:* Disciplina em geral, treinamento para usar o "troninho", privilégios para dirigir o carro, hora de voltar para casa, namoro, culto em família, relacionamento com filhos adultos. 3- *Tradições natalinas:* Na casa de quem? Com que frequência? Por quanto tempo? 4- *Decisões sobre a casa:* Reforma, quintal e projetos de decoração. 5- *Ideias para férias:* Quem decide o lugar? Sozinhos ou com outra família? Hotel ou casa alugada? 6- *Ministério:* Às famílias da igreja? Com foco em evangelismo? Incluirá a família agregada? Outras igrejas? 7- *Saúde e bem-estar:* Planejamento das refeições, rotinas de exercícios, comer fora *versus* cozinhar em casa.

Concordar com cada um desses itens não parece difícil demais. Mas, quando vistos como um todo, implicam na diferença entre união e divisão em seu casamento.

> *Deus, que a união entre meu cônjuge e eu seja testemunha de Tua obra em nosso casamento.*

Em que áreas você e seu cônjuge concordam?
Em que áreas discordam e por quê?

15 DE JANEIRO

afeto

A aproximação por meio de toques carinhosos

Cumprimentem uns aos outros com um beijo de irmão...
—ROMANOS 16:16 NTLH

Dentre os cinco sentidos, o tato é um dos que mais necessitamos nos relacionamentos. Estudos mostram que a falta do toque físico dificulta o desenvolvimento dos recém-nascidos e que grandes doses de ternura estabilizam o desenvolvimento físico dos bebês. O toque carinhoso não apenas ajuda a criança a ter mais segurança, mas também transmite mérito e valor aos adultos.

Jesus costumava usar o toque físico como forma de demonstrar Seu cuidado e preocupação com as pessoas. Por exemplo, a cura milagrosa era acompanhada de um toque físico. Cristo poderia ter apenas proferido uma palavra, mas tocou nos olhos de um cego, na pele de um leproso e na mão de uma menina.

À medida que eu (Teresa) estou aprendendo a amar David da maneira como ele deseja ser amado, descobri que quando dou o primeiro passo nos carinhos, o receio dele diminui. Todas as vezes que seguro sua mão ou acaricio seus cabelos, ele tem certeza de que o amo. Ele não precisa perguntar: "Será que ela me ama?". Minha iniciativa de ser carinhosa com David aumenta a confiança dele em nosso relacionamento.

Uma das maneiras práticas que usamos para treinar a arte da ternura é por meio das despedidas e saudações. Quando nos despedimos todas as manhãs, David e eu fazemos questão de começar o dia com um abraço. Abraçamo-nos e quase sempre abraçamos juntos os nossos filhos. Um beijo no fim do dia quando voltamos a nos encontrar também tem trazido grandes benefícios. É preciso muito esforço para eu parar o que estou fazendo ou desvencilhar-me de um dos meus filhos agarrado à minha perna. Mas a cada vez que nos cumprimentamos, David e eu restabelecemos o compromisso que assumimos um com o outro.

A mensagem nessas ações é clara: "Nosso relacionamento é importante, e esses gestos simples lembram-nos de valorizar o amor que sentimos um pelo outro".

Deus, peço-te que me lembres da importância de ter cumprimentos calorosos e ternos, em especial com meu cônjuge.

 Em que momentos durante o dia você pode começar a assumir o compromisso de tocar seu cônjuge com ternura? O que o impedia de fazer isso?

16 DE JANEIRO

afeto

Ternura no cenáculo

Então, aquele discípulo, reclinando-se sobre o peito de Jesus... —JOÃO 13:25

O tempo da partida está perto, e Jesus acaba de revelar as notícias perturbadoras acerca da traição que sofreria. Completamente chocados e boquiabertos, os discípulos ouvem o Senhor dizer: "Um dentre vós me trairá" (v.21). Ao ouvir aquela afirmação, eles se entreolham em silêncio.

Pedro faz um sinal a João e o encoraja a pedir mais informações ao Mestre: "Pergunte a quem Ele se refere" (v.24). João faz a pergunta sugerida por Pedro, porém, de modo muito mais carinhoso. João não sabe exatamente como lidar com a situação, mas aproxima-se de Jesus. Por fim, pergunta: "Senhor, quem é?" (v.25).

A Escritura diz que, naquele momento, João encosta-se a Jesus, chegando até a reclinar-se sobre Seu peito. Trata-se de um gesto de afeto, carinho e compaixão da parte de João. Este discípulo parece sentir a agonia de Cristo e mostra amor e preocupação por Seu Mestre, por meio de um gesto genuíno e apropriado.

João queria de todas as formas resolver aquele problema. Mas como poderia ajudar o Salvador do Universo? Como agir de forma que fizesse diferença? Aparentemente, João estava ciente de sua incapacidade para resolver o problema, portanto demonstrou preocupação por Jesus com um simples toque.

Eu (David) gostaria de poder pôr em prática algumas dicas de João.

Há ocasiões em que não sei exatamente como ajudar Teresa ou ampará-la quando ela sofre. E quando não consigo resolver o problema, fico perdido sem saber o que fazer. Sei que nesses momentos não devo subestimar o valor de um toque de afeto. Talvez pareça estranho, porém, quando toco em minha esposa estou dizendo: "Eu me importo com você. Estou aqui para o que der e vier".

Em tempos de tribulações e dor, não existe mensagem mais importante do que essa.

Pai, peço-te que sensibilize meu coração à necessidade de meu cônjuge por um toque carinhoso e gentil.

 Que atitudes você deve tomar para aprender a mostrar ternura por seu cônjuge em tempos de tribulação?

17 DE JANEIRO

afeto

Medo de afeto

...o perfeito amor lança fora o medo... —1 JOÃO 4:18

Pode parecer estranho, mas houve um tempo em que eu (Teresa) sentia um verdadeiro *medo* dos momentos de afeto com David. Depois entendi que um dos motivos daquele medo se encontrava no modo como fui criada. Sempre soube que meus pais me amavam, e eles demonstravam esse amor da melhor maneira possível. Mamãe preparava nossas refeições e papai trabalhava fora. Todas as minhas necessidades materiais eram atendidas, porém eu não recebia toques de ternura nem ouvia as palavras "eu a amo".

Em razão disso, tive muita dificuldade de receber carinho físico de David, e mais ainda de ser carinhosa com ele. David chegava em casa querendo um abraço, mas eu demonstrava amor por ele preparando-lhe um assado ou uma torta, de modo muito semelhante ao que minha mãe havia feito por mim.

O segundo motivo eram as feridas não cicatrizadas que ocorreram logo depois que David e eu nos casamos. Para ser carinhosa com David eu precisava tornar-me terna e vulnerável, e isso significava um risco enorme de ser magoada de novo, um risco que relutava em assumir.

Deus começou a curar minhas feridas da infância. Consegui admitir que, embora meus pais tivessem feito o melhor para me criar, a dor ainda era grande por eu não ter recebido expressões de amor verbais e físicas.

Ao mesmo tempo, David e eu também começamos a curar nossas feridas. Aos poucos, meu medo dos toques de carinho foram desaparecendo. E foi o amor de Deus demonstrado por meio de David que lançou fora meus medos.

No início, os gestos de afeição não me pareciam naturais, mas agora gosto de recebê-los. E mais, *necessito* deles. Deus transformou-me de tal maneira que meu relacionamento com David se intensificou profundamente.

Deus, ajuda-me a identificar e tratar os obstáculos
que me impedem de apreciar a afeição de meu cônjuge.

Você aprecia realmente a afeição física com seu cônjuge? Por que os aprecia ou por que não os aprecia?

18 DE JANEIRO

afeto

Afeto: por que desperdiçá-lo?

O Senhor me disse: "Vá, trate novamente com amor sua mulher..."
—OSEIAS 3:1 NVI

"Diga que sou sua esposa quando estivermos em público!", "Mostre às outras pessoas que somos casados e que você gosta da ideia!".
    Essas eram algumas das reclamações de Teresa no início de nosso casamento. Admito que quando estávamos em uma reunião social, eu (David) quase sempre me afastava para um canto tranquilo com um colega ou saía de perto dela para conversar com amigos, deixando-a desprotegida. Teresa sentia-se rejeitada e ignorada quando eu agia assim, mas, na maior parte do tempo, eu o via como um problema dela. Via minha esposa como muito insegura ou apegada demais a mim.

Deus, contudo, mostrou-me o outro lado da moeda.

O Senhor lembrou-me, por meio do profeta Oseias, que fui chamado para amar minha esposa da mesma forma que Oseias amava Gômer. O Senhor disse a Oseias que tratasse novamente com amor sua mulher. Mas para fazer isso ele precisou resgatá-la da escravidão. Precisou comprar sua esposa em público (CF. OSEIAS 3).

Enquanto eu lia a passagem, o Senhor parecia dizer: "David, Teresa precisa sentir que você está pronto para vir a público e declarar em voz alta, sem constrangimento, que ela é sua esposa. Ela precisa saber que você ficará ao seu lado e que nunca a deixará".

Todo aquele tempo, eu pensava que esbanjava minha afeição a Teresa. Imaginava o que uma boa exibição de carinho em público poderia fazer. Mas percebi que havia perdido uma oportunidade incrível de expressar meu amor.

Hoje entendo que minhas demonstrações de afeto trouxeram uma recompensa incrível para mim e para minha esposa. Todas as vezes que lhe dou o braço ou seguro sua mão em público, quero que Teresa se lembre de meu amor e tenha certeza de que estou feliz por ela ser minha esposa.

*Senhor, ensina-me a demonstrar afeto a meu cônjuge
de modo que isso lhe traga bênçãos.*

De que maneira você pode expressar apropriadamente o afeto que sente por sua esposa em um ambiente público?

19 DE JANEIRO *afeto*

É verdade que pau que nasce torto morre torto?

Saudai-vos uns aos outros com beijo santo. —1 CORÍNTIOS 16:20

Conforme eu (Teresa) já mencionei, não sou carinhosa por natureza. Meu marido, David, é exatamente o oposto. Ele gosta de segurar minha mão e abraçar-me. Tem sempre grandes quantidades de palavras "açucaradas" para dizer. Em vez de açucaradas, minhas palavras quase sempre parecem insípidas, e ficar de mãos dadas é, às vezes, uma situação um tanto tola para mim.

Você deve pensar que David e eu não combinamos, mas eu lhe asseguro que nos damos muito bem, porque Deus me concedeu um marido bastante carinhoso, que me encoraja a mudar. O Senhor tem usado David para ajudar-me a ser mais tranquila em relação a meus sentimentos e saber expressar amor aos outros.

Aos poucos, estou mudando. Comecei escrevendo algumas frases em um cartão para expressar, da melhor maneira possível, o amor que sentia por David. Depois, escrevi uma carta na qual lhe contei todos os sentimentos que existiam dentro de mim. Não tive pressa em escrever, reescrever e editar tudo o que não me parecia correto. Por fim, "diplomei-me" em dizer palavras ternas de amor a David. Ele é paciente e ouve com atenção porque sabe que, para mim, nem sempre é fácil dizer essas coisas.

Sou uma pessoa supercarinhosa hoje? Não, mas agora sou muito mais meiga do que seria se tivesse casado com alguém muito semelhante a mim. Hoje seguro a mão de David antes que ele segure a minha. Chego às vezes a abraçá-lo antes que ele me abrace. Para algumas pessoas, isso talvez não pareça um grande avanço, mas tem sido uma longa jornada para mim e para meu marido.

Deus, lembra-me da forma em que tu expressaste ativamente Teu amor a mim e motiva-me a fazer o mesmo com meu cônjuge.

 De que maneiras específicas você demonstrará seu toque de afeição ao seu cônjuge hoje?

20 DE JANEIRO

afeto

Tome a iniciativa e toque seu cônjuge

Então, lhe trouxeram algumas crianças para que as tocasse, mas os discípulos os repreendiam. —MARCOS 10:13

Eu (Teresa) sou observadora de pessoas. Quando vou a restaurantes, gosto especialmente de observar os casais unidos pelos laços do matrimônio. É impressionante como eles interagem. É possível ver casais que cavaram evidentes abismos ou aqueles que se esforçam para manter uma conversa. Para eles, é estranho fazer contato visual, e os toques um no outro são mínimos.

Tenho observado aqueles que aparentam ser recém-casados. Eles conversam entusiasmada e vividamente. Encontram qualquer desculpa para tocar um no outro. Ficam de mãos dadas por cima da mesa ou colocam a mão na perna do cônjuge enquanto sentam-se muito próximos um do outro. O contato visual entre esses casais é muito frequente. Eles sorriem e dão gargalhadas juntos.

Todos nós sabemos que os primeiros anos de amor são mantidos acesos por causa das novidades, porém os anos posteriores não precisam ser repletos de complacência e distância. David e eu assumimos o compromisso de incluir "noites fora de casa" em nossa agenda e fazer disso uma prioridade. Programamos pelo menos duas noites por mês para sair juntos — só nós dois. Nessas ocasiões, decidimos agir como se fôssemos recém-casados. Faço um esforço especial para segurar a mão dele enquanto assistimos a um filme juntos. David inclina-se para me beijar depois de abençoar nossa refeição. Fazemos esforços conscientes para transmitir e demonstrar amor um pelo outro.

Nossa ternura proposital aumentou a intensidade do amor que sentimos um pelo outro. As "noites fora de casa" tornaram-se mais divertidas e há mais ternura em nosso casamento. São esses simples gestos de carinho que inspiram momentos de compaixão, vulnerabilidade na vida a dois e tempos apaixonados de intimidade.

Senhor, ajuda-me a ser vulnerável em meu casamento e a tocar com afeto meu cônjuge.

O que você e seu cônjuge podem fazer hoje para trazer de volta o afeto e a paixão no seu relacionamento?

21 DE JANEIRO *afeto*

Três tipos de toque

Com um só olhar [...] você me roubou o coração...
—CÂNTICO DOS CÂNTICOS 4:9 NTLH

Sarah e Andy reuniram-se comigo e com Teresa, apresentando um problema comum. A intimidade sexual tornara-se uma enorme batalha para eles. Andy descreveu Sarah como uma mulher frígida, e Sarah acusou Andy de maníaco sexual. Aquilo que havia começado como a melhor parte do casamento se deteriorara a ponto de tornar-se um conflito, noite após noite.

No início, passamos grande parte do tempo curando as feridas do passado. Cada um confessou seus pecados a Deus e os pecados cometidos entre eles. Em seguida, Sarah fez uma observação reveladora ao dizer: "Parece que as únicas vezes que Andy toca em mim é quando quer sexo!". A partir de então pudemos abordar esse problema comum, aumentando o entendimento de ambos a respeito do toque de afeto.

Um relacionamento equilibrado inclui estes três tipos de toque:

Toque espiritual: Segurar a mão um do outro para orar transmite concordância espiritual. Toquem-se na igreja, abracem-se em momentos de grande alegria e orem de mãos dadas antes das refeições.

Toque sentimental: Abracem-se quando se despedirem de manhã. Beijem-se quando voltarem a se encontrar. Andem de mãos dadas no shopping, passeiem abraçados pelas ruas da vizinhança, acariciem as costas um do outro e abracem-se — mesmo em público.

Toque sexual: O toque suave é preferível. Evitem agarramentos e o uso da força física. Beijem-se carinhosamente e com paixão.

Antes do término do aconselhamento a Andy e Sarah, conversamos mais sobre o que o sexo é e sobre o que ele não é. Mostramos a eles que sexo não é algo que podemos administrar nem com que barganhar. Não é simplesmente mais uma atividade com a qual podemos contar. Sexo é algo para ser *compartilhado*. É a liberdade de compartilhar tudo o que lhe pertence — espírito, alma e corpo — com seu cônjuge.

*Senhor, dá-me sensibilidade extra para as necessidades
e desejos sexuais de meu cônjuge.*

 O que você pode fazer hoje para aumentar a quantidade de toques de ternura eu seu casamento?

22 DE JANEIRO *gratidão*

Gratidão com palavras e sentimentos

Eu os elogio porque vocês sempre lembram de mim...
—1 CORÍNTIOS 11:2 NTLH

Gratidão significa dizer: "Obrigado!". Significa dizer que notei que você fez alguma coisa boa. Gratidão significa que houve reconhecimento e apreciação por aquele esforço. Significa comunicar com palavras e sentimentos que sou grato por você e a você.

Estas são algumas formas de demonstrar gratidão a seu cônjuge:

Elogiá-lo por ele ter demonstrado uma atitude ou traço de caráter positivo.

Elogiá-lo em público por uma ação positiva. Exaltá-lo diante dos outros.

Chamar a atenção para o que ele faz corretamente, em vez de ressaltar seus erros.

Dizer: "Que ótimo, querido! Gostei muito do trabalho enorme que você realizou no quintal. Ficou maravilhoso!".

Dizer: "Obrigado por ser tão hospitaleira com minha família. Vi que você trabalhou muito durante a visita deles".

Enviar um e-mail ou um cartão de agradecimento pelo correio.

David e eu quase sempre temos problemas em ver um ao outro com olhos agradecidos. De vez em quando focamos nos pontos negativos: no que não gostamos, no que não temos ou no que não fazemos um pelo outro.

Às vezes "pensamos com gratidão" um no outro e isso tem-nos ajudado. Significa dedicar tempo para lembrar os traços de caráter positivos que nos aproximaram. Eu gostava das tendências audaciosas de David combinadas com sua capacidade de "remar a favor da maré". Ele gostava de minha atitude corajosa e espontaneidade agradável. Quando pensamos nisso, lembramo-nos dos aspectos que apreciávamos um no outro logo depois de nosso casamento.

É incrível como as lembranças dos motivos pelos quais nos apaixonamos um pelo outro produzem lampejos de gratidão e esperança.

Pai, lembra-me dos pontos fortes de meu cônjuge e dos motivos pelos quais nos apaixonamos.

 Quais os aspectos ou comportamentos positivos de seu cônjuge que você pode elogiar hoje?

23 DE JANEIRO

gratidão

Um dos nove?

Não houve, porventura, quem voltasse para dar glória a Deus, senão este estrangeiro? —LUCAS 17:18

Dez homens — com a carne em fase de putrefação e sem as extremidades do corpo — estavam unidos em torno de uma tragédia em comum: a lepra. Desesperados, os leprosos clamaram: "Jesus, Mestre, compadece-te de nós!" (v.13).

Jesus mostrou misericórdia, e um novo começo apresentou-se diante deles. O Mestre instruiu-os: "Ide e mostrai-vos aos sacerdotes" (v.14). Enquanto estavam a caminho, a lepra foi curada. Ao ver a carne de seu corpo tornar-se cada vez mais limpa, aqueles homens devem ter sido inundados por muitas emoções, como perplexidade, êxtase e esperança. Mas o coração de um deles foi dominado por uma em especial: a gratidão.

Os nove continuaram a seguir o caminho que os levaria aos sacerdotes, mas um correu na direção oposta. Correu de volta a Jesus, prostrou-se a Seus pés e, com alta voz, louvou Aquele que o havia curado e lhe agradeceu. Naquele momento, seu coração concentrou-se em um só pensamento: expressar gratidão a Jesus.

Nas palavras seguintes do texto, temos um vislumbre dos sentimentos de Jesus. Enquanto o Mestre recebia o agradecimento do homem, percebemos também um tom de decepção: "Não eram dez os que foram curados? Onde estão os nove?" (v.17).

Jesus não sabia que os nove haviam sido curados? Claro que sabia! Ele fez uma pergunta ardilosa ao leproso agradecido? Não. As palavras de nosso Salvador refletiram Sua decepção e tristeza. Acabara de conceder vida nova e liberdade aos dez homens, porém só um voltou para agradecer.

Entristece-me (David) pensar que Cristo abençoou milagrosamente dez homens e apenas um voltou para agradecer.

Percebo, então, que faço o mesmo todas as vezes que deixo de ser grato à minha esposa: a mulher que Deus me deu.

> *Deus, lembra-me de que cada vez que demonstro gratidão a meu cônjuge, estou demonstrando, também, gratidão a ti.*

 O que você pode fazer hoje para demonstrar gratidão a seu cônjuge? O que o impede de fazê-lo?

24 DE JANEIRO *gratidão*

Os opostos se atraem

Completai a minha alegria, de modo que penseis a mesma coisa, tenhais o mesmo amor, sejais unidos de alma, tendo o mesmo sentimento.
—FILIPENSES 2:2

David e eu (Teresa) somos o oposto um do outro em todos os sentidos. Ele é descontraído, calmo e do tipo "vou deixar para depois". Eu sou compulsiva, do tipo "vamos tratar disto agora". Houve um período, muito tempo atrás, em que eu não encontrava traços de personalidade em David que pudessem ser elogiados, muito menos ser grata por eles.

Nossas naturezas opostas vieram à tona na época de disciplinar as crianças. Meu maior medo era que David não se envolvesse o suficiente. Ele não passava o dia todo com os filhos, portanto como poderia conhecer a situação? Eu morria de medo de que a atitude de "vou deixar para depois" de meu marido me forçasse a lidar sozinha com o mau comportamento das crianças.

David via sua passividade com os filhos como um meio de equilibrar minha severidade. Quanto mais rígida eu era com as crianças, mais tranquilo ele se tornava. Isso trouxe insegurança para mim e para nossos filhos, e David sentiu-se num beco sem saída. Algo necessitava ser mudado.

Meu marido e eu precisávamos pensar de modo mais semelhante e entrar em um acordo. Para tornar isso possível, tive de falar de meus medos a David e confiar que Deus o ajudaria a envolver-se mais com as crianças. David foi forçado a me contar que seu pai era rígido demais e que isso lhe havia causado grande mágoa. Foi forçado a me contar que não queria que os filhos passassem pelo mesmo sofrimento e confiar em Deus para que Ele me ajudasse a cuidar do bem-estar dele e das crianças.

David e eu formamos uma ótima equipe quando trabalhamos juntos — unidos na mente, no coração e no amor. E atrevo-me a dizer que, quando essa união ocorre, alegramos o Senhor.

> *Pai, sou grato por Sua sabedoria e plano divino ao dar-me um cônjuge que me auxilia na educação dos filhos.*

Quais são as diferenças entre você e seu cônjuge que podem causar conflito, e que providências você pode tomar para superar essas diferenças?

25 DE JANEIRO

Gratidão pelas irritações

Sabemos que todas as cousas cooperam para o bem daqueles que amam a Deus... —ROMANOS 8:28

Dizem que os opostos se atraem. Por quê? Eu (David) conheço muitos casais que fazem a mesma pergunta, porque se sentem muito frustrados por serem tão diferentes do cônjuge. Senti-me assim durante muitos anos quando Teresa e eu éramos como dois ímãs fortes demais que se "repeliam".

Teresa parecia muito rígida. "Corte o mal pela raiz, e já!", era seu lema. Normalmente, minha filosofia de vida era: "Se estiver em dúvida, pare!". Ao meu primeiro sinal de protelação, a persistência e a atitude compulsiva de Teresa avançavam sobre mim como um buldogue. Lembro-me de ter pensado: *Deus, por que tenho uma esposa assim? Onde o Senhor estava com a cabeça?*

Com o tempo, enxerguei a resposta. Deus sabia que eu necessitava de uma esposa como Teresa. Embora sua diligência me irritasse e frustrasse, eu podia ver claramente que minha protelação e resistência passiva eram sinais de fraqueza. Sem Teresa, eu não teria conseguido fazer as coisas mais simples (porém importantes) da vida. Aquela multa irritante por estacionamento em local proibido teria ficado em cima de minha mesa durante seis meses, causando-me mais problemas financeiros. Eu não teria pagado o licenciamento do carro até receber uma multa por expiração do prazo. A lista é grande!

Deus tem usado os pontos fortes de Teresa para chamar minha atenção e transformar-me. Ele ainda não terminou a tarefa, mas o que antes eu considerava "espinho na carne" hoje agradeço por ser parte vital do plano de Deus. Sempre rendo graças a Deus por essas pequenas irritações.

Obrigado, Deus, por me conhecer e por dar-me um cônjuge que me ajuda a vencer minhas fraquezas.

? Que defeitos ou fraquezas de caráter Deus deseja mudar em você hoje? Como, em seu entendimento, Ele pode envolver seu cônjuge para promover essas mudanças?

26 DE JANEIRO

gratidão

Obrigado, gostei!

Levantam-se seus filhos e lhe chamam ditosa; seu marido a louva...
—PROVÉRBIOS 31:28

Todos nós queremos receber agradecimento. Eu (David) esqueço-me disso às vezes.

Quando volto para casa depois de um longo dia de trabalho, em geral estou pensando em meus problemas e preocupações, e às vezes não noto o que Teresa fez naquele dia. Ela administra tranquilamente a família Ferguson por mais de trinta e cinco anos, porém há dias em que mal percebo. Para mim, é normal que minhas camisas estejam sempre "magicamente" bem passadas no guarda-roupa. Mal percebo que a cozinha está sempre limpa e que as contas são pagas dentro do prazo. Há dias em que não faço sequer um rápido agradecimento pelo jantar que ela prepara ou pelo café que traz.

Sei que muitas vezes não percebi a mágoa e a decepção em seus olhos quando me esqueci de expressar gratidão pelo que ela faz.

O outro lado da história, porém, é muito poderoso. Nos dias em que digo a Teresa que não apenas observo, mas agradeço muito tudo o que ela faz, seu coração se alegra, seus passos tornam-se mais rápidos e o sorriso volta. Bastam alguns segundos para expressar gratidão pelo trabalho que ela faz: "Muito obrigado, querida, por você ter pago o licenciamento do carro dentro do prazo. Sei que deu trabalho e consumiu seu tempo. Sei que seu tempo é valioso, e agradeço sua ajuda". Gasto apenas dois minutos para enviar-lhe um bilhete com estas palavras: "Obrigado, Teresa, por ter levado nossos netos ao zoológico e preparado um jantar para nossos convidados — tudo em um só dia! Sua capacidade de organizar tudo com elegância e bom gosto é incrível".

Deus concedeu-me, sem sombra de dúvida, uma mulher que merece ser elogiada. Não posso me esquecer de levantar-me e chamar-lhe ditosa.

Pai, dá-me sensibilidade extra para ver os esforços de meu cônjuge e elogiá-lo todos os dias.

> **?** Que trabalhos seu cônjuge realiza todos os dias — tarefas domésticas rotineiras e assim por diante — pelos quais você deve expressar gratidão?

27 DE JANEIRO

gratidão

Você é o melhor

De fato, eu vos louvo porque, em tudo, vos lembrais de mim...
—1 CORÍNTIOS 11:2

Eu (Teresa) não costumo emocionar-me em casamentos, mas uma cerimônia na qual David e eu estivemos presentes foi diferente. O noivo enviuvara alguns anos antes e estava emocionado por casar-se com uma jovem. Eles estavam visivelmente apaixonados, porém a mistura de dor, admiração e ternura genuína partiu-me o coração.

Após a cerimônia, comecei a fazer algumas perguntas a mim mesma sobre meu relacionamento com David. Como eu reagiria se algo acontecesse com ele? Existe algo do qual me arrependeria ou que gostaria de ter feito de modo diferente? Cheguei a esta conclusão: penso que deveria ter expressado gratidão a David com mais frequência.

Naquele dia, anotei tudo o que apreciava em meu marido. A lista foi extensa. Incluiu seu compromisso de trabalhar com afinco para sustentar nossa família, sua liderança em nossa igreja e comunidade, o amor que ele sente quando brinca com os filhos e netos, sua generosidade e espírito brando.

Ao terminar a lista, surpreendi-me ao constatar que nem sempre reconheço essas qualidades em David. Às vezes, preocupo-me demais com minha agenda e não noto sua singularidade. Em outras ocasiões, preocupo-me facilmente com meus problemas. Entristeci-me ao ver que verbalizo meus agradecimentos com pouca frequência.

Entreguei a lista a David naquela noite. "Querido, quero que saiba que eu o amo demais e que você é muito importante para mim e para esta família." Ele sorriu de orelha a orelha.

Sei que minha atitude foi muito importante para David naquela noite. Ele guarda a lista até hoje em sua maleta. Na verdade, notei outro dia que as margens do papel estão um pouco gastas.

Senhor, que eu nunca deixe de dar valor ao presente
que o Senhor me deu: meu cônjuge.

> Se você tivesse de preparar uma lista das dez coisas que aprecia sinceramente em seu cônjuge, quais seriam?

28 DE JANEIRO

gratidão

Agradecimento em um diário

*Que darei ao S*ENHOR *por todos os seus benefícios para comigo?*
—SALMO 116:12

Durante uma época difícil na família, alguns anos atrás, os Fergusons começaram a escrever um diário ao qual demos o nome de "Livro das bênçãos". Foi um tempo particularmente difícil para nossa família manter a fé, mas foi também quase divertido ver como Deus nos sustentou de modo criativo.

Teresa encontrou um lindo diário pautado, no qual anotávamos as bênçãos pessoais e da família. Naquele ano, Teresa agradeceu o recebimento de um presente surpresa do dono de um restaurante local: uma peça enorme de carne. Eu também agradeci a oportunidade de trabalhar na escola de Robin e Eric, cuja renda nos sustentou e me deu a chance de ver meus filhos com mais frequência. Essas mudanças ajudaram-nos a focar nos pontos positivos, não nas lutas, e uniram-nos com corações agradecidos.

Hoje, Teresa e eu separamos regularmente um tempo para fazer uma "pesquisa de bênçãos" entre nós. Citamos as maneiras como um tem abençoado o outro e depois expressamos gratidão. Escrevi: "Teresa, sou grato por seu espírito perdoador. Esta semana você teve muitos motivos para guardar ressentimentos, no entanto, em todas as vezes seu coração foi receptivo às minhas confissões". Teresa escreveu: "David, sou especialmente grata por sua atenção. Você nota que eu preciso de ajuda na cozinha e com os filhos e toma a iniciativa de colaborar comigo. Nunca preciso lhe pedir que faça a sua parte!".

A outra parte da pesquisa de bênçãos inclui compartilhar gratidão pelo que Deus tem feito em nossa vida. Somos muito atentos às bênçãos geralmente esquecidas: saúde, vida, criação e salvação. O último estágio da busca de bênçãos inclui louvar a Deus por suas respostas específicas às orações.

Nunca falha. Após esta pesquisa por bênçãos somos mais gratos ao Senhor e apreciamos mais um ao outro. O louvor e o agradecimento são contagiantes.

Senhor, hoje meditarei em todos os Teus benefícios. Ajuda-me a ver como tu tens abençoado grandemente a minha vida.

> De que maneiras Deus envolveu seu cônjuge para abençoá-lo hoje? O que você pode fazer para expressar gratidão por essa bênção?

29 DE JANEIRO

aprovação

Aprovação por meio de pensamentos e palavras

Este é o meu Filho amado, em quem me comprazo.
—MATEUS 3:17

Aprovação significa pensar e falar bem de outra pessoa. Significa elogiar a outra pessoa por quem ela é, possivelmente sem levar em conta o que ela faz. Significa afirmar o fato e a importância de um relacionamento. Vejamos como o Pai satisfez a necessidade de aprovação do Filho.

Jesus está na fila com o restante dos seguidores, esperando ser batizado por João Batista. João levanta a mão e anuncia que "Jesus de Nazaré será batizado hoje". Quando Jesus emerge da água, ocorre um fato sobrenatural. Os céus se abrem e o Espírito de Deus desce como pomba. E, sem que ninguém soubesse de onde vinha, uma voz forte como o som de um trovão anuncia: "Este é o meu Filho amado, em quem me comprazo".

Com essas simples palavras, o Pai celestial está essencialmente elogiando Seu Filho. A palavra *amado* mostra a profundidade do sentimento. É também importante notar que quem inicia o contato é o Pai. Jesus não pediu isso. E um detalhe final a ser notado: quando o Pai aprovou o Filho, Jesus ainda não havia *feito* nada. A bênção foi concedida antes de Jesus ter realizado um milagre, cura ou conversão. O Pai aprova seu Filho por quem Ele era, não pelo que havia feito.

Assim como aprovou o Filho, o Pai também me aprovou. Sabendo disso, eu (David) tenho de fazer o mesmo aos que me rodeiam, principalmente a quem ocupa um lugar especial em minha vida: minha esposa.

Pai, obrigado por me amares por quem sou, em vez de pelo que eu faço. Que eu me concentre na forma com a qual me aprovaste, para que eu possa aprovar meu cônjuge.

De que forma você pode mostrar aprovação por seu cônjuge, levando em conta o que ele é, não o que ele faz por você?

30 DE JANEIRO — *aprovação*

Aprovação — Pai versus filho pródigo

...Ponham um anel no dedo dele e sandálias nos seus pés [...] porque este meu filho estava morto e viveu de novo. —LUCAS 15:22,24 NTLH

Você conhece, sem dúvida, a parábola do filho pródigo. Eu (David) me arriscaria a dizer que já foi mencionada em todos os púlpitos e classes de ensino bíblico do país. Ela é mais ou menos assim: o filho pede sua parte na herança, desperdiça o dinheiro com vinho, mulheres e música, acaba em um chiqueiro e volta para casa para pedir comida e trabalho.

A cena mais atraente do relato bíblico é o pai aguardando a volta do filho rebelde. Observamos sinais de apreensão no rosto do pai: ansiedade misturada com expectativa. Então, certo dia, o pai olha para a estrada e vê o filho.

Reflita por um instante em sua vida. Você já teve algum momento de "chiqueiro"? Houve ocasiões em que você tinha certeza de que Deus estava farto de você, em que você até achava, aterrorizado, que de nada adiantaria pedir-lhe perdão? Eu tive, com certeza. Houve muitos momentos em que desperdicei tudo, pessimamente.

Relembre como se sentiu durante seus momentos de "filho pródigo": envergonhado, triste, culpado, inseguro, perdido, ansioso e desligado. Agora visualize mentalmente a cena do filho pródigo — você — voltando para casa. Você está na estrada a caminho de casa. O que vê? Seu pai, e ele está correndo em sua direção com os braços abertos. O rosto dele demonstra alívio, não tensão ou raiva. Ele se aproxima de você, abraça-o com força para dizer-lhe quanto o ama. Sente orgulho de chamá-lo de filho. Está eufórico por vê-lo. Seu amor é infinito e inabalável. Que sentimentos afloram em você? Gratidão? Espanto? Humildade?

Isso, meus amigos, é aprovação — um pai amoroso afirmando a importância do relacionamento com o filho. O pai afirmou o valor de quem o filho era — sem levar em conta seu comportamento.

Essa é a aprovação que precisamos mostrar todos os dias ao nosso cônjuge.

Pai, ajuda-me a mostrar aprovação incondicional ao meu cônjuge, mesmo que ele ou ela a "desperdice".

> **?** Com base na aceitação incondicional que Deus lhe mostra todos os dias, o que o impede de demonstrar essa mesma aceitação a seu cônjuge?

31 DE JANEIRO — *aprovação*

A aparência e o som da aprovação

Deem aos outros, e Deus dará a vocês... —LUCAS 6:38 NTLH

Em meus tempos de palestrante em seminários, eu (Teresa) conheci muitas mulheres que nunca receberam a aprovação do marido. Ao contrário, eram criticadas — por sua altura, modo de vestir, modo de arrumar a casa ou como cozinhavam. Essas mulheres relatavam o sofrimento terrível de receber apenas desaprovação do marido.

Por outro lado, também tenho vistos homens que anseiam por ouvir algumas palavras de aprovação da esposa, a qual faz questão de apontar a menor falha ou imperfeição neles. As palavras e as atitudes delas provocam profundas feridas nesses homens.

David estabeleceu um padrão de comportamento em nossa família a respeito dessa situação. Ele nunca me deprecia, nunca me critica nem destaca meus erros. Ao contrário, faz questão de demonstrar aprovação por mim por meio de ações e palavras. E isso passou a ser contagiante. Quanto mais David me respeita mostrando aprovação por mim, mais quero fazer o mesmo por ele.

Estes são alguns exemplos de como a aprovação deve ser:

Exibir fotos de seu cônjuge em sua mesa de trabalho ou em casa.

Tirar fotos ou gravar vídeos dos eventos importantes da vida dele.

Querer que seus amigos ou colegas de trabalho o conheçam.

Estes são alguns exemplos de como a aprovação deve *soar*:

"Estou orgulhosa de ser sua esposa. Sou muito grata a Deus por nos ter aproximado um do outro."

"Estou orgulhoso de você. Foi uma grande bênção ter sentado na plateia esta noite e saber que sou casado com aquela maravilhosa palestrante."

"Estou muito feliz por ter casado com seu filho. Ele é um presente precioso de Deus para mim" (Frase dita aos pais do marido).

> *Pai, torna-me sensível à necessidade de aprovação de meu cônjuge. Alerta-me sobre as oportunidades de demonstrar-lhe aprovação por meio de palavras e ações.*

? O que você pode fazer e dizer hoje para mostrar ao seu cônjuge a aprovação que ele necessita de você?

fevereiro

- ❤ aprovação
- ❤ atenção
- ❤ cuidado
- ❤ consolo
- ❤ compaixão

1.º DE FEVEREIRO *aprovação*

Nunca o suficiente

Bem-aventurados os que choram, porque serão consolados. —MATEUS 5:4

Meu pai era instrutor de treinamento da Marinha, e a aprovação praticamente inexistia quando eu (David) era criança. Ele chegava a inspecionar as camas para ver se os lençóis estavam bem esticados, e praticamente não se ouviam as palavras "sinto orgulho de você".

Hoje entendo que me casei com Teresa esperando, e até prevendo, receber a aprovação que me faltou na infância. No início, quando Teresa não atendia automaticamente à minha necessidade de aprovação, eu tentava consegui-la a todo custo. Trabalhava mais e durante mais horas esperando ouvi-la dizer: "Amor, você sabe muito bem como sustentar uma casa!". Comprava para minha esposa os presentes mais caros que podia, sempre querendo ouvir as palavras: "David, sinto muito orgulho por você ser meu marido."

Quando Teresa não captava a mensagem de minha necessidade de aprovação, eu me zangava e me retraía. Em vez de me expor e contar a ela quais eram minhas necessidades, eu tentava *ganhar* sua aprovação. Era a única maneira que eu conhecia de expressar o que sentia, mas vivia no círculo vicioso do "nunca o suficiente". Quanto mais tentava, realizava ou comprava, mais a situação piorava.

Por fim, depois de 15 anos de casamento, coloquei o dedo na ferida. Tive uma conversa franca com Teresa, expondo quanto eu ansiava, principalmente na infância, receber palavras de elogio e aprovação. Falei da pressão que sentia por ganhar a aprovação de meu pai e que, por mais que me esforçasse, nunca parecia ser o suficiente. Teresa me ajudou, e uma cura maravilhosa começou a ocorrer quando senti que ela me compreendeu.

Teresa continuou a ajudar-me e, com o tempo, as feridas foram curadas, mas a aprovação ainda é importante para mim. Sinto-me feliz por dizer que Deus continua a incluir Teresa em meu processo de restauração.

Pai, mostra-me como posso ajudar na restauração do coração de meu cônjuge.

? De que maneira você pode comunicar francamente sua necessidade de aprovação a seu cônjuge hoje?

2 DE FEVEREIRO

aprovação

Medalhas de aprovação

...elogiar os que fazem o bem. —1 PEDRO 2:14 NTLH

Meu pai (de David) foi oficial do Corpo de Fuzileiros Navais na Segunda Guerra Mundial. Durante seu serviço, ele recebeu numerosas medalhas por ter cumprido seus deveres excepcionalmente bem. Obviamente, a Marinha aprovou meu pai, e as medalhas evidenciaram essa aprovação.

A Marinha concede prêmios em forma de medalha somente para atos acima e além dos deveres estabelecidos, nunca por solidez de caráter ou porque alguém valoriza seu relacionamento com a Marinha. Não existem medalhas para quem cumpre sua obrigação corretamente.

Nós, os casados, temos a oportunidade de adornar a "farda" de nosso cônjuge todos os dias.

No início de cada dia, tenho a chance de elogiar Teresa por seu excelente caráter. Ela merece uma medalha por seu espírito perdoador e dedicado à família. E eu lhe ofereço, com alegria, uma medalha em reconhecimento à sua diligência e lealdade.

Teresa também merece medalhas de aprovação por trabalhar em prol de uma grande causa: nosso casamento. Ela se esforça para manter as feridas curadas e faz questão de discutir assuntos importantes. É franca e direta, e está sempre com o coração repleto de amor.

Minha esposa também deveria receber uma medalha por estar sempre disponível para me apoiar em nosso agitado ministério. Conto sempre com ela para arregaçar as mangas e me ajudar. Essas qualidades trazem enorme segurança a nosso casamento.

Meu pai trabalhou muito para oferecer o melhor de si ao serviço militar e recebeu muitos reconhecimentos por seus esforços. Em geral, nosso cônjuge também trabalha muito para manter o amor e a alegria no casamento. Ele também necessita de nossos elogios.

Se seu cônjuge recebesse uma medalha após cada palavra de aprovação, quantas condecorações haveria na farda dele?

Pai, ajuda-me a cobrir a "farda" de meu cônjuge com medalhas de aprovação. Permita-me vê-lo como o Senhor o vê.

? Que ações ou atitudes de seu cônjuge merecem um elogio seu — verbal ou de outra forma — hoje?

3 DE FEVEREIRO *aprovação*

Salvos e seguros em casa

Aquele que deste modo serve a Cristo é agradável a Deus e aprovado pelos homens. —ROMANOS 14:18

Alguns anos atrás, David e eu viajamos a um país do Oriente Médio. Especificamente naquela época e naquele país em particular, alguns cidadãos locais demonstravam muita hostilidade aos turistas americanos.

Um dia, depois de percorrer lentamente um pequeno mercado ao ar livre, entramos numa rua muito movimentada. Pessoas, animais e mercadorias atravancavam aquela rua estreita e secundária. A tensão começou a aumentar porque as pessoas colidiam umas com as outras. Enquanto David e eu nos esforçávamos para sair do local, o povo mudou de direção, e de repente fomos forçados a ficar frente a frente com a multidão vindo de encontro a nós. Tropeçamos e tentamos manter a calma, mas colidimos com várias "damas da cidade" que nos ofenderam com palavrões e olhares cheios de ódio. Uma das mulheres chegou a dar-me um empurrão e gritou palavras hostis a David.

Após aqueles momentos de insegurança do outro lado do mundo, eu só pensava em voltar para casa com David. Percebi, então, que a segurança que eu tinha em casa sempre me passara despercebida.

O casamento deve ser um lugar seguro. Seja o que for que encontrar "lá fora", é em casa que você deve sentir a aprovação de que necessita. Seja qual for o tratamento que receber "lá fora", é em casa que você deve se sentir confiante de que Deus e seu cônjuge estão satisfeitos com você.

Que segurança eu sinto — quando estou em casa com Deus e com meu cônjuge! Esse é o ambiente que todos nós precisamos criar para nosso cônjuge. Esse é o ambiente que produz segurança genuína e intimidade conjugal verdadeira.

Deus, graças pela aprovação que o Senhor me dá e pela aprovação que recebo de meu cônjuge.

? O que você pode fazer hoje para criar um ambiente em casa no qual seu cônjuge se sinta a salvo e seguro com sua aprovação?

4 DE FEVEREIRO *aprovação*

Elogie o que há de melhor em seu cônjuge

...esta viúva pobre deu mais do que todos. —LUCAS 21:3

Eu (Teresa) folheei as Escrituras outro dia para encontrar exemplos de Jesus aprovando Seus seguidores. Encontrei em Lucas um relato a respeito de Jesus ensinando no templo. Ao erguer os olhos, Ele vê uma viúva colocar duas moedinhas de cobre na caixa de ofertas. Jesus faz um elogio fantástico àquela mulher. Expressa Sua inegável aprovação quando diz: "Esta viúva pobre ofertou mais que os outros, porque deu tudo o que possuía."

Fiquei impressionada com as palavras de aprovação do Senhor, mas também com Sua técnica. Não sabemos se a viúva ouviu as palavras que o Mestre disse a seu respeito naquele dia, mas temos certeza de que os discípulos e as outras pessoas no templo ouviram.

Comecei a pensar se deveria seguir o exemplo do Salvador e dizer palavras de aprovação a respeito de David e de outras pessoas. Será que eu deveria dizer à mãe de David que amo ser esposa dele? Deveria dizer algumas palavras de afirmação a respeito dele diante de seus funcionários?

Este pensamento também me deixou perplexa: Há ocasiões em que comparo David a outros maridos, ocasiões em que não o elogio porque estou prestando atenção ao que os outros maridos fazem para suas esposas.

Naquele dia, o Espírito Santo me chamou de lado e deu-me um puxão de orelha para eu me lembrar de elogiar meu marido por ele me conceder o que pode. "Talvez seu marido não seja tão habilidoso em casa nem seja um mecânico como outros maridos, mas será que você não poderia elogiá-lo por tudo o que ele é? Sei que essas coisas não são muito importantes, mas às vezes ele faz tudo o que está ao alcance dele. É nessas ocasiões que ele lhe dá muito mais que todos os outros."

Pai, ensina-me cobrir meu cônjuge de elogios,
pois ele me dá o melhor que possui.

> **?** Que coisas — mesmo que aparentem ser pequenas e insignificantes — seu cônjuge faz por você que merecem um elogio seu hoje?

5 DE FEVEREIRO *atenção*

Entrando no mundo do outro

...todos os membros tenham igual cuidado uns pelos outros.
—1 CORÍNTIOS 12:25 NVI

A jornada de Cristo do céu até uma manjedoura em Belém é um exemplo para mim (David) no meu dia a dia. Ele deixou Seu mundo e entrou no meu. Deixou a segurança e a santidade do céu e entrou em meu mundo caótico, estranho e pecaminoso.

Dar atenção ao casamento parece, às vezes, difícil também. Em geral, significa deixar meu mundo protegido, seguro e conhecido para entrar no mundo desconfortável de minha esposa.

Dar atenção significa fazer o que minha esposa gosta de fazer. Dar atenção significa ouvir sem interromper, para entendê-la e entender o mundo dela. Significa perguntar como foi o dia de minha esposa e *querer* de fato ouvir a resposta. Significa preparar seu prato predileto ou comprar sua flor favorita. Finalmente, atenção significa passar tempo a sós com minha esposa. Significa fazer um esforço concentrado, deliberado para passar tempo apenas com ela. Isso tudo envia a ela a mensagem de que conheço "seu mundo" e me lembro dele.

Meu mundo inclui reuniões, entrevistas, congressos e telefonemas. Sou um homem que vive em recintos fechados e não gosto de transpirar. Teresa necessita de atenção, por isso preciso deixar meu mundo, que quase sempre significa sair de meu ambiente. Ela adora dar um passeio e sentar-se no balanço da varanda dos fundos de casa. Teresa adora ver qualquer tipo de animal, portanto, para passar tempo fazendo o que ela gosta, não podemos ficar sentados no sofá da sala.

Descobri que, quando saio de meu mundo, compartilhamos um sentimento profundo de unidade. À medida que compartilho seu mundo, nossa amizade aumenta e vejo uma ternura nos olhos dela que não troco nem por um milhão de reuniões.

Jesus, obrigado por deixares Teu mundo e entrares no meu.
Quero fazer o mesmo por meu cônjuge.

> Em que áreas específicas do mundo de seu cônjuge você pode entrar e compartilhar com ele hoje?

6 DE FEVEREIRO *atenção*

Entrando no mundo de seu cônjuge

E, sendo encontrado em forma humana, humilhou-se a si mesmo...
—FILIPENSES 2:8 NVI

Cristo tomou a iniciativa e se humilhou a fim de entrar em meu mundo (de David). Ele não pensou em Seus interesses; pensou em mim.

Para atender às necessidades de Teresa, tenho de estar disposto a me humilhar. Não posso pensar apenas em meus interesses; preciso pensar no mundo dela. Quando tudo se resume a isso, esse assunto torna-se meu maior problema. Além do fato de gostar mais de um ambiente com ar condicionado, tenho dificuldade em ser humilde.

Teresa e eu aprendemos que, quando um de nós deseja receber atenção do outro, precisamos ser humildes ao dizer isso. Precisamos expressar nossas necessidades de tal forma que mostre nossa vulnerabilidade e humildade, deixando a crítica de fora. Por exemplo, se eu atacar Teresa dizendo: "Você sai todos os fins de semana para fazer compras com suas amigas. Não se esqueça de que também é mãe e esposa!", provavelmente ela não será capaz de ouvir a necessidade por trás dessas palavras. Porém, se eu disser: "Querida, quero que você se divirta fora de casa, mas quero também estar com você nos fins de semana", é quase certo que ela reagirá de modo positivo.

Da mesma forma, deixo de atender às necessidades de atenção de Teresa quando ela se queixa: "Você trabalhou todas as noites nesta semana, e estou cansada disso". Mas se ela dizer: "David, sei que você tem trabalhado demais no escritório, mas sinto-me sozinha, e preciso de você", é bem provável que eu entenda a necessidade que ela comunicou.

Compare as duas formas de agir. Qual você prefere ouvir?

> *Deus, que eu entenda como é importante para meu cônjuge que eu "entre", às vezes, em seu mundo.*

? De que maneira você pode transmitir, com humildade e eficiência, a necessidade que sente de seu cônjuge fazer parte de seu mundo hoje?

7 DE FEVEREIRO *atenção*

Vamos sair!

Não deixemos de congregar-nos, como é costume de alguns; antes, façamos admoestações... —HEBREUS 10:25

Eu (Teresa) gosto muito de estar em meu quintal. Sempre gostei. Aliás, algumas de minhas lembranças mais agradáveis da infância são de fatos ocorridos em nosso quintal.

Durante um de nossos congressos, comecei a refletir em algumas lembranças positivas de minha infância. Naquele tempo, minha família sempre saía ao ar livre após o anoitecer. Minha mãe fazia palavras cruzadas, papai regava o jardim e nós, as crianças, brincávamos ali. Aqueles eram momentos especiais porque eu recebia atenção de minha mãe e de meu pai.

De repente, eu me dei conta de uma coisa: Passei associar o fato de estar fora de casa com minha necessidade de atenção porque gostava de ficar em companhia de meus pais. Gostava de sair da casa para estar ao ar livre, mas havia também um importante componente emocional. Quando estava fora, sentia-me amada, valorizada. Alguém se importava comigo. Na verdade, quando pedia a David que saísse de casa e trabalhasse comigo, estava realmente expressando a necessidade de receber atenção e sentir o que sentia quando criança.

Ao entender essa ligação, comecei a ver que David poderia passar tempo comigo de outras formas, além de sair de casa. Ele poderia atender à minha necessidade de atenção indo comigo ao shopping, levando-me ao cinema ou a um restaurante tranquilo.

Hoje, David e eu gostamos de estar fora de casa. Ando a esmo pelo quintal enquanto ele lê ou escreve, porque minha necessidade verdadeira é ficar perto dele. Percebi que a disposição de meu marido em estar comigo confirmou o amor de Deus dentro de mim, que Ele manifesta por meio de David. E, com o passar dos anos, o fato de estarmos juntos parece muito mais importante do que aquilo que estamos fazendo.

Senhor, ajuda-me a ver a necessidade
de meu cônjuge de passar tempo comigo.

Que planos você fará hoje para passar tempo com seu cônjuge?

8 DE FEVEREIRO   *atenção*

Mostrando interesse

Não tenha cada um em vista o que é propriamente seu, senão também cada qual o que é dos outros. —FILIPENSES 2:4

Os acessos de raiva de Jason, 9 anos, estavam chegando ao extremo. Doug, pai de Jason, levou o filho ao meu consultório (de David) para uma avaliação. Não demorou muito para entender o problema.

Quando entrou na sala de brinquedos, Doug viu um alvo de velcro na parede e começou atirar dardos para Jason pegá-los. Isso durou cerca de três minutos. De repente Jason viu uma Tartaruga Ninja no chão. "Papai! Papai! Vamos brincar no chão com Leonardo!". Entusiasmado, Jason fez o mesmo pedido ao pai várias vezes. Doug não concordou.

A irritação de Jason começou a aumentar, deixando-o com o rosto vermelho e as mãos cerradas. Desnorteado, Doug implorou: "Não grite, Jason! Não fique zangado! Relaxe! Se você se acalmar, vou levá-lo ao jogo de basquete!".

Doug não mostrou interesse pelo mundo de seu filho em nenhum momento durante a sessão. O mundo de Jason não girava em torno de dardos ou basquete; estava no chão com as Tartarugas Ninja. Jason precisava que o pai entrasse em seu mundo e lhe desse atenção total.

E eu me pergunto: Quantas vezes fiz a mesma coisa? Quantas vezes procurei meus interesses, sem levar em conta os interesses de minha esposa? Peço a Teresa que me acompanhe a congressos profissionais e faço um elogio a mim mesmo por ser um marido tão atencioso, embora Teresa tenha de ficar sozinha enquanto participo das reuniões. Até escolho presentes de aniversário e de Natal que estão na moda ou são bons investimentos, mas que sequer chegam perto dos interesses de minha esposa.

Preciso dedicar tempo e esforço para entrar no mundo de minha esposa e dar atenção aos interesses dela.

*Deus, que os Teus interesses e os interesses
de meu cônjuge sejam prioritários em minha vida.*

[?] Que providências específicas você pode tomar hoje para participar dos interesses de seu cônjuge?

9 DE FEVEREIRO *atenção*

Avaliando a atenção

Ouça o sábio e cresça em prudência... —PROVÉRBIOS 1:5

Eu (David) terminei recentemente uma dolorosa avaliação. Passei a perguntar a mim mesmo até que ponto estava dando a devida atenção a Teresa e, mais especificamente, à sua necessidade de que eu a ouça. Comecei a pensar nesta pergunta: Minha atenção a Teresa é individual, exclusiva e ilimitada?

Reflita um pouco e faça uma avaliação pessoal nas diferentes áreas da atenção. Os resultados poderão surpreendê-lo.

Atenção individual: Faço questão de conversar com meu cônjuge e ouvir o que ele tem a dizer quando estamos a sós? Não basta os dois ficarem em casa sozinhos. Para dar atenção individual, eu preciso querer conversar com meu cônjuge — sem ninguém por perto — e participar de bom grado do diálogo.

Atenção exclusiva: Dou atenção exclusiva a meu cônjuge? Faço um esforço para tentar conversar com ele sem nenhuma interrupção? Concentro-me na conversa ou meus pensamentos voam ou, então, perco o interesse? Domino a conversa ou incentivo meu cônjuge a falar sobre seu dia?

Atenção ilimitada: Meu cônjuge percebe minha paciência e vontade de dedicar o tempo que for necessário para discutir assuntos difíceis ou dou sinais de que quero "chegar ao ponto principal"? Meu cônjuge sabe que estou disponível para ouvi-lo sem conselhos ou críticas? Quando ouço meu cônjuge, tenho uma atitude de carinho e amor?

Passei a ser mais realista depois dessa avaliação. Percebi que precisava aperfeiçoar essas áreas em minha vida.

*Deus, incomode meu coração todas as vezes
que eu for tentado a não querer ouvir meu cônjuge.*

> Que mudanças você pode fazer hoje para se comunicar melhor com seu cônjuge, especificamente na maneira como o ouve?

10 DE FEVEREIRO *atenção*

Atenção ininterrupta a seu cônjuge

Senhor, *que é o homem para que dele tomes conhecimento?* —SALMO 144:3

Nosso filho, Eric, era irritadiço e inquieto. Queixava-se de tédio e atormentava a irmã mais do que o normal. Depois de algumas investigações, descobrimos que Eric só precisava de mais atenção do pai e da mãe. Precisava de um tempo ininterrupto conosco, um tempo em que nossos olhos e ouvidos fossem todos dedicados a ele. No dia em que o ajudamos a reconhecer suas necessidades, fomos capazes de encorajá-lo a pedir diretamente nossa atenção em vez de comportar-se de maneira inadequada para consegui-la.

Nós também queremos a atenção de nosso cônjuge — e precisamos dela — mas às vezes agimos de modo semelhante ao de nosso filho. Em vez de pedir atenção diretamente, começamos a irritar um ao outro como crianças — provocando atenção negativa, em vez daquela mais produtiva.

Os casais têm facilidade em cair no hábito de não dar atenção suficiente um ao outro. Há sempre uma lista de eventos e afazeres que parecem aumentar em vez de diminuir: As crianças exigem atenção, o chefe exige atenção e, hoje em dia, até a igreja exige muito das famílias.

Para prevenir alguns desses comportamentos "infantis", David e eu aprendemos a separar um tempo só para nós todas as semanas. Fazemos questão de que esse tempo seja tranquilo e sereno, para que possamos acompanhar a vida um do outro. Nessas ocasiões, conversamos, falamos de nós e ouvimos um ao outro.

Queremos muito dar atenção total um ao outro durante esse tempo, e o resultado disso foi que passamos a nos entender melhor.

Senhor, lembre-me de dedicar tempo — por mais difícil que seja — para dar atenção a meu cônjuge.

> Qual seria um bom momento e qual seria um bom lugar para você passar um tempo livre e ininterrupto face a face com seu cônjuge?

11 DE FEVEREIRO *atenção*

Reuniões conjugais

...buscarei o amado da minha alma. —CÂNTICO DOS CÂNTICOS 3:2

Para cultivar e manter um casamento íntimo, precisamos investir constantemente tempo e energia emocional nele. Nossa intimidade aumentou e o relacionamento a dois melhorou sensivelmente quando começamos a "buscar o amado de nossa alma" por meio do que chamamos de "reuniões conjugais".

Não deixamos as reuniões ao acaso. Por uns tempos, almoçávamos juntos nas quintas-feiras e, a seguir, passamos a nos encontrar nas noites de terça-feira depois que as crianças estavam dormindo. Fizemos desses momentos uma prioridade e os tornamos os mais invioláveis possíveis. Pensamos nas distrações e interrupções e escolhemos o lugar mais tranquilo e protegido.

A constância foi importante, porém o benefício emocional de dar prioridade um ao outro encorajou nossa aproximação. Meu coração sentia-se incrivelmente abençoado quando eu (David) ouvia Teresa desmarcar compromissos com as amigas ou negociar entrevistas para não perder nossas reuniões conjugais. Ao ver que eu não levava meu celular às reuniões, Teresa sentiu-se amada e segura de que eu me preocupava com ela e com nosso casamento.

Talvez você sinta medo por ter de passar esse tempo a sós com seu cônjuge. Poderá pensar: *Sobre o que conversaríamos?* Estas são algumas ideias caso você queira tentar:

Coordenação de agendas: discutam as programações das crianças, comparecimento à igreja e eventos na comunidade.

Objetivos da família: discutam como poupar dinheiro, ideias sobre as férias e planos de passeio.

Planos para os pais: discutam assuntos sobre disciplina e treinamento espiritual.

Ouçam um ao outro: conversem sobre sentimentos, devocionais mais recentes, ideias, perguntas.

Afirmem um ao outro: compartilhem gratidão e aprovação.

Pai, lembra-me de sempre passar tempo com as pessoas mais importantes em minha vida — o Senhor, meu cônjuge e minha família.

> **?** Em sua opinião, que benefícios você e seu cônjuge receberiam se começassem a planejar "reuniões conjugais" todas as semanas a partir de hoje?

12 DE FEVEREIRO *cuidado*

Suprindo as necessidades do outro

Aproximou-se, enfaixou-lhe as feridas [...] levou-o para uma hospedaria e cuidou dele. —LUCAS 10:34 NVI

O Salvador conta a história de um homem que é roubado e deixado como morto à beira da estrada. Dois religiosos da época passam pelo homem ferido sem oferecer ajuda, porém um habitante de Samaria tem piedade dele e o socorre. O samaritano enfaixa as feridas do homem, leva-o para uma hospedaria e providencia-lhe cuidados contínuos.

O que o samaritano possuía e que faltou aos líderes religiosos? Qual foi a sua motivação? Eu (David) penso que o samaritano havia encontrado o amor miraculoso de Deus e jamais se esqueceu das maravilhas da profusão dos cuidados do Senhor por ele. Seria sempre consciente e grato pelo que Deus fizera por ele, e aquilo o motivou a cuidar dos outros.

Será que ainda somos gratos por tudo o que Deus fez por nós? Embora ainda estivéssemos em pecado, Deus entregou generosamente Seu Filho. Cristo se humilhou e deixou o céu para tornar-se servo em nosso lugar, porque necessitávamos exatamente de Sua providência e cuidado. Concedeu-nos perdão, aceitação, amor e propósito na vida.

Assim como o samaritano, posso ser genuinamente sensível às necessidades dos outros — em especial de meu cônjuge — estando consciente de que sou um vaso abençoado da provisão abundante de Deus.

É sensato pensar que trago dentro de mim as "provisões" de que Teresa necessita: aceitação, segurança, conforto e outras coisas que um cônjuge deve proporcionar. Compartilhar essas bênçãos com ela significa cuidar dela. Por outro lado, reter as provisões ou ser insensível às suas necessidades significa me comportar como os religiosos da história do samaritano, que não deram atenção ao homem ferido e pensaram apenas neles próprios.

Pai, quero cuidar de meu cônjuge da mesma forma que o Senhor abnegadamente cuida de mim.

? De que maneiras específicas Deus deseja que você cuide de seu cônjuge hoje e atenda às suas necessidades?

13 DE FEVEREIRO   *cuidado*

De que lado da estrada?

...sede uns para com os outros benignos, compassivos... —EFÉSIOS 4:32

Cristo é o Bom Samaritano por excelência. Cuida dos desvalidos, preocupa-se com os invisíveis, compadece-se dos feridos e supre generosamente o que falta aos necessitados.

Eu (David) sinto-me muito feliz por Jesus não ter "passado pelo outro lado da estrada". Sinto-me muito feliz por Ele não ter gritado: "Cuide-se sozinho" ou: "Lamento muito, mas agora não posso parar. Estou com pressa".

Atravessar a estrada para ir ao encontro de outra pessoa — isso é o verdadeiro cuidado. Aprendi essa lição muito depois de me casar. Fazia anos que não exercia minha função de cuidar de nossos filhos. Em minha opinião, a educação dos filhos localizava-se no lado da estrada pertinente a Teresa. Eu estava sempre pronto a ditar ordens ou criticar o modo como minha esposa criava os filhos, mas não fazia nada que fosse útil. Estava também muito ocupado para atravessar a estrada quando se tratava de ajudar nos afazeres da casa. Em minha mente, a tarefa de lavar pratos também estava no lado da estrada que pertencia a Teresa. Em vez de ajudá-la, após o jantar eu corria para meu lugar no sofá e cuidava de minha papelada.

Durante um período de grande estresse e conversas dolorosas, Deus começou a chamar minha atenção e mudar minha atitude. Aos poucos, comecei a ajudar Teresa a educar nossos filhos e a cuidar das tarefas diárias da casa. Passei para o lado dela da estrada e, juntos, elaboramos um plano para encorajar nossos filhos a colaborarem nas tarefas domésticas. Atravesso a estrada para estar do lado de Teresa quando tiro todos os pratos da mesa e os coloco na lavadora.

Pai, quero estar atento às oportunidades
de atravessar a estrada para cuidar do meu cônjuge.

? De que maneiras específicas você poderá "atravessar a estrada" e cuidar de seu cônjuge hoje?

14 DE FEVEREIRO *cuidado*

Uma geladeira abastecida

Que é o homem, que dele te lembres? E o filho do homem, que o visites?
—SALMO 8:4

As sessões de aconselhamento estavam aumentando cada vez mais. David trabalhava das 8h às 18h todos os dias da semana. Quase não havia tempo para ele descansar um pouco, muito menos sair para almoçar. Eu (Teresa) comecei a me preocupar com David por ele não almoçar todos os dias.

Minha preocupação foi tão grande que comprei uma geladeira pequena para ser colocada em seu consultório. Cheguei até a desviar meu caminho para mantê-la abastecida. Enchia-a com seus lanches favoritos e pratos simples de preparar. Estava muito orgulhosa por pensar em meu marido e cuidar dele de uma forma tão importante. Mas o orgulho transformou-se em frustração quando percebi que David continuou a não fazer uma pausa durante o dia para comer os alimentos estocados na geladeira.

Eu estava prestes a tirar a geladeira do consultório dele quando o Senhor incutiu estes pensamentos em mim: *Teresa, sei como é frustrante David não dar atenção à sua generosidade. Mas lembre-se: Dou a você oportunidades igualmente generosas todos os dias. Ofereço-lhe companheirismo e minha presença em todos os momentos do dia. Você separa um tempo para estar comigo em alguns dias, mas em outros, está atarefada demais para receber minha provisão. Por que não dá a David a liberdade de receber seus cuidados?*

Continuei a estocar a geladeira, mas tentei uma novidade. De vez em quando, ligava para David e pedia para encontrar-me com ele no consultório para almoçarmos juntos. Esse toque de envolvimento pessoal deu a David a sensação de que alguém cuidava dele, e passamos a fazer ótimas refeições juntos. Com o tempo, entendi que David apreciava meus esforços para alimentá-lo, mas o que o fez mudar de ideia e receber o que eu lhe proporcionava foi quando ofereci me envolver pessoalmente na questão.

Senhor, lembra-me todos os dias
de Tua provisão cuidadosa por mim.

> **?** De que maneiras você pode incluir alguns envolvimentos pessoais ao cuidar de seu cônjuge hoje?

15 DE FEVEREIRO

cuidado

Cuidado nas pequenas coisas

...aprendam [...] a colocar a sua religião em prática, cuidando de sua própria família... —1 TIMÓTEO 5:4 NVI

Meu dia começou com uma reunião matinal, e eu (David) fui me espremendo ao longo do tempo entre uma ligação e outra. Uma tarde com mais três atendimentos estendia-se diante de mim. Eu não tinha muito o que esperar pela frente, a não ser um longo dia e um longo percurso de carro de volta para casa à noite.

Comecei a sentir-me desligado de minha família e emocionalmente enfraquecido pelas tensões do dia. Enquanto passava rapidamente pela recepção, verifiquei se havia outros telefonemas, porém fui surpreendido pelo "maná do céu". Sobre a mesa encontrei uma caixa que continha um refrigerante, meus biscoitos favoritos e um pequeno bilhete de amor — tudo de Teresa, que havia pensado em mim e passara pelo consultório.

Sua iniciativa e sensibilidade falaram mais alto que tudo. Minha perspectiva toda mudou. Concluí: "Alguém pensou em mim! Sou importante! Sou amado!". Enquanto voltava ao meu consultório, contei a todos que quisessem ouvir que minha esposa cuidara carinhosamente de mim.

Naquela noite, lembrei-me de como as pequenas coisas causam um impacto tão grande. O simples movimento de virar-me para o lado dela na cama diz: "Estou pensando em você". Levar uma xícara de café a ela de manhã transmite esta mensagem: "Você é importante para mim". Esses pequenos gestos permitem que seu cônjuge saiba que você pensa em suas necessidades e se preocupa em supri-las.

Há milhões de pequenas atitudes que demonstram seu cuidado por seu cônjuge. Estes são alguns exemplos:

Compre o pãozinho preferido dele.
Prepare e sirva o prato dele em primeiro lugar.
Abra a porta do carro para ela — como fazia quando eram namorados.
Escolha o filme em DVD que ela está querendo ver.

Graças lhe dou, Pai, pela simplicidade
das pequenas coisas que transmitem grandes mensagens.

> Que "pequenas coisas" você pode fazer hoje para transmitir a seu cônjuge que você se importa com ele?

16 DE FEVEREIRO *cuidado*

Livros que demonstram cuidado

Por isso, enquanto tivermos oportunidade, façamos o bem a todos, mas principalmente aos da família da fé. —GÁLATAS 6:10

Eu (David) adoro estudar. Durante uma fase de nosso casamento, matriculei-me em um seminário por meio de um programa extensivo em nossa cidade. Foi emocionante pôr em prática meu amor pelo estudo da Bíblia.

Parte de minha pesquisa para a classe exigia que eu usasse um comentário bíblico composto de vários volumes. Eu invejava meus colegas de classe que tinham condições de comprar aqueles livros. O esforço era enorme para consultar várias vezes aqueles volumes na biblioteca todas as semanas, mas o dinheiro estava curto para os Fergusons naquele ano, e os livros extrapolavam nosso orçamento.

O semestre do curso no seminário estava prestes a ser concluído, mas eu sabia que precisaria dos comentários no semestre seguinte. Comecei a procurar em livrarias na esperança de encontrar volumes usados. Terminei minha busca de mãos vazias.

Os feriados de fim de ano chegaram rapidamente, e na manhã de Natal a família abriu os presentes. Teresa e eu abrimos os presentes que havíamos comprado um para o outro, e adivinhe o que ganhei? Exatamente — aqueles comentários bíblicos! Teresa sabia quanto eles significavam para mim, e comprou-me todos os volumes.

Por que tanto alvoroço em torno de um livro com vários volumes, você perguntará. Porque Teresa se preocupou em ouvir o desejo de meu coração. Comprou o que eu precisava porque se importava comigo e com tudo o que era importante para mim. Aqueles livros foram a maneira que ela encontrou de dizer que aquilo que era importante para mim era importante para ela.

Os livros ainda significam muito para mim, e vou continuar a usá-los, mesmo que se tornem obsoletos.

Deus, ajuda-me a cuidar com carinho
das coisas que são importantes para o meu cônjuge.

? O que você pode fazer hoje para atender a uma necessidade ou desejo que, embora lhe pareça sem importância, é muito significativo para seu cônjuge?

17 DE FEVEREIRO

cuidado

Cuidados surpreendentes

O Deus Eterno [...] cuida dos que procuram a sua proteção.
—NAUM 1:7 NTLH

As ocasiões em que Deus me surpreendeu (Teresa) com Seu cuidado e amor foram alguns dos maiores motivos de louvor.

Por exemplo, lembro-me do dia em que perdi uma nota de 50 dólares num aeroporto. Fiquei terrivelmente aflita por ter perdido um valor tão alto em dinheiro, pelo menos para mim. Mas, na semana seguinte, em um lugar completamente diferente, encontrei uma nota do mesmo valor praticamente a meus pés. Não havia ninguém por perto para reclamar a perda nem lugar para devolvê-la. Embora eu não tivesse pedido ao Senhor que me restituísse o dinheiro perdido, sei que Deus o colocou lá para lembrar-me de Seu constante cuidado.

Outro exemplo do cuidado surpreendente de Deus foi na época em que David e eu viajamos à África, onde tive o privilégio de participar de um safári como turista. Sempre fui fascinada por animais, portanto aquela viagem em especial foi puro prazer para mim. Vimos animais que nem sequer o fotógrafo da *National Geographic* tinha visto em doze anos de experiência. Nunca pensei em pedir a Deus que Ele me proporcionasse tantas coisas boas naquele safári. Penso que Ele queria apenas mostrar quanto cuida de mim. Fiquei imensamente grata.

É bom demais quando alguém se importa conosco a ponto de querer saber o que nos torna felizes, e faz isso sem perguntar. São alguns dos momentos mais abençoados no casamento.

Pergunte a si mesmo o que faria seu cônjuge se sentir amado e valorizado. O que o impede de fazer isso hoje?

*Senhor, ajuda-me a conhecer as necessidades de meu cônjuge
e supri-las sem que ele me peça.*

> **?** O que você poderia fazer hoje — espontaneamente — para mostrar a seu cônjuge que se importa com ele de modo genuíno e profundo?

18 DE FEVEREIRO *cuidado*

Bilhetes de amor que dizem: "Eu me importo!"

Que belo é o teu amor [...] noiva minha! Quanto melhor é o teu amor do que o vinho... —CÂNTICO DOS CÂNTICOS 4:10

Eu (Teresa) sei que pode parecer piegas ou total exagero, mas escrever cartas de amor é uma das melhores maneiras de mostrar que você se importa com seu cônjuge. Pode parecer tolice, falta de lógica ou até irracional escrever um bilhete a alguém que vemos todos os dias, mas esse gesto romântico ajuda a manter vivo o amor.

Estas são algumas ideias que podem aquecer o coração de seu cônjuge porque comunicam seu amor de maneiras criativas:

Escreva estas palavras no espelho do banheiro: "Você é importante para mim!".

Coloque um bilhete na maleta dele ou na bolsa dela com estes dizeres: "Vou pensar em você hoje".

Escreva estas palavras na entrada para carros, como auxílio de um giz: "Alguém ama você!".

Envie um cartão eletrônico ou e-mail que expresse: "Você é meu raio de sol!".

Escolha um cartão na papelaria, escreva uma mensagem de amor e envie-a a seu cônjuge pelo correio.

Diga explicitamente: "Eu amo você", acompanhado do bombom favorito dela ou um bom livro se ele gosta de ler.

Escreva um poema para seu cônjuge e leia-o durante um momento tranquilo.

Mude as palavras de uma canção de amor bastante conhecida e mostre a ele todo o seu amor de forma "personalizada".

Escreva frases elogiosas que comecem com as letras do nome de seu cônjuge.

Esses lembretes comunicam que você confia em seu cônjuge com todo o seu coração e com expressões vulneráveis de amor. Eles alegram o coração de ambos e os ajudará a vencer o dia até se encontrarem novamente.

> *Pai, que eu jamais me esqueça da beleza do amor de meu cônjuge e de ser grato por esse amor.*

? Que lembretes criativos você pode deixar para seu cônjuge hoje, expressando seu amor por ele?

19 DE FEVEREIRO *consolo*

Qual a aparência do verdadeiro consolo

Consolai-vos, pois, uns aos outros com estas palavras.
—1 TESSALONICENSES 4:18

O consolo se manifesta por meio do coração. Significa reagir com palavras, sentimento e carinho a uma pessoa que está sofrendo. Consolo significa sofrer com ela. Significa mostrar compaixão pelo sofrimento ou dor de alguém.

A pessoa que está sofrendo sente emoções, como tristeza, decepção e rejeição. Ela não necessita de uma conversa estimulante do tipo: "Vamos! Anime-se! Há um belo dia lá fora!". Não necessita de palavras de correção ou ensinamento como: "Isto aconteceu porque… Da próxima vez, por que você não…?". Quando alguém precisar ser consolado, não dê conselhos como: "Se eu fosse você…".

É importante aprender o "vocabulário do consolo". O verdadeiro consolo deve ser assim: "Lamento muito por você estar sofrendo. É triste saber que está passando por isto. Estou ao seu lado e conte comigo para ajudá-lo a atravessar este período difícil".

É importante também transmitir consolo por meio de um toque carinhoso. Segurar a mão, abraçar com afeto ou apenas sentar-se em silêncio e chorar com alguém é uma forma de transmitir compaixão. Passar o braço ao redor de alguém que está sofrendo muito, demonstra envolvimento e preocupação com a dor que ele sente. Enxugar a testa de uma pessoa febril ou amparar seu cônjuge quando ele abre o coração diante de você traz conforto e consolo.

Consolo significa expressar por meio de palavras o que você sente por outra pessoa e compartilhar seu sofrimento. Significa expor-se também.

Pai, Deus de toda consolação, oro para que me ensines como consolar meu cônjuge de forma amorosa e compassiva. Mostra-me como reagir a ele quando há dor e decepção em sua vida.

> **?** Quais são algumas formas de consolar verdadeiramente seu cônjuge quando ele estiver sofrendo?

20 DE FEVEREIRO *consolo*

Lágrimas de consolo

Jesus chorou. —JOÃO 11:35

O evangelho de João relata um belo exemplo da compaixão de Cristo. Jesus recebe a triste notícia de que Lázaro, Seu amigo íntimo, estava muito enfermo. Jesus viaja com os discípulos para visitar Lázaro e, ao chegar, encontra Maria e Marta, as irmãs de Lázaro, chorando a morte do irmão. A Bíblia conta que, quando viu Maria chorando, Jesus se comoveu profundamente e que, quando chegou ao túmulo onde Lázaro estava sepultado, Ele chorou diante de todos (JOÃO 11:1-35).

É importante notar o que Jesus *não fez* quando visitou as duas irmãs. Por ser o Filho de Deus — Aquele que conhecia o passado o presente e o futuro —, Jesus certamente sabia que Lázaro ressuscitaria. Cristo aproximou-se de Maria e Marta tendo pleno conhecimento de que devolveria a vida ao irmão delas e deixaria tudo como estava.

Apesar de possuir esse conhecimento, Jesus não transmitiu palavras de ânimo às irmãs, não deu uma explicação nem proferiu um sermão sobre fé. Ao contrário, ao ver a tristeza no coração delas, Ele chorou. O Salvador foi movido por tanta compaixão pelas irmãs que chegou a derramar lágrimas.

Esse é o tipo de consolo de que necessitamos em nosso casamento. Mesmo sabendo que uma situação difícil se reverterá, precisamos compartilhar o sofrimento de nosso cônjuge se ele estiver triste ou decepcionado. Mesmo tendo a certeza de que Deus trabalhará a nosso favor, mesmo sabendo que nosso cônjuge está sofrendo, precisamos expressar compaixão pela dor que ele está sentindo.

Deus, lembra-me de que o Senhor se comove profundamente quando me vê sofrendo. Assim, à medida que recebo seu cuidado e consolo, eu quero demonstrar o mesmo pelo meu cônjuge quando ele precisar.

Se seu cônjuge estivesse atravessando uma situação dolorosa, decepcionante neste momento, de que formas você lhe demonstraria consolo? O que *não* faria para consolá-lo?

21 DE FEVEREIRO

consolo

Consolo para uma cidade

Bendito seja o Deus [...] de toda consolação! É ele que nos conforta [...] para podermos consolar os que estiverem em qualquer angústia...
—2 CORÍNTIOS 1:3,4

A fama de Cristo como o Mestre que curava enfermos espalhou-se pelo país. Por isso, enquanto Ele cavalga um jumentinho pelas vias sinuosas, o povo começa a reconhecê-lo. Uma multidão se forma e começa a louvar a Deus com alegria. Pela primeira vez em Seu ministério, Ele é aclamado em público. De repente, algo estranho ocorre. Jesus chega a um determinado ponto do caminho que leva a Jerusalém e começa a chorar.

Chorar? Em uma ocasião festiva como aquela? O que levou o Salvador a chorar?

Jesus olhou para baixo e avistou Jerusalém — avistou seu palácio suntuoso, sua posição como imponente força militar e seu centro comercial. Contemplou tudo aquilo e viu o povo. Ele veio em direção a cidade, descortinou o futuro e viu o sofrimento do povo. Seu coração reagiu com choro.

Como meu coração reage quando eu (David) "ponho os olhos" sobre Teresa e a vejo sofrendo? Lembro-me de ter sido inacreditavelmente insensível ao sofrimento dela no início de nosso casamento. Quando via Teresa triste ou com lágrimas nos olhos causadas pelas mágoas inevitáveis do dia a dia, eu não lhe dizia nada, a não ser: "Qual é o problema agora?" ou "Na próxima vez, poderá lidar com ele de forma diferente".

Quando, porém, comecei a me perguntar: "O que Deus sente por Teresa quando ela sofre?", encontrei a resposta: "Ele sente tristeza por ela. Sofre com ela". Com isso em mente, pensei que talvez — apenas talvez — fosse bom me sentir triste por ela e sofrer com ela. Talvez fosse bom dizer palavras como: "Amor, vejo que você está muito aborrecida e sofro por você".

Deus, dá-me um coração igual ao Teu, que chore com meu cônjuge quando ele estiver sofrendo.

> Que palavras de compaixão você poderia dizer hoje para mostrar a seu cônjuge que seu coração sofre quando ele sofre?

22 DE FEVEREIRO

consolo

Compartilhe abraços, não conselhos

...vi as lágrimas dos que foram oprimidos, sem que ninguém os consolasse... —ECLESIASTES 4:1

Durante uma de nossas conferências, eu (Teresa) conheci uma mulher que estava atravessando uma época na qual necessitava do consolo de suas amigas. Darla falou de seu grande sofrimento por ter rompido com o namorado. Ele a tratava mal, porém ela não queria separar-se dele.

Quando perguntei se ela tinha uma amiga confiável ou membro da família com quem pudesse compartilhar seu sofrimento, Darla suspirou fundo e disse: "Só recebo conselhos, e alguns me fazem sofrer mais que o rompimento com meu namorado. Conselhos como: 'Livre-se dele' e 'Nem pense em voltar correndo para ele'".

Entristeceu-me ver o sofrimento de Darla, principalmente por ela estar atravessando aquela situação sozinha. Ela queria ser consolada, não receber conselhos. Darla necessitava de alguém que a ouvisse, conversasse com ela e a abraçasse.

Eu disse carinhosamente a ela que lamentava muito o fato de suas amigas não entenderem seu sofrimento ou sua necessidade de ter alguém que a ouvisse, sem tentar dar conselhos. Segurei a mão dela e orei pedindo a Deus que continuasse a colocar pessoas na vida de Darla que fossem capazes de consolá-la realmente. Ela abraçou-me ao despedir-se de mim.

Precisamos aprender a reconhecer quando as pessoas perto de nós necessitam de consolação. Precisamos não apenas reconhecer a necessidade, mas também estar dispostos a ministrar a elas. As pessoas precisam de consolação quando são rejeitadas ou sofrem decepções, quando estão fisicamente enfermas, ou sob estresse, quando estão desempregadas ou em momentos de luto ou de outra tragédia.

Consolar alguém é simples, porém muito importante. É uma necessidade raramente compartilhada. Deveríamos nos esforçar para consolar os outros, começando com nosso cônjuge.

Deus, ajuda-me a reconhecer quando meu cônjuge necessitar de consolo.

> **?** Em que ocasiões na vida de seu cônjuge ele necessita especialmente de consolo?

23 DE FEVEREIRO *consolo*

Aprendendo a andar

Mas a minha boca procuraria encorajá-los; a consolação dos meus lábios lhes daria alívio. —JÓ 16:5 NVI

Nossa neta, Madison, aprendeu a andar recentemente. Foi divertido vê-la passar pelos vários estágios de engatinhar, endireitar o corpo, ficar em pé, dar um passo e cair várias vezes. Ainda bem que o bumbum dos bebês é rechonchudo!

Assim como o bebê tem dificuldade para aprender a andar, pode ser que você também tenha dificuldade para consolar os outros. Pode ser que você tenha a sensação de cair de costas todas as vezes que tenta dizer palavras de consolo ao seu cônjuge. Se assim for, não tenha medo! Aprender a consolar alguém exige tempo e prática.

Eu (David) lembro-me de como era difícil consolar Teresa no início de nosso casamento. Não conseguia vencer a tendência de querer "resolver" ou "explicar" coisas à minha esposa. O professor dentro de mim entrava em ação e eu dizia a ela como resolver o problema ou o porquê de o problema ter ocorrido. Você já deve ter adivinhado. Teresa não se beneficiava de minhas reações.

Aprendi que há uma simplicidade sutil em consolar, fácil de ser esquecida. Deus mostrou-me que, para consolar Teresa, eu preciso permitir que o Espírito Santo me ajude a ver além de mim, entender que não sei necessariamente o que fazer nem como resolver o problema. Preciso pedir ao Senhor que me ajude a agir segundo Seu coração em relação a Teresa — que me mostre o que Ele sente por ela — e me conceda a mesma compaixão quando ela estiver sofrendo. E, tão logo sinto como é o coração de Deus em relação a Teresa, converso com ela a respeito de seu sofrimento.

É esse tipo de consolo que alivia o sofrimento de minha esposa e, consequentemente, traz bênção para ela.

> *Deus, continues a me ensinar a consolar meu cônjuge*
> *da mesma forma que o Senhor me consola.*

? Que medidas você acha necessário tomar hoje para melhor consolar seu cônjuge?

24 DE FEVEREIRO

consolo

O amargo com o doce

Palavras agradáveis são como favo de mel: doces para a alma e medicina para o corpo. —PROVÉRBIOS 16:24

Quando eu (Teresa) penso nos anos de nosso casamento, surpreendo-me com esta ironia: Foi em alguns dos momentos mais dolorosos que senti com mais intensidade o cuidado abundante de Deus e o amor genuíno de David.

Por exemplo, lembro-me do fim de semana em que perdi meu pai. Fomos buscar minha mãe no norte do Texas para ficar conosco em Austin durante algumas semanas para recuperar-se de uma cirurgia. Tudo estava correndo bem com ela, mas meu pai me causava preocupação. Ele decidiu não acompanhá-la e ficou cuidando da casa.

Saí uma noite e, ao retornar, recebi a notícia de que meu pai havia morrido de infarto enquanto dormia — sozinho na casa. Foi muito doloroso para mim e mais difícil ainda dar a notícia à minha mãe. Sentimos e choramos a morte dele a noite inteira.

Lembro-me da tristeza que tomou conta de mim naquela época, mas me lembro também de ter David junto a mim, consolando-me com doçura. Deus usou meu marido — como costuma fazer — para me consolar durante um tempo de dor.

Lembro-me também das noites no hospital após uma histerectomia. Quando despertei da cirurgia, David estava a meu lado, enxugando-me a testa. Senti-me consolada só pelo fato de vê-lo ali. Ele segurou minha mão e contou que o médico lhe dissera que eu estava bem. Em meio ao sofrimento físico, as palavras doces de David, acompanhadas de toques de carinho, trouxeram-me alívio e consolo.

O consolo vindo do cônjuge pode significar a diferença entre uma crise que nos sufoca e uma crise na qual sentimos o cuidado e a provisão de Deus.

Senhor, dá-me Tuas palavras de consolo quando ver meu cônjuge sofrendo. Ajuda-me a adoçar sua alma com palavras de compaixão.

? Que oportunidades você vê para consolar seu cônjuge?

25 DE FEVEREIRO *consolo*

Consolação com emoção

...chorai com os que choram. —ROMANOS 12:15

Chorando, Lori descreveu sua decepção por Sam ter esquecido seu aniversário. Vendo Lori sentada a seu lado, sofrendo profundamente pela rejeição que sentia, Sam reagiu desta forma: "Tive uma semana muito agitada, e saímos todas as noites por causa da programação das crianças. Vou recompensá-la". Sam estava falando sério, mas suas palavras não consolaram Lori.

Quando a emoção entra em cena, a lógica, as razões e os fatos não ajudam. Não se cura dor emocional com explicações, críticas ou lembranças de nosso sofrimento. Nem se cura emoção citando versículos bíblicos ou com conversas estimulantes. Quando alguém expressa emoção, necessita receber emoção de volta.

Por exemplo, Lori precisava ouvir uma reação emocional de Sam, não estas reações abaixo:

"Você está sensível demais. Não foi grande coisa."

"Anime-se, meu amor. Vou recompensá-la no próximo fim de semana."

"Sei que me esqueci de seu aniversário, mas agora preciso de perdão, não de julgamento."

Sam precisava, antes de tudo, levar em conta como Lori se sentia — decepcionada, rejeitada, sem importância, desvalorizada, figura comum. A seguir, Sam precisava levar em conta o que ele sentiu quando pensou no sofrimento da esposa. Sam precisava perguntar a si mesmo: "Minha esposa está sofrendo, mas estou dando a devida importância?".

Depois de analisar seus sentimentos a respeito do sofrimento da esposa, Sam foi capaz de transmitir uma mensagem mais consoladora: "Lori, vejo que você está sofrendo, e arrependo-me sinceramente por ser responsável por isso. Eu me importo muito com você e a amo. Você me perdoa?".

Lori conseguiu aceitar a confissão e o consolo de Sam, e aquilo os libertou para resolver o conflito entre eles e restabelecer a intimidade.

Pai, ajuda-me a ser sensível às ações e palavras
que possam magoar meu cônjuge.

> O que você pode fazer hoje para certificar-se de que, depois de ter magoado seu cônjuge — mesmo que não tenha tido essa intenção —, reagirá de forma que cure essa mágoa?

26 DE FEVEREIRO — *compaixão*

Sofrer com outra pessoa

Tenho compaixão desta gente... —MATEUS 15:32

Compaixão significa importar-se com o sofrimento de outra pessoa, e entrar em ação. Significa reagir emocionalmente ao sofrimento dela. Significa ser sensível à situação na qual ela se encontra.

O evangelho de Mateus contém uma narrativa de Cristo sentindo compaixão pelas multidões. O Salvador subiu ao topo de um monte que margeava o mar. Uma grande multidão aproximou-se, e Ele realizou milagres fantásticos de cura física naquele dia.

O Senhor também começou a notar outra necessidade física do povo: fome. Jesus chamou Seus discípulos e explicou: "Tenho compaixão desta gente, porque há três dias que permanece comigo e não tem o que comer; e não quero despedi-la em jejum, para que não desfaleça pelo caminho" (MATEUS 15:32).

É importante refletir em algumas perguntas quando lemos essa história. Em primeiro lugar, como Jesus sabia que o povo estava com fome? O Senhor sabia, sem dúvida, que o povo estava com fome simplesmente porque Ele é Deus. Mas o Salvador também sabia que o povo estava com fome porque Ele era humano.

E o que teria induzido Cristo a sentir compaixão? Sim, Ele é Deus, e Deus é compassivo. Jesus, porém, já havia sentido fome física. Aliás, Ele sabia o que significava sentir fome desesperadora. Lembre-se de que alguns anos antes deste evento Jesus passou 40 dias no deserto sem comer absolutamente nada. Cristo sentiu compaixão pelas multidões porque conhecia a angústia da fome.

A compaixão de Cristo não se baseou na atitude do povo. Sua compaixão não estava relacionada ao modo como o povo o tratara nem ao que lhe dera. Jesus sentiu compaixão pelo povo por ter visto seu sofrimento, um sofrimento que Ele próprio experimentara.

> *Senhor, lembra-me com frequência*
> *da Tua compaixão para comigo. Ajuda-me a ter*
> *essa mesma compaixão por meu cônjuge.*

? Quais foram os sofrimentos pelos quais você passou que o capacitam a sentir compaixão por seu cônjuge hoje?

27 DE FEVEREIRO

compaixão

A compaixão infinita de Deus

[Deus] tornará a ter compaixão de nós... —MIQUEIAS 7:19

Minha compaixão (de David) tende a esgotar-se, mas a compaixão de Deus não. Ele terá compaixão de nós infinitamente. Podemos ter certeza da compaixão do Senhor quando olhamos para Cristo, que se compadece de nós porque Ele próprio sofreu.

Reflita nestas áreas de sofrimento. Todas fazem parte da jornada da vida e são também evidência da capacidade de Cristo de sofrer por nós. Ele sofreu cada uma destas emoções:

Decepção e solidão: Em Mateus 26, Jesus expõe Sua vulnerabilidade aos amigos mais próximos. Ele sabe que está prestes a morrer e ora ao Pai no jardim do Getsêmani. Cristo pede aos discípulos que orem com Ele por uma hora. Pede três vezes que lhe façam companhia, e por três vezes eles adormecem.

Tristeza e perda: Em Mateus 14, João Batista, primo de Jesus, é decapitado pelo rei. Jesus afasta-se das multidões e retira-se para um lugar deserto.

Ridicularização: Em Mateus 9, quando Jesus está prestes a curar a filha de um dirigente da sinagoga, as multidões zombam do Senhor.

Desamparo e abandono: Em Mateus 26–27, depois da prisão de Jesus, todos os discípulos o abandonam e escondem-se de medo. Pedro chegou a negar que o conhecia. Na cruz, Jesus sentiu o abandono de Seu Pai celestial quando levou sobre si os nossos pecados. Ele clamou em alta voz: "Deus meu, Deus meu, por que me desamparaste?" (MATEUS 27:46).

O que seu coração sente ao saber que temos um Salvador que se solidariza conosco, que sofre por nós por causa de Seu amor, que sentiu as dores mais intensas desta vida? Que emoções afloram em você? Gratidão? Apreciação? Humildade? Sensação de ser abençoado?

Deus, lembra-me de Sua infinita compaixão. Ela nunca falha, porque o Senhor experimentou o sofrimento.

> Quais são as mágoas e decepções, de seu cônjuge e suas, que necessitam de compaixão hoje?

28 DE FEVEREIRO

compaixão

Tudo está bem

...o Senhor é cheio de terna misericórdia e compassivo. —TIAGO 5:11

Estávamos lanchando em um café quando eu (Teresa) descobri que havia perdido uma nota de 50 dólares que seria usada para pagar a conta. Entrei em pânico, mas as palavras de David foram exatamente as de que eu necessitava. Ele foi muito gentil e compassivo quando disse: "Acidentes acontecem, Teresa. Temos condição de pagar a conta. Tudo vai ficar bem".

Fiquei muito grata pela reação de David naquele dia. Precisei ser tranquilizada por ele após o incidente. Senti-me também especialmente sensível em razão de um incidente semelhante na infância.

Quando eu era menina, minha mãe me deu dinheiro para comprar algumas coisas para uma excursão com o grupo de bandeirantes. Perdi o dinheiro no caminho. Senti-me péssima ao voltar para casa de mãos vazias. Sabia que o dinheiro era curto em casa e lamentei meu erro. Em vez de compaixão e compreensão, recebi crítica e tive de voltar — sozinha — para encontrar o dinheiro.

Nos dois incidentes, necessitei de alguém que compreendesse meu sofrimento e fosse compassivo comigo. Necessitei de alguém que me tranquilizasse, dizendo que tudo ficaria bem.

Logo após o incidente no café, o Senhor trouxe-me este versículo à mente: "Como um pai se compadece seus filhos, assim o SENHOR se compadece dos que o temem" (SALMO 103:13). Agradeci ao Pai porque Ele foi um pai compassivo. Refleti nos sofrimentos que resultaram quando minha mãe teve dificuldade em ser compassiva comigo, mas senti extrema gratidão pela confiança que tive no Senhor. Depois, o Senhor levou-me a ler uma passagem em Jeremias na qual Ele diz ao profeta que teria compaixão do povo de Israel (cap.30).

Que Deus bondoso nós temos, pensei. Rendi graças a Ele por ter curado e restaurado meu coração por meio do consolo e compaixão de David.

Pai, obrigada por me concederes compaixão
quando necessito dela.

Em que áreas você sente dificuldade em ser compassivo e compreensivo com seu cônjuge?

Notas

março

- *compaixão*
- *confissão*
- *consideração*
- *conselho*
- *corte*

1.º DE MARÇO — *compaixão*

A compaixão é consequência da consolo

Jesus [...] retirou-se dali num barco, para um lugar deserto [...].
Desembarcando, viu Jesus uma grande multidão, compadeceu-se dela e
curou os seus enfermos. —MATEUS 14:13,14

Eu (David) penso com frequência nas vezes em que Jesus se afastou das multidões para passar um tempo a sós com o Pai. E penso também que, quando Cristo passava tempo com Deus, o Pai cobria o Filho de compaixão e amor. Tenho certeza de que o Pai passava um tempo consolando Seu Filho, dizendo que sofria muito pelo fato de Cristo estar carregando o fardo dos cuidados deste mundo. E certamente foram esses diálogos que capacitaram Cristo a sentir compaixão pelas multidões. Aparentemente, a compaixão é consequência do consolo.

Para compadecer-se de alguém, precisamos antes de tudo ser consolados em nosso sofrimento.

Sandy levou o marido, Richard, até nós depois de 12 anos de casamento, queixando-se de que, em geral, Richard parecia frio e indiferente ao seu sofrimento. Ela sabia que o marido não queria magoá-la, mas a tendência de Richard de minimizar seu sofrimento deixava-o aparentemente insensível. Sandy nos contou que, quando a mãe de Richard morreu, cinco anos antes, na realidade ele não chorou a morte dela, embora fossem muito apegados um ao outro. Sandy deu a entender que a incapacidade de Richard de sofrer era um exemplo de seu coração insensível.

Sugerimos que Sandy dissesse ao marido que lamentava muito a perda que ele sofrera e a solidão que devia sentir, em vez de apontar seus defeitos. Sandy segurou a mão de Richard e abriu o coração, dizendo que sofria com ele. Richard chorou abertamente, derramando as lágrimas reprimidas por todos aqueles anos. Nos meses seguintes, à medida que Sandy continuou a dizer palavras de consolo a Richard, ele foi aprendendo aos poucos a agir da mesma forma em relação à esposa. Deus começou a derramar sobre Sandy a bênção que ela mais desejava — receber mais compaixão de Richard.

Deus, peço que me consoles para que eu possa
ser compassivo com os outros.

? Que áreas onde há sofrimento (seu ou de seu cônjuge) necessitam do consolo de Deus? Como você pode demonstrar compaixão por seu cônjuge?

2 DE MARÇO *compaixão*

Onde está sua "marca de Plimsoll"?

...sede uns para com os outros benignos, compassivos, perdoando-vos uns aos outros... —EFÉSIOS 4:32

Em 1876, o governo britânico, por insistência de Samuel Plimsoll, publicou uma lei exigindo que os navios ostentassem uma marca visível acima da linha de flutuação, para que a embarcação não carregasse peso excessivo. Quando a chamada "marca de Plimsoll" afundava abaixo da linha de flutuação era sinal de que o navio estava com carga excessiva e parte dela teria de ser retirada.

Amar seu cônjuge de modo compassivo é, em parte, estar sempre atento à "marca de Plimsoll". É a marca que aparece — ou desaparece — quando os fardos da vida empurram seu cônjuge para baixo da linha de flutuação física, emocional e espiritual. Quando isso estiver acontecendo — e com o tempo você aprenderá a identificar essa marca em seu cônjuge —, será necessário fazer algumas perguntas importantes: A "carga" de meu cônjuge está pesada demais desta vez? O que posso fazer para aliviar a carga? Que preocupações, interesses ou fardos podemos jogar na água para que a "marca de Plimsoll" volte a ficar acima da linha de flutuação?

Amor verdadeiro significa cuidar de nosso cônjuge antes de cuidar de nós. Portanto, na próxima vez que você abrir a porta de casa para seu cônjuge após um longo dia de trabalho, observe "marca de Plimsoll". Depois, pense em algumas formas de aliviar a carga, eliminando-a totalmente ou assumindo parte dela.

Ser bondoso e meigo com seu cônjuge significa começar com coisas simples, como observar quando ele está sobrecarregado e tomar a iniciativa de interessar-se pela carga que ele carrega e cuidar dela. Finalmente, assuma o desafio de pôr em prática a "lei de Cristo", a lei do amor, de levar "as cargas uns dos outros" (GÁLATAS 6:2).

> *Deus, ajuda-nos a carregar as cargas um do outro*
> *e a flutuar durante as tempestades da vida.*

? Que cargas seu cônjuge está carregando hoje que você poderá assumir ou eliminar completamente?

3 DE MARÇO — *compaixão*

Na saúde e na doença

[Eu] os consolarei; transformarei em regozijo a sua tristeza. —JEREMIAS 31:13

Teresa e eu somos abençoados com ótima saúde. Teresa esforça-se para se manter saudável, e eu credito minha saúde exclusivamente à boa genética. Logo, não temos tido muitas oportunidades de consolar um ao outro em tempos de doença. Adquirimos a experiência de consolar um ao outro em tempos de perda. Os pais dela e os meus partiram para estar com o Senhor depois que nos casamos, portanto nossas lições de compaixão foram aprendidas durante esses tempos de tristeza.

Recentemente, enquanto refletíamos em nossa capacidade de consolar um ao outro, comentamos entre nós como conseguimos, ao longo dos anos, aprender a fazer isso, principalmente no caso de morte de uma pessoa da família. Em épocas passadas, teríamos fugido da situação ocupando-nos com outra atividade ou nos desviado para empolgantes conversas espirituais. Teríamos tentado desconsiderar os momentos de dor, evitando até mencionar o nome da pessoa. Teresa e eu enfrentamos um vazio durante esses momentos de tristeza. Faltava alguma coisa em nossos diálogos no passado. Precisávamos de algo mais do que movimentação, conversas estimulantes e conselhos. Precisávamos do coração compassivo do cônjuge.

Aos poucos, enquanto Teresa e eu recebíamos compaixão do Senhor, chegamos a um ponto no qual conseguimos compartilhar parte da compaixão de Deus um com o outro. Em vez de fugir da situação ocupando-nos com outras atividades, começamos a insistir em sofrer juntos. Em vez de evitar o assunto, começamos a falar das boas lembranças deixadas pela pessoa que perdemos. Aprendemos a nos revezar. Quando um falava de seu sofrimento, o outro proporcionava consolo. Em épocas recentes, é a compaixão do Senhor fluindo através de nós que tem transformado a tristeza em alegria.

Senhor, ajuda-me a demonstrar a compaixão que meu cônjuge necessita, para que ele possa enfrentar os altos e baixos da vida.

? Como você vai demonstrar a terna compaixão e consolo de Deus à tristeza de seu cônjuge?

4 DE MARÇO

compaixão

Compaixão abnegada

Portanto, como povo escolhido de Deus [...] revistam-se de profunda compaixão... —COLOSSENSES 3:12 NVI

Mágoas, irritações, carências — a vida está repleta delas. Como é irônico saber que o casamento, em geral, amplia essas coisas. Por exemplo, esquecemo-nos rapidamente do comentário crítico de um colega de trabalho, mas lembramo-nos do mesmo comentário durante dias — ou mais tempo — se tiver partido de nosso cônjuge. E se um amigo qualquer não demonstrar interesse por nossa conversa, provavelmente esqueceremos o assunto. Mas se nosso cônjuge não nos der atenção total, tenha cuidado!

Em geral, fazemos perguntas que só pioram a mágoa de nosso cônjuge, como: "Por que ele está se sentindo assim?", "Ela não está exagerando?" ou "Como eu me sentiria na mesma situação?", quando deveríamos perguntar: "Como posso ser mais compassivo com meu cônjuge quando ele estiver aborrecido, triste ou ansioso?".

Durante muitos anos de nosso casamento, eu (David) coloquei em prática um método simples, porém falho, para entender as reações de Teresa diante de determinadas situações. Meu método era fazer esta pergunta "racional": "Se o mesmo problema que aconteceu com Teresa tivesse acontecido comigo, eu reagiria da mesma forma que ela?". Eu raciocinava assim: *Se eu não ficasse decepcionado, ela também não ficaria, e se eu não ficasse magoado, ela também não ficaria.* Em razão disso, eu não reagia de modo carinhoso ao sofrimento de Teresa, portanto havia pouca ou nenhuma ligação entre nós. Na verdade, minhas reações só pioravam a situação.

Com o tempo, o Espírito Santo incomodou meu coração em meio às minhas perguntas com esta verdade dolorosa e condenatória: "David, o problema não se refere a você; refere-se a *Teresa* e ao *sofrimento dela*. Você permite que Eu cuide dela por *seu intermédio*?".

> *Pai — por meu intermédio — estenda Sua compaixão a meu cônjuge!*

O que você pode fazer hoje para demonstrar verdadeiramente compaixão abnegada ao seu cônjuge?

5 DE MARÇO — *confissão*

Reconhecimento sincero do pecado

Confessai, pois, os vossos pecados uns aos outros. —TIAGO 5:16

Algumas das mudanças mais dramáticas no casamento ocorrem quando o casal se dispõe a investigar até que ponto um magoou o outro e quando cada um faz a si mesmo estas perguntas: "Rejeitei meu cônjuge? Fui desrespeitoso ou insensível? Eu o magoei com prioridades egoístas ou distorcidas?".

Depois, cada cônjuge poderá passar um tempo a sós com Deus, confessando (reconhecendo) os erros cometidos. Emergirá uma tristeza piedosa, um coração quebrantado pelo verdadeiro conhecimento da morte de Cristo e do perdão de Deus. Então, agradecido e contrito, cada cônjuge sente uma necessidade divina de buscar o perdão do outro.

O Senhor costuma me lembrar de quanto demorei para entender o significado da verdadeira confissão. Para mim, a palavra *confessar* significava "dizer o mesmo" que Deus diz, concordar com Ele. Mas um dia — enquanto participava de um estudo na igreja, sentindo-me culpado por minhas atitudes egoístas com Teresa de manhã, Deus iniciou uma obra profunda em mim. Parei um instante para orar, tentando me livrar da voz incriminadora do Espírito Santo e continuar meu ministério naquele dia. Orei assim: "Foi um erro eu ter sido tão egoísta e insensível com Teresa". Então, ouvi o Espírito Santo replicar claramente: "David, você deseja de fato 'dizer o que Eu digo' sobre seu pecado?".

Antes que eu pudesse reagir, a rápida continuação das palavras do Espírito Santo me quebrantaram o coração e mudaram para sempre o modo como eu entendia a confissão: "David, digo que seu pecado esta manhã foi um dos motivos pelos quais Cristo teve de morrer". Um arrependimento profundo me invadiu o espírito e senti uma certeza inexplicável de que Ele me purificara e perdoara.

Aquele dia mudou o modo como pratico a confissão: a Deus e à minha esposa.

Pai, traga-me constantemente a ti para reconhecer meus erros, em seguida leva-me com gratidão e perdoado a confessá-los a meu cônjuge.

> **?** Existem pecados que você necessita confessar a Deus e a seu cônjuge hoje?

6 DE MARÇO — *confissão*

Confessar não é fácil

Mas ele foi transpassado por causa das nossas transgressões, foi esmagado por causa de nossas iniquidades... —ISAÍAS 53:5 NVI

Em nossos congressos, há muitos casais que se queixam de falta de amor e de mágoas no casamento porque não praticam a confissão genuína um com o outro. Em vez disso, muitos dizem chavões inócuos como: "Lamento se o ofendi". Outros se desculpam de modo manipulativo: "Lamento, perdi a calma, mas estou farto de seu...". E outros tantos não pensam em confessar o erro nem pedir desculpa. Acham que, com o tempo, a mágoa desaparecerá.

A confissão é um dos mandamentos bíblicos mais difíceis de seguir, e torna-se mais difícil ainda quando o casal não entende o significado da verdadeira confissão. Eu (David) creio que podemos entender melhor a verdadeira confissão quando personalizamos essa parte importante de nossa fé e casamento.

O sacrifício de Cristo no Calvário tornou-se tão comum para nós cristãos que perdeu seu impacto pessoal. O eixo central da história da humanidade perdeu o impacto. Isso me levou a memorizar a Bíblia e meditar nela, para ter certeza de que não aceito como fato normal sua relevância e impacto. Por exemplo: "Ele foi transpassado por causa das *minhas* transgressões; foi esmagado por causa de *minhas* iniquidades". A troca do "nossas" por "minhas" deu à minha vida um pouco mais do impacto deliberado do Espírito Santo. Minha carne pensava em *nosso* pecado: Ele queria que eu visse *meu* pecado.

A palavra *confissão* deriva de duas palavras gregas que significam "falar o mesmo". Se sou egoísta, crítico ou desrespeitoso, preciso primeiro "falar com" Deus (1 JOÃO 1:9) e depois com meu cônjuge (TIAGO 5:16). Mas preciso estar pronto para aceitar o sofrimento da morte de Cristo por meus pecados — também fui responsável por Seu assassinato! Nosso coração precisa ser quebrantado antes, para que o ministério do perdão, da cura e da reconciliação no casamento inicie.

Conceda-me, ó Deus, um coração puro e prontifica-me a fazer as pazes com meu cônjuge.

> O que você fará hoje para iniciar o processo que resultará em confissão em seu casamento?

7 DE MARÇO *confissão*

Errado? Quem, eu?

Confessei-te o meu pecado e a minha iniquidade não mais ocultei.
—SALMO 32:5

Os cristãos gostam muito dos Salmos em razão da sinceridade e da vulnerabilidade que demonstram. Mas os Salmos também nos revelam os "jogos" que praticamos com Deus. Neste versículo, o salmista demonstra a retidão e a responsabilidade pessoal de que necessitamos quando confessamos nosso pecado.

A escolha do salmista pelas palavras "minha iniquidade não mais ocultei" é interessante e poderosa. Não é incrível saber que achamos que podemos esconder nosso pecado de Deus? Imagine a criatura escondendo algo do Criador onisciente! O versículo nos mostra que o primeiro passo para a verdadeira confissão é parar de "esconder" nosso pecado — de Deus e de nosso cônjuge.

Em uma manhã, por volta das 10 horas, David e eu estávamos em seu consultório planejando o que faríamos à noite. Eu o pegaria depois do trabalho e nos encontraríamos com nosso filho, Eric, para jantar. David disse que terminaria o expediente às 18h30. Bom, pensando em experiências anteriores, eu *sabia* que ele se atrasaria, portanto lhe disse — com muito sarcasmo — que o encontraria por volta das 19 horas. Ao ir embora, percebi que havia pecado, e sabia que precisava confessar minha atitude errada a Deus e a David.

A maioria de nós não gosta de confessar nossos erros. A maioria de nós não sabe como fazer isso. Mas confissão é simplesmente concordar com Deus que nossas ações, atitudes ou comportamento não estão de acordo com Seu plano para nossa vida.

Naquele dia, confessei primeiro meu pecado a Deus e depois a David. Confessei que minha atitude e palavras estavam erradas e pedi perdão. Não gosto de confessar essas coisas, porém agradeci a Deus porque Ele me ajudou a manter abertas as linhas de comunicação e de intimidade com David.

> *Deus, quando confesso a ti e ao meu cônjuge meu pecado, tudo fica bem com o Senhor e com ele.*

? O que o impede de confessar rotineiramente seu pecado a Deus e a seu cônjuge?

8 DE MARÇO — *confissão*

O caminho para a humildade

...quem a si mesmo se humilhar será exaltado. —MATEUS 23:12

Paradoxo é uma palavra que descreve grande parte da verdade de Deus. Por exemplo: "Perca sua vida e a encontrará", "Ame seus inimigos" e "Bem-aventurados os que choram". A Bíblia está repleta de uma lógica divina diferente da nossa. Conforme o profeta Isaías nos lembra, os caminhos de Deus não são os nossos caminhos, e os seus pensamentos não são os nossos pensamentos (55:8).

Entre esses paradoxos divinos estão o plano de Deus e a promessa de exaltação daqueles que aceitam Seu desafio de humilhar-se. Aceitar ser humilde é exatamente o que meu "eu" (de David) não quer fazer. Ao contrário, meu "eu" quer permanecer no orgulho e em meu senso de autoestima. Só o Espírito de Deus pode realizar uma obra de verdadeira humildade, e a verdadeira confissão é um dos meios que Ele usa para realizar essa obra.

A confissão é o caminho mais rápido para a humildade. A confissão desvia o foco da lanterna da verdade de Deus e aponta-o para nossos erros. Depois de vê-los, podemos reconhecê-los e pedir perdão, primeiro a Deus e depois aos outros — nosso cônjuge, por exemplo.

Palavras ríspidas, promessas não cumpridas ou ações ofensivas são pecados que exigem confissão — a Deus e a nosso cônjuge. Quando nos humilhamos e confessamos nossos pecados, Deus exalta-nos e exalta nosso casamento. Quando nos prostramos diante de Deus, Ele nos levanta, perdoa, purifica e abençoa.

A *confissão* é um paradoxo poderoso. Tenho visto muitos maridos ganharem o respeito da esposa porque lhe confessaram seus erros com o coração quebrantado. Ora, do quebrantamento vem a força de caráter. Do reconhecimento de nossa inaptidão vem a verdade, a aptidão centrada em Deus.

Essa vulnerabilidade pode ser assustadora, mas recompensadora também porque o valor da exaltação de um coração humilde e perdoador é inestimável.

*Obrigado, Pai celestial, por me ensinar que,
quando sou humilde, sou forte no Senhor.*

> **?** Em que áreas de sua vida você mais necessita de confissão — primeiro a Deus, depois a seu cônjuge?

9 DE MARÇO — *confissão*

Amar é nunca ter de pedir perdão?

Confesso a minha iniquidade; suporto tristeza por causa do meu pecado.
—SALMO 38:18

Lembra-se do filme *Love Story — Uma história de amor*, estrelado por Ali McGraw e Ryan O'Neal? Milhões de pessoas adoraram o filme, mas ele incluía uma mensagem dolorosamente enganadora, e essa mensagem encontra-se numa frase absurda: "Amar é nunca ter de pedir perdão".

Amar — no sentido verdadeiro — significa pedir perdão o tempo todo. Por quê? Porque, como seres humanos pecadores, todos nós criamos confusões de tempos em tempos, e o único remédio para esses erros é reconhecer nosso pecado com toda sinceridade, pedir perdão e nos dedicarmos a ação de Deus quanto ao arrependimento.

A falsa premissa por trás da frase do filme *Love Story — Uma história de amor* é que, se amarmos verdadeiramente uns aos outros, a confissão será desnecessária. Contudo, no versículo de hoje, o salmista assume o compromisso da confissão. A confissão é, de várias formas, simplesmente uma declaração da verdade.

"Sinto muito" são as duas palavras mais importantes que podemos dizer quando erramos. Teresa e eu descobrimos que "Eu errei" talvez seja melhor ainda. Essas palavras de confissão fazem parte do processo de humildade que Deus usa para nos tornar mais experientes como cristãos e como parceiros no casamento.

Continue, por favor, a confessar seus pecados a seu cônjuge, e continue a ter a certeza de que, com a ajuda de Deus, você será uma pessoa melhor. Não aceite a ideia do filme de que dizer "Sinto muito" significa que você não ama seu cônjuge o suficiente.

A confissão é importante para o amor conjugal porque reconhece os erros cometidos. É também importante, creio eu, porque é uma declaração poderosa a seu cônjuge: "Quando você sofre, eu me importo".

*Pai, queremos confessar nossos erros um ao outro,
pedir perdão e seguir Seus planos para nós.*

[?] Que providências você pode tomar hoje para vencer sua relutância em dizer as palavras "Eu estava errado" quando for necessário?

10 DE MARÇO — *confissão*

Confissão franca

O que encobre as suas transgressões jamais prosperará; mas o que as confessa e deixa alcançará misericórdia. —PROVÉRBIOS 28:13

"Você é muito chata, Robin!", eu (Teresa) ouvi meu filho dizer à irmã. "Eric, venha aqui, por favor", eu disse. "Você não deve voltar a falar dessa maneira com sua irmã. Entendeu?"

"Mas, mãe", ele replicou, "nem sempre você diz palavras agradáveis ao papai."

Ai! Aquilo doeu de verdade. Deus expôs o que eu imaginava ter escondido de meus filhos. Percebi que enviara mensagens confusas a Eric, dizendo uma coisa com palavras e ensinando outra com meu comportamento. Agora eu sabia quem ele estava imitando.

Eu não tinha percebido o impacto causado por algumas palavras desagradáveis que dizia a David. Usando meu filho, Deus me mostrou quanto eu costumava magoar meu marido. Sabia que chegara a hora de confessar aquele pecado e pedir perdão a ele. Aproximei-me de David e disse: "Amor, sinto muito por tê-lo tratado com tanta grosseria". Ele me abraçou e, satisfeito, perdoou-me.

Depois, David e eu conversamos com nossos filhos sobre o que acontecera. Queríamos que eles entendessem que não basta saber que cometemos um erro. Tentamos ajudá-los a entender que arrependimento verdadeiro significa confessar francamente o erro cometido.

Encobrir nossos pecados é uma reação totalmente humana com as quais nos deparamos. No entanto, temos o compromisso perante Deus de dizer a verdade, que nos liberta para amar. E Ele se compromete a nos libertar, e isso o leva a expor nosso pecado. Deus percorre distâncias inimagináveis para nos conduzir à confissão e à mudança.

Pai, exponha nossos pecados — todos eles — para que eu e meu cônjuge os confessemos francamente.

? Que pecados — em palavras, ações ou atitudes — você está escondendo e que necessitam ser confessados e abandonados hoje?

11 DE MARÇO — *confissão*

Curando feridas: confissão e perdão

Se confessarmos os nossos pecados, ele é fiel e justo para nos perdoar os pecados e nos purificar de toda injustiça. —1 JOÃO 1:9

Teresa e eu magoamos um ao outro. Não temos a intenção, porém magoamos. E essas mágoas simplesmente não desaparecem sozinhas. O tempo não cura ressentimentos espontaneamente. Precisamos confessar o pecado por trás da mágoa e pedir perdão um ao outro.

É triste perceber que meu egoísmo, minha atitude desagradável e minhas palavras ríspidas são alguns dos pecados que enviaram Cristo à cruz. Sua redenção e perdão me libertam para confessar meu pecado à minha esposa e pedir-lhe que me perdoe.

O Espírito de Deus me desafia a ver o quanto tenho magoado Teresa e a me entristecer por minha atitude grosseira, Ele também promete que, pelo fato de ter me perdoado, devo confessar meu pecado à pessoa que mais amo. Ainda é difícil dizer à minha esposa: "Teresa, eu a ofendi com minha língua ferina. Estava errado. Por favor, perdoe-me". Sei, porém, que é o primeiro passo para eu ser libertado pelo perdão. Quando Teresa responde: "Obrigada, David. Eu lhe perdoo", sinto-me purificado.

Sinta-se encorajado a praticar a confissão e o perdão com seu cônjuge. Na verdade, sugiro que cada um de vocês passe um tempo a sós para preparar uma lista das mágoas que causaram um ao outro. Pergunte a si mesmo: "Tenho sido egoísta, crítico, negativo, insensível, desrespeitoso, agressivo com palavras ou indiferença?". Depois, pegue sua lista e confesse cada item a Deus e receba Seu perdão. Em seguida, voltem a se reunir, exponham as listas e peçam perdão um ao outro. Sinta a liberdade do perdão — de Deus e de seu cônjuge.

Pai, exponha minhas justificativas e ajuda-me a ver e a confessar o quanto tenho magoado meu cônjuge.

> **?** Que providências você vai tomar hoje para reconhecer o pecado que cometeu contra seu cônjuge e, depois, confessá-lo a Deus e a ele?

12 DE MARÇO

consideração

Consideração irrestrita pelo cônjuge

Júlio tratava Paulo com bondade... —ATOS 27:3 NTLH

O médico Lucas relata a viagem de Paulo a Roma como prisioneiro. Lucas registrou que, na cidade portuária de Sidom, Paulo foi bem tratado por Júlio, um oficial romano, que lhe permitiu "ir ver os seus amigos e receber deles o que precisava". Júlio levou em consideração a necessidade de Paulo de amizade e apoio.

No contexto do casamento, consideração significa ver além do status ou posição de alguém e perceber as necessidades específicas daquela pessoa. Inclui tomar a iniciativa de expressar seu cuidado com base no que ouviu falar dela. A consideração no casamento baseia-se em uma vida inteira de "aprendiz" com seu cônjuge — procurando entendê-lo, para poder amá-lo mais.

O apóstolo Pedro referiu-se a isso quando encorajou os maridos a serem "sábios no convívio com suas mulheres" (1 PEDRO 3:7 NVI). Provérbios encoraja as esposas: "Cuida bem dos negócios de sua casa" (31:27 NVI). Esse tipo de entendimento prepara o caminho para o amor e a consideração do cônjuge.

Eu (David) posso demonstrar consideração por Teresa como ninguém mais porque a conheço muito bem. Por exemplo, sei que devo comprar flores para ela, não doces. Sei que cores ela gosta e a marca de seus perfumes e sabonetes preferidos. Sei que ela gosta de reuniões sociais, mas não de voltar muito tarde para casa. Sei que ela prefere que eu dirija o carro, mas com cuidado. Sei que ela gosta que eu lhe abra a porta. Ela gosta de "observar pessoas", fazer compras e tomar café — descafeinado depois das 17 horas.

E "considero" todas essas coisas especiais que fazem de Teresa a mulher que ela é — Teresa — e eu a amo.

Obrigado, Pai, por meu cônjuge único e especial e por conceder-me a habilidade de dar-lhe a devida consideração.

? O que você pode fazer hoje por seu cônjuge que ninguém mais saberia fazer?

13 DE MARÇO *consideração*

Consideração requer sacrifício

Mais bem-aventurado é dar que receber. —ATOS 20:35

O amor não é amor verdadeiro sem sacrifício, sem que o cônjuge se doe. Nossa vida seria vazia se não Deus não nos tivesse dado um exemplo de amor sacrificial quando entregou Seu Filho por nós. Ele fez o sacrifício supremo em nosso favor, e também nos deu um exemplo da bênção que recebemos quando somos generosos.

Receber é o foco onde o ser humano tende a estar. Cada um de nós tem um pouco da perspectiva autocentrada do filho pródigo: "dá-me" (LUCAS 15:12). Esse foco pode estar relacionado ao medo de que "se eu não cuidar de mim, ninguém mais cuidará". Eu, porém, liberto-me desse medo quando aceito a verdade do evangelho do amor sacrificial de Deus. Ela me assegura que alguém está cuidando de mim, e esse alguém é Deus! O amor sacrificial é contagiante.

No entanto, qual é o propósito de nosso amor sacrificial? Para ter consideração genuína pelas ideias, sentimentos e necessidades de outra pessoa, eu (David) preciso dispor-me a deixar os meus de lado. Pergunto muitas vezes a Teresa como ela deseja passar uma tarde de folga, na esperança de ela queira o que eu quero. Não estou mostrando verdadeira consideração, certo?

É necessário sacrifício para concentrar-se nas necessidades de outra pessoa, porém isso traz uma alegria indizível. Dá a Deus a oportunidade de conceder-nos a maior bênção que recebemos quando nos doamos a alguém.

Mostrar consideração não significa que eu não possa ter ideias, sentimentos e necessidades próprios. Mas sei que Deus cuidará de mim se eu colocar os desejos de minha esposa acima dos meus. Posso confiar em Deus que, se eu abrir mão da boa medida, recalcada, sacudida, ele me devolverá uma medida transbordante (LUCAS 6:38)!

Hoje, Senhor, sensibiliza-me a ouvir meu cônjuge,
para levar em consideração suas ideias e sentimentos,
e em seguida com amor dar de mim mesmo.

? De que formas você pode levar em consideração, e com amor, os desejos de sua esposa hoje, deixando os seus de lado?

14 DE MARÇO — *consideração*

Sozinha em casa

Consideremo-nos também uns aos outros, para nos estimularmos ao amor e às boas obras. —HEBREUS 10:24

No texto bíblico de hoje, o autor da carta aos Hebreus apresenta sabedoria relevante para todos os cristãos, e isso inclui um número incalculável de casais. Ele nos encoraja a ter o simples objetivo de nos considerarmos uns aos outros na confiança de que essa consideração nos estimulará "ao amor e às boas obras".

A promessa dentro desse versículo transmite esperança renovada a todos os casais, e deveria incentivar-nos a ter o objetivo de considerar verdadeiramente um ao outro. Mas de que maneiras específicas devemos "considerar" um ao outro?

Para mim (Teresa), a questão mais importante não é encontrar maneiras específicas de "considerar" David, mas transformar nossa consideração um pelo outro em um hábito e modo de vida diários. Este é um exemplo do que estou falando:

David estava trabalhando em outro escalão e precisava passar uma semana em Tennessee. As reservas aéreas exigiam que David passasse o fim de semana por lá, então ele me comprou uma passagem para eu ir a seu encontro. Eu queria muito passar um tempo de qualidade com ele, mas um fim de semana longe de casa não era minha escolha. Veja, David e eu viajamos muito, principalmente nos fins de semana. Nos últimos anos, passei a maioria dos fins de semana longe de casa. Embora a maioria das pessoas considere regalia passar um fim de semana fora de casa, eu considero isso uma espécie de fardo.

Não havia, porém, nenhuma dúvida em minha cabeça do que eu ia fazer. Atender ao desejo de David de me ver me trouxe mais alegria que ficar sozinha em casa. Agradeci porque ele queria que eu passasse o fim de semana em sua companhia, e fiquei feliz por "considerar" seu desejo de que eu viajasse para estarmos juntos.

*Pai, ajuda-me a sempre considerar as necessidades
do meu cônjuge.*

> Que oportunidades Deus apresenta a você com regularidade para "considerar seu cônjuge"? Como você pode aproveitar ao máximo essas oportunidades?

15 DE MARÇO — *consideração*

Não se esqueça de mim

[Ele] é poderoso para fazer infinitamente mais do que tudo quanto pedimos ou pensamos... —EFÉSIOS 3:20

Muito antes de eu (David) saber quais eram minhas necessidades, Deus já as havia levado em consideração. Muito antes de eu reconhecer minha necessidade por Seu filho, Ele já o havia escolhido como meu substituto. Muito antes de eu saber que precisava de perdão por meus pecados, o Senhor já havia tomado providências para que aquele perdão se tornasse realidade. Antes de eu respirar pela primeira vez, meu Pai celestial já havia me incluído em Seus planos para a eternidade. Até hoje, Ele está atento a cada necessidade minha.

A consideração genuína é assim. A consideração genuína considera a necessidades do outro e reage com amor — mesmo sem ser solicitada. Ela dá atenção sensível ao presente e faz provisão para o futuro. Levar em consideração as necessidades ou ponto de vista dos outros — é em torno disso que o amor de Deus gira.

A passagem bíblica de hoje expand a verdade do cuidado desmedido de Deus por nós e o fato de que ele pensou em nós antes que soubéssemos quais eram as nossas necessidades. Ninguém pode sequer sonhar com a bondade que Deus tem em mente, com o cuidado que Ele tem em estoque.

Só o fato de contemplar esse amor nos leva a "dar de graça" àqueles à nossa volta (MATEUS 10:8), começando com nosso cônjuge. O cuidado desmedido no casamento é uma possibilidade atraente, uma possibilidade da qual minha esposa e eu gostamos.

É muito importante para mim quando Teresa nota que minha semana está exageradamente agitada e preenche-a com toques especiais e ternos de amor, como uma refeição favorita após um longo dia, fazendo-me carinhos em minha poltrona em casa ou dando-me um abraço confortador na hora de dormir. Quando Teresa faz isso, sei que ela me *considerou*, e é bom demais!

> *Pai, peço que me ajude a ver além da rotina para eu poder enxergar as verdadeiras necessidades.*

[?] De que formas você pode "considerar" seu cônjuge hoje sem que ele tenha de pedir?

16 DE MARÇO — *consideração*

Considere isto

[Ela] atende ao bom andamento da sua casa... —PROVÉRBIOS 31:27

Vocês já saíram com um casal amigo e um de vocês humilhou o outro? Sim, reagindo exageradamente até o ponto de constrangê-lo? Ou interrompendo-a quando ela estava falando só para deixar claras as suas opiniões? Ou não se comportou como um adulto que ama o cônjuge?

Eu (Teresa) já. Às vezes, fico tão preocupada em saber se o casal com quem saímos está gostando do passeio, que me esqueço de ser sensível a David. Receio que o outro casal não esteja se divertindo, não goste de nós ou não queira sair conosco outra vez, portanto concentro toda a atenção neles, deixando David de fora da conversa.

David não é uma pessoa que reclama quando isso acontece, mas sei que fica magoado — e com razão. Esse tipo de comportamento envia a mensagem de que ele não é a pessoa mais importante de minha vida, que o casal com o qual saímos é mais importante. Não é o que sinto, mas os atos falam mais alto do que as palavras.

Não importa se vocês estão em companhia de outro casal, sozinhos ou com os filhos, faça o possível para demonstrar a todos ao redor que os sentimentos e necessidades de seu cônjuge são de máxima importância para você. Esse é o tipo de consideração que precisamos dar um ao outro.

A passagem bíblica de hoje exorta as esposas a respeito desse foco. Precisamos perguntar a nós mesmos se estamos querendo agradar aos outros ou atender às necessidades de nosso cônjuge.

Deus, ajuda-me a considerar meu cônjuge em qualquer situação e com qualquer outra pessoa.

? O que você poderia fazer hoje para que os outros ao redor saibam que os sentimentos e necessidades de seu cônjuge são sua prioridade?

17 DE MARÇO

consideração

Você é importante para mim

> *...humildemente considerem os outros superiores a si mesmos.*
> —FILIPENSES 2:3 NVI

Embora confessasse ser cristão, Don disse à sua esposa, Kathy, que não iria à igreja, que não via necessidade disso e deixou claro que não queria ser importunado a esse respeito. Todas as manhãs de domingo Kathy levantava-se, preparava o café, vestia-se e vestia os três filhos — enquanto Don permanecia sentado, lendo o jornal. Ele achava bom Kathy e as crianças frequentarem a igreja, se essa fosse a escolha delas. Mas ele preferia o jornal de domingo.

Kathy estava convencida de que o problema de Don tinha origem no fato de que os pais dele o deixavam na porta da igreja todos os domingos, mas não punham os pés dentro. Portanto, embora se sentisse frustrada pela falta de interesse do marido, ela estava determinada a criar os filhos na igreja.

O comportamento de Kathy causava boa impressão a Don. Ele admirava os esforços dela para ir com os filhos à igreja e era comum se sentir culpado ao vê-la andando apressada pela casa nas manhãs de domingo. Apesar de discordar das escolhas do marido, Kathy nunca se queixou nem o censurou. Às vezes, sentia-se tentada a criticá-lo na frente dos filhos ou a "esquecer" de preparar o café da manhã no domingo enquanto ela e os filhos se aprontavam. Deus, porém, deu-lhe força para resistir àquelas tentações e confiança de que ela estava agindo certo ao "considerar" o marido, apesar das escolhas dele.

Um domingo, Don pulou da cama quando o despertador tocou e correu para acordar os filhos. Sem acreditar, Kathy perguntou: "Ei, o que está acontecendo?". Don respondeu: "Meu amor, quero ajudá-la, porque você está agindo corretamente. Precisamos criar nossos filhos na igreja, e você me mostrou isso de modo muito carinhoso".

> *Deus, ajuda-nos a demonstrar consideração entre nós de todas as formas possíveis, especialmente respeitando a escolha do outro.*

[?] Como você pode mostrar consideração por seu cônjuge hoje de forma que dê um bom exemplo para ele?

18 DE MARÇO *consideração*

Considerando as necessidades de seu cônjuge

...quanto mais vosso Pai, que está nos céus, dará boas cousas aos que lhe pedirem? —MATEUS 7:11

O Pai celestial é nosso exemplo de dar algo o "quanto mais". Não há como exceder ao que Ele concede. Não espera para ver se eu me disponho a dar antes dele. O casamento proporciona uma oportunidade para seguir Seu exemplo de generosidade.

Durante muitos anos Teresa e eu parecíamos estar brincando com o jogo da espera. Era mais ou menos assim: "Eu atenderei mais às suas necessidades depois que você for generoso comigo". Em razão disso, perdemos muitas "coisas boas" de Deus. Ele, porém, ensinou-nos aos poucos a respeito desse tipo de generosidade.

Use este exercício para ajudar você e seu cônjuge a entrar em contato com este tipo de "consideração" — dar, em outras palavras. Marque os itens de que você mais gosta e os itens de que seu cônjuge mais gosta.

Meu cônjuge gosta	Atividade	Eu gosto
	Ficar de mãos dadas	
	Tomar banho juntos	
	Dar um passeio juntos	
	Comer seu prato favorito	
	Receber carinho ou massagem nas costas	
	Ouvir "Eu te amo"	
	Ser elogiado por suas realizações	
	Ajudar a cuidar dos filhos	
	Ter uma conversa tranquila	
	Ser procurado sexualmente	

Comparem as listas, e não espere que seu cônjuge tome a iniciativa. A maioria dos casais não tem mais que uma "consideração" em comum. Um motivo a mais para você considerar essas coisas com mais atenção e frequência.

Ajuda-me, Pai, a ser generoso de maneiras inusitadas.

? De que maneiras você pode demonstrar "consideração" a seu cônjuge, além das mencionadas nesta reflexão?

19 DE MARÇO — *conselho*

Reflexão e sabedoria compartilhadas com amor

Ouve o conselho [...] para que sejas sábio... —PROVÉRBIOS 19:20

A questão de aconselhar é desafiadora no casamento, tanto para quem dá conselho como para quem o recebe. Dar conselho significa que eu (David) tenho de compartilhar minhas reflexões de maneira carinhosa, quanto tiver permissão para isso. Deus também deseja que eu seja franco ao aconselhar minha esposa, por isso, às vezes, preciso me humilhar e pedir a ela que compartilhe suas reflexões comigo. Que belo chamado à maturidade!

Em um relacionamento maduro, precisamos pedir conselho um ao outro para lidar com o casamento, com os filhos e com o trabalho. Precisamos fazer estas perguntas: "Na próxima vez que eu perceber que você está se sentindo muito (frustrado, retraído, triste), que reação gostaria que eu tivesse?", "Você parece ter mais paciência do que eu quando as crianças começam a (adiar as tarefas, retrucar). O que você sugere que eu faça?", "Por que você acha que tenho tantos problemas com meu chefe? Há algo em mim que necessite ser mudado?".

A sabedoria resulta de ouvir conselhos. Cresço em sabedoria quando peço ajuda a Teresa para tomar decisões e ela atende ao meu pedido. Só ela me conhece a ponto de dizer a verdade que necessito ouvir. Adquiro, então, discernimento e riqueza de conhecimento que me tornam mais semelhante a Cristo. Ao ouvir seus conselhos, sinto-me mais preparado para tomar decisões certas e mais habilitado para me relacionar com os outros.

Teresa e eu pensamos assim: Deus nos vê como "dois em um". Em razão disso, a ajuda que recebo de minha "outra metade" parece verdadeiramente sábia!

Pai celestial, concede-me sabedoria para pedir conselhos a quem cuida de mim — começando com meu cônjuge.

> **?** Em que área você poderia adquirir conhecimento depois de receber conselho de seu cônjuge? Quando você lhe pedirá esse conselho?

20 DE MARÇO

conselho

Conselho vindo do Livro

O conselho do Senhor dura para sempre... —SALMO 33:11

O conselho sábio tem raízes no Senhor, Aquele que é eternamente sábio. O conselho que se baseia apenas em experiência ou impressão pessoal é imperfeito em razão de nossa natureza humana. É o conselho de Deus, extraído de Sua Palavra e posto em prática na experiência humana, que resiste ao teste do tempo e é perfeito em sua sabedoria. Os casais que, juntos, buscam sabedoria nas Escrituras encontram união quando veem além de seus desejos individuais e submetem o coração à verdade eterna de Deus. Os casais que leem as Escrituras juntos encontram unicidade quando confiam na direção de Deus em sua jornada espiritual.

Ao desviar o pensamento para considerar Seu conselho, desvio também o olhar de meus preconceitos. Quando Teresa e eu buscamos o conselho do Senhor sobre educação dos filhos, decisões comerciais e administração do dinheiro, saímos com uma sensação renovada de unidade. Sem dúvida, Deus e Sua Palavra têm permanecido fiéis para nos dar direção e orientação em cada questão. Mesmo quando iniciamos a busca com opiniões diferentes, a prática de nos humilhar diante da Palavra de Deus produz entendimento e humildade de coração. A busca pela sabedoria do Senhor suaviza o meu coração e o dela.

Teresa e eu assumimos o compromisso de buscar o conselho do Senhor em nosso tempo devocional diário. Há uma sensação profunda de aproximação um com o outro e com o Senhor quando seguimos o mesmo plano para as leituras devocionais. Meditamos isoladamente no texto e, no decorrer do dia, compartilhamos nossas descobertas. Essas discussões tornaram-se uma importante oportunidade para cada um de nós receber conselho e ouvir o que o outro descobriu na Escritura. Maravilhamo-nos diante da importância da Palavra de Deus para cada assunto pessoal e familiar.

Pai celestial, obrigado porque Sua Palavra
ilumina nosso caminho.

> Para qual assunto você necessita buscar o conselho do Senhor? Como incluirá seu cônjuge nesta busca por sabedoria?

21 DE MARÇO *conselho*

Você e eu, meu bem

Vem, pois, agora, e consultemos juntamente. —NEEMIAS 6:7

Houve épocas em nosso casamento nas quais eu (Teresa) quis correr para uma amiga em busca da solução rápida para um problema. Deus, porém, tem-me orientado a buscar Sua palavra e o conselho de meu marido antes de recorrer a outras pessoas.

Infelizmente, é fácil para as esposas caírem na armadilha de correr primeiro para um pastor ou amiga quando surge um assunto espiritual. Em vez de pedir ao marido que ore com ela, a esposa tende a ligar para uma amiga. Mesmo quando se trata dos filhos, as mulheres não costumam pedir conselho ao marido.

Buscar conselho fora do casamento pode acarretar uma distância maior entre o marido e a esposa. É por isso que o plano de Deus para que os dois se tornem um (GÊNESIS 2:14) inclui a unicidade espiritual de discernimento em conjunto, ou seja, encontrar a mente de Deus juntos. Uma atmosfera de confiança e intimidade aflora quando pedimos carinhosamente a nosso cônjuge que nos dê um conselho e depois agimos de acordo com ele.

Uma das formas que o diabo usava para roubar essa bênção em meu casamento com David era incentivar-me a procurar primeiro o conselho com os outros. Na tentativa de encontrar argumentos para apresentar a David, quase sempre eu ajuntava o conselho e a "evidência" de muitas outras pessoas. Isso o fazia sentir-se fora do processo e menos importante do que aqueles que eu consultara, e os conflitos surgiam. Um dia, percebemos que os conflitos resultavam mais de minha busca por conselhos que o próprio conselho. O Espírito Santo começou a me mostrar a grande mágoa de David, e me arrependi profundamente.

Creio que Deus deseja que eu peça conselho a meu marido em primeiro lugar. Quando faço isso, o Senhor desafia David a ser o marido que existe dentro dele.

Pai, lembra-me de incluir meu cônjuge sempre que eu necessitar de conselho.

? Que atitudes você pode tomar hoje para se certificar de que vai recorrer primeiro ao seu cônjuge em busca de conselho?

22 DE MARÇO *conselho*

Seu cônjuge como fonte de conselhos

...na multidão de conselheiros há segurança. —PROVÉRBIOS 11:14

Se as paredes das salas dos pastores e conselheiros pudessem falar, revelariam inúmeras histórias de pessoas sofrendo dor e tristeza. Grande parte disso poderia ter sido evitada se elas simplesmente ouvissem o conselho de um cônjuge carinhoso.

Por exemplo, o futuro financeiro de Jack foi destruído por um sócio que o fraudou nos negócios. Lembro-me de seu apelo em forma de questionamento: "Sarah tentou me avisar! Como ela sabia?". Tempos antes, Jack descartara as preocupações de Sarah, considerando-as ridículas por achar que ela não entendia nada de negócios. Apesar de não ter uma visão de raio-X, Sarah conseguiu ver coisas sobre o sócio que Jack não conseguiu. Ela possuía uma sensibilidade concedida por Deus que lhe dizia "não" ou pelo menos "espere".

Veja este outro exemplo de alguém que deveria ter aceitado o conselho do cônjuge.

Embora o relacionamento de dois meses com um vizinho amigo não tivesse chegado ao ponto de tornar-se infidelidade conjugal, o casamento de Truddy com Jay quase foi destruído. "Por que não consegui ver o que Jay via?", Truddy perguntou. "Ele tentou me dizer que nosso vizinho queria mais do que uma amizade fraterna, mas eu achei que fosse tolice de Jay". Jay conseguiu ver coisas sobre a "amizade" que Trudy não conseguiu.

O conselho dentro do casamento é uma fonte raramente explorada de bênção e proteção. Essa fonte de bênção e proteção, associada ao conselho do próprio Deus, proporciona aquela "multidão" de conselhos de que precisamos. Por esse motivo, devemos recorrer a Deus, depois a nosso cônjuge, em busca de conselho sábio. Ele nos incentiva a incluir outras pessoas em nossa busca por Sua sabedoria, mas fará isso a partir da segurança e do alicerce da união conjugal.

Obrigado, Senhor, por me dar um cônjuge que me ajuda a enxergar coisas que eu não vejo. Dê-me sabedoria para receber o conselho amoroso de meu cônjuge.

> **[?]** A quem você tende a recorrer primeiro quando necessita de conselho e sabedoria para um problema conjugal? A quem *deveria* recorrer?

23 DE MARÇO *conselho*

O conselho de um amigo

Como o óleo e o perfume alegram o coração, assim, o amigo encontra doçura no conselho cordial. —PROVÉRBIOS 27:9

Quando eu (David) estava em fase de crescimento, John Wayne era considerado o arquétipo do machão americano. Forte, autossuficiente e com ideias próprias, ele nunca admitia necessitar da ajuda de ninguém, muito menos de uma mulher. Naquela época, essas eram as marcas autênticas do "homem que é homem de verdade".

Bom, quero que minhas palavras fiquem bem claras para que o mundo inteiro veja: De acordo com os padrões de John Wayne, não sou um "homem que é homem de verdade". Por quê? Porque reconheço prontamente que quero receber conselho dos outros e necessito disso, principalmente (horror dos horrores!) de minha esposa.

Sou grato a Deus pelas muitas vezes que Teresa me apresenta suas ideias sobre uma questão ou problema que estou enfrentando. Em geral, necessito do conselho de minha esposa porque ela vê a situação por um ângulo diferente. Ela vê de uma forma que não vejo e, praticamente em centenas de ocasiões, isso fez diferença entre as boas e más decisões que tomei.

O cônjuge necessita do conselho do parceiro simplesmente por que cada um tem a vantagem de ver a questão por ângulos diferentes. Faz parte do plano de Deus que os amigos deem e recebam livremente esse tipo de conselho. E não há potencial maior para isso acontecer que a amizade abençoada que Deus planejou para o casamento.

Portanto, peça conselho a seu cônjuge e ofereça o seu. E quando receber o conselho, faça bom uso dele. Vocês necessitam da sabedoria um do outro todos os dias.

> *Senhor, ajuda-me a ouvir o conselho sábio de meu cônjuge e a oferecer-lhe conselho sábio também.*

? Em que áreas da vida você poderia usar o conselho de seu cônjuge hoje?

24 DE MARÇO *conselho*

O que devo fazer?

Onde não há conselho fracassam os projetos, mas com os muitos conselheiros há bom êxito. —PROVÉRBIOS 15:22

Qualquer um podia ver que Terry tinha muitos problemas. Era casada com um não-cristão. Ela e o marido tinham três filhos. Pelo fato de Terry ter de ficar em casa para cuidar dos filhos, o casal também tinha problemas financeiros.

Terry pediu meu conselho, e eu (Teresa) estava mais que disposta a apresentar sugestões para seu crescimento espiritual. Mas parecia que meus conselhos pouco serviam. Terry mais se queixava do que colocava meu conselho em prática. Depois de ouvir suas perturbações durante semanas, comecei a ficar preocupada e frustrada com a falta de progresso.

Contei a situação a David em uma de nossas "reuniões conjugais", para saber sua opinião. Depois de ouvir com paciência, ele disse algo para o qual eu não estava preparada: "Parece que você está tentando consertar Terry". Ele explicou que Terry era como alguém morrendo de sede — queria alívio imediato, mas não sabia encontrar soluções para seus problemas.

De repente, vi que meus esforços para ajudar Terry estavam mais focados no que eu queria oferecer do que nas necessidades dela. O conselho claro e objetivo de meu marido mostrou-me que eu deveria atender às necessidades de Terry em vez de impor-lhe minhas ideias. Os retornos constantes de Terry em busca de mais conselhos, que ela nunca aceitou, eram uma mensagem de que as necessidades dela eram tão grandes que talvez Deus não quisesse me envolver para resolvê-las. Questionei Terry por ela ser tão medrosa e oramos juntas para que o perfeito amor de Deus removesse o medo. Em vez de dar conselhos constantes, devolvi a Terry as suas perguntas e pedi-lhe que apresentasse suas ideias. Ela vibrou de alegria quando elogiei algumas de suas ótimas ideias.

Com os conselhos de David, Terry e eu estamos indo melhor.

Pai, ajuda-me a procurar conselhos com outras pessoas, e também com meu cônjuge, para exaltar Teu nome.

> **?** Que atitudes você pode adotar para ter certeza de que faz uso da sabedoria de seu cônjuge quando necessita dela?

25 DE MARÇO *conselho*

Pedir conselho?

Da soberba só resulta a contenda, mas com os que se aconselham se acha a sabedoria. —PROVÉRBIOS 13:10

A Bíblia diz muito a respeito do orgulho, mas nunca diz que ele é bom. Tiago 4:6 nos lembra que: "Deus resiste aos soberbos", e a sabedoria de Provérbios afirma que teremos contendas se formos orgulhosos (28:25). Todos nós temos a tendência de ser orgulhosos e independentes, e Deus promoveu nossa libertação. Somos lembrados de que Ele "dá graça aos humildes" (TIAGO 4:6).

E o que é humildade? Como é a humildade? O texto bíblico de hoje afirma que o orgulho produz contenda, mas que aqueles que são humildes o suficiente para buscar conselho se tornam sábios. Em resumo, a humildade é, em grande parte, semelhante a buscar o conselho dos outros — começando com nosso parceiro conjugal.

No casamento, as perguntas exploratórias podem ajudar-nos a ampliar nosso entendimento de uma questão conjugal em particular e o entendimento um do outro. E igualmente importante, isso nos torna receptivos ao conselho do cônjuge porque somos humildes o suficiente para buscar respostas. Estas são algumas perguntas que você poderá fazer a seu cônjuge:

- De que forma você gostaria que eu amadurecesse no próximo ano?
- Como posso orar por você nos próximos meses?
- Você tem alguma preocupação com nossos filhos? Como posso ajudar?
- Você se lembra do momento mais romântico que tivemos?
- Em sua opinião, quais foram os dois maiores problemas que enfrentamos este ano?
- Que pontos fortes você vê em nosso casamento e que gostaria que eu enfatizasse?

Você se surpreenderá com o que vai aprender sobre si mesmo — e seu cônjuge — se tiver a coragem de humilhar-se ou se lhe fizer essas perguntas.

*Senhor, abra meu coração para ouvir
este parceiro especial que o Senhor me concedeu.*

> **?** Se estivesse precisando de sabedoria ou conselho, que perguntas você faria a seu cônjuge?

26 DE MARÇO

corte

Abraçando com amor e zelo

...tempo de abraçar... —ECLESIASTES 3:5

A antiga sabedoria de Salomão apresenta reflexões atuais e significativas sobre a vida e os relacionamentos. Neste mundo repleto de vidas agitadas e áridas, devemos parar e dedicar um tempo às coisas simples, porém importantes e imprescindíveis. Dedicar tempo para cortejar o cônjuge parece ser tão simples que, às vezes, concluímos erroneamente que é um gesto insignificante.

Cortejar significa voltar a fazer aquelas coisas simples, como deixar bilhetes de amor, oferecer flores, ficar de mãos dadas e telefonar só para ouvir a voz dele. Significa fazer coisas que acendam a chama da atração. Significa seduzir o cônjuge, ganhar sua afeição e, como Salomão sugere, abraçá-lo.

É normal pensar que a única definição de *abraçar* seja cingir o corpo de alguém com os braços, mas abraçar também significa mostrar aceitação com alegria. Significa acolher e incluir as diferenças, idiossincrasias e interesses do cônjuge. Significa incorporar os desejos e as aspirações dele em sua rotina.

Abraçar fisicamente pode continuar a parecer um gesto comum e simplista, mas não existe melhor demonstração de intimidade que passar os braços ao redor da pessoa amada. Abraçar — apertar alguém nos braços — não é apenas sinal de cortesia e acolhimento. É também afirmar o valor da pessoa e declarar que você valoriza o relacionamento. Um toque carinhoso ou centenas de outras expressões ternas de "Amo você" — é isso que separa um relacionamento de amor de um relacionamento social.

Os casais são aconselhados a manter-se ligados um ao outro por meio de toques físicos quando se separam de manhã e voltam a encontrar-se à noite. Não permita que os filhos, a rotina diária ou o noticiário noturno roubem esses poucos momentos de afirmar seu compromisso de fidelidade e carinho.

Senhor, ajuda-nos a demonstrar a gratidão
que sentimos um pelo outro no calor de nosso abraço.

? Quando você começará a dar atenção a dádiva de abraçar seu cônjuge com carinho e ternura?

27 DE MARÇO

Namoro conjugal

...estou doente de amor. O seu braço [...] direito me abrace.
—CÂNTICO DOS CÂNTICOS 2:5,6 NVI

Você se lembra de como é estar doente de amor? Sim, aquela sensação de desejar ardentemente o abraço e o toque carinhoso de seu cônjuge?

Talvez você tenha se sentido assim por ter estado longe de seu cônjuge — pelo menos por uns tempos. Talvez tenha se acostumado a essa dor quando você e aquele que viria a ser seu cônjuge se separaram por algum tempo, mas descobriram que não queriam ficar longe um do outro de maneira alguma. Ou talvez tenha havido momentos de separação causados por trabalho, saúde ou problema na família.

Lembre-se daquele tempo e da saudade que sentiu da pessoa amada. Quando sentimos saudade de quem amamos, parece que o tempo para. Parecia que aqueles poucos dias antes de vocês voltarem a se unir se arrastavam lentos demais.

Agora, lembre-se da emoção do reencontro depois de passar tempo longe da pessoa amada. Lembra-se daquele primeiro abraço? Lembra-se da sensação profunda de proximidade e romance que sentiu com ela?

Eu (David) creio que esses sentimentos podem ser reacendidos no casamento. Como? Incluindo o namoro no casamento como forma de romantismo.

O namoro ajuda a manter vivo o romance. Não estou falando de tempo em família com os filhos nem de tempo com outros casais. Estou falando de duas pessoas saindo sozinhas e divertindo-se juntas. Por exemplo, Teresa e eu gostamos de saborear um *brunch* aos sábados, ver um filme ou tomar um sorvete à tarde e observar as pessoas no parque, ou apenas de um jantar tranquilo.

Há muitas maneiras de fazer isso. Revezem-se para escolher o que desejam fazer, ponham um sorriso no rosto e sigam em frente!

Senhor, obrigado pela oportunidade de fortalecer os laços românticos a sós com meu cônjuge.

? Que passeio você e seu cônjuge podem fazer esta noite para reacender a chama do romance em seu relacionamento?

28 DE MARÇO — *corte*

Venha comigo!

Levanta-te, querida minha, formosa minha, e vem.
—CÂNTICO DOS CÂNTICOS 2:10

David e eu não chegamos a namorar. Casamo-nos na flor da idade, com 16 anos. Depois vieram a faculdade, os filhos, o trabalho, e o simples fato de tentar sobreviver parecia engolir nossa vida conjugal. Enquanto amadurecíamos no amor, reconhecemos a falta que aquela parte do casamento nos fez.

Ao longo dos anos, quando nos tornamos cristãos e consolidamos nossa vida conjugal, David e eu aceitamos aquela mentira que parece ser lugar-comum hoje, principalmente entre os casais cristãos — a mentira de que, nestes tempos em que a média de divórcio chega a 50%, estamos indo bem só pelo fato de estar juntos. Ao aceitar essa mentira, fomos aos poucos nos conformando com menos do que Deus desejava para o nosso relacionamento. Agíamos de modo semelhante ao da rã que se senta na água cada vez mais quente e se sente bem, sem saber que em breve morrerá cozida.

Agradecemos a Deus porque Ele nos despertou e nos desafiou a sair da mediocridade e ir atrás da abundância. Esse desafio tornou-se claro para nós após uma viagem que fizemos para nos divertir e relaxar. David abriu mão do que queria para tornar a viagem agradável para mim. Afrouxei as rédeas e permiti que ele assumisse o controle. Foi como se ele estivesse me cortejando pela primeira vez.

O tempo de corte foi bom, mas quando voltamos para casa retornamos rapidamente aos antigos hábitos: David preocupado com tudo, menos comigo, e eu tentando controlar tudo. Logo percebemos que nos esquecemos de trazer para casa o que encontráramos na viagem.

No contexto do casamento, cortejar é encontrar tempo todos os dias para dizer: "Amo você" de muitas maneiras simples. É assim que os casais fazem o cônjuge sentir-se especial e amado. Diga: "Venha comigo" para reativar a união e o romance no casamento!

Pai, ajuda-me a tomar a iniciativa
de "cortejar" meu cônjuge todos os dias.

? De que maneiras especiais você começar a "cortejar" seu cônjuge hoje?

29 DE MARÇO

corte

A busca do entendimento

Seu marido [...] levantou-se e foi após ela para falar-lhe ao coração...
—JUÍZES 19:3

Buscar o cônjuge é um ingrediente vital no romance, e não estamos falando de correr atrás dele pela casa em busca de afeto. Estamos falando da busca para conhecer seu cônjuge profundamente.

Buscar o cônjuge traz bênçãos conjugais maravilhosas. Por exemplo, saber qual é o sofrimento de seu cônjuge permite que você o console com eficiência, o que resulta em aproximação entre os dois. Saber como atender às necessidades dele pode criar um clima romântico.

Veja este relato maravilhoso de um marido e esposa que se aproximaram mais um do outro por terem buscado tempo para entender um ao outro.

Sheila e Walt haviam completado cinquenta anos de vida conjugal quando viajaram para participar de uma de nossas sessões de *Casamento Intensivo*. Eles criaram os filhos, cresceram na fé, organizaram uma empresa e viajaram ao redor do mundo, sempre juntos. Mas faltava romance e corte no casamento. Havia algo que reprimia Sheila, e a sensação de Walt de ser rejeitado aumentou sua tendência de dedicar-se com exagero ao trabalho, o que resultou em explosões ocasionais de intensa raiva. A mágoa e a solidão de Sheila aumentaram. E o ciclo continuou.

Dois dias depois de participar de nosso *workshop*, o casal começou a encontrar liberdade e cura após décadas de mágoas represadas. Sheila revelou ter sofrido uma experiência traumática e abusiva na infância que não contara a ninguém por mais de sessenta anos. Walt chorou quando passou a entender a indiferença de Sheila por afetos. Quando o casal programou sair no sábado à noite, ambos estavam gostando de trocar carinhos. O namoro retornou ao casamento deles!

Walt e Sheila descobriram que entender realmente o cônjuge — o que requer tempo e empatia — é parte vital de um casamento com romance e corte.

Pai, que Seu plano para sermos um seja aquele
que o Senhor deseja: espírito, alma e corpo.

> **?** Em que áreas você precisa fazer uma busca para entender melhor seu cônjuge hoje?

30 DE MARÇO

corte

Amando como Ele amou!

Maridos, amai vossa mulher, como também Cristo amou a Igreja...
—EFÉSIOS 5:25

Que mandamento Cristo estabeleceu para nós, os maridos! Conforme o texto de hoje indica, devemos amar como Ele ama.

E o que significa exatamente amar minha esposa como "Cristo amou a Igreja"? Como eu, um simples homem, posso amar alguém como Cristo amou? Como posso encontrar em mim um jeito de amar alguém dessa maneira?

Encontrei algumas respostas a essas perguntas durante o período de um ano de dedicação a devocionais, no qual estudei os Evangelhos, prestando muita atenção ao amor de Cristo e aplicando as descobertas a meu casamento com Teresa. Senti-me culpado diante das informações reveladoras que encontrei naquele estudo. Entre elas estavam:

Cristo deu o primeiro passo. Nosso Senhor tomou a iniciativa de amar. Nenhum de nós o procurou, mas Ele veio para nos buscar e nos salvar. Teresa será mais beneficiada se eu tomar a iniciativa de expressar amor, fazer planos, ajudar em casa.

Cristo deixou Seu mundo no céu e entrou em nosso mundo. O exemplo de Jesus me desafia a entender o mundo de Teresa, um mundo movimentado, com atividades fora de casa e vida social. O Senhor, então, inspira-me com amor a abandonar meu mundo passivo de leitura de livros entre quatro paredes, onde vivo satisfeito por estar sozinho, e estimula-me a amar minha esposa dentro do mundo dela.

Cristo se entregou por aqueles a quem Ele amava e continuou a entregar-se até a cruz. O Espírito Santo parece estar sempre me perguntando em voz baixa: "David, do que você abriu mão em favor de Teresa recentemente?". As respostas são, às vezes, embaraçosas e quase sempre impregnadas de culpa. Ele parece sussurrar: "Até o momento, não creio que você tenha conseguido ser mais generoso do que eu". Novas ideias surgem, inspirando maneiras criativas de expressar meu amor por Teresa.

> *Deus, ajuda-me a continuar a cortejar meu cônjuge mesmo depois de muitos anos de vida conjugal.*

[?] De que maneiras você pode "abandonar seu mundo" e entrar no mundo de seu cônjuge hoje?

31 DE MARÇO

corte

Flores? Para mim?

...mostra-me o teu rosto, faze-me ouvir a tua voz, porque a tua voz é doce, e o teu rosto, amável. —CÂNTICO DOS CÂNTICOS 2:14

Lembra-se de como você e seu cônjuge se tratavam nos tempos de namoro? Lembra-se daqueles gestos — simples ou grandiosos — que lhes diziam quanto vocês eram especiais um para o outro? A corte é uma fase maravilhosa no casamento, e deixa muitas lembranças espetaculares ao casal.

Muitos casais acreditam que a época de romantismo termina depois de algum tempo de vida conjugal. Mas eu (David) quero que você saiba que pode continuar a cortejar a pessoa amada, mesmo depois do casamento.

Infelizmente, só voltei a escrever bilhetes de amor depois de muitos anos de casados. Em minha primeira carta a ela, escrevi esta frase simples: "Quando me lembro das muitas vezes que a decepcionei, fico feliz por Deus ter-lhe dado um coração generoso. Eu a amo".

Selei a carta, coloquei-a no correio e aguardei com grande expectativa que Teresa a recebesse em casa. Vários dias passaram, e o cartão não chegava, até que finalmente Teresa veio ao meu encontro na porta com um ar tão acolhedor no rosto que me deu a certeza de que a carta havia chegado. Nós dois fomos muito recompensados por aquela atitude de enviar a carta. Deus começou a incutir em mim um romantismo que reacendeu a chama de nosso relacionamento.

O romantismo aumentou quando, algumas semanas depois, telefonei para Teresa e disse estas simples palavras: "Liguei só para saber como está seu dia e dizer que a amo e não vejo a hora de voltar a vê-la à noite". Pela voz dela, percebi que as palavras lhe tocaram o coração.

Quanto tempo faz que você não envia um cartão a seu cônjuge ou liga para dizer "Amo você"? Faça isso hoje. O resultado valerá a pena.

Deus, ajuda-nos a fazer elogios um ao outro
para demonstrar o quanto nosso casamento é especial.

> **?** Que atitude você poderia adotar hoje para reacender a chama do romantismo no seu casamento?

abril

- *corte*
- *sujeição*
- *dedicação*
- *disciplina*
- *edificação*
- *encorajamento*

1.º DE ABRIL *corte*

Mapa do amor

Quão formosa e quão aprazível és, ó amor em delícias!
—CÂNTICO DOS CÂNTICOS 7:6

A Bíblia é completa em suas instruções para a vida. Cântico dos Cânticos de Salomão apresenta orientações sobre como expressar amor no casamento. Salomão afirma que o prazer sexual na vida conjugal é uma dádiva de Deus, e expressa sua gratidão por esse fato.

Teresa e eu constatamos que muitos casais têm dificuldade de expressar livremente seus desejos e preferências quando se trata de intimidade sexual. Portanto, na tentativa de ajudar os casais a se sentirem mais à vontade nessa área, criamos um exercício ao qual chamamos de "Mapa do amor".

O exercício do *Mapa do Amor* pode intensificar a corte no casamento e produzir uma aproximação especial e apaixonada. O exercício do *Mapa do Amor* inclui os seguintes passos:

Pensem no que vocês incluiriam para ter um tempo de intimidade sexual perfeito entre os dois. Relacionem dez preferências no mínimo, inclusive momento apropriado, local e roupa. Sejam detalhistas e específicos, o máximo que puderem.

Depois que cada um completou o *Mapa do Amor,* escolham um tempo e um lugar a sós para conversarem sobre o que listaram.

Discutam os *Mapas do Amor* em detalhes até quando se sentirem confortáveis. Respondam às perguntas um do outro e esclareçam todos os pontos necessários.

Finalmente, programem dois momentos de intimidade. Sim, *planejem* esses momentos de proximidade. O planejamento produz um clima de expectativa.

Usufruam um do outro! Sugerimos que o marido atenda às preferências do *Mapa do Amor* da esposa em primeiro lugar. Depois, conforme planejado, a esposa atenderá às preferências do *Mapa do Amor* do marido.

O exercício do *Mapa do Amor* os ajudará a aprender ou a reaprender como cortejar um ao outro. Durante alguns momentos do dia, pensem com expectativa nos prazeres que ambos terão ao tornarem-se um no sentido físico.

Senhor, ensina-nos a partilhar um com o outro tudo o que possuímos — espírito, alma e corpo.

? Que atitudes você pode adotar hoje para ajudar seu cônjuge a expressar seus desejos sexuais com mais liberdade e despreocupação?

2 DE ABRIL   *sujeição*

Cedendo ao outro para o seu benefício

Sujeitem-se uns aos outros, por temor a Cristo. —EFÉSIOS 5:21 NVI

Quando demonstro sujeição a alguém significa que eu (David) entreguei meu coração à obra do Espírito Santo. Significa que estou disposto a abrir mão de meus planos, minhas preferências e minha agenda em benefício de outra pessoa. Sujeição significa que minhas necessidades nem sempre são prioridade máxima. Submeter-me ao meu cônjuge significa que me submeto a Deus e que estou ciente de cuidar das necessidades dele.

É importante observar o que a sujeição não é. Sujeição nunca é uma via de mão única. Deus não designa algumas pessoas para serem submissas e outras para serem "mandonas". Sujeição não é abandonar todos os meus desejos e ser "capacho" de alguém. Deus deseja que cada um de nós dê e também receba. Precisamos uns dos outros.

Depois de muitos anos de casamento, finalmente comecei a ver a sabedoria de demonstrar consideração às sugestões de Teresa a respeito das necessidades de nossos filhos. Muitas vezes eu tinha *certeza* de que as crianças precisavam apenas de um pouco mais de amor ou de entretenimento. Minha terna esposa, no entanto, acreditava que elas necessitavam de mais estrutura, mais rotina e mais envolvimento com o pai. A princípio, relutei em aceitar as sugestões dela, porém o Espírito Santo me trouxe à mente o versículo bíblico de hoje e me desafiou a submeter-me a Teresa, sabendo que ela também estava ouvindo a voz do Senhor. O ambiente de nosso lar mudou totalmente. Depois que pus em prática várias sugestões de Teresa e me envolvi mais na educação dos filhos, nosso lar passou a ser mais calmo e pacífico.

É impossível manter uma atitude submissa no casamento sem a obra do Espírito Santo. Podemos confiar que o Senhor moldará um vínculo comum de sujeição para trazer a paz da *unicidade* a dois corações.

> *Pai, conceda-me a graça de me entregar ao Senhor e,*
> *por consequência, a meu cônjuge.*

? Em que áreas específicas você precisa demonstrar sujeição a seu cônjuge hoje?

3 DE ABRIL — *sujeição*

Dedicação total

> *Cristo Jesus [...] não julgou como usurpação o ser igual a Deus; antes, a si mesmo se esvaziou [...] tornando-se em semelhança de homens...*
> —FILIPENSES 2:5-7

Eu (David) sou feliz porque Cristo não se apegou egoisticamente ao céu. Sou feliz porque Ele demonstrou consideração pelo meu mundo e minhas necessidades, julgando-as mais importantes que as dele.

A sujeição verdadeira sempre implica em seguir o exemplo de Cristo e abrir mão de meu modo de ser ou de meus planos. Exige sacrifício. Submeter-me significa que preciso fazer estas perguntas: "Em relação à eternidade, até que ponto meus planos são importantes?" e "Até que ponto é mais importante amar você que seguir meu caminho?".

Ainda me lembro do impacto que Efésios 5:25 causou em mim há 20 anos. Enquanto lia: "Maridos, amai vossa mulher, como também Cristo amou a Igreja e a si mesmo se entregou por ela", fui forçado a me perguntar: "O que tenho entregado a Teresa?". A questão não se referia a meu esforço para proporcionar-lhe um viver satisfatório. Não se referia ao esforço de ter tentado permanecer ou de ter permanecido com minha família, mesmo em tempos difíceis. Tudo isso era importante, porém Deus parecia me perguntar o que eu havia *sacrificado* em favor de minha esposa.

Percebi que o Senhor queria que eu me esvaziasse, humilhasse e me submetesse à minha esposa em muitas áreas. Deus queria que eu demonstrasse consideração a Tereza e abrisse mão de meu desleixo. Precisava morrer para meu egoísmo e deixar o balcão do banheiro em ordem, limpar o café que espirrei no carro. Deus queria que eu mostrasse consideração a Teresa e abandonasse a procrastinação. Queria que eu prestasse mais atenção aos reparos a serem feitos na casa e os concluísse no prazo programado. Queria que eu morresse para minha agenda egoísta e limpasse o consultório e, por último, substituísse as tábuas da cerca — conforme prometera.

> *Senhor, não retenhas Tua mão ao reformular minha vida de acordo com o que agrada a ti.*

? Em que áreas você pode demonstrar verdadeira sujeição a seu cônjuge — sacrificando-se por ele — hoje?

4 DE ABRIL — *sujeição*

Refreando a língua

Até o estulto, quando se cala, é tido por sábio, e o que cerra os lábios, por sábio. —PROVÉRBIOS 17:28

David e eu decidimos passar os feriados da primavera em um de nossos hotéis favoritos. David sabia exatamente que tipo de quarto queria. Pediu um com banheira com água quente, sacada e vista para o mar.

Quando chegamos ao hotel, constatamos que houve um erro na reserva. Nosso quarto não tinha banheira com água quente. David exigiu que nos dessem o quarto que reservamos. Após muitos minutos de negociação, conseguimos outro quarto. Mas, assim que abrimos a porta do segundo quarto, descobrimos que não tinha vista para o mar. David chamou o gerente do hotel e, depois de algumas negociações, foi-nos prometido um quarto com vista para o mar e banheira com água quente. Mudamo-nos para o quarto "certo" no dia seguinte.

Eu poderia ter feito um estardalhaço por ter de mudar de quarto três vezes em um dia e meio. Para ser sincera, houve muitas ocasiões em que reclamei. Mas naquela ocasião em particular, o Espírito Santo incutiu em mim estes pensamentos: *Teresa, isso é importante para David. Ele planejou essas acomodações especiais há muito tempo. Lembre-se de que um dos motivos para ele ter escolhido este quarto especial foi para você tomar o café da manhã na sacada. Ele sabe que você adora isso. Está tentando agradar a você.* Portanto, em vez de piorar uma situação complicada, mantive a boca fechada.

Às vezes, sujeitar-se significa permanecer de boca fechada, mesmo quando lhe for inconveniente. A mudança de um quarto para outro só levou alguns minutos, porém o mais importante de tudo foi a tranquilidade de David ao receber meu apoio.

> *Pai, ajuda-me a perceber os momentos em que meu cônjuge precisa do meu silêncio e sujeição.*

? Que atitudes você pode adotar para ter certeza de que seu cônjuge sabe que você o considera?

5 DE ABRIL — *sujeição*

Consideração pelos planos do outro

Nada façais por partidarismo ou vanglória, mas por humildade, considerando cada um os outros superiores a si mesmos. —FILIPENSES 2:3

Não entendi, durante anos, por que a infância de Teresa foi quase sempre solitária, nem por que, quando menina, ela sentia que suas necessidades e desejos eram esquecidos. Teresa cresceu em uma família de seis filhos, e três dos irmãos e irmãs eram surdos. Evidentemente, as crianças surdas recebiam muito mais atenção na casa. Quem dava prioridade aos anseios de Teresa? Quem mostrava consideração por seus sonhos e desejos? A resposta usual era: "Ninguém".

Apesar de Teresa entender a importância do cuidado aos irmãos e irmãs, causava-lhe mágoa o fato de passar despercebida a maior parte do tempo.

Não percebi esse problema logo que nos casamos, mas Deus queria que eu exercesse o papel de "demonstrar consideração" pela vida de Teresa. Ela necessitava de mim para cuidar de seus interesses, porque ninguém havia feito isso. Necessitava de mim para considerá-la mais importante que eu.

Considerar Teresa significava deixar que ela escolhesse o restaurante ou o filme ou que eu lhe dissesse palavras como: "Querida, temos este sábado livre. O que você gostaria de fazer?" ou "Teresa, li sobre um evento de celebridades no jornal. Você gostaria de ir?".

Tomei a iniciativa de fazer um esforço — por menor que fosse — para considerar o que era importante para Teresa. E adoro ver a alegria nos olhos de minha esposa quando demonstro a ela que suas necessidades são importantes para mim. É uma bênção ver sua confiança aumentar e a segurança crescer quando ela percebe que seus interesses são muito valiosos para mim.

Todas as vezes que demonstro consideração a Teresa, surpreendo-me com gratidão por ter tido a oportunidade de ajudar a curar as feridas de seu passado.

> *Obrigado, Pai, por me ajudar a ampliar minha função de "provedor". Ajuda-me a demonstrar ao meu cônjuge que suas necessidades importam mais do que as minhas.*

? Em sua opinião, quais seriam as formas de demonstrar consideração às necessidades e desejos de seu cônjuge?

6 DE ABRIL *sujeição*

Eu vou! Não, pode deixar que eu vou!

Ninguém busque o seu próprio interesse e sim o de outrem.
—1 CORÍNTIOS 10:24

Vocês já brincaram de "Quem vai sair da cama para cuidar do bebê às 3 horas da madrugada?". Permita-me descrever este jogo:

Você e seu cônjuge estão mortos de cansaço em razão das demandas da vida diária. O bebê dormiu por algumas horas, e você pegou no sono. De repente, aquela trouxinha de alegria decide que é hora de interagir com você novamente. Você continua deitado, fingindo estar dormindo profundamente, esperando e pedindo a Deus que sua esposa se levante para alimentar o bebê e trocar a fralda dele.

Teresa e eu já participamos dessa brincadeira centenas de vezes. No entanto, sou forçado a confessar que provavelmente dominei a técnica de "fingir estar dormindo". Houve apenas algumas poucas ocasiões na vida de nossos três filhos em que me levantei da cama para colaborar. Na maioria das vezes era Teresa quem acordava para atender às necessidades dos bebês.

"Não parece ser um sacrifício tão grande assim", você diria. "Sua esposa ficou em casa com as crianças; você tinha de trabalhar na manhã seguinte. Era justo que ela se levantasse para cuidar dos bebês." Vamos raciocinar com calma! Hoje estou convencido de que a disposição de Teresa para sair da cama todas as vezes que um dos bebês chorava tinha enormes implicações. Era o jeito de ela pôr em prática o amor sacrificial.

Esse é o amor verdadeiro, e não é fácil. Quando você está cansado, carente e já fez tudo o que podia para cuidar das necessidades de alguém, mas continua disposto a dedicar mais tempo a outra pessoa — isso é amor. O amor materno e sacrificial abre mão de tudo, dá em primeiro lugar e não pede nada em troca.

Essa é a descrição do amor que me abençoa — e também me desafia.

*Senhor, quero que meu amor
seja mais semelhante ao "amor materno".*

> **?** Com exceção de cuidar dos filhos, de que maneiras você poderia pôr em ação hoje o amor sacrificial e condescendente em seu casamento?

7 DE ABRIL *sujeição*

Do seu jeito ou do meu?

A sabedoria lá do alto é [...] plena de [...] bons frutos. —TIAGO 3:17

Jamais me esquecerei de uma das férias que David e eu passamos juntos. Sem ter programado nada para uma tarde, mencionei que gostaria muito de fazer compras. Quando, porém, conversei com David a esse respeito, ele disse algo mais ou menos assim: "Preferiria morrer!".

David sempre detestou fazer compras, portanto, ao pedir-lhe tal coisa naquele dia, eu sabia que estava exigindo muito dele. David encolheu os ombros e em sua face a expressão era de tristeza. Sugeriu rapidamente que eu fizesse minhas compras sozinha no shopping naquela tarde. Eu poderia comprar tudo o que quisesse, e ele me encontraria no hotel para o jantar.

A tarde livre chegou e, enquanto eu me preparava para sair, ouvi David ligar para o recepcionista do hotel e pedir um carro alugado. Então, para minha surpresa, David anunciou que me acompanharia ao shopping. Depois de pensar um pouco mais, David concluiu que, se eu queria realmente fazer compras, ele gostaria de ir comigo. Fiquei emocionada.

Recebi uma segunda bênção enquanto percorríamos as lojas. Além da surpresa de ter me acompanhado, David se mostrou atencioso e com um sorriso agradável no rosto. (Se seu cônjuge já acompanhou você a algum lugar, demonstrando má vontade, sabe como essa atitude é importante. Logo todos verão a infelicidade dele, e isso prejudica totalmente o tempo que estão passando juntos.) Descobri que David não mudou de ideia a respeito de fazer compras. Quis apenas me mostrar que se importava muito comigo colocando meus desejos acima dos dele.

Senhor, lembra-me da sabedoria de entregar meu coração ao Senhor e ao meu cônjuge.

? Em que áreas você e seu cônjuge podem satisfazer os desejos um do outro?

8 DE ABRIL *sujeição*

Compartilhe dos desejos de seu cônjuge

Prefiram dar honra aos outros mais do que a si próprios.
—ROMANOS 12:10 NVI

Teresa e eu descobrimos que, normalmente, os casais têm dificuldade de conversar a respeito das áreas que necessitam ser aprimoradas no casamento. Os casais partem para a defensiva, culpa e reclamações com muita frequência. Bob e Sherri eram um desses casais.

Aconselhamos Bob e Sherri para ajudá-los a aprender alguns truques sobre como demonstrar consideração pelos desejos um do outro. Primeiro, pedimos que preparassem uma "lista de agradecimentos", uma relação de todas as coisas pelas quais eram gratos. Depois de completar as listas, eles deveriam mostrá-las um ao outro. Esse tempo em que passaram juntos ajudou o casal a ter certeza de que ambos estavam satisfeitos com o casamento e que cada um via aspectos positivos no outro.

Em seguida, pedimos a Bob e Sherri que fizessem uma "lista de desejos", que incluiria declarações específicas e positivas sobre o que eles gostariam que mudasse ou fosse diferente no casamento. Bob incluiu esta frase: "Espero que você se sinta mais à vontade para tomar a iniciativa de me fazer carinho". Sherri declarou este desejo: "Gostaria que fôssemos mais cautelosos quando criticamos um ao outro na frente de outras pessoas, principalmente dos filhos".

Depois, Bob e Sherri leram as listas um para o outro. Isso os ajudou a evitar o ciclo destrutivo de ter expectativas não compartilhadas sobre o outro e ficar magoado e zangado quando as expectativas não se concretizam. Ao comunicar seus desejos, Bob e Sherri expressaram suas necessidades específicas um ao outro, não apenas generalidades negativas. Isso também os ajudou a não trocarem palavras ofensivas e negativas, mas encontrar uma forma positiva de comunicarem seus desejos.

Separem um tempo para vocês elaborarem suas listas de "agradecimentos e desejos".

> *Obrigado, Pai, pela força de ver além de mim e ser generoso com o cônjuge através do qual o Senhor tem me abençoado.*

? O que sua lista de agradecimentos e desejos incluiria para seu casamento e seu cônjuge?

9 DE ABRIL — *dedicação*

O firme alicerce do comprometimento

Amai-vos cordialmente uns aos outros com amor fraternal...
—ROMANOS 12:10

Dedicação significa que seu cônjuge pode contar com você para mostrar-lhe amor e interesse. Significa construir um alicerce seguro para seu casamento porque seu cônjuge sabe que você se comprometeu a amá-lo. Significa que, mesmo em meio às lutas ou desavenças conjugais, você se compromete a dizer a seu cônjuge que zela por ele. Significa que, mesmo em tempos difíceis, está seriamente envolvido com o casamento e com o Senhor.

Em minha vida (de David), dedicação significa declarar lealdade ao nosso casamento. Significa mostrar que me dedico com empenho a amar minha esposa. Significa declarar à minha esposa minha forte ligação com ela e toda a minha afeição. Significa expressar meu desejo mais sincero de amar minha esposa, mesmo nos momentos difíceis. Significa: "Vou continuar a amá-la, mesmo quando as coisas se complicarem". Dedicação significa demonstrar o amor perfeito de Deus, um amor que lança fora o medo (1 JOÃO 4:18).

Temos visto com frequência casais que passaram ótimos momentos juntos, mas sentiram rejeição ou decepção. Assim que se sente rejeitada ou desprezada, a esposa se retrai. Assim que se sente traído ou abandonado de alguma forma, o marido deixa de demonstrar amor.

Descobrimos que é comum esse tipo de comportamento ocorrer no casamento, porque a mágoa atual no relacionamento se acumula e se transforma em um reservatório de mágoas não resolvidas — da infância ou de antigos relacionamentos. Quando a lembrança de sofrimentos passados emerge, um ou os dois cônjuges se escondem sob a cobertura da autoproteção e, em consequência, as linhas de comunicação são interrompidas.

Os conselhos de outro casal podem esvaziar esse reservatório de sofrimento não curado. É assustador olhar para os sofrimentos do passado, mas a cura depende da dedicação diária e afetuosa dentro do casamento.

Senhor, ajuda-me a ser sensível às oportunidades diárias de expressar minha dedicação ao meu cônjuge.

? Como você pode expressar abertamente sua dedicação e lealdade ao seu cônjuge hoje?

10 DE ABRIL — *dedicação*

Dedicação semelhante à de Cristo

Jesus [...] em troca da alegria que lhe estava proposta, suportou a cruz.
—HEBREUS 12:2

A dedicação de Cristo ao Pai e o amor de Deus por mim o conduziram à cruz. Foi o compromisso inabalável com o Pai celestial que levou Jesus a iniciar Seu ministério, submetendo-se ao batismo por João. Foi a dedicação de Cristo ao Pai que o motivou a passar quarenta dias no deserto, sozinho e sem alimento, para que Ele fosse tentado em todos os tipos de tentação que os seres humanos enfrentam — e, ainda assim, permaneceu vitorioso. Graças à Sua dedicação ao Pai foi que Cristo suportou a rejeição, o ódio e a traição de muitas pessoas pelas quais Ele morreria. O compromisso e a dedicação de Cristo foram, por fim, revelados no momento decisivo da história da humanidade — Sua morte na cruz.

Hebreus relata que Cristo suportou a cruz em troca da alegria que lhe estava reservada. Significa que Ele desejou tanto ter um relacionamento comigo que se dispôs a morrer. A alegria do relacionamento comigo faz parte do que motivou Cristo a suportar toda a zombaria e decepção.

Precisamos provar essa dedicação para que nosso casamento sobreviva aos percalços que a vida certamente traz.

Os casais costumam pedir ajuda conjugal depois de uma tragédia na vida, como a perda de um bebê no parto, falência ou um adolescente rebelde. Nenhum de nós está livre dos sofrimentos da vida, mas os casais parecem seguir caminhos diferentes enquanto se recuperam da dor. Para alguns, a tragédia os aproxima mais. Para outros, a tragédia parece romper o relacionamento que estava fragilizado.

Os casais que sobrevivem às tragédias da vida são aqueles que exercitam a dedicação no dia a dia. Eles expressam compromisso e se dedicam um ao outro com regularidade por meio de atitudes de consideração, grandes e pequenas.

Senhor, ajuda-me a lembrar de realizar atos que manifestam dedicação ao meu cônjuge.

? Que atos que manifestam dedicação — grandes e pequenos — você pode realizar em prol de seu cônjuge hoje?

11 DE ABRIL — *dedicação*

Primeiras coisas em primeiro lugar

Tudo tem seu tempo determinado, e há tempo para todo propósito debaixo do céu. —ECLESIASTES 3:1

Antes de começar a realizar seminários, palestrando com David e ministrando às mulheres de nossa igreja, alguém me perguntou quais eram meus *objetivos* como dona de casa. Nunca me ocorrera sequer pensar nesses objetivos. Tudo o que eu fazia era trocar fraldas de bebês e transportar crianças no sistema de rodízio. Que objetivos eu poderia ter em mente? Comecei a fazer uma busca interior, e o resultado foram estes objetivos de vida: dedicação a Deus, ao marido, aos filhos e, finalmente, aos outros.

Aquilo me deu uma nova perspectiva como dona de casa. Se meus objetivos eram me dedicar inteiramente a Deus, a meu marido e a meus filhos, então eu precisava arregaçar as mangas.

Iniciei uma nova programação para o tempo devocional com Deus. Antes de as crianças se levantarem de manhã, eu me enrolava no sofá e simplesmente passava um tempo com Deus. Aprendi a ficar em silêncio e a gostar de estar com Deus.

Depois, comecei a pensar em como poderia mostrar a David que me dedicava inteiramente a ele. Comecei a demonstrar carinho a David. Verbalizava meu amor por ele com mais frequência e beijava-o quando ele saía para o trabalho e voltava para casa. Ligava durante o dia só para dizer que estava pensando nele e que o amava. Tentava todos os dias demonstrar a David que meu amor por ele era constante, sempre presente e estável.

Era comum eu ouvir esta reclamação das mulheres: "Não tenho um ministério". Deus, porém, deu-nos um ministério especial de dedicação a nosso marido e filhos. Se você se encontra em um estágio da vida no qual seu marido e filhos exigem a maior parte de seu tempo, agradeça a Deus essa fase, arregace as mangas e comece a dedicar-se inteiramente a eles.

Pai, ajuda-me a priorizar minha dedicação ao Senhor e, depois, a meu cônjuge e filhos.

> **?** Que ajustes você precisa fazer hoje em sua lista de prioridades para se certificar de que seu marido e filhos estão no lugar em que deveriam estar?

12 DE ABRIL

dedicação

Dedicando-me a mim como seu amigo

Já não vos chamo servos [...] tenho-vos chamado amigos. —JOÃO 15:15

Nos primeiros anos de casamento, estabelecemos prioridades usando sistema da "roda que range". Aquilo significava que qualquer pessoa ou qualquer coisa que "rangesse" pedindo atenção no momento recebia tratamento prioritário. Infelizmente, parecia que não estávamos "rangendo" alto o suficiente em nosso casamento.

Depois de dez anos, a aridez da agitação da vida começou a causar impacto negativo. A alegria desapareceu do relacionamento, e a amizade também. Passamos a ser duas pessoas morando na mesma casa, mas sentindo-nos muito sozinhos. Finalmente, Teresa e eu decidimos seguir o conselho que dávamos a outros casais: "Programem um tempo semanal para conversar. Não deixem por conta do acaso". Começamos a nos encontrar às terças-feiras na hora do almoço. Se fosse necessário mudar o dia durante a semana, passaríamos a discutir nossas programações nos domingos à noite.

Durante esse tempo juntos, começamos a perceber que a passagem de João 15 continha algumas revelações importantes para nós como casal. Ela narra que Jesus tinha um relacionamento de plena confiança com seus discípulos e compartilhou com eles os planos mais íntimos do Pai. Jesus conhecia os discípulos, e aparentemente achou importante que eles o conhecessem e conhecessem o Pai.

Isso nos mostrou que, para ter um relacionamento profundo e amoroso, tínhamos de nos esforçar para conhecer um ao outro. É necessário haver uma via de mão dupla. Portanto, essas "reuniões conjugais" sempre incluíam um momento em que falávamos de nossos sentimentos, mágoas, alegrias e ternura no coração.

Esse tempo passado a sós permitiu que conversássemos francamente um com o outro e cuidássemos um do outro como marido e mulher, como duas pessoas que se amam — e como amigos.

> *Pai, ensina-nos a falar um com o outro como amigos com a mesma franqueza que Jesus falava com Seus discípulos.*

[?] O que poderá ser feito hoje para dar início e cultivar uma amizade entre você e seu cônjuge?

13 DE ABRIL — *dedicação*

Quando eu tiver 64 anos

...quanto aos nossos, que aprendam também a distinguir-se nas boas obras... —TITO 3:14

Recentemente, eu me peguei cantarolando alguns trechos da velha canção dos *Beatles* "Quando eu tiver 64". Um dos versos pergunta: "Você ainda vai precisar de mim... quando tiver 64?".

É o que a maioria dos homens e mulheres casados pensa, não? Será que meu cônjuge ainda vai querer estar comigo quando as rugas me marcarem o rosto e os cabelos embranquecerem? Será que meu cônjuge ainda me amará e desejará estar perto de mim? Pergunta assustadora, não?

Nestes dias e nesta época em que poucas coisas parecem permanentes, em que as pessoas mudam de parceiro como mudam de roupa, todos nós queremos saber se o amor perdurará. No entanto, a verdadeira intimidade é construída sobre o compromisso de amar o cônjuge para sempre.

Estou comprometido com Teresa para sempre, mas não significa que não enfrentamos lutas. Temos tido nossas desavenças e passado por muitos momentos de desamor. Quando não sentia muito amor por Teresa, recorria à minha devoção a Deus. Voltava para casa a fim de acertar as coisas com ela por causa do compromisso que assumi com o Senhor no dia do casamento. Quando meu coração e meus sentimentos oscilavam, minha devoção a Deus me recolocava no caminho.

Deus me chamou para amar Teresa. Chamou-me para manter as "boas obras" de nosso casamento. Há ocasiões em que sinto como se tivesse casado há apenas trinta e cinco *dias*, e outras em que sinto cada um dos trinta e cinco *anos* que vivemos juntos. Porém, não há ninguém mais no mundo que tenha uma oportunidade igual à minha. Planejo estar casado com Teresa quando tiver 64 anos, e ela tem os mesmos planos que eu. Que bênção é a dedicação!

> *Deus, lembra-nos de nosso chamado para amar um ao outro como o Senhor nos ama.*

? De que maneiras você pode expressar hoje o compromisso assumido com seu cônjuge de amá-lo a vida inteira?

14 DE ABRIL

dedicação

Estarei com você

Disponde, pois, agora o coração e a alma para buscardes ao SENHOR, vosso Deus... —1 CRÔNICAS 22:19

Um casal de idosos sentou-se no restaurante rindo e sorrindo durante a conversa. Eu (Teresa) maravilhei-me ao ver quanto eles gostavam de estar juntos. Pareciam conhecer os pensamentos um do outro, mas cada um dedicava interesse cuidadoso ao que o cônjuge tinha a dizer. Pude ver que as rotinas deles eram conhecidas, e ambos entendiam suas preferências. Enquanto saboreavam a refeição, vi afeição mútua e ternura genuína.

Para mim, dedicação significa investimento emocional e interesse no cônjuge — depois de um período de tempo. É sinal de maturidade no casamento, e vai muito além de meras ações. Dedicação tem a ver com o coração. Você não pode apenas *agir* com dedicação; as dificuldades da vida esmagam tal dedicação.

Pedi a Deus que a dedicação fizesse parte de meu caráter. O Senhor respondeu à minha oração mostrando-me quanto Ele se dedica a mim. Eu não esperava que funcionasse assim, mas tenho buscado o Senhor e me esforçado para conhecê-lo, e Ele derrama Seu amor sobre mim. Graças à sua fidelidade e segurança é que sou capaz de mostrar a mesma devoção a David. Graças à aceitação inabalável e graça incondicional do Senhor é que posso dedicar-me a fazer o mesmo por meu marido. A devoção é segura, fundamental e de Deus.

Assuma hoje o compromisso de amar seu cônjuge de acordo com as promessas feitas no dia do casamento — quando você prometeu estar com ele "na alegria e na tristeza, na saúde e na doença, todos os dias da nossa vida, até que a morte nos separe". Faça hoje a escolha de buscar o Senhor e deleite-se em Sua dedicação a você. E, em seguida, diga a seu cônjuge que ele pode contar com você pelo resto da vida.

Senhor, torna-me totalmente consciente de Sua dedicação a mim. Inunda-me com Tua fidelidade.

Que palavras ou ações você poderia usar para demonstrar dedicação a Deus e depois a seu cônjuge?

15 DE ABRIL

dedicação

Elimine as mentiras conjugais

[Leve] cativo todo pensamento à obediência de Cristo. —2 CORÍNTIOS 10:5

"Por que eu devo mudar?", Ellen insistiu. "Pensei que no casamento eu seria aceita do jeito que sou". Dale, seu marido, apresentou esta resposta: "Se nosso casamento exige tanto esforço assim, então não somos a pessoa certa um para o outro".

Ellen e Dale tinham vários conceitos distorcidos sobre o casamento.

Muitos casais começam a vida a dois acreditando em mentiras conjugais. Acreditar nessas inverdades não é uma decisão deliberada, mas acreditar nas mentiras conjugais pode ser mais prejudicial ainda, ou fatal para o casamento. Em nossa terapia com Dale e Ellen, esforçamo-nos para desmascarar as mentiras.

Ellen acreditava na mentira de que ela não teria de mudar no casamento. Explicamos que, embora os cônjuges necessitem aceitar um ao outro incondicionalmente, cada um precisa amadurecer e crescer na fé e no casamento. Esse é o processo para nos tornarmos semelhantes a Cristo.

Dale acreditava na mentira de que se o casamento exige tanto esforço assim, então os dois escolheram a pessoa errada. Explicamos que todos os relacionamentos íntimos exigem muito esforço e que as dificuldades e os desafios não significavam que ele e a esposa tinham escolhido a pessoa errada. Significavam que ambos eram humanos.

Em geral, sugerimos que os casais separem tempo para conversar sobre as mentiras conjugais. Muitos casais consideram útil procurar um conselheiro ou mentor para discutir os conceitos errados a respeito do casamento. Incluir uma terceira pessoa com opiniões imparciais ajuda a expor as mentiras conjugais invisíveis e a identificar a verdade.

Há uma aproximação maior entre o casal quando ambos identificam as mentiras ocultas no pensamento. Reservem um tempo esta semana para que cada um revele as mentiras que mais os deixam vulneráveis e tranquilizem um ao outro com a verdade.

Ajuda-me, Pai, a levar cativas todas as mentiras, desprezá-las e substituí-las pela verdade.

> Que atitudes estão envolvidas em identificar as mentiras conjugais que você acredita serem verdades?

16 DE ABRIL *disciplina*

Limites abençoadores

Não retires da criança a disciplina... —PROVÉRBIOS 23:13

Deus estabelece limites para mim (David) porque não deseja que eu sofra os efeitos dolorosos de meu pecado. Deus impõe restrições para nos submetermos a elas porque deseja que recebamos as bênçãos que Ele nos reservou. Deus estabelece limites para que tenhamos um conjunto claro de instruções sobre como manter intimidade com Ele. O Senhor não quer que eu ultrapasse Seus limites porque não quer que eu perca comunhão com Ele.

Pense por um momento em como a disciplina dos filhos reflete o coração de Deus quando se trata de estabelecer limites. Quando dizemos a Eric, nosso filho, que ele deve andar de bicicleta na calçada e não na rua, estabelecemos um limite. Não estabeleci esse limite porque quero estragar sua diversão ou impor minha autoridade. Fiz esta restrição a meu filho porque não quero que ele se machuque. Não quero que ele perca a alegria de andar de bicicleta com segurança. Não quero perder o relacionamento com meu filho porque ele se machucou ou morreu.

O coração de Deus age de modo muito semelhante. Ele não nos deu os Dez Mandamentos ou outras regras e leis nas Escrituras porque deseja estragar nossa alegria ou para impor Sua autoridade. Deus nos ama e deseja muito nos proteger do perigo — e até de nós mesmos.

Deus estabelece regras e limites em todas as áreas de nossa vida, inclusive no casamento. A Bíblia apresenta instruções, regras e limites para vivermos dentro deles quando se trata de casamento e família.

Obrigado, Pai, porque o Senhor estabeleceu limites para eu viver dentro deles.

> Que limites conjugais Deus estabeleceu nas Escrituras para você e seu cônjuge?

17 DE ABRIL

disciplina

A disciplina do amor

Eu repreendo e disciplino a quantos amo... —APOCALIPSE 3:19

A disciplina de Deus lembra que eu (David) faço parte de Sua família. Ele estabelece limites para guiar-me porque cuida de mim. Sua correção é feita com amor para eu viver corretamente, e não um castigo por erros cometidos. A disciplina olha para o futuro, ao passo que o castigo se concentra no passado.

No início de minha jornada cristã, a disciplina de Deus parecia-me muito severa às vezes. Era difícil não ouvir a voz militar de meu pai quando a Palavra de Deus dizia, por exemplo: "Não furte". À medida que amadureço na fé, sinto grande culpa só em saber que entristeci meu Pai celestial. Parte-me o coração pensar que o ofendi com meu espírito crítico ou língua mordaz. Deus é ofendido por causa de meu pecado, assim como qualquer outra pessoa de minha família.

Em meu casamento, o olhar de mágoa no semblante de Teresa basta para eu saber que a ofendi de alguma forma. Vejo esse ar de sofrimento em seu rosto quando lhe dou uma resposta ríspida a uma pergunta feita de modo carinhoso ou quando deixo de cumprir uma promessa pela centésima vez. Felizmente, agora sou mais sensível que antes quando ofendo minha esposa. Entristece-me profundamente saber que a magoei. Hoje levo menos tempo para perceber que magoei Teresa.

Minha gratidão à segurança do amor de Deus motiva-me a mudar o modo como me comporto com Ele e com minha esposa. Eu vivia com medo do julgamento severo de Deus, achando que Ele exigia que eu fosse um homem justo. Agora sei que Ele se interessa por minha santificação por causa de Seu amor por mim.

Graças, Pai, por me amar tanto a ponto de me disciplinar.

> **?** Quais atitudes você pode tomar agora para tornar-se mais atento ao sofrimento que causa a Deus e a seu cônjuge quando você peca?

18 DE ABRIL *disciplina*

Equilíbrio na educação dos filhos

Os vergões das feridas purificam o mal, e os açoites, o mais íntimo do corpo. —PROVÉRBIOS 20:30

Manter equilíbrio entre o amor e a disciplina é um verdadeiro teste para os pais. David e eu descobrimos que nossas habilidades para educar os filhos são, em geral, resultado de como fomos educados. Meus pais espancavam primeiro e perguntavam depois. Os pais de David faziam sermões e cancelavam privilégios. Em razão disso, usamos a disciplina em casa de modo oposto. Nossos filhos necessitam da segurança de pensarmos da mesma forma quando se trata de discipliná-los.

Cometemos muitos erros no início. Tínhamos apenas 17 anos quando Terri nasceu, por isso, nosso plano de disciplina foi muito mal elaborado. Felizmente, Terri era uma criança muito obediente e não desafiava nossa autoridade com frequência. Porém, à medida que a família foi aumentando, tornou-se claro que precisávamos de um plano disciplinar — e rápido!

Em primeiro lugar, aprendemos a lidar de modo diferente com cada criança. Constatamos que Robin reagia às orientações firmes e às consequências. Para Eric, era importante usarmos humor e táticas leves. Quando ele percebia o mais leve indício de luta pelo poder, a batalha começava. Aprendemos a criar brincadeiras com quase tudo — desde colocar o saco de lixo na rua até ir para a cama à noite.

David e eu também aprendemos que os conflitos não resolvidos entre nós exerciam influência no modo como tratávamos as crianças. Quando me sentia insegura quanto à união entre David e eu, não sabia ao certo como disciplinar as crianças. Houve muitas ocasiões em que minha frustração ou irritação com David recaiu sobre os filhos. Com o tempo, aprendemos a curar nossas feridas conjugais e deixamos de usar a disciplina dos filhos como campo de batalha. À medida que amadurecemos como casal, fomos aprendendo a equilibrar um ao outro na questão da disciplina.

Pai, ajuda-nos a priorizar um ao outro para transmitirmos amor à nossa família, não raiva.

> Que medidas você necessita tomar hoje para ter certeza de que está "em sintonia" com seu cônjuge no que se refere à educação dos filhos?

19 DE ABRIL *disciplina*

A disciplina das consequências naturais

...se ele ainda não obedece à palavra, seja ganho, sem palavra alguma...
—1 PEDRO 3:1

"David, acho que seria melhor você reduzir a velocidade nestas esquinas." O tom de voz de Teresa foi gentil. Ela não insistiu muito, por isso não fiz caso de suas palavras. Estava apressado para chegar a uma palestra importante, e parecia-me justificável *pisar fundo* no acelerador. Não dei atenção à minha esposa, portanto o momento da disciplina das consequências naturais chegou.

Perto da curva seguinte havia um radar à espera do marido que acabara de não dar ouvidos ao conselho da esposa. O policial multou-me e seguimos nosso caminho. O silêncio durou vários quilômetros — não houve sequer um "Eu não disse?". Senti-me péssimo, profundamente triste e envergonhado, portanto fiz as confissões apropriadas à minha esposa e ao Senhor. Paguei as multas e cuidei da papelada exigida pelo tribunal. Deus aplicou a disciplina, depois lembrou-me dos limites que estabelecera para meu comportamento, que se destinam à minha segurança e proteção. A disciplina das consequências naturais completou seu trabalho.

O Senhor pode usar poderosamente o ministério do conselho carinhoso e do espírito manso. No silêncio dessas coisas, a repreensão do Espírito é, na maioria das vezes, quase ensurdecedora.

Tenho certeza de que não teria ouvido a voz do Espírito Santo se Teresa tivesse continuado a falar de sua insatisfação com meu modo de dirigir. Também sei que teria desprezado o aviso do Senhor se Teresa tivesse continuado a lembrar-me das consequências de meu erro. Ela escolheu sabiamente compartilhar sua preocupação de modo carinhoso, depois recuou para permitir que o Espírito realizasse a obra.

Em resumo, Teresa não tentou fazer o trabalho que Deus atribuiu ao Espírito Santo.

Senhor, que a tranquilidade da boa acolhida de meu cônjuge me capacite a ouvir Tua voz.

> Em que áreas de sua vida e da vida de seu cônjuge Deus poderia usar a disciplina das consequências naturais?

20 DE ABRIL

disciplina

Prosseguindo para o alvo

Pobreza e afronta sobrevêm ao que rejeita a instrução, mas o que guarda a repreensão será honrado. —PROVÉRBIOS 13:18

Pense em algumas das grandes invenções — a luz elétrica, o telefone e o avião, por exemplo. Todas essas invenções tiveram um ponto em comum: os inventores só conseguiram sucesso final depois de centenas de esforços fracassados.

Nós, os maridos e as esposas, somos inventores. Inventamos um dos "produtos" mais importantes — intimidade no casamento. E, assim como os inventores de cada item acima, cometeremos muitos erros ao longo do caminho enquanto inventamos essa intimidade.

Quando eu (David) cometo tais erros, preciso estar disposto a aceitar correção e repreensão de minha esposa. Quando erro, preciso estar disposto a ouvir que necessito tentar algo mais para que nosso casamento tenha mais sucesso. É possível que eu tente e erre numerosas vezes em busca de cada sucesso, mas cada fracasso pode ser usado para encontrar um caminho melhor.

Nem sempre é fácil ouvir: "Querido, não vejo a hora de chegar o dia em que você conseguirá dedicar tempo somente a nós dois" ou "David, gostaria de poder contar com você para me apoiar na educação das crianças". Meu mundo estremece todas as vezes que ouço essas palavras de repreensão. Mas o Espírito Santo tem me ajudado a considerá-las como verdade. As palavras são ditas com compaixão, e o Senhor as tem usado para mudar minha vida.

Criar intimidade no casamento é um desafio e tanto, e a disciplina é essencial. Disciplina inclui estar disposto a receber correção e repreensão. Afinal, é impossível amadurecer sozinho. Você e eu sempre necessitaremos do nosso cônjuge e das pessoas queridas ao nosso redor para nos desafiar à semelhança de Cristo.

Pai, ajuda-me a ouvir Tua voz e aceitar todas as correções vindas do Senhor e de meu cônjuge.

> **?** Em quais diferentes situações no casamento seu cônjuge o corrigiu com carinho por meio de palavras e ações?

21 DE ABRIL — *disciplina*

Pare, olhe, escute

O caminho para a vida é de quem guarda o ensino... —PROVÉRBIOS 10:17

David e eu temos estilos completamente diferentes de dirigir carro. Sou muito tranquila, mas David é um pouco mais agressivo. Eu disse a meu marido que me preocupo com o modo como ele dirige, e em todas as vezes mencionei nossos netos. Incentivo David a ser cuidadoso na direção do carro quando eles estão conosco. Afinal, eles são observadores e também influenciáveis.

David ouviu com atenção, mas seu modo de dirigir não mudou.

Certo dia, nosso neto Zachary estava conosco enquanto David dirigia o carro na autoestrada. Ele tinha de pegar um avião e estávamos atrasados. David passou para a faixa esquerda, na esperança de poder acelerar mais. Porém, um caminhão enorme de transporte de cimento apareceu rodando na faixa do meio e tentou entrar em nossa faixa. David freou abruptamente, e suas maletas voaram para todos os lados. Irritado e com pressa, ele disse: "Seu idiota! O que está fazendo nesta faixa?".

Você já sabe o que aconteceu, não? Assim que David terminou sua explosão de raiva, nosso neto, sentado no banco traseiro, repetiu: "Seu idiota! O que está fazendo?".

Se você tem filhos, já passou por essa experiência. As palavras vindas da boca de David pareceram mais ou menos suaves. Mas ouvir as mesmas palavras da boca de uma criança de 3 anos foi insuportável. David e eu nos encolhemos de vergonha.

Deus usou aquele momento para chamar a atenção de David para ser mais disciplinado ao lidar com suas emoções e ações na estrada. A voz de Zachary foi uma correção a mais naquele dia.

O Senhor usa várias maneiras para nos mostrar quais mudanças precisamos fazer. O comentário simples de nosso neto tornou-se um forte lembrete a David de que seu modo de dirigir estava sendo observado. Foi o suficiente para ele passar a ser mais cuidadoso na estrada.

Pai, que eu ouça todas as vozes que indicam a necessidade de mudança.

? Que maneiras inusitadas de correção Deus poderia usar em sua vida?

22 DE ABRIL   *disciplina*

Disciplina de objetivos espirituais em comum

Porque a palavra de Deus é viva, e eficaz, e mais cortante do que qualquer espada de dois gumes... —HEBREUS 4:12

David e eu descobrimos que é muito difícil intensificar nossa proximidade espiritual. Mas, ao mesmo tempo, é extremamente gratificante. Durante anos nossa intimidade espiritual consistiu em sentar no mesmo banco. Aos poucos, porém, começamos a cultivar objetivos espirituais em comum. Esses objetivos incluíram a leitura do Novo Testamento inteiro em um ano. Também lemos um versículo de Provérbios cada dia do mês. E, dado momento, seguindo um plano de leitura bíblica anual, lemos a Palavra de Deus em 365 dias.

Decidimos memorizar dez passagens da Escritura sobre comunicação em um ano. Aquela decisão passou a ser especialmente desafiadora para nós, portanto memorizamos dez versículos que nos ajudaram a identificar princípios para o diálogo entre nós. Em outro ano, memorizamos passagens da Escritura sobre mansidão e honra, porque nós dois queríamos desenvolver essas características em nosso casamento.

Por fim, David e eu estudamos a Bíblia juntos, tópico por tópico. Revezávamo-nos para escolher o tópico e o método. Um determinado ano, comprei um livro de estudo na livraria cristã sobre a carta aos Efésios. Conversamos a respeito de como estávamos louvando e glorificando a Deus em nossa vida pessoal e em nosso casamento. No ano seguinte, David quis fazer um estudo sobre a palavra "graça". Usamos a concordância bíblica para encontrar as passagens e conversamos sobre como é a graça de Deus e como poderíamos criar um lar cheio de graça.

À medida que David e eu tentávamos alcançar nossos objetivos espirituais, começamos a aumentar nossa intimidade com Deus e entre nós. É desafiador separar esse tipo de tempo e esforço para estudar a Palavra de Deus, porém as bênçãos são eternas.

Pai, aproxima-nos um do outro e dê-nos novo entendimento da intimidade espiritual.

> **?** Que objetivos espirituais em comum você e seu cônjuge podem estabelecer a partir de hoje? O que você pode fazer para começar?

23 DE ABRIL — *edificação*

Promovendo crescimento e desenvolvimento

Assim, pois, seguimos as coisas da paz e também as da edificação de uns para com os outros. —ROMANOS 14:19

Edificação significa mostrar entusiasmo por estar com seu cônjuge, confirmar com palavras o crescimento que você tem visto na vida dele. Significa eliminar palavras de crítica ou julgamento e substituí-las por palavras que edifiquem e confirmem o desenvolvimento do caráter. Edificação significa alegrar-se ao ver seu marido ou esposa, elogiar a força que você observa quando ele ou ela se esforça para mudar. Edificação significa comentar os progressos de modo positivo, proporcionando mais motivação para o desenvolvimento do caráter.

Como você reage quando seu cônjuge faz algo positivo? Por exemplo, quando agiu de modo diferente. Ele perguntou como foi o seu dia ou ela se aproximou de você com carinho. Ele se lembrou de levar o lixo para fora ou ela decidiu lavar o carro. Como você reagiu?

É comum reagirmos com sarcasmo, ceticismo ou suspeita diante das tentativas de nosso cônjuge de aprimorar o crescimento pessoal. Pensamos ou dizemos: "Foi bom, mas não foi perfeito", "Eu teria feito de outro jeito".

Compartilhar edificação com seu cônjuge significa ver os pontos positivos. Significa abandonar a mentalidade de ver a "metade vazia" e ver os esforços dele como a "metade cheia". Não, ele não costuma parar para perguntar como foi o seu dia, mas perguntou hoje. Aceite! Não, ela não lava o carro com a frequência que você deseja, mas lavou hoje. Elogie o esforço dela desta vez.

Geralmente peço aos casais que recorrem a nós em busca de conselhos que contem algo positivo que notaram no casamento desde a última sessão. Faço isso antes de tudo porque espero encorajá-los a cultivar uma mentalidade positiva, prever e aguardar com alegria as interações positivas. Peço também que cada cônjuge aprecie a edificação contida nas palavras bondosas do parceiro ou parceira.

*Senhor, elimina minha mentalidade de ver
a "metade vazia" de meu casamento.*

> **?** Que esforços seu cônjuge fez hoje para mudar e que merecem elogio?

24 DE ABRIL

edificação

O poder edificante das palavras

Não saia da vossa boca nenhuma palavra torpe; e sim unicamente a que for boa para edificação... —EFÉSIOS 4:29

Quando eram crianças, nossos filhos tinham alguns jogos favoritos com os quais brincavam repetidas vezes. Um deles era um jogo estratégico chamado *Jenga*, no qual os jogadores retiravam as peças de uma torre de blocos e as recolocavam no alto da estrutura. Nesse jogo, é preciso mover os blocos com muito cuidado para não derrubar a torre. O segredo para ganhar é analisar para saber que blocos podem ser retirados, a fim de aumentar, de fato, a estabilidade da torre. Alguns blocos fortalecem a torre, ao passo que outros a tornam instável.

Minhas palavras (de Teresa) são muito semelhantes aos blocos daquele jogo. Algumas fortalecem David e outras o derrubam. Minhas palavras podem tornar nosso casamento mais firme ou podem desestabilizá-lo. É triste pensar no poder de minhas palavras.

Uma pesquisa mostra que, para cada mensagem de crítica, são necessárias de dez a doze palavras ou mensagens positivas para restabelecer a receptividade de quem foi criticado. Infelizmente, em muitos lares há doze palavras de crítica para cada palavra positiva. É claro, que não é isso que Deus tem em mente.

Levei as palavras de Efésios 4:29 a sério, e elas fizeram diferença nas palavras que permito sair de minha boca. Tento filtrá-las usando o teste *Jenga*. Antes de falar, pergunto: "Minhas palavras fortalecerão o crescimento desta pessoa ou destruirão aos poucos esse crescimento? Minhas palavras servirão para encorajar a determinação de meu marido ou de meus filhos de mudar para melhor ou trarão desânimo e dúvida?".

De vez em quando, ainda permito que palavras torpes saiam de minha boca, mas estão diminuindo significativamente. Deus começou uma obra grandiosa em mim e continua até hoje.

Senhor, ponha um guarda em minha boca para que eu diga apenas palavras que edifiquem.

? O que você pode fazer para ter certeza de que verbaliza palavras edificantes?

25 DE ABRIL — *edificação*

Pensamento distorcido

A mulher sábia constrói o seu lar, mas a que não tem juízo o destrói com as próprias mãos. —PROVÉRBIOS 14:1 NTLH

Todos nós já ouvimos alguém dizer: "Se a mamãe não está feliz, ninguém está feliz". Essa frase tornou-se realidade em nossa casa. Quando eu (Teresa) sou crítica ou quando condeno outras pessoas com minhas palavras, vejo a mesma atitude negativa em nossos filhos. Ouço as conversas deles quando estou assim, e eles parecem agir como eu quando sou negativa ou julgadora. Ao ser exemplo desse espírito crítico, parece às vezes que estou "destruindo" todo o trabalho positivo que David e eu temos feito com nossos filhos.

Para edificar minha família em vez de derrubá-la, preciso mudar meu pensamento distorcido. É difícil edificar meu marido quando tenho a mente consumida por pensamentos como: *Tenho sempre de limpar o que ele sujou. Quando ele vai amadurecer?* ou *Ele nunca vai mudar. Se eu tiver de ser empregada dele mais uma vez...*

Esse pensamento negativo e crítico resulta quase sempre de minhas mágoas não curadas. Quando permito que as mágoas infeccionem, meus pensamentos passam a ser negativos e críticos. Para ser capaz de edificar, preciso compartilhar, com amor, a verdade dessas mágoas com David. Seria mais ou menos assim: "Querido, é muito importante para mim que você deixe o banheiro em ordem antes da chegada de nossos convidados" ou "David, fiquei decepcionada por não termos jantado juntos como família. Sei que você está trabalhando muito, mas senti sua falta".

Em segundo lugar, preciso libertar-me da raiva e querer perdoar David. É a minha vontade de perdoar que protege meu coração da amargura e minha mente dos pensamentos negativos. Somente assim sou livre para edificar as pessoas que amo.

Pai, desejo eliminar minhas mágoas para ser uma influência positiva em minha família.

Que fatores fazem sua mente encher-se de pensamentos negativos?

26 DE ABRIL

edificação

A edificação às vezes é silenciosa

...seja [...] tardio para falar... —TIAGO 1:19

"Não se esqueça de deixar o banheiro em ordem antes de sair." Quanto mais Teresa me lembrava de pôr em ordem o que desarrumei, menos eu fazia isso. Sei que essa não é a forma mais madura de agir no casamento, mas é verdade. O conflito durou quase 12 anos, e não fizemos nenhum progresso para tentar resolvê-lo.

Então, na manhã de uma segunda-feira, o milagre aconteceu. Os lembretes pararam. Deixei o lado que ocupo no banheiro em total desordem e saí para o trabalho, quase orgulhoso de ter sobrevivido a mais uma ordem de Teresa. Voltei para casa naquela noite, vi minha parte desorganizada no banheiro e o segundo milagre: Tereza estava de bom humor e carinhosa — e não mencionou nada a respeito da desordem.

Mais tarde, ela me contou que antes estava concentrando a atenção em meu comportamento em vez de aceitar-me como sou. Ela orou a respeito de sua atitude e Deus a orientou a perguntar: "Este assunto será importante daqui a dez anos? Será importante na eternidade?". A resposta foi um sonoro "Não!". Teresa também percebeu que podia confiar em Deus para trazer as mudanças que Ele considerasse necessárias.

Alguns dias depois, aconteceu o terceiro milagre. Comecei a querer arrumar minha desordem no banheiro. O silêncio amoroso de Teresa me ajudou a ouvir a voz de Deus, a qual trouxe edificação. A guerra terminou e o nosso casamento foi o vencedor.

Pai celestial, confio que o Senhor é muito mais capaz de mudar meu cônjuge do que eu seria.

> Quais conflitos em seu casamento Deus tem incentivado você a entregar a Ele para que Ele faça as mudanças necessárias?

27 DE ABRIL *edificação*

Edificando seu casamento

Prata escolhida é a língua do justo... —PROVÉRBIOS 10:20

Recentemente, Teresa e eu experimentamos a alegria e os problemas de reformar nossa casa. Os pedreiros assentaram o alicerce, ergueram a estrutura, construíram as paredes divisórias, pintaram e acarpetaram. Tivemos de aturar poeira sem fim, trabalhadores dentro de casa e a inconveniência completa de todo o processo. Gostamos de ver o progresso do trabalho dia após dia e adoramos o produto final, mas o processo foi de fato doloroso.

O processo da reforma foi uma excelente ilustração de como devo tratar Teresa. Da mesma forma que os pedreiros reformaram nossa casa passo a passo, cada palavra dita ou cada atitude que tomo deve edificar a vida dela, não derrubar. E, da mesma forma que o processo da reforma, em alguns dias vejo muito progresso, mas em outros tenho a sensação de que devo demolir o projeto inteiro e começar de novo.

Edifique, não destrua. É mais fácil falar do que fazer. Porém, percebi que minha língua é uma ferramenta poderosa, e Deus deseja que eu coloque essa ferramenta sob Seu controle, para que minhas palavras valorizem muito Teresa.

Entendi que uma das formas de assegurar que minha língua fale palavras que edifiquem é submeter-me todos os dias ao "Construtor Supremo". Quando entrego minhas aflições, irritações e queixas ao Senhor, e não a Teresa, Ele acalma meu coração e mente. Quando lhe obedeço e termino meu trabalho como "parceiro construtor" em nosso casamento, Ele me permite ver o belo "produto" que Teresa e eu estamos construindo — nosso casamento.

Deus, ajuda-me a edificar meu cônjuge com palavras e ações e a confiar sempre no Senhor.

> **?** Quais palavras positivas você pode dizer ao seu cônjuge hoje para encorajá-lo e edificar seu casamento?

28 DE ABRIL

edificação

Não basta ser tolerante!

...cada um de nós agrade ao próximo no que é bom para edificação.
—ROMANOS 15:2

David e eu passamos muitos anos de nosso casamento destruindo um ao outro. Nunca houve insultos diretos; destruíamos um ao outro de maneiras mais sutis. Um de nós fazia uma pequena piada à custa do outro, ou o outro lembrava-se de uma história constrangedora. Conversávamos entre nós com ar de superioridade ou desprezávamos a opinião do outro como se ele fosse um insignificante.

O Senhor começou a incutir um sentimento de culpa em David e em mim sobre o modo como nos tratávamos. A passagem de hoje da Bíblia foi especialmente condenatória para mim. Nesse texto, Paulo pede à igreja de Roma que não apenas tolere ou suporte uns aos outros, mas que estabeleça apoio mútuo com amor. Deus queria que os cristãos romanos agissem de modo agradável uns com os outros, para que cada pessoa fosse edificada.

Em grande parte dos anos anteriores, imaginei ter alcançado a plena maturidade pelo simples fato de ter aprendido a tolerar algumas características de David. Estava orgulhosa de ter aprendido a conviver com suas pequenas idiossincrasias. Deus, porém, parecia estar dizendo: "Não basta".

Deus queria que eu procurasse meios de ajudar David a amadurecer e elogiá-lo por suas tentativas ou esforços nesse sentido. O Senhor queria que eu me envolvesse no crescimento e desenvolvimento pessoal de David, que afirmasse seus pontos fortes. Não significava que eu teria de mudar David, mas que fosse sensível ao que Deus estava fazendo na vida dele. E que diferença isso fez!

Em vez de tensão em nosso lar, há harmonia. Em vez de dor, há cura. Em vez de medo, há segurança.

*Deus, ajuda-me a tolerar meu cônjuge
e também a sustentá-lo com amor.*

De que maneiras você pode tentar promover com amor o crescimento espiritual e emocional de seu cônjuge?

29 DE ABRIL

edificação

Diretrizes para tagarelas

Não saia da vossa boca nenhuma palavra que cause destruição...
—EFÉSIOS 4:29 KJA

Teresa e eu esforçamo-nos diligentemente nos últimos anos quanto ao modo como falamos um com o outro. Tomamos a decisão de dizer apenas palavras que edifiquem e tragam benefício um ao outro.

Primeiro, antes de falar com Teresa, procuro ter certeza de que o propósito de minhas palavras seja o de edificar, encorajar ou respeitá-la. Se meu propósito for o de magoá-la, atacá-la ou defender minha posição, então não é hora de falar com ela.

Segundo, antes de falar preciso discernir se minhas palavras são necessárias. A passagem de hoje em Efésios diz que precisamos dizer apenas palavras de acordo com a necessidade do momento. Por isso é importante ouvir Teresa com atenção. Preciso tentar ver a situação pela perspectiva de minha esposa. Ela está triste? Então quero mostrar-lhe que me preocupo com isso. Está com medo? Então quero tranquilizá-la com meu amor e presença. Está zangada com algo que fiz? Então vou pedir ao Senhor que me mostre a mágoa que causei a Teresa.

Terceiro, tento saber com certeza se a hora de falar é oportuna. A receptividade de Teresa às minhas palavras está, em geral, relacionada diretamente ao momento em que as profiro. Por exemplo, aprendi que raramente é uma boa ideia conversar um assunto importante com Teresa tarde da noite. A exaustão de minha esposa à noite reduz sua receptividade, portanto costumamos conversar durante o café da manhã. Descobrimos também que levantar assuntos importantes durante o tempo em que passamos juntos todas as semanas também é positivo. Nós dois sabemos que esses momentos são dedicados a dar atenção total um ao outro.

Pai celeste, filtra minhas palavras para que, de minha boca, só saiam as que edifiquem.

> Que atitudes você pode tomar para saber qual é a melhor maneira de comunicar-se com seu cônjuge de forma amorosa e eficaz?

30 DE ABRIL — *encorajamento*

Incentive positivamente seu cônjuge

...encorajai-vos mutuamente... —1 TESSALONICENSES 5:11 KJA

Encorajamento, uma das verdadeiras bênçãos no casamento, significa incentivar o outro a se dispor e perseverar em busca de um objetivo. Significa motivar o outro a mostrar amor e boas ações. Encorajamento é quando você liga para seu cônjuge no "dia importante" da vida dele só para dizer: "Eu o amo e estou orando por você". Encorajamento é mais ou menos assim: "Sei que você vai conseguir! Acredito em você".

O encorajamento ajuda a não nos cansarmos de fazer o bem. Ajuda-nos a continuar tentando, mesmo em situações difíceis ou quando encontramos obstáculos. O encorajamento nos estimula a continuar fazendo o que achamos ser correto. Significa transmitir coragem e determinação firme.

Transmitir coragem significa que me declaro o torcedor número 1 de meu cônjuge. Com sinceridade e louvor genuíno, digo a meu cônjuge que acredito muito nele. Quando abro mão de assumir o controle, demonstro que conheço a sua capacidade. Quando falo com confiança sobre suas habilidades, também demonstro que conheço a sua capacidade.

O encorajamento não se aplica apenas aos tempos difíceis. Não é algo para ser oferecido como último recurso. Encorajamento é uma gratidão contínua ao seu cônjuge. Significa dizer palavras de esperança sobre nosso casamento, palavras como: "Amor, sou muito grata porque você e eu conseguimos resolver nossas diferenças. Isso me dá confiança para o futuro". Significa que compartilho palavras de animação sobre o caráter que vejo em meu cônjuge: "Meu bem, sou muita grata por seu entusiasmo. Sei que continuaremos a ter uma vida prazerosa, mesmo na velhice".

O encorajamento é verdadeiramente uma das grandes bênçãos da vida conjugal.

Pai, cria em nosso lar um ambiente de encorajamento para que eu possa fortalecer meu cônjuge.

> Quais áreas da vida de seu cônjuge necessitam de encorajamento hoje? Que palavras de encorajamento você pode dizer a ele?

Notas

maio

- ❤ *encorajamento*
- ❤ *alegria*
- ❤ *súplica*
- ❤ *enaltecimento*
- ❤ *exortação*

1.º DE MAIO — *encorajamento*

Encorajando às boas obras

Consideremo-nos também uns aos outros, para nos estimularmos ao amor e às boas obras. —HEBREUS 10:24

Que alegria é ver o rosto de Teresa brilhar quando me esforço para transmitir-lhe encorajamento. E a alegria é maior ainda ao ver as sementes do encorajamento irrompendo em frutos de amor e boas obras.

O encorajamento pode ser expresso de muitas formas e em várias circunstâncias. Pode ser verbal ou em forma de um bilhete especial. Manifesto logo após uma vitória pessoal ou no vale do desânimo. Ou ainda transmitido particularmente durante uma conversa tranquila ou proclamado publicamente.

Os casais que assistem às nossas palestras desejando maior intimidade ou unidade no casamento surpreendem-se ao ver como o encorajamento se encaixa na equação da vida conjugal. Infelizmente, falta um entendimento profundo de intimidade a muitos casais porque os dois são relativamente independentes e autoconfiantes. Ambos têm uma carreira profissional, ou um concentra-se no trabalho enquanto o outro se concentra mais no lar. Sejam quais forem as circunstâncias, a descoberta do poder do encorajamento ajuda a unir o casal. A minha carreira passa a ser a sua carreira. Você me ajuda nas tarefas do lar com seu encorajamento e ele passa a fazer parte de nossa família.

Em Sua sabedoria, Deus sabia que cada um de nós — motivados ou não, dedicados ou não — pode beneficiar-se do encorajamento do outro. O casal que faz do casamento a primeira fonte dessa bênção é sábio. Muitos lares se desmoronam e muitas famílias se desfazem quando as coisas do lado de fora do casamento se intrometem no que Deus deseja proporcionar dentro do relacionamento conjugal. Deus advertiu a Caim: "...o pecado jaz à porta; o seu desejo será contra ti..." (GÊNESIS 4:7). Encorajar o parceiro no casamento ajuda a fechar a porta a essas ameaças e estimula-o ao amor mais profundo.

Esse é o significado do encorajamento dentro da união conjugal.

Senhor, permite que meu cônjuge e eu apreciemos a proximidade que o encorajamento mútuo traz.

? De que maneiras específicas você pode transformar seu lar em uma central de encorajamento para seu cônjuge hoje?

2 DE MAIO

encorajamento

Um por todos, todos por um

Dizei aos desalentados de coração: Sede fortes, não temais. —ISAÍAS 35:4

Eric, nosso único filho, se graduaria em maio de 1992, mas antes precisava conseguir alguns créditos acadêmicos, entre eles crédito em inglês, a matéria que menos lhe agradava. Ele matriculou-se em um curso de inglês por correspondência, e seria desnecessário dizer que precisava de nosso encorajamento. Se quisesse ser aprovado neste curso, Eric precisaria do encorajamento de David, das irmãs, da avó e de mim.

Encorajamos Eric durante os estudos, e quando chegou o dia da prova final, todos nos esforçamos mais ainda para que ele desse o melhor de si. Ele fez a prova e enviou-a a nós pelo correio. Aguardamos ansiosos a chegada da correspondência, porque queríamos saber se ele recebera boa nota. Depois de um tempo que pareceu uma eternidade, os resultados da prova chegaram. Eric foi aprovado!

Nossa família sempre terá boas lembranças de ter trabalhado em prol do objetivo comum da graduação de Eric, ainda mais por ser resultado de um esforço em equipe. Queríamos ter certeza de que o trabalho tinha sido feito unicamente por Eric, mas, ao mesmo tempo, ninguém da família declarou: "O problema é seu, Eric. Resolva-o". Oferecemos-lhe toda a ajuda possível e, mais que isso, oferecemos encorajamento. Todos nós achamos que, quando um Ferguson precisa de ajuda, a família inteira arregaça as mangas.

Encorajar um ao outro — seja em torno de aulas de inglês, projetos no trabalho, criação dos filhos ou crescimento espiritual — ajuda as famílias a se lembrarem das prioridades eternas. Provas de inglês, sucesso profissional e brinquedos das crianças reunidos no Natal — tudo desaparecerá um dia. Mas o encorajamento oferecido nessas ocasiões continuará. O encorajamento ajuda a selar em nosso coração a alegria de ser cuidado pelos outros e do amor especial que nos dedicam.

Senhor, que nossas famílias usem constantemente o dom do encorajamento.

? Em que áreas específicas os membros de sua família necessitam de encorajamento hoje?

3 DE MAIO — *encorajamento*

Encorajando a intimidade sexual

Como és formosa, querida minha, como és formosa!
—CÂNTICO DOS CÂNTICOS 4:1

Janice e o marido, Steve, viviam em conflito por causa do sexo. Comparavam a frequência dos momentos de intimidade com as "médias" das quais ouviam falar. Tentaram chegar a um acordo para encontrar uma solução, por exemplo, trocar um momento mais sexual por um jantar a dois ou limpar a garagem. Não funcionou, e Steve vivia zangado em razão da falta de desejo sexual de Janice.

É trágico ver alguns casais reduzirem a meros números o projeto designado por Deus de duas pessoas se tornarem uma só carne (GÊNESIS 2:24). Infelizmente, perguntas como: "Quanto tempo faz?" ou "Com que frequência deveríamos fazer amor?" são comuns entre os casais que encontramos.

A união sexual está prevista na Bíblia quando lemos que o marido e a mulher devem tornar-se "uma só carne". Mas há muito mais no plano de Deus. É fato que, frequentemente, os conflitos na área da intimidade sexual encontram solução em uma amizade mais profunda e até em maior proximidade espiritual.

Quando a época de namoro e sonhos é esquecida, a intimidade sexual desaparece. Se não houver aproximação espiritual entre o marido e a esposa por meio da experiência de fé compartilhada, a frieza da vida dominará a quentura do amor — inclusive do amor sexual.

Durante um tempo a sós com Janice, Steve falou de sua necessidade emocional de ser considerado sexualmente desejável. Janice aceitou fazer uma experiência naquela semana. Ao ver Steve sair para o trabalho, ela despediu-se dele com ternura e disse-lhe: "Gostaria muito de estar com você esta noite. Podemos planejar alguma coisa?". Mais tarde, Steve contou que levou um susto, mas ficou entusiasmado.

A iniciativa de Janice encorajou Steve. Foi a resposta para o anseio interior dele de que a esposa o considerasse sexualmente desejável. Sua pressão sobre Janice abrandou, e a frequência das brigas diminuiu.

Pai, com Teu perfeito amor, ajuda-me a tomar a iniciativa de amar meu cônjuge fisicamente.

? Que atitudes você e seu cônjuge podem tomar para ter certeza de que o fato de se tornarem uma só carne passe a ser uma parte mais gratificante de seu casamento?

4 DE MAIO *encorajamento*

Vai dar tudo certo!

...exortai-vos mutuamente cada dia, durante o tempo que se chama Hoje, a fim de que nenhum de vós seja endurecido pelo engano do pecado.
—HEBREUS 3:13

David e eu terminamos de reformar nossa casa recentemente. Há milhões de decisões a serem tomadas na reforma de uma casa, e nenhuma parece ser muito fácil. E se você for perfeccionista como eu, cada decisão tem de ser absolutamente certa.

Em várias ocasiões algo não ficou completamente de meu agrado, e aquilo me aborreceu. Você sabe, aquele tipo de reação "é o fim do mundo" quando uma luminária não fica perfeitamente instalada. David disse dezenas de vezes "Vai dar tudo certo" diante de meu mau humor exagerado, e eu sempre me via lidando de forma melhor com meus sentimentos em razão do encorajamento dele.

Essas experiências são muito úteis para explicar por que nosso cônjuge é tão diferente de nós. Agitada *versus* tranquilo, vida acomodada *versus* vida social, ponderado *versus* executora, esperar *versus* reagir — a lista das diferenças parece interminável, e quase sempre deixamos de ver os propósitos.

Será que algumas diferenças que percebo em meu cônjuge são intencionais para encorajar-me quando exagero nas emoções? Mais de uma vez, a natureza tranquila de David tem amenizado meu perfeccionismo extremo. Sua tendência de esperar, refletir e pensar, às vezes, me encoraja quando estou pronta para "Preparar! Apontar! Disparar!". Em razão disso, tenho amadurecido na arte de controlar minha tendência de reagir primeiro e recolher as peças depois.

Gosto da influência calma de David quando estou agitada ou aborrecida. Para mim, é muito importante ter a perspectiva dele e receber palavras confortadoras durante as tempestades emocionais que às vezes crio. Essas tempestades quase sempre se acalmam por causa do que David faz para me ajudar, e consigo ver a situação com mais clareza.

Encorajamento — que necessidade absolutamente importante no casamento! Ofereça um pouco a seu cônjuge hoje.

> *Deus, ajuda-me a encorajar meu cônjuge, principalmente em momentos estressantes.*

? De que formas você pode encorajar seu cônjuge, tentando acalmar o estresse dele?

5 DE MAIO — *encorajamento*

O aguilhão que me faz agir

Consolai-vos [...] uns aos outros e edificai-vos reciprocamente...
—1 TESSALONICENSES 5:11

Que ironia saber que eu (David) resistia ao encorajamento em vez de aceitá-lo com alegria — aliás, sentia-me ofendido em vez de recebê-lo com entusiasmo. Um exemplo clássico dessa fraqueza está em minha resistência ao encorajamento de Teresa quanto à minha mania de dirigir o carro em alta velocidade. Ela vem tentando há anos todos os métodos imagináveis — alguns mais cristãos que outros. Nenhum teve efeito positivo. Na verdade, todos resultaram em conflito entre nós.

Quando Teresa me "encorajava" a reduzir a velocidade, eu racionalizava minhas reações com justificativas intermináveis, como: "Não preciso que alguém me ensine a dirigir" ou "Se for multado, tenho dinheiro para pagar" ou "Se o valor do seguro aumentar, é aí que vou gastar nosso dinheiro". Em retrospecto, aquelas respostas eram muito semelhantes a falar e pensar como um menino (1 CORÍNTIOS 13:11).

Deus costuma me chamar a atenção por meio de Sua Palavra. Adoro estudar a Bíblia — muito mais que obedecer a ela, claro! Ao longo dos anos, tenho sentido Deus guiar minha vida por meio da Palavra, às vezes de forma humorística. Lembro-me de ter lecionado a uma classe sobre o livro de Atos quando li a passagem na qual o Senhor disse a Saulo: "Resistir ao aguilhão só lhe trará dor!" (ATOS 26:4 NVI).

Durante uma boa pesquisa sobre o texto, usado como ilustração para treinamento de animais criados em fazenda (aguilhão é uma ponta de ferro usada para espetar bois ou outros animais de carga), o Senhor falou-me de algo mais relevante à minha vida: "Dei encorajamento a você por meio de Teresa sobre seu modo de dirigir — para o seu bem. Por que resiste a ele?".

Reconheci, então, o papel de Teresa em minha vida como "aguilhão do Senhor". Mudanças começaram a ocorrer, principalmente quando estou atrás do volante.

Deus, ajuda-me a encorajar meu cônjuge e, acima de tudo, a aceitar seu encorajamento.

? Em que áreas seu cônjuge tenta lhe "encorajar", e você só se justifica?

6 DE MAIO — *encorajamento*

Ajuste seus objetivos conjugais

Onde não há revelação divina, o povo se desvia... —PROVÉRBIOS 29:18 NVI

Depois de mais ou menos dez anos de casamento, Teresa e eu começamos a observar um pouco de falta de objetivos no relacionamento entre nós. A rotina e o tédio instalaram-se. Tínhamos muitas atividades, mas pouca alegria verdadeira. Por volta daquela época, descobrimos que o rei Salomão, autor de Provérbios, era realmente sábio quando escreveu a respeito da importância da revelação divina. Necessitamos dessa revelação, de um senso renovado de direção e destino.

Começamos a usar perguntas investigativas para ajudar a identificar nossos objetivos específicos. Depois, concentramo-nos em trabalhar juntos e encorajar um ao outro para alcançá-los.

Durante o tempo em que passávamos juntos, usamos perguntas como: Em quais dessas duas situações importantes você gostaria que eu amadurecesse mais no próximo ano? Que item importante você gostaria de incluir em nosso romance? Enquanto analisávamos juntos alguns de nossos desejos e sonhos, muitos deles passaram a ser objetivos comuns.

No decorrer dos anos, nossos objetivos anuais têm variado, desde grandes até pequenos. Vão desde escolha do papel de parede do banheiro, passando por planos de aposentadoria até fazer novos amigos. Ocorreu uma mudança extraordinária na qual encontramos alegria e entusiasmo. Primeiro foi a alegria da realização, o entusiasmo de alcançar um objetivo. Com o tempo, surgiu o entusiasmo de "nós conseguimos" — a alegria que se origina da caminhada lado a lado.

Amós 3:3 aconselha-nos com sabedoria: "Andarão dois juntos, se não houver entre eles acordo?" — acordo sobre aonde estão indo, diríamos! Há alegria quando sabemos aonde estamos indo e há alegria em andarmos juntos.

> *Encoraja-me, Pai, com Tua revelação*
> *para meu casamento e torna-me encorajador de meu cônjuge*
> *para buscarmos Tua vontade juntos.*

? Que atitudes você e seu cônjuge podem tomar juntos hoje a fim de estabelecer uma perspectiva divina para seu casamento?

7 DE MAIO — *alegria*

Satisfação em estar na companhia do outro

...ponham sua esperança [...] em Deus que de tudo nos provê ricamente, para a nossa satisfação. —1 TIMÓTEO 6:17 NVI

Deus é favorável à alegria! Lembra-se da conversa do Senhor com Adão em Gênesis 2? Deus disse que não era bom que o homem estivesse só. Adão precisava de uma auxiliadora para participar com ele da alegria da criação de Deus.

É importante lembrar que Deus planejou criar uma "auxiliadora". Não foi uma ideia humana nem invenção da sociedade. Deus queria que Adão sentisse a grande alegria de um relacionamento. No plano de Deus, alegrar-se por estar com outra pessoa não é determinado apenas pelo que estamos fazendo, mas por estar juntos.

Alegrar-se por estar com alguém significa procurar meios de agradar a pessoa e encontrar coisas que a tornam especial para você. Alegrar-se por estar com alguém significa sentir prazer em sua companhia, discutir ideias ou apenas permanecer juntos em silêncio.

Teresa e eu aprendemos a gostar disso. Não foi automático. A princípio pensamos que nossos interesses em comum haviam se tornado cada vez mais divertidos, por isso não ficávamos entediados. A idade, a maturidade e talvez um grau maior de companheirismo trouxeram-nos uma alegria maior simplesmente por estarmos juntos — a alegria imensa quando sentávamos na varanda e tomávamos o café da manhã juntos. Gostávamos da companhia do outro enquanto observávamos as crianças brincando. Teresa e eu gostamos de estar juntos quando vamos ao cinema ou sentamos em um lugar tranquilo para conversar. Gostamos de estar juntos e compartilhamos a experiência da proximidade um com o outro.

Somos gratos pelos resultados de um esforço conjunto para conseguir essa proximidade. A doçura de nosso relacionamento retorna quando passamos um tempo juntos. E a doçura de nosso relacionamento com Deus aumenta quando meditamos em Sua generosidade. Ele nos tem abençoado ricamente com a dádiva de estarmos um com o outro.

Graças, Pai, pela alegria do companheirismo.

> O que você e seu cônjuge poderiam fazer juntos para ajudá-los a concentrarem-se em estar na companhia um do outro? Como você poderia dar início a essa ideia?

8 DE MAIO

alegria

Deus fez o bem

...fazendo o bem [...] enchendo o vosso coração de fartura e de alegria.
—ATOS 14:17

Deus fez o bem! Fez o bem porque Sua natureza é assim. Ele não é um ser celestial que destrói a alegria, mas um Pai amoroso que deseja tudo de bom para nós. Deseja que sintamos alegria em todas as coisas que pertencem à vida e à piedade. Alegrar o cônjuge é uma parte especial do plano de Deus para o casamento. Deus "fez o bem" quando criou seu cônjuge exatamente para você.

As décadas de vida conjugal têm apresentado desafios não apenas à nossa caminhada espiritual, mas também ao nosso conceito a respeito de Deus. Se Ele fosse um Deus distante e descompromissado, Seu cuidado pessoal e específico poderiam ser questionados. Se Ele fosse um inspetor perfeccionista — escondendo-se atrás de cada esquina, pronto para nos pegar no pulo e nos julgar —, então poderíamos duvidar por que Ele nos criou. Mas se Seu coração anseia por nos fazer o bem, então a maravilha de Deus remodela-nos e nos ajuda a ver de modo diferente cada aspecto de nossa vida e de nossos relacionamentos. Ver Deus de modo diferente — ver quem Ele realmente é — leva-nos a ver nosso cônjuge de modo diferente também, ou seja, como dádivas concedidas por Ele.

Muitos casais chegam às nossas palestras pensando que o casamento deve ser, na melhor das hipóteses, tolerado. Dar conta do recado é o que mais desejam. Mas dentro dessa atitude de mediocridade e complacência há o Deus que deseja dar vida e a dá com abundância. Isso não significa proteção especial dos problemas, mas significa alegria, paz e liberdade em meio a eles. Parte do plano de Deus para essa abundância encontra-se nos relacionamentos divinos por meio dos quais Ele age — casamento, família e igreja.

Podemos ser gratos por Sua bondade em proporcionar-nos esses relacionamentos e começar a dar graças ao Senhor por nosso cônjuge.

Graças, Pai celestial porque és o Deus que faz o bem!

> Por qual atitude específica de seu cônjuge você pode render graças a Deus?

9 DE MAIO — *alegria*

Relaxe um pouco

Enquanto você viver neste mundo de ilusões, aproveite a vida com a mulher que você ama... —ECLESIASTES 9:9 NTLH

Adoro quando David tira um dia de folga na segunda ou na sexta-feira para podermos relaxar e apreciar a companhia um do outro. Esses dias são como feriados para mim. Não temos de planejar as tarefas do dia. Não precisamos de nenhum tipo de programação. Não precisamos fazer nada, a não ser alegrar-se na companhia um do outro.

O mundo tenta convencer-nos de que precisamos "fazer" alguma coisa o tempo todo. Em razão disso, caímos na armadilha de uma vida extremamente atarefada. Quando paramos para apreciar a presença um do outro, quase sempre é sinal de que doamos um ao outro uma parte maior de nós, o que é muito mais saudável que continuar "atarefados". Como podemos ser românticos ou nos conhecer mais em nível emocional se não encontramos tempo para apreciar um ao outro — sozinhos, sem os filhos, sem outra pessoa por perto e sem "fazer nada"?

É esta repreensão sobre "correria" que ouvimos nas palavras de Cristo quando Ele disse à Sua amiga: "Marta! Marta! Andas inquieta e te preocupas com muitas coisas" (LUCAS 10:41). As atividades estavam atrapalhando o relacionamento de Marta com Cristo, e isso nunca é bom. As atividades são úteis para os relacionamentos quando transmitem alegria e experiência em comum, mas nunca para suplantá-los.

Maria, irmã de Marta, foi elogiada por concentrar-se no relacionamento, conforme Cristo disse: "Maria escolheu a boa parte" (v.42 NVI). Cristo foi criterioso ao referir-se especificamente à "escolha" de Maria de priorizar o relacionamento. Demonstra que não devemos simplesmente *iniciar ao acaso* uma amizade ou relacionamento íntimo — precisamos *escolher*.

Todos nós devemos seguir o exemplo de Maria e focar no relacionamento — com Deus em primeiro lugar e depois com nosso cônjuge.

Pai, ajuda-me a ficar longe da armadilhada da urgência e achar tempo para relaxar com meu cônjuge.

> **?** Que atitudes você pode tomar para certificar-se de passar tempo com seu cônjuge — a sós, sem interrupções e sem nada planejado para "fazer"?

10 DE MAIO — *alegria*

Aproveitando e apreciando o momento

Por isso, enquanto tivermos oportunidade, façamos o bem a todos...
—GÁLATAS 6:10

De vez em quando Teresa e eu permitimos que as decepções do passado ou as ansiedades quanto ao futuro roubem a "alegria do agora". Como é incrível a nossa dificuldade de lidar com o presente. Porém, a grande alegria começa a surgir quando aprendemos a "aproveitar o momento" e a não desperdiçar nenhuma oportunidade de fazer o bem.

A intimidade se desenvolve e intensifica-se quando os casais aproveitam as experiências do dia a dia para aproximarem-se mais. A intimidade não *acontece* sem esforço, nem pode ser *programada* para acontecer. Por exemplo, há uma aproximação maior entre os casais quando eles se unem no espírito, nas emoções e no físico. Essa união inclui momentos arrebatadores de alegria, de pedidos de desculpa regados a lágrimas ou de abraços afetuosos. É durante esses encontros íntimos que os casais aprendem a aproximar-se mais um do outro como marido e mulher. E isso é mais provável de ocorrer quando o casal aprende a libertar-se das mágoas do passado e dos medos do futuro.

Cristo é nosso exemplo de viver o dia a dia na liberdade do presente. Na vida de Jesus não houve fracassos de ontem nem medos do futuro. Diferentemente dele, enfrentamos fracassos. Mas com confissão, perdão e consolação, o Grande Médico liberta-nos para apreciarmos as coisas boas de hoje (MATEUS 5:4; TIAGO 5:16; 1 JOÃO 1:9). Diferentemente dele, temos medo do futuro. Porém, com a certeza de que Seu "perfeito amor lança fora o medo" (1 JOÃO 4:18,19), podemos aproveitar a alegria do presente.

Imagine a plenitude, a intimidade e a alegria do marido e da esposa — livres do sofrimento do passado ou do medo do futuro — aproveitando juntos a bondade de Deus.

> *Pai, que aproveitemos as oportunidades de nos alegrarmos no Senhor e um com o outro. Ajuda-nos a pôr de lado as dores do passado e o medo do amanhã.*

? De que sofrimentos do passado ou medos do futuro você e seu cônjuge precisam libertar-se hoje para aproveitarem juntos o "agora"?

11 DE MAIO *alegria*

A alegria de aproveitar a vida

...tive grande alegria e conforto no teu amor... —FILEMOM 7

O amor de Deus produz alegria, e alegria em abundância. As pessoas que, como eu (Teresa), costumam ver a "metade vazia" do copo não sentem alegria com facilidade. Tenho a mania de ver somente o que não está certo, não está feito, não funciona ou não vai acontecer. Tudo isso destrói a alegria de modo doloroso. Deus, porém enviou Seu amor à minha vida, para que eu sinta alegria. Grande parte do "plano de alegria" de Deus para mim é meu casamento com David.

David é o eterno otimista, sempre vendo o lado bom de tudo e de todos. Também conhece a alegria e parece encontrá-la em todos os lugares. Deus costuma envolver meu marido para ajudar-me a encontrar os "raios de esperança". Por exemplo, alguns anos atrás David pediu que fizéssemos juntos uma longa lista das coisas das quais gosto — almoçar com amigas, ler tranquilamente, fazer compras, viajar com os netos e assim por diante. Ele não desistiu enquanto não encontrei mais de 50 possibilidades, e depois decidiu auxiliar-me a programar cada uma. O plano era ajudar-me a me entender melhor e a aprender a sentir alegria. Enquanto colocávamos o plano em prática, aprendi muito sobre mim mesma e sobre a alegria verdadeira.

Outra mudança importante começou a ocorrer pelo fato de Davi ter me encorajado a sentir alegria. Comecei a ver um número maior das bênçãos de Deus em minha vida. Comecei a sentir mais alegria no relacionamento com meu Pai celestial porque consegui ver demonstrações de seu cuidado por mim. Fiquei mais em paz comigo e com o mundo em volta de mim porque fui capaz de descansar em Seu amor.

Foi incrível descobrir que a vida não era, de jeito nenhum, um "copo vazio pela metade"!

Obrigada, David, por ter-me mostrado como apreciar de modo mais pleno as bênçãos que Deus me concede.

*Deus, ajuda-nos a apreciar verdadeiramente
a vida juntos como casal.*

[?] Que atividade você poderia planejar para passar momentos alegres com seu cônjuge?

12 DE MAIO *alegria*

É divertido estar com você

Porque o Senhor se agrada do seu povo... —SALMO 149:4

"Agradar-se de alguém" fala da alegria de estar na presença dessa pessoa. No versículo de hoje, o salmista sente-se maravilhado porque o Criador se agrada de Sua criação. Deus anseia por usufruir da minha presença. Essa verdade enche-me (Teresa) de gratidão e me aproxima do Senhor.

Abraão foi chamado amigo de Deus, e isso levanta a possibilidade de que outras pessoas também possam ser amigas do Senhor. Eu talvez? É essa mesma amizade que Deus estabeleceu quando instituiu o casamento.

David significa muitas coisas diferentes para mim, e o item no topo da lista deveria ser que ele é o *meu* melhor amigo. Rimos das mesmas coisas e choramos pelas mesmas coisas. Gostamos de conhecer novos restaurantes, ver filmes e brincar no chão com os netos. Gostamos também de conversar sobre os livros interessantes que lemos. E nos alegramos especialmente em passar as férias juntos. Seja com a família inteira ou apenas David e eu, adoramos explorar novos lugares e contemplar a paisagem. Também gostamos muito dos seminários que organizamos juntos. Depois das palestras, gostamos de falar sobre como vimos Deus agir, sobre quem esteve presente e outras sugestões para seguirmos com o trabalho.

Sinto prazer em estar com David. O fato de pensar em quanto gosto de estar com meu marido me ajuda a entender que Deus sente a mesma alegria em estar comigo. Minha extrema afeição por David e por sua preciosa amizade tem me ajudado a acreditar que Deus pode sentir a mesma afeição por mim. Percebi que o Senhor também valoriza o relacionamento que tem comigo.

Deus se agrada de mim, da mesma forma que me agrado de meu marido.

*Senhor, quero concentrar-me em meu cônjuge
e na alegria que sentimos quando estamos juntos.*

? Como você poderá se agradar de seu cônjuge hoje?
Como cultivará sua amizade especial?

13 DE MAIO *alegria*

Alegrando-se na companhia um do outro

Nas tuas mãos, estão os meus dias... —SALMO 31:15

O tempo cronológico tem três tempos verbais: passado, presente e futuro. A intimidade é experimentada apenas no presente. Viver no presente é difícil, mas essencial para experimentar intimidade e abundância. Aliás, o presente é tudo o que realmente temos para apreciar.

O ministério terreno de Cristo nos oferece um ótimo exemplo de vida no presente. Independentemente dos estressantes elementos exteriores, Ele continuou a cuidar com amor das necessidades dos que o rodeavam. Enquanto as multidões se acotovelavam a Seu redor, Cristo parou Sua caminhada com os discípulos para perguntar: "Quem me tocou nas vestes?" (MARCOS 5:30). Da mesma forma, o Espírito Santo, cuja ação não é impedida pelas preocupações de ontem ou pelas incertezas do amanhã, deseja expressar Seu cuidado e amor — agora.

Costumamos dar algumas sugestões aos casais para que se alegrem um com o outro no presente. Nossa primeira sugestão é para que falem sobre interesses comuns. Depois encorajamos os casais a comunicar a alegria que um sente pelo outro com palavras como estas: "Não sei se já lhe disse, mas sua amizade é extremamente importante para mim. Alegro-me por estar com você". Em seguida, encorajamos os casais a conversar sobre a amizade um pelo outro e apresentamos ideias para intensificarem essa amizade.

Também achamos útil encorajar os casais a recuperar os tempos românticos. Pedimos que se lembrem de algumas atividades das quais gostavam durante o namoro e surpreendam um ao outro com algumas delas. Que voltem a praticar antigos passatempos e recreações — como esportes, pesca, compras, viagens e caminhadas — sempre juntos. E que planejem momentos para sentar e conversar, andar ao ar livre, jantar num restaurante ou dormir fora de casa.

Acima de tudo, lembramos que um amigo verdadeiro dedica tempo a um amigo verdadeiro.

Ensina-nos, Pai, a aproveitar a alegria de hoje.

? Que tipos de atividades para reforçar a amizade você e seu cônjuge podem realizar hoje?

14 DE MAIO *súplica*

Suplica ao outro com carinho

Rogo-vos, pois [...] que andeis de modo digno da vocação a que fostes chamados. —EFÉSIOS 4:1

A súplica feita com carinho dá propósito e paixão à vida. É fácil cair na aridez de uma vida agitada e dar toda a atenção à tirania das coisas urgentes, deixando as importantes passar despercebidas. A súplica feita com carinho me traz de volta à realidade eterna. A vida é curta, mas as pessoas são eternas, e eu (David) posso fazer diferença na vida delas.

Cristo deu vários testemunhos da essência da "súplica" ao Seu Pai: "Em verdade, em verdade vos digo que o Filho nada pode fazer de si mesmo, senão somente aquilo que vir fazer o Pai; porque tudo o que este fizer, o Filho também semelhantemente o faz" (JOÃO 5:19).

Talvez nesses tempos de súplica, o Filho tenha se lembrado do primeiro dia de Seu ministério, quando, no rio Jordão, ouviu o Pai dizer: "Este é o meu Filho amado, em quem me comprazo" (MATEUS 3:17). De muitas maneiras, o ministério terreno de Cristo pode ser visto em termos do relacionamento entre o Filho e o Pai. Era essa prioridade de relacionamento que parecia proteger Cristo de ser atraído pelas coisas temporais e permitia que Ele permanecesse livre para alcançar o povo com amor.

O exemplo de Cristo encoraja minha acessibilidade à súplica. Teresa parece ter um sentido especial a respeito das necessidades que as crianças têm de tempo e atenção. Quando a tirania das agendas abarrotadas começa a prejudicar a união da família, Teresa percebe a necessidade de restabelecer essa união. Sua súplica amorosa mantém a prioridade de nossa família. "Querido, penso que seria importante planejarmos um tempo de relaxamento para a família", ela me diz. "Todos parecem estar precisando disso."

Ela me lembra — suplica — de uma forma carinhosa sobre o que é realmente importante.

Pai, mantenha-me acessível e pronto a suplicar.

> **?** O que você e seu cônjuge colocariam em primeiro lugar na sua lista de prioridades hoje?

15 DE MAIO *súplica*

Um clamor por socorro

Antes de tudo, recomendo que se façam súplicas [e] orações [...] por todos os homens. —1 TIMÓTEO 2:1 NVI

Há urgência a respeito da súplica. Ela ocorre quando um ou ambos os cônjuges reconhecem a necessidade do outro.

Um dos cônjuges pode fazer uma súplica ao outro durante uma noite tranquila de reflexão ou durante um jantar a sós. A súplica pode ocorrer quando o cônjuge não alcança os objetivos estimados. Pode ser feita pelo fato de um filho não estar passando um tempo especial com a mãe ou o pai. A súplica diz: "Eu me importo com você e com suas prioridades, porque sei que são importantes para você. Eu me importo muito com essas prioridades para permitir que você as perca".

A súplica encontra-se no entendimento mútuo e na vulnerabilidade necessária para dizer a verdade em amor. Resulta da verdadeira intimidade conjugal.

O encorajamento bíblico para oração e súplicas são lembretes de que somos criaturas "carentes" de Deus e dos outros. A oração nos lembra de nossa dependência do Senhor. Nossa vulnerabilidade um com o outro nos lembra de que podemos nos beneficiar realmente da perspectiva de nosso cônjuge. A vulnerabilidade de nosso cônjuge ao falar de suas necessidades nos lembra de nosso compromisso de considerar mais aos outros do que a nós mesmos.

"Amor, estou sufocada esta manhã com tantas coisas diante de mim. Será que poderíamos orar antes de você sair para o trabalho?" Essa súplica é a forma carinhosa de Teresa para lembrar-me de que ela precisa de mim. Precisa de mim para considerar seus esforços e apoiá-la com oração e atenção. Sua súplica feita com amor tange dentro em mim a "necessidade de ser necessário" — uma bela situação de vencer e vencer.

Todos nós precisamos estar atentos às oportunidades de fazer súplicas a nosso cônjuge, e precisamos estar prontos quando a súplica parte dele.

*Senhor, quero estar sempre pronto para ouvir
o clamor por socorro de meus amados.*

> **?** Em que situações seu cônjuge tem mais tendência de lhe suplicar algo? Como você pode atender às necessidades dele nessas situações?

16 DE MAIO

súplica

Eu preciso de você!

Deus se tornou favorável para com ele [e] atendeu-lhe a súplica...
—2 CRÔNICAS 33:13

Andei me sentindo sozinha vários dias porque David estava chegando cada vez mais tarde em casa. Depois que ele chegava, eu sabia que seu cansaço era muito grande, por isso deixava-o sozinho. A falta de intimidade, a solidão e a sensação de estar ocupando o segundo lugar na vida dele começaram a me prejudicar. Mas eu sabia que se abordasse David com palavras do tipo "Não aguento mais seus atrasos!" ou "Por que você nunca consegue chegar mais cedo?", elas não produziriam nele o desejo de mudar. Aliás, pioraria a situação.

Uma quinta-feira à noite, quando já estávamos deitados, senti a necessidade de expor meus sentimentos a David. Estiquei o braço, toquei em meu marido, olhei para ele e disse: "Tenho-me sentido muito sozinha ultimamente. Ficaria feliz se pudéssemos passar um tempo de qualidade juntos". Ele reagiu da maneira que eu esperava.

Direcionei o foco para minha necessidade, não para o comportamento de David, por isso ele não reagiu na defensiva. Percebeu que andava muito atarefado e demonstrou o desejo de fazer algumas alterações em sua agenda. Tirou folga na segunda-feira para passar um tempo comigo.

Veja bem, minha vulnerabilidade ao compartilhar minha necessidade a David foi a ferramenta que Deus usou para mostrar a meu marido a necessidade de alterar sua agenda e encontrar tempo para nós dois.

É um desafio ouvir a voz suave do Senhor por intermédio da vulnerabilidade de nosso cônjuge, mas a certeza e a segurança que ela traz à vida conjugal são gratificantes. Deus usa a vulnerabilidade carinhosa no casamento para aumentar nossa sensibilidade à Sua voz. Nosso cônjuge é abençoado por encorajamentos divinos, e Deus é enaltecido porque nós o buscamos para resolver a questão.

*Pai, agradeço porque conheces minhas necessidades
e porque tenho um cônjuge que te ouve.*

> **?** Que necessidades você precisa apresentar a seu cônjuge para receber a atenção dele? Levou o problema a Deus antes?

17 DE MAIO *súplica*

Súplica conjugal

...não sabemos nós o que fazer; porém os nossos olhos estão postos em ti.
—2 CRÔNICAS 20:12

"Acho que deveríamos economizar mais dinheiro para a educação de nossos filhos."
"Penso que deveríamos saldar nossas dívidas."
"Não gosto da igreja que estamos frequentando."
"Amo nossa igreja."
"Não posso continuar deste jeito!"
"As coisas não vão tão mal assim!"

A união entre o marido e a esposa é posta à prova quando há muitas decisões a serem tomadas. Infelizmente, algumas vezes a intimidade conjugal desaparece durante essas provas.

A vida conjugal é uma série de decisões diárias e de encruzilhadas com grande poder de causar harmonia ou discórdia. Um bom começo para tomar essas decisões é reconhecer nossa necessidade da intervenção divina, e o marido e a esposa suplicarem juntos ao Senhor.

Teresa e eu lutamos durante anos com essa típica discórdia conjugal. Porém, tão perturbador quanto a discórdia era o sofrimento que sentíamos por não sermos capazes de experimentar unidade em todas as áreas de nosso casamento. Sabíamos que ser unidos era uma parte importante de Deus para o casamento, mas parecia difícil de compreender. Pensávamos erroneamente que bastava resolver aqueles conflitos para vivenciar essa unidade. Deus tinha outro plano em mente.

Observe a união entre as pessoas nesta passagem da Bíblia. "Não sabemos nós o que fazer" significa "estamos unidos em não ter as respostas". Este é o começo da unidade. "Porém os nossos olhos estão postos em ti" significa "estamos unidos em recorrer a Deus em busca de sabedoria e direção". Então, a união pode prosseguir. Juntos, confiamos em um Deus bondoso que nos dá a "paz que excede todo entendimento".

Pai, une os nossos corações em súplica por Tua sabedoria e direção. Não sabemos o que fazer!

> **?** Aonde ou a quem você recorre em primeiro lugar quanto há uma discórdia conjugal?

18 DE MAIO *súplica*

Eu insisto para que você considere isto

Exortamo-nos, também, irmãos... —1 TESSALONICENSES 5:14

Você já conheceu alguém tão preocupado com um problema que chegou a suplicar-lhe que fizesse alguma coisa para resolvê-lo? Para aquela pessoa, o problema era tão sério que não bastava simplesmente pedir; ela suplicou para você agir.

Há problemas como esse no casamento. Por exemplo, quando eu estava enfrentando lutas emocionais no ministério da igreja, Teresa insistiu para que eu pedisse conselho a um presbítero. Eu dormia mal, comia pouco e o mau humor estava tomando conta de mim. Teresa ficou tão preocupada com meu sofrimento que suplicou que eu visse o problema por outro ângulo. Infelizmente, eu sentia uma ameaça pairando no ar. Afinal, da forma como eu via o problema, aqueles que dedicam tempo integral ao ministério devem suportar tudo isso.

Tenho a satisfação de contar que saí em busca de conselho e aquelas palavras sábias me ajudaram muito, tudo graças ao cuidado e à insistência de minha esposa.

No versículo bíblico de hoje, Paulo exorta os leitores com paixão e urgência. Ao ler a primeira carta aos tessalonicenses, constatamos que a exortação de Paulo não se refere a assuntos pequenos ou insignificantes, mas a questões de grande importância. Questões sobre o direito de crer e viver fielmente estão em jogo. Deixar as exortações firmes para as questões de grande importância — essa é a grande lição que aprendemos com esse versículo.

Quando a situação no casamento se torna séria a ponto de exigir mais que um simples "por favor" ou "espero que você...", precisamos suplicar a nosso cônjuge que tome uma atitude. Quando alguém está insistindo com você sobre um assunto, ouça o que ele tem a dizer. De fato, essa insistência significa que a pessoa considera o assunto muito sério.

Deus, ajuda-nos a saber quando devemos insistir com nosso cônjuge a respeito de algo.

? Que providências você pode tomar hoje para saber se você ou seu cônjuge necessita suplicar que o outro tome uma atitude?

19 DE MAIO

súplica

Não perca a oportunidade

Exortamo-vos [...] a que admoesteis os insubmissos, consoleis os desanimados, ampareis os fracos e sejais longânimos para com todos.
—1 TESSALONICENSES 5.14

"Papai, você quer brincar comigo?" A pergunta era razoável. Era a reação recente de Bill que preocupava Janet.

"Não, querido, estou muito ocupado. Talvez mais tarde."

O "mais tarde", porém, nunca chegou. E cada dia precioso foi perdido porque Bill não tinha tempo para passar com os filhos. Janet perguntava a si mesma se o marido não era capaz de entender seu procedimento repetitivo e sentiu-se compelida a chamar-lhe a atenção. "Meu bem", ela disse, "estou muito preocupada porque as crianças não estão passando tempo com você. Parece que estão ocupando o segundo lugar em sua vida. O que você acha?"

A seguir, chegou o momento da decisão. Será que a reação de Bill seria a de dar atenção às palavras da esposa ou ele ficaria na defensiva? Neste caso, o alicerce do amor onde existe confiança fez toda a diferença. Bill passou a acreditar que as exortações de Janet não eram ataques ou críticas, mas declarações de preocupação sincera com ele. Janet não queria que Bill perdesse aquilo que era verdadeira prioridade para ele. Por prezar muito o marido, ela arriscou a expor sua preocupação.

"Acho que você está certa", Bill respondeu. "Parece que estou preenchendo meu tempo com coisas extras que não precisam ser feitas. Quero voltar a ser o que era para minha família. Alguma sugestão?"

"Que tal você passar de 30 minutos a uma hora todas as noites brincando com as crianças?", Janet sugeriu. "Vocês poderiam ter uma atividade diferente em cada noite — ler, brincar ao ar livre ou fazer trabalhos manuais. Ou então separar uma noite especial por mês para passar com cada filho."

Janet não queria que o marido olhasse para a própria vida com arrependimento, mas entendeu que Bill poderia passar mais tempo com os filhos. Portanto, ela mostrou com amor que esses relacionamentos proporcionam alegria e satisfação.

*Pai, ajuda-me a amar meu cônjuge o suficiente
para alertá-lo quando vejo algo errado.*

> **?** Como você pensa que deveria abordar seu cônjuge quando percebe que falta algo em casa?

20 DE MAIO

súplica

Súplica após leitura e reflexão compartilhada

E implorava a Jesus, com insistência... —MARCOS 5:10 NVI

Suplicar ao cônjuge pode ser assustador. Recomendamos que ambos leiam juntos e com neutralidade para promover o compartilhar sincero — outra expressão que usamos para súplica.

Teresa e eu temos aprendido muito quando lemos livros juntos sobre comunicação, educação dos filhos, estabelecer metas e intimidade sexual. À medida que compartilhamos ideias, informações reveladoras, esperanças e medos a respeito de um assunto, aproximamo-nos mais um do outro.

Conforme o versículo de hoje indica, a súplica baseia-se na confiança especial de que será feita com toda sinceridade e honestidade. O segredo para isso na vida conjugal é a vulnerabilidade que pomos em risco quando abordamos nosso cônjuge com esse tipo de sinceridade. Implica em confiar no cônjuge — uma confiança que ele quer ouvir para saber o que se passa em nosso coração e mente.

Muitos casais que recorrem a nós foram beneficiados com a leitura em conjunto acompanhada de um tempo de reflexão. Livros ou outros tipos de leitura quase sempre atuam como ideias oferecidas por uma pessoa neutra, para ajudar a estimular o diálogo e a interação. Encorajamos os casais a se revezarem na escolha do tipo de leitura. Por exemplo, este mês ele poderá escolher um livro cristão conhecido ou uma revista sobre eventos mundiais. Cada cônjuge lê o material escolhido e anota os itens mais interessantes. Os dois podem revezar-se lendo um capítulo por vez ou lendo em voz alta para o outro. Depois, o casal programa tempos de reflexão para comentar a leitura e compartilhar itens de interesse pessoal ou prático. Esse ambiente dá aos casais a oportunidade de serem mais vulneráveis a respeito de suas ideias, desejos e sonhos.

Este plano abre as portas para súplica entre os dois, e isso os ajuda a cultivar proximidade e intimidade no casamento.

Pai, torna-me receptivo a ideias, sentimentos e opiniões desta pessoa especial em minha vida.

> Que materiais especiais você poderá ler para ajudar a promover súplica franca e sincera entre você e seu cônjuge?

21 DE MAIO — *enaltecimento*

Enaltecendo o valor de seu cônjuge

...o que se humilha será exaltado. —LUCAS 14:11

É ótimo ter alguém — um amigo, um sócio no negócio ou um membro da família — que vê você como uma pessoa de grande valor. Ter uma promessa de exaltação vinda do Senhor é excelente. Mas ser valorizado pelo cônjuge como uma pessoa importante talvez seja o maior enaltecimento que alguém pode receber de outro ser humano. As pessoas no trabalho, na igreja ou na comunidade podem engrandecê-lo, porém nada se compara ao impacto do "estou orgulhoso de você" partindo de seu cônjuge.

Ser enaltecido pelo cônjuge e enaltecê-lo também — esse é um dos grandes e verdadeiros benefícios do casamento.

O versículo de hoje encoraja-nos a não procurar sermos exaltados, mas a ser humildes, confiando que o Senhor "nos exaltará" a Seu tempo e à Sua maneira. O importante em tal encorajamento e promessa é a ideia de que Ele deseja que, às vezes, a exaltação a meu cônjuge parta de mim. É um privilégio tremendo estar incluído no plano de Deus para enaltecer os outros, começando pela pessoa mais próxima de mim: meu cônjuge.

Esse enaltecimento pode originar-se de um elogio particular ou público. Ou talvez quando você não atende aos pedidos de um de seus filhos enquanto não discute o assunto com seu cônjuge. Ou em um terno momento de reflexão acompanhado de palavras como: "Sou muito feliz porque você é minha esposa, e eu a amo".

Seja qual for a forma, incentivar seu cônjuge como uma pessoa especial é muito importante para a intimidade no casamento. É também um enorme privilégio reservado a duas pessoas que compartilham o amor e a intimidade destinados ao casamento.

> *Senhor, que minhas palavras e ações exaltem hoje — e sempre — o grande valor de meu cônjuge.*

? Que palavras você diria e que atos realizaria para enaltecer seu cônjuge hoje?

22 DE MAIO — *enaltecimento*

A exaltação de Maria

A minha alma engrandece ao Senhor. —LUCAS 1:46

Podemos sentir na alma emoções como gratidão, agradecimento e encantamento. Encantamento e assombro devem ter sido, no mínimo, parte do que Maria sentiu quando fez uma declaração de júbilo a Deus, conforme registrado no versículo de hoje.

A exaltação e a gratidão de Maria não foram manifestadas por causa de bens materiais nem de posição social, mas de relacionamento. Maria, a mais abençoada de todas as mulheres, recebeu uma bênção divina. Sua exaltação e adoração foram respostas a um favor do Pai.

De forma semelhante, nós, os casados, fomos divinamente favorecidos — de maneira única — com o cônjuge que Deus nos deu. Tiago lembra-nos de que toda dádiva e todo dom perfeito vem do alto, de Deus (TIAGO 1:17). O mesmo Deus que abençoou Maria ao anunciar o nascimento de Cristo enviou-me Teresa como uma de Suas dádivas mais especiais.

Os mistérios das obras de Deus são encantamentos jubilosos e incluem o cônjuge que Ele me deu. Suas bênçãos são infinitas, e muitas delas vêm por meio desta parceira na vida.

Em todos esses anos de vida conjugal, tenho visto cada vez com mais frequência uma sensação tocante de profunda gratidão por minha parceira na vida. Ela é uma parceira que vê meu "lado mais sombrio" e continua a aceitar-me, uma parceira cuja força equilibra com amor as minhas fraquezas, e uma parceira que pensa em mim, que se entrega a mim, que cuida de mim. Ela é a parceira que Deus me concedeu.

Em razão disso, minha alma engrandece ao Senhor.

Senhor, que eu nunca me esqueça da bênção que me enviaste na pessoa de meu cônjuge.

? Em que áreas específicas seu cônjuge é uma bênção para você todos os dias? Como você o abençoa?

23 DE MAIO

enaltecimento

Enalteça seu cônjuge

...edificai-vos reciprocamente... —1 TESSALONICENSES 5:11

Só me dei conta de quantas vezes enfraqueci a autoridade de David em casa em uma noite em que saímos com alguns amigos e eu me vi em outra esposa.

O marido havia castigado o filho e dado instruções sobre o que ele podia e não podia fazer. A mãe começou a acrescentar instruções na presença do pai. Ao fazer isso, ela transmitiu a mensagem: "Como as instruções de seu pai não foram suficientes, estas são as que você deve cumprir".

Fui forçada a lembrar-me das muitas vezes em que interrompi David enquanto ele mostrava às crianças como arrumar a mesa para o jantar ou como ajudar no quintal. Parece que eu sempre tinha de dar um palpite, certa de que meu marido não sabia como as coisas precisavam ser feitas. Tive de enfrentar a dura realidade de que eu desprezava as oportunidades de enaltecer meu marido, mas encontrava muitos motivos para criticar ou reclamar. Percebi que David precisava que eu o enaltecesse e apoiasse seu papel de pai em vez de manifestar desrespeito.

Entendi que precisava morder a língua em vez de "corrigir" algo insignificante nas atitudes de David. Entendi que precisava dar a ele a liberdade de agir de modo diferente do meu e abandonar um pouco de meu perfeccionismo. É importante pedir sempre ao Senhor que conceda Sua sabedoria para aprendermos a separar as coisas pequenas das grandes. Tenho a tendência de *aumentar* tudo, e minhas reclamações e críticas não edificam.

Enaltecer um ao outro é uma das oportunidades importantes que temos no casamento. Às vezes, pode ser por meio de palavras de gratidão e apreço. Outras, por meio de cartinhas de amor e presentes especiais de agradecimento. Na maioria das vezes, bastam pequenas coisas para edificar o cônjuge.

*Deus, ajuda-me a ser um bom exemplo
às pessoas que me rodeiam.*

? Como você vai edificar, apoiar e enaltecer seu cônjuge hoje?

24 DE MAIO *enaltecimento*

Enaltecimento por meio da prioridade do tempo

...há tempo para todo propósito debaixo do céu. —ECLESIASTES 3:1

Teresa e eu descobrimos que se não planejarmos tempo para nosso casamento, a "tirania de todas as outras coisas" o destruirá. Almoçamos juntos uma vez por semana há mais de dez anos. Cada um de nós fez do tempo uma prioridade, evitando conflitos e distrações tanto quanto possível. Todas as semanas, elaborávamos juntos o "calendário" da família para a semana seguinte, inclusive compromissos sociais, atividades das crianças e horas extras de trabalho à noite. Observamos um benefício imediato só pelo fato de sabermos com antecipação quais eram os nossos planos. Por exemplo, ficamos menos irritados e tivemos menos conflitos.

Depois de controlar os assuntos urgentes de nossa agenda, usamos o tempo semanal para começar a eliminar as atividades menos prioritárias e acrescentar assuntos que considerávamos mais importantes, como sair juntos uma noite por semana e viagens curtas. Uma orientação que usamos para programar nosso tempo foi prometer que nenhum de nós assumiria outro compromisso nesse dia enquanto não discutíssemos o assunto juntos. Com nossas agendas sob controle e mais atividades divertidas em nosso calendário, começamos a usar o tempo para conversar mais sobre nossos objetivos e sonhos futuros. Os benefícios evidenciaram-se: as lembranças e as palavras carinhosas entre nós surgiram com mais frequência.

Recentemente, trocamos nosso tempo juntos de quinta-feira para sábado, mas os benefícios foram tão grandes que nossas reuniões permaneceram!

O tempo é uma de nossas ferramentas preciosas, e como o "investimos" representa um aspecto importante das prioridades de nossa vida. As prioridades são: tempo com Deus, tempo um com o outro, tempo para a família e tempo para as outras coisas.

Senhor que eu possa enaltecer meu cônjuge oferecendo-lhe a prioridade de meu tempo.

> **?** Como você vai estabelecer prioridades no que se refere ao uso do tempo?

25 DE MAIO — *enaltecimento*

Feliz aniversário!

Riquezas e glória vêm de ti, tu dominas sobre tudo, na tua mão há força e poder... —1 CRÔNICAS 29:12

Na ocasião em que eu (Teresa) completaria "meio século" de vida, não estava particularmente satisfeita com isso. Sentia-me velha e fazia questão de que todos soubessem. David agiu da melhor forma para rebater minhas reclamações, mas não adiantou. Eu estava determinada a lamentar a injustiça de envelhecer.

Imaginei que David e eu sairíamos para jantar juntos e comemorar o aniversário. Enquanto nos dirigíamos para nossa mesa, ergui os olhos e avistei oito de nossos amigos mais íntimos sentados ali. David havia pedido secretamente que comemorassem meu aniversário conosco.

Aquilo, realmente, me deu novo ânimo. David se esforçou muito para que eu soubesse que era uma pessoa de grande valor. Transformou minha tendência de tornar desagradável o meu aniversário em uma das melhores comemorações que tive. Senti-me importante naquele dia — como uma rainha.

É realmente o Senhor que faz "coisas grandes", mas quase sempre Ele quer incluir-me em Seus planos para meu marido. O tempo e o esforço de David me enalteceram, e tenho as mesmas oportunidades de enaltecê-lo. Tenho o poder de fazer meu marido se sentir especial. Em minhas mãos está o poder de elogiar, enaltecer e tratá-lo com honra e respeito.

Desde aquela noite do meu aniversário, comecei a procurar meios de David se sentir importante — como um rei. Procuro oportunidades para elogiá-lo na frente de nossos filhos e netos. Faço questão de que nossa casa (e meu coração) esteja pronta para proporcionar-lhe o descanso e a tranquilidade que ele tanto merece no fim do dia.

Que bênção é colaborar com o Criador para fazer nosso cônjuge sentir-se engrandecido!

Deus, ajuda-me a unir-me a ti para que me cônjuge se sinta enaltecido.

? Como você usará o poder que tem para fazer seu cônjuge sentir-se "importante"?

26 DE MAIO — *enaltecimento*

Estou andando nas nuvens

A mulher virtuosa é a coroa do seu marido... —PROVÉRBIOS 12:4

Você já ouviu de longe seu cônjuge elogiando você a outra pessoa? Aconteceu comigo (Teresa) outro dia.

David estava conversando ao telefone com um amigo. Eu tinha acabado de limpar a cozinha e entrei no quarto onde ele estava. Ouvi-o dizer meu nome e, naturalmente, agucei os ouvidos. David estava contando ao amigo sobre a ótima atitude que tive sobre o atraso na reforma de nossa casa. Estávamos reformando a casa e, por vários motivos, o trabalho durou meses a mais do que o esperado. Ele prosseguiu dizendo que estava muito agradecido por eu não ter passado o tempo reclamando e que, em vez disso, procurei extrair o melhor das condições que tínhamos para viver. Mencionou que minha ajuda lhe trouxera paz de espírito.

Aquele elogio significou muito para mim porque eu sabia que partiu do coração dele. David estava me elogiando a seu amigo como uma mulher virtuosa. E, creia-me, por ter ouvido o que ouvi, agora sou especialmente cuidadosa para continuar a ser uma boa companheira nos assuntos da casa. Não quero nem um pouco que David mude de ideia.

O elogio público é uma das maneiras mais poderosas de enaltecer seu cônjuge. Nunca vimos um marido ou esposa recorrer a nós para reclamar que sentiu vergonha ao receber um elogio do cônjuge.

Um bom começo é verbalizar quanto você preza seu cônjuge na frente dos filhos e familiares, e em seguida aos amigos, membros da igreja e colegas de trabalho.

Elogiar a seu cônjuge poderá ser contagiante!

> *Senhor, ajuda-me a enaltecer meu cônjuge e a falar aos outros sobre minha gratidão a ele.*

? Que elogio público você fará sobre seu cônjuge hoje? A quem você verbalizará esses elogios?

27 DE MAIO — *enaltecimento*

Dizendo palavras de exaltação

Falai de tal maneira e de tal maneira procedei com aqueles que hão de ser julgados pela lei da liberdade. —TIAGO 2:12

Sandy e Rod desejavam enriquecer o casamento, mas havia um pequeno problema de comunicação entre eles. Ambos sentiam grande carinho um pelo outro, mas raramente expressavam isso. Eram pessoas extremamente reservadas. Além de ter problemas em verbalizar seus sentimentos, os contatos visuais eram raros e a linguagem corporal praticamente inexistia quando dialogavam.

Depois de algumas sessões com eles para tratar de algumas mágoas não resolvidas dentro do relacionamento, abordamos o assunto da falta de expressividade. Começamos dando a cada um uma lista das 20 coisas que deveriam dizer para enaltecer o outro: Você é incrível! Você é fantástico! Você é linda! Você é inigualável! Você é preciosa! Você é importante! Você é sensacional! Você é empolgante! Você é bom para mim! Você é um bom amigo! Você é um doce de pessoa! Você significa muito para mim! Você me faz feliz! Você me faz rir! Você ilumina meu dia! Você significa tudo para mim! Você é uma alegria! Você é maravilhosa! Você é demais! Você é uma bênção de Deus!

Pedimos a Rod e Sandy que escolhessem um dos elogios que expressasse seus sentimentos interiores e depois dessem as mãos, olhassem nos olhos um do outro e os verbalizassem. Foi difícil no início, mas quando Rod disse carinhosamente: "Você significa muito para mim", Sandy replicou: "Você é especial para mim", houve lágrimas e eles se aproximaram mais do objetivo de enriquecer o casamento.

O versículo de hoje lembra-nos de que a lei da liberdade, a lei do amor de Cristo, causa impacto em nossas palavras. É importante saber que as palavras têm o poder de destruir e o poder de edificar.

Que possamos sempre ter o propósito de dizer palavras que edifiquem nosso cônjuge.

*Pai, abre minha boca para que eu diga palavras que exaltem
e edifiquem esta pessoa especial.*

? Que palavras de enaltecimento você poderá dizer a seu cônjuge hoje?

28 DE MAIO *exortação*

Conduta apropriada e tomada de decisões

...esteja preparado a tempo e fora do tempo [...] exorte com toda a paciência e doutrina. —2 TIMÓTEO 4:2 NVI

Teresa e eu aprendemos desde cedo no casamento como *não* viver a vida conjugal. Uma dessas lições decisivas foi aprendida em razão de minha tentativa de "pregar" a Teresa. Decidi assumir a função de exortador, citando versículos bíblicos e dizendo a ela como deveria viver. Não deu certo, claro.

Converti-me ao cristianismo aos 21 anos, bem antes de Teresa. Queria que ela atingisse o mesmo patamar que eu no relacionamento com Deus. Mas minha pressão sobre ela para apressá-la em sua caminhada espiritual de nada adiantou. Percebi que Deus tinha um tempo certo para ela e lições para mim.

Aprendi o significado da verdadeira exortação com paciência e vendo o a obra do Espírito Santo em minha vida. Entendi que Ele me induz a ser semelhante a Cristo, porém sempre com paciência. O Espírito Santo não espera que eu entenda isso perfeitamente na primeira vez e não tenta motivar-me por medo de ser rejeitado por Ele.

Essa compreensão da paciência de Deus comigo mudou meu modo de falar com Teresa a respeito de assuntos espirituais. Em vez de fazer sermões à minha esposa, eu conversava com ela sobre o que o Senhor estava fazendo em minha vida. Em vez de citar versículos para estimular uma mudança em Teresa, eu citava apenas os versículos que Deus estava usando para promover mudança em mim.

Teresa e eu começamos a amadurecer juntos e tornamo-nos mais unidos. À medida que ela começou a notar minha paciência e aceitação, passamos a ler a Bíblia juntos. Quando conversávamos sobre uma passagem, eu mencionava o que Deus poderia estar me dizendo. Aprendi, em cada passo do caminho, que minha verdadeira função de exortador era falar de meu entusiasmo pela obra de Deus em minha vida e esperar pacientemente por Sua obra na vida de Teresa.

Pai, dá-me paciência para confiar que quem nos torna semelhante a Cristo és tu, não eu!

> Como você pode mostrar paciência com seu cônjuge e com o crescimento espiritual dele?

exortação

29 DE MAIO

Com que autoridade?

Dize estas coisas; exorta e repreende também com toda a autoridade...
—TITO 2:15

A verdadeira exortação fundamenta-se na autoridade de Deus — as Escrituras. Quando imponho minhas opiniões (de David) ou conselhos à minha esposa, posso ter boas intenções ou até censurá-la, mas isso não é exortação. A "exortação com toda a autoridade", conforme lemos no versículo de hoje, implica em passar tempo lendo a Bíblia e em familiarizarmo-nos com autoridade de Deus. "Estas coisas", que deveriam ser o ponto principal dos anseios de Tito, pertenciam ao Espírito Santo que inspirou Paulo a escrever.

A melhor exortação bíblica é a carta viva de minha vida. Sem esse exemplo de uma vida verdadeiramente transformada pelo poder da Palavra de Deus, minhas palavras de exortação serão frívolas e causarão pouco impacto. No decorrer de nosso casamento, houve mais exortação por meio de exemplos que por meio de pregação. Quando pronunciávamos palavras de exortação, seu verdadeiro impacto se confirmava mediante mudança de vida.

Todo relacionamento e toda casa precisa de um pouco de autoridade para receber orientações e padrões. As casas são construídas sobre a areia ou sobre a rocha sólida da Palavra eterna de Deus: "...seca-se a erva, e cai a sua flor, mas a palavra de nosso Deus permanece eternamente" (ISAÍAS 40:8).

A Bíblia é nosso alicerce firme e eterno. Durante vários períodos atribulados, precisei de orientação ou respostas para minha família. Que alegria quando uma revelação ou um princípio bíblico nos vem à mente no momento certo — na direção de um carro, durante momentos a sós ou momentos de oração — e que alegria abençoada é compartilhar essas coisas com minha esposa.

Essa é a verdadeira exortação!

Obrigado, Pai, pelo alicerce inabalável da Tua Palavra.

> Que atitudes você pode começar a tomar hoje para ter certeza de que as palavras de exortação que profere se fundamentam na Palavra de Deus e em uma vida transformada pela Palavra?

30 DE MAIO *exortação*

Palavras brandas

Que preferis? Irei a vós outros com vara ou com amor e espírito de mansidão? —1 CORÍNTIOS 4:21

Controlar o peso é uma batalha constante para mim (Teresa). Em geral, fico tão envolvida em tentar fazer meu peso chegar ao que imagino ser o ideal, que meu pensamento se desequilibra. É nessas ocasiões que me torno compulsiva, irritadiça ou perfeccionista ao extremo. Digo e faço coisas das quais me arrependo depois. Sinto vergonha de dizer que, às vezes, causo a infelicidade de todos a meu redor.

Seria fácil para minha família perder a paciência comigo e me repreender por minhas atitudes e ações. Mas, no fundo, eles sabem que não funcionaria.

Eles sabem o que o apóstolo Paulo sabia. A repreensão é dura e abrupta, mas a exortação e a correção com base no exemplo de Cristo, feitas com amor e mansidão, são muito eficazes.

David quando me vê prestes a mostrar-me compulsiva ou perfeccionista, exorta-me com mansidão para eu repensar o que estou fazendo e como estou me comportando. É um alívio e um conforto saber que posso revelar meus sentimentos a David, até — talvez principalmente — quando não são muito agradáveis. Ele me ouve e costuma orar comigo. Sua exortação é feita sempre com paciência e mansidão. Nunca sou humilhada nem menosprezada, e sei que David jamais usaria minha fraqueza para me irritar ou magoar-me.

Quando David me trata assim, sei que ele está permitindo que Deus aja por seu intermédio. Ao receber a correção carinhosa e gentil de meu marido, caminho em nova direção, livre para ter uma perspectiva melhor do problema.

Como você corrige seu cônjuge? Repreende-o ou o ridiculariza? Usa palavras sarcásticas ou ferinas?

Pai, graças por usares meu cônjuge para me corrigir.
Quero agir da mesma forma com os outros.

> **?** De que maneiras específicas você pode corrigir com amor e mansidão?

31 DE MAIO *exortação*

Exortação no quarto

De noite, no meu leito, busquei o amado de minha alma.
—CÂNTICO DOS CÂNTICOS 3:1

Amy e Greg brigavam constantemente por causa da intimidade sexual no casamento. De acordo com Amy, todas as noites, depois que os filhos já estavam na cama, Greg começava a "repreendê-la" — ou melhor, "irritá-la" — sobre a falta de desejo sexual dela. Resultado? A situação foi piorando a cada dia, e o desejo de Amy, diminuindo ainda mais.

O plano de Deus para que "dois se tornem um" inclui intimidade sexual. Deus pensou nisso. Parte dessa intimidade sexual está na comunicação, que foi idealizada para proteger os lares e os casamentos e dar aos casais a oportunidade de se entregar livremente um ao outro. Mas a vontade de Deus tem sempre conteúdo, método e tempo programado. Podemos ter o melhor conteúdo ao abordar um problema, mas se nosso tempo e método não forem corretos, a situação não melhorará. Na verdade, piorará.

Com essa ideia em mente, sugerimos que Amy e Greg mudassem o lugar das "exortações" a respeito da intimidade sexual: do quarto para um local onde pudessem conversar em clima silencioso e tranquilo. Quando fizeram isso, conseguiram discutir o relacionamento sexual de maneira positiva e preventiva, não de maneira opositora.

Amy e Greg progrediram muito com esse método. Antes, eles tinham cometido o erro de nunca "planejar" tempo para a intimidade sexual. Isso os mantinha ansiosos por intimidade o dia inteiro, apenas para descobrir que não havia interesse mútuo no fim do dia.

Ambos aprenderam a despedir-se de manhã com toques de carinho e palavras como: "Quero muito estar com você esta noite. Vamos planejar alguma coisa". Chegaram até a começar a sair sozinhos à noite, sem filhos, amigos ou outras distrações, de forma que pudessem fazer amor sem pressa alguma.

Tudo isso porque o casal aprendeu a comunicar-se um com o outro de forma carinhosa e terna.

> *Deus, permite que nossa intimidade física seja testemunho de Teu plano para um casamento pleno.*

? Que providências você pode tomar hoje para estabelecer ou melhorar a comunicação entre você e seu cônjuge relacionada ao sexo?

junho

- *exortação*
- *perdão*
- *liberdade*
- *delicadeza*
- *graça*

1.º DE JUNHO

exortação

Primeiras coisas em primeiro lugar

Consideremo-nos também uns aos outros, para nos estimularmos ao amor e às boas obras. —HEBREUS 10:24

Alguns anos atrás, eu (Teresa) estava atravessando o que imaginava ser um crescimento significativo em minha jornada espiritual. Meus momentos de quietude com o Senhor eram uma bênção diária e, ao memorizar versículos, minha mente se renovava. Sentia-me especialmente "espiritual", por isso assumi a tarefa de exortar David.

A princípio, notei que o tempo de quietude de David parecia ser diferente do meu. Ele lia as passagens da Bíblia e, de vez em quando, saía para caminhar um pouco ou sentava em sua cadeira de descanso e meditava no que acabara de ler. Tinha até um modo diferente de memorizar as passagens bíblicas. Lia os versículos várias vezes e depois meditava neles.

Ao notar essas diferenças entre o tempo de David a sós com Deus e o meu, tive certeza de que ele precisava de minha exortação para aumentar sua intimidade espiritual com o Senhor. Qual foi minha exortação? Disse-lhe que ele precisava fazer algumas anotações! Veja, meu estilo de consagração pessoal incluía preencher os guias do devocional, escrever em um diário e anotar os versículos memorizados em um fichário prático. Concluí erroneamente que, se David queria ter um tempo proveitoso a sós com Deus, ele precisava fazer o mesmo que eu.

Enquanto eu tentava convencer David da verdade contida em minha exortação, o Espírito Santo chamou a minha atenção com o versículo de hoje. As primeiras palavras saltaram da página: "Consideremo-nos também uns aos outros". O Espírito Santo lembrou-me de que, antes de exortar David ou "instigá-lo", eu precisava "considerá-lo". Significa fazer perguntas a respeito dele. Quais são suas preferências? Como ele aprende e relaciona um versículo ao outro? Percebi que só estarei pronta para exortar David como deveria depois de considerá-lo e refletir sobre quem ele é afastado de mim.

Deus, lembra-me de considerar completamente as necessidades dos outros.

? Como você considerará profundamente seu cônjuge hoje?

2 DE JUNHO

exortação

Verdade ou consequências

Deus não nos chamou para a impureza e sim para a santificação.
—1 TESSALONICENSES 4:7

Jim dominava todas as conversas, sem se importar com quem estava falando ou qual assunto estava em discussão até o ponto em que as pessoas da igreja se apavoravam quando o viam caminhando na direção delas. Patty, sua esposa, notava isso nos olhos de todos. Certa vez, ela viu um casal dar meia-volta no meio do caminho e afastar-se. Foi muito triste presenciar aquilo, mas ela não tinha coragem de dizer-lhe a verdade.

Um dia, Patty leu na Bíblia que falar a verdade aos outros é sinal de amor sincero. Ela orou pedindo a Deus que lhe desse a oportunidade certa para falar com Jim a respeito de suas preocupações. De repente, Jim começou a comentar com ela sobre suas frustrações ao tentar organizar um estudo bíblico para homens, porque não conseguia atrair o interesse de ninguém.

Patty respirou fundo, aprumou os ombros e disse: "Jim, vou dizer uma coisa que talvez seja difícil para você ouvir. Acho que sei por que você está tendo problemas em recrutar pessoas. Você tem a tendência de dominar todas as conversas".

Desorientado, Jim olhou para ela em silêncio. A seguir, lágrimas começaram a descer por seu rosto. Em voz abafada, ele replicou: "Sei que falo demais. Patty, ninguém jamais teve a coragem de dizer isso na minha cara. É doído, mas sei que você está certa. Aliás, o Senhor começou a mostrar que eu necessitava da atenção das outras pessoas, mas fui egoísta e só pensei em mim. Ele quer minha santidade, não meu egoísmo".

Não foi fácil para Patty contar suas preocupações ao marido. Mas quando ela contou, suas palavras foram um agente catalisador para mudar a vida dele.

Deus, por favor, ajuda-me a conseguir ser amorosamente sincero com meu cônjuge.

? Que método você usa quando precisa dizer algo a seu cônjuge que ele tenha dificuldade de ouvir?

3 DE JUNHO — *exortação*

Exortações comuns

[E Paulo] havendo atravessado aquelas terras, fortalecendo os discípulos com muitas exortações, dirigiu-se para a Grécia. —ATOS 20:2

O versículo de hoje lembra-nos de que, de tempos em tempos, Paulo achava necessário exortar seus companheiros cristãos. Teresa e eu também achamos necessário fazer o mesmo com os casais que assistem às nossas palestras e retiros. Às vezes, nossa tarefa é exortar os casais a que enfrentem os problemas que relutam em enfrentar, para curar as feridas do passado e viver bem no presente.

Uma das exortações que fazemos aos casais é esta: "Curem as mágoas rapidamente". Sabemos que os mal-entendidos, as irritações e as palavras de impaciência do dia a dia são inevitáveis nos relacionamentos íntimos. É importante curar as mágoas provocadas por essas coisas, pedindo desculpas e perdão imediatamente e com brandura. Aconselhamos o casal a não ir para a cama sem resolver as mágoas do dia.

Segunda exortação: "O tempo não cura todas as feridas, mas a consolação de Deus cura". Eu (David) ouço com frequência os casais dizerem: "Por que devemos nos lembrar das mágoas da infância? Não podemos mudar o passado". Minha resposta é mais ou menos assim: "Vocês têm razão. Não podemos mudar o passado, mas precisamos enfrentar as mágoas e curá-las, porque com certeza elas afetam o presente".

Conto-lhes sobre as tendências controladoras de minha mãe e sobre o desrespeito que sentia na infância. Relembro alguns exemplos de minha ira quando Teresa contestava inocentemente meus planos. Falo também de minha resposta rude a ela: "Na minha vida, sempre houve mulheres que me disseram o que eu deveria fazer e estou farto disso!".

Encorajo os casais a pensar seriamente nos problemas da infância que afetam seu casamento. Peço que falem deles e chorem juntos. Meu conselho é este: "Se você acha que os problemas de sua infância não afetam seu casamento, pergunte a seu cônjuge".

> *Deus, ajuda-me a aceitar Tuas exortações e a reagir com um coração ensinável.*

[?] Como você reagiria se seu cônjuge lhe pedisse explicações a respeito de uma mágoa do passado que esteja afetando seu casamento?

4 DE JUNHO

perdão

Cancelando todos os erros do passado

...sede uns para com os outros benignos [...] perdoando-vos uns aos outros, como também Deus, em Cristo, vos perdoou. —EFÉSIOS 4:32

Perdoar significa cancelar uma dívida. Contém uma referência à contabilidade — ser perdoado significa que a dívida foi totalmente paga. Perdoar não é o mesmo que esquecer. Perdoar é algo que escolho fazer, ao passo que esquecer é algo que não sou capaz de controlar. Perdoar significa abandonar de vez a raiva e a mágoa. Significa livrar-se da ofensa e libertar a outra pessoa.

Deus demonstrou Seu perdão no Calvário. Pela morte de Seu Filho, o Deus Pai carimbou as palavras "totalmente quitada" em todas as nossas notas promissórias. Cristo pagou a dívida de todo o meu egoísmo e orgulho. Pagou o preço para eu ter vida eterna. Agora posso pedir perdão a Deus por meus pecados, confiante de que Jesus pagou o preço. Deus garante Seu perdão porque o Salvador quitou a minha dívida! Aleluia!

Se cada pessoa casada recebesse esse dom gratuito do perdão e o compartilhasse gratuitamente com seu cônjuge, todos os casamentos seriam transformados. Se isso acontecesse, as famílias se tornariam unidades de refúgio e tranquilidade — tanto para o marido e a esposa quanto para os filhos.

Ouvimos falar com frequência de como administrar o perdão. Significa receber primeiro o perdão de Deus e depois estendê-lo aos outros. Nesse sentido, o perdão é uma dádiva divina a ser compartilhada. Cabe a mim manter o perdão de Deus em circulação. Ele tem um estoque imenso e o concede generosamente. Preciso ser bom administrador de Seu perdão e oferecê-lo da mesma forma que Ele o ofereceu a mim.

Se eu fizer isso, minha vida, inclusive meu casamento, será transformada.

Pai, obrigado pela glória inexprimível do Teu perdão.

> **?** Que providências você vai tomar para ser um verdadeiro mordomo do perdão de Deus — a seus amigos, colegas de trabalho, filhos e, acima de tudo, seu cônjuge?

5 DE JUNHO *perdão*

Perdão: uma realidade divina

...mediante Jesus lhes é proclamado o perdão dos pecados. —ATOS 13:38 NVI

Proclamar as boas-novas do perdão de Deus — é em torno disso que gira todo o meu testemunho cristão. Isso inclui perdão dentro de meu casamento. Há um grande testemunho do poder de Deus quando perdoo à Teresa assim como Ele me perdoou.

Não há nada em mim que deseje perdoar. Somente por meio da obra do Espírito Santo é que sou capaz de perdoar. O perdão é uma realidade divina que preciso receber em primeiro lugar de meu Criador. Só então o Espírito me induz a compartilhar esse perdão com os outros.

Lembro de quando Deus me deu uma lição de humildade ao me mostrar a verdade contida nas palavras de Isaías 53:4-6. Cristo tomou sobre si minha enfermidade do egoísmo e do orgulho e levou meu sofrimento à cruz. Jesus foi traspassado por minhas palavras ríspidas e atitudes arrogantes dirigidas à minha esposa. Ele foi moído por minhas "mentirinhas" e desonestidade sutil. O Salvador sofreu castigo por causa dos anos em que negligenciei minha esposa e não dei atenção aos meus filhos.

Isaías também tinha boas-novas para mim. Pelas pisaduras de Cristo fui curado e, em razão de Sua morte, posso ter paz. Naquele dia o Senhor incutiu em mim estas palavras: "David, antes mesmo de você nascer eu conhecia todos os pecados que você cometeria contra mim. Apesar disso, escolhi morrer por você. Escolhi perdoar-lhe antes de você pedir".

Graças ao perdão de Cristo, Teresa e eu podemos proclamar que é possível viver em harmonia como casal. Somos gratos por ser capazes de proclamar a obra de Deus em nosso casamento, de ser capazes de demonstrar a quem nos rodeia que nunca dormimos sem perdoar ao outro ou com amargura no coração. Esse testemunho só é possível mediante a provisão divina de Seu perdão.

Pai, graças por Tua dádiva do perdão incondicional.

[?] De que formas você pode proclamar abertamente que perdoou a seu cônjuge hoje?

6 DE JUNHO — *perdão*

Caso encerrado

Em verdade te digo que hoje estarás comigo no paraíso. —LUCAS 23:43

Os evangelhos registram uma das descrições mais dramáticas da história. O episódio ocorre no clímax da história da humanidade quando o Salvador do mundo está pendurado em uma cruz com os braços abertos — uma imagem de amor inexprimível e horrenda agonia.

De cada lado do Senhor também está um ladrão pendurado em uma cruz. Não sabemos quanto aqueles homens roubaram. Um dos criminosos ouve as palavras extraordinárias e perdoadoras vindas do Salvador.

Como se não bastasse precisar de perdão por roubo, os homens que foram crucificados com Cristo naquele dia também precisavam de uma dose extra da misericórdia de Deus. Mateus relata que as multidões zombavam do Salvador ao vê-lo pendurado na cruz, tendo o céu de Jerusalém como pano de fundo. Mas Mateus também relata que os dois ladrões fizeram coro com as multidões, dizendo impropérios. É difícil imaginar dois homens sofrendo uma morte tão medonha insultando Jesus, mas eles também lhe dirigiram palavras ofensivas.

A certa altura de todo o caos da cena, um dos ladrões começa a olhar para o Salvador. Ouve os insultos do povo, mas nota que o Salvador não revida. Ouve as zombarias e vê ódio nos olhos da multidão, mas aquele homem não faz ameaça alguma. Ao contrário, o ladrão ouve o Salvador clamar por misericórdia — não misericórdia para si próprio, mas para aqueles que o amaldiçoavam.

Aquele ladrão condenado olha para o homem a seu lado e diz: "Lembra-te de mim...". Ao observar os olhos ternos do Salvador, o ladrão não vê ódio, condenação nem julgamento. Vê apenas uma coisa: perdão.

Cristo perdoou àquele criminoso que momentos antes lhe lançara insultos. E Ele oferece o mesmo perdão a você e a mim hoje.

Pai, graças porque eu também posso olhar em Teus olhos e encontrar perdão.

> **?** De que formas você e seu cônjuge podem celebrar hoje o perdão de Cristo?

7 DE JUNHO

perdão

A liberdade do perdão

> *E perdoem uns aos outros, como Deus, por meio de Cristo, perdoou vocês.*
> —EFÉSIOS 4:32 NTLH

David sempre diz que eu (Teresa) sou uma pessoa que perdoa facilmente. Sempre acreditei que isso fosse verdade, porém não percebia que não completava o processo do perdão.

No grego, a palavra que designa perdão significa "libertar". Antes, quando perdoava, eu libertava a pessoa e a atitude, mas não libertava meu sofrimento. Perdoava, mas continuava a sentir mágoa. Eu não lidava com o sofrimento associado à mágoa. Perdão significa lidar com a pessoa, com a ação *e* com a emoção por trás da ação.

É difícil, mas descobri que preciso dividir meu sofrimento com o Senhor. Não basta "botar para fora" e perdoar a quem me ofendeu. O Senhor quer curar a mágoa que estou sofrendo, e isso exige que eu a divida com Ele. O Senhor quer que eu fale com Ele sobre minha rejeição, para me lembrar de que o povo dele não o recebeu, portanto Ele entende o tamanho de minha mágoa.

Tão logo levo minhas mágoas a Jesus e permito que Ele me console, é hora de levar meu sofrimento a David. Se David me magoou, preciso dizer-lhe isso com muito cuidado. Minha única responsabilidade é compartilhar minha mágoa de modo carinhoso com quem me magoou. Depois, é o agir do Espírito Santo que me conduz à confissão ou à mudança.

Se David não teve nada a ver com minha mágoa, preciso também dividi-la com ele. Ocorre uma cura singular quando divido minha mágoa e permito que David me console. São suas palavras carinhosas, incutidas nele pelo Deus da consolação, que me permitem perdoar de verdade.

> *Pai, ajuda-me a me libertar completamente do meu sofrimento e a perdoar a quem me ofendeu.*

? Que atitudes você pode tomar para promover cura e restauração quando alguém o magoou?

8 DE JUNHO — *perdão*

Olhando para trás, olhando para frente

Assim como o Senhor vos perdoou, assim também perdoai vós.
—COLOSSENSES 3:13

O mês de janeiro recebeu esse nome por causa do deus romano Janus. Esse deus tinha duas faces, uma olhando para trás e outra olhando para frente. O início do ano é quando paramos para olhar para trás a fim de aprender com o ano anterior e olhar para frente a fim de encontrar meios de fazer as coisas melhor.

O desenvolvimento da intimidade conjugal também pode girar em torno de olhar para trás e olhar para frente. Infelizmente, muitos casais olham para trás a fim de desenterrar eventos dolorosos e punir um ao outro. O marido e a esposa que fazem isso olham para o futuro com amargura e sem esperança.

Encorajamos os casais a olhar para trás e aprender com o passado. Encorajamos os casais a olhar primeiro para os conflitos e lutas do passado e identificar os motivos que causaram sofrimento na vida do outro. Feito isso, cada um leva esses problemas a Cristo para pedir Seu perdão. Quando o coração deles se compadece da mágoa causada ao outro, ambos estão prontos para fazer confissões entre si e mudar a maneira de agir.

Em seguida, encorajamos os casais a olhar para trás e perdoar o passado. Por mais difícil que seja, os casais precisam perdoar um ao outro pelos erros cometidos, a fim de não transferir as mágoas e os ressentimentos para o dia a dia.

Mesmo que seu cônjuge não tenha confessado o erro que cometeu, mesmo que pareça ter pouco remorso pelo sofrimento infligido, leve suas mágoas ao Senhor. Peça a Deus que lhe mostre como Ele próprio sofreu esse mesmo tipo de mágoa, rejeição, abandono, tristeza, decepção ou dor. Enquanto permite que Deus derrame Sua compaixão, você poderá, com gratidão por Seu amor, perdoar seu cônjuge pelos erros cometidos.

Então, você estará pronto a olhar para frente!

> *Pai, ajuda-nos a perdoar as mágoas do passado para que possamos ter um futuro mais prazeroso e abençoado.*

[?] Que pecados ou erros impedem que você e seu cônjuge olhem para frente, vislumbrando uma vida aprazível juntos?

9 DE JUNHO

perdão

Um novo começo

...se tendes alguma cousa contra alguém, perdoai, para que vosso Pai celestial vos perdoe as ofensas. —MARCOS 11:25

Eu (David) estava aguardando ansiosamente passar as férias com Teresa. Finalmente deixamos para trás os filhos, o ministério, a igreja e os estresses da vida.

Quando chegamos ao hotel com quarto e café da manhã, apresentamo-nos na recepção. Percebi que havia algo errado com Teresa, mas aguardei até chegarmos ao quarto para perguntar o que a aborrecia. Teresa disse que não estava gostando das acomodações. O hotel que eu escolhera era um pouco rústico, e Teresa não gosta de "coisas rústicas". Discutimos nossas opções e decidimos permanecer uma semana.

Depois de várias mudanças para quartos melhores, finalmente nos acomodamos e tivemos alguns minutos de descontração antes do jantar. Comecei a lembrar-me de nossas viagens juntos, e a raiva foi tomando conta de mim. *Trabalhei tanto para fazer essa viagem!,* pensei. *Puxa, eu merecia um pouco de consideração! Ela não agradeceu nada. Só reclama o tempo todo!*

Não mencionei nada a Teresa naquele fim de semana, e com certeza não procurei perdoar a minha esposa. Passei a o fim de semana inteiro com raiva e mal-humorado. Também não contei ao Senhor a respeito de meus sentimentos naquele fim de semana. Não consegui apreciar meu relacionamento com Ele. Minhas curtas férias foram prejudicadas por causa do rancor que guardei no coração.

Posteriormente, Teresa e eu resolvemos os problemas daquele fim de semana. Eu gostaria que tivéssemos feito isso antes.

Deus quer que restauremos nosso relacionamento o mais rápido possível porque não deseja que nada roube a alegria de um casamento no qual existe perdão.

Senhor, quero perdoar meu cônjuge para me libertar e apreciar meu relacionamento contigo e com ele.

? Como você costuma reagir quando seu cônjuge faz algo que o ofende ou magoa? Como deveria reagir?

10 DE JUNHO

perdão

Curando feridas conjugais

Livrem-se de toda amargura, indignação e ira, gritaria e calúnia [...] perdoando-se mutuamente... —EFÉSIOS 4:31,32 NVI

Enquanto eu (David) tentava solucionar o problema do perdão em meu relacionamento com Teresa, descobri vários pontos importantes.

Primeiro, ofender Teresa é ofender a Deus também. Deus considera pecado quando digo palavras desrespeitosas ou grosseiras a Teresa. Quando não demonstro amor e sou impaciente com Teresa, Deus diz que pequei contra Ele e necessito de Seu perdão. É triste perceber que minhas palavras e comportamento rudes com Teresa são um dos motivos pelos quais Cristo morreu por mim.

Segundo, ofender Teresa entristece a Deus. O Senhor se entristece profundamente quando Sua preciosa filha se sente abandonada porque deixei de colocá-la no topo de minha lista de prioridades terrenas. Deus sente compaixão quando vê a decepção dela quando eu quebro minhas promessas.

Enquanto refletia no que meu pecado faz ao coração de Deus, comecei a sentir uma pequena dose de tristeza divina. É essa tristeza divina que produz mudança em meu interior.

Constatei que dizer "eu estava errado" é muito melhor que dizer "sinto muito". A palavra *errado* neste contexto comunica mais responsabilidade pessoal, remorso e arrependimento. A palavra *confessar* significa "concordar com Deus", e Ele diz que meu desrespeito e impaciência são atitudes erradas.

A seguir, preciso fazer a pergunta: "Você me perdoa?". Isso encerra a questão. A maneira como me exponho para fazer essa pergunta demonstra minha humildade, e isso desafia Teresa a tomar a decisão de me perdoar.

Por último, Teresa e eu descobrimos que o perdão é uma escolha, não um sentimento. Recebemos a ordem de nos livrar de toda amargura, indignação e ira e perdoar uns aos outros. Verbalizar nosso perdão ao dizer "Eu perdoo você" nos ajuda a ratificar nossa escolha. Essa escolha de perdoar é que nos capacita a nos livrar da ira entre nós.

> *Senhor, leva-nos a buscar Teu perdão primeiro,*
> *e depois perdoar um ao outro.*

? Que atitude você toma quando percebe que magoou seu cônjuge com palavras e ações?

11 DE JUNHO *liberdade*

Livres do medo e da coerção

Vivam como pessoas livres [...] como servos de Deus. —1 PEDRO 2:16 NVI

Dar liberdade no casamento significa que eu (David) permito que minha esposa seja diferente de mim, seja ela mesmo. Liberdade significa não reviver mágoas passadas. Significa não ter medo do futuro, mas ter o compromisso de viver no presente. Liberdade significa aprender a relaxar e a apreciar a vida com alguém. Significa não ter medo de rejeição nem reprimir o amor. Significa viver livremente em tudo o que compartilhamos com o outro — em termos físicos, emocionais e espirituais.

Viver como um homem livre em meu casamento e como servo de Deus significa submeter-me voluntariamente a Deus e à minha esposa, vivendo a vida em sua plenitude. Significa aproveitar as oportunidades para valorizar minha esposa e minha família.

Liberdade verdadeira significa que posso viver e amar sem estar preso a nada, apenas constrangido pelo amor de Cristo. Que pensamento incrível: O cristianismo não gira em torno do que eu não posso fazer, mas em torno de tudo o que Deus provê. O Senhor me concedeu um presente maravilhoso — Teresa, minha esposa. Cabe a mim concentrar-me nessa dádiva de Deus e apreciá-la.

O homem livre não é coagido a fazer nada e não é motivado pelo medo. Essa é a herança do cristão. A graça de Deus me liberta do jugo de ter um bom desempenho, e a segurança em Cristo me liberta do medo de Seu julgamento ou rejeição. Graças à dádiva desse amor, agora tenho algo para compartilhar com os outros, começando com minha esposa. Posso compartilhar graça e aceitação, em vez de medo e rejeição.

Senhor, ajuda-me a aproveitar as oportunidades que tenho com minha família. Quero viver como um homem livre, para amar minha esposa e entregar-me livremente a ela.

? Por ser um homem ou uma mulher livre em Cristo, como você se sente motivado a amar seu cônjuge e a entregar-se livremente a ele?

12 DE JUNHO *liberdade*

Livre!

Para a liberdade foi que Cristo nos libertou. Permanecei, pois firmes…
—GÁLATAS 5:1

O plano de Deus para me (David) libertar do castigo de meu pecado foi traçado para que eu pudesse sentir mais liberdade ainda. No futuro, haverá liberdade do sofrimento e do pecado, mas tão certo quanto isso é a promessa da liberdade no presente.

Cristo morreu para que eu pudesse ser livre hoje do domínio da carne e do pensamento egoísta. Cristo morreu para que eu tivesse hoje o poder de amar minha esposa como Cristo amou a Igreja. Tenho o poder hoje de perdoar quem me ofendeu, conceder graça com liberalidade e aceitar incondicionalmente. Somente por causa de Sua morte e ressurreição é que sou capaz de permanecer firme na certeza de ser abundantemente generoso com minha esposa da mesma forma que Ele foi generoso comigo. Há uma enorme liberdade nisso.

A outra parte da generosidade abundante de Deus para o "aqui e agora" é a liberdade de usufruir do casamento e comemorar o fato de estarmos juntos. Teresa e eu encontramos grande liberdade em aprender a permitir que o outro tenha momentos de tranquilidade. Há ocasiões em que a agenda de um de nós está tão lotada que relaxar não parece ser uma opção. Nessas ocasiões, temos a oportunidade única de dar permissão um ao outro de relaxar e desfrutar a vida juntos.

Costumo dizer: "Querida, sei que as crianças deram muito trabalho esta semana e você foi à igreja todas as noites. Que tal eu levá-las para tomar um café da manhã prolongado no sábado? Assim, você poderá dormir um pouco mais e aproveitar o silêncio". Isso tem ajudado Teresa a recarregar as baterias. Houve ocasiões em que Teresa me disse carinhosamente: "David, notei que você está trabalhando até tarde da noite. Acho que poderíamos passar alguns momentos tranquilos, só nós dois". Ela ajuda a reordenar minhas prioridades e me proporciona liberdade.

> *Graças, Pai, pela liberdade que nos destes. Ajuda-me a ter uma vida plena com meu cônjuge.*

? De que maneiras específicas você e seu cônjuge podem desfrutar a liberdade hoje?

13 DE JUNHO

liberdade

Nossos três filhos

O que realmente eu quero é que estejais livres de preocupações.
—1 CORÍNTIOS 7:32

O maior desafio que eu (Teresa) encontrei na criação de nossos filhos foi confiar nas decisões de David. Imaginava ser mais experiente quanto à criação dos filhos porque a maior parte cabia a mim (David viajava com frequência a negócios).

Hesitei quando David sugeriu que as crianças tivessem um *hamster*. Não sabia se elas estavam à altura de tal responsabilidade, porém ele queria usar a experiência com o *hamster* para ensiná-las a ser responsáveis. Também fiquei em dúvida quando David deixou que Eric ajudasse na jardinagem e quando deu permissão a Robin para dormir fora de casa.

Deus mostrou-me, a tempo, que eu precisava liberar meus filhos e meu marido a Ele. O Senhor traria união a nosso casamento para que tivéssemos a liberdade de criar nossos filhos com a unidade que Ele deseja.

Deus queria libertar-me de algumas preocupações que eu tinha a respeito das crianças. Para me libertar dessa preocupação, Deus induziu David a participar mais da educação de nossos filhos. Quanto mais David se envolvia com as crianças, menos só eu me sentia como mãe. Mas não foi fácil. Tive de aprender a confiar em Deus e em David.

Tenho de dizer que minhas preocupações a respeito das crianças eram infundadas. O *hamster* ajudou-as a ter responsabilidade. Chegamos até a comprar mais um *hamster*. "Snoopy 1" e "Snoopy 2" eram bichinhos fantásticos. Eric também aprendeu muito sobre jardinagem naquela primavera. Algumas cenouras foram colhidas antes do tempo e alguns tomates foram pisoteados, mas o tempo em que David e Eric passaram juntos compensou tudo. As experiências de Robin ao dormir fora de casa renderam-lhe algumas de suas amizades mais especiais.

Deus eliminou meus medos e preocupações com as crianças porque confiei no Pai celestial delas *e* também no pai terreno.

Senhor, ensina-me a confiar em ti e em meu cônjuge quanto à educação de nossos filhos.

De que áreas específicas na educação dos filhos você precisa libertar-se para confiar em seu cônjuge?

14 DE JUNHO — *liberdade*

Liberdade para aceitar-me espiritualmente

...onde está o Espírito do Senhor, aí há liberdade. —2 CORÍNTIOS 3:17

Teresa e eu encontramo-nos com um casal após uma de nossas palestras. Russell e Ann disseram estar constrangidos e frustrados em razão da pouca espiritualidade que compartilhavam. A união espiritual deles consistia em frequentar a igreja semanalmente, sentar no mesmo banco e usar o mesmo hinário para cantar. Eles procediam de famílias com tradições religiosas diferentes e, em vez de arriscar a entrar em controvérsia ou sofrer rejeição, evitavam discutir assuntos "espirituais".

Sugeri uma tarefa doméstica simples. Naquela semana, Russell e Ann deveriam ter uma conversa tranquila por alguns minutos todas as noites antes de dormir. Depois da conversa, eles deveriam dar as mãos e orar juntos em silêncio por um ou dois minutos. Depois, à medida que se sentissem mais confortáveis, deveriam orar algumas palavras em voz alta sobre as preocupações de cada um. Russell e Ann deveriam apertar as mãos carinhosamente e dormir. O casal concordou com a sugestão.

Na vez seguinte em que os vimos, eles relataram uma proximidade especial. Disseram que queriam que as "orações/conversas" fizessem parte de sua rotina noturna. Pareciam especialmente entusiasmados por estarem menos preocupados com controvérsias ou conflitos. Mencionaram a grande paz que sentiam por se unirem em nome do Senhor.

Aparentemente, o ato de invocar a Deus juntos, humilhando-se perante seu Criador, produziu em Russell e Ann uma sensação de liberdade e desembaraço. Teresa e eu sabíamos que o testemunho deles comoveu o coração do Pai. Afinal, Ele prometeu estar conosco sempre que um ou dois se reunissem em Seu nome.

A intimidade espiritual no casamento não acontece sem esforço, porém não pode ser "programada". Que tal tentar esse exercício de "oração/conversa" com seu cônjuge?

Senhor, que Teu Espírito esteja sempre presente em nosso casamento.

> De que maneiras específicas você estabelecerá oportunidades a fim de promover unidade espiritual no relacionamento com o seu cônjuge?

15 DE JUNHO — *liberdade*

Liberdade para ser diferente

Para a liberdade foi que Cristo nos libertou. —GÁLATAS 5:1

Eu gosto de café puro, sem nada; Teresa não toma café sem seu adoçante preferido. Eu prefiro ficar em casa; Teresa gosta de sair a qualquer hora. Prefiro dormir tarde; Teresa acorda cedo.

Não é incrível a diferença que existe entre marido e mulher? Infelizmente, em vez de aceitar essas diferenças, quase sempre tentamos forçar "nosso estilo" como se fosse a maneira correta de agir ou ser.

Um dos problemas mais difíceis no casamento é aceitar e tolerar a liberdade de nosso cônjuge de ser diferente de nós. Não sou exceção à regra. Às vezes, é incômodo pedir ao garçom que traga o adoçante preferido de Teresa. Sinto-me tentado a dizer: "Teresa, se você aprendesse a tomar café como eu tomo...". Também não gosto quando vou dormir tarde da noite e Teresa se levanta às 6 horas para limpar a casa. Tenho vontade de dizer: "Se você ficasse acordada até tarde comigo, não estaria em pé a esta hora da madrugada!".

Percebi, no entanto, que Deus fez minha esposa diferente de mim e concedeu-lhe liberdade para ser quem ela é. E quem sou eu para tolher essa liberdade ou menosprezar a singularidade com que Ele nos criou?

Quando vejo Teresa através dos olhos de seu Criador, sou menos propenso a querer mudá-la. A obra artesanal de Deus deu a Teresa talento para moda e habilidade de "socializar-se". Deus planejou que ela tivesse preferência por muitas atividades e tendência a mudanças frequentes. Essas características pertencem a Teresa e a quem ela é: Uma obra-prima feita por Deus.

Tenho refletido com frequência sobre quantas diferenças existem entre Teresa e mim, e concluí que essas diferenças são lembretes dos talentos multiformes de nosso Criador. Ele criou Teresa, e criou-a para ser livre. E Ele quer apenas que eu respalde Seus planos.

> *Deus, ajuda-me a respaldar a liberdade*
> *do meu cônjuge para ele ser quem ele é.*

? Que atitudes você pode tomar hoje para começar a aceitar as diferenças entre seu cônjuge e você?

16 DE JUNHO *liberdade*

Livres para ser você e eu

...de graça recebestes, de graça dai. —MATEUS 10:8

Eu (Teresa) sei *exatamente* qual é o saldo de minha conta bancária; David sabe *mais ou menos* quanto dinheiro temos no banco. Adoro fazer exercícios, trabalhar firme e me alimentar corretamente; David nunca se exercita nem controla a alimentação e, mesmo assim, os resultados de seus exames são sempre normais. Sou expansiva; ele é introvertido. Sou sensível; ele é intelectual.

Ocorre o mesmo em seu casamento? Talvez essas diferenças tenham sido responsáveis por atrair um ao outro no primeiro momento, mas, com o tempo, podem separá-los. Creio que Deus tem um propósito ao aproximar duas pessoas diferentes. As diferenças nos aperfeiçoam como seres humanos e nos compelem a buscar a força de Deus para darmos liberdade um ao outro.

Em Cristo, temos uma liberdade incrível. Deus impõe-nos limites sobre comportamentos e princípios de vida, porém, para cada limitação amorosa, Deus concede liberdade completa.

Pense nisto: Deus não diz o que devemos ou não devemos comer; Ele nos concedeu alimentação abundante e disse: "Aproveitem". Deus dá-nos liberdade de escolha. Não determina que devemos orar a Ele dez vezes por dia nem comparecer à igreja 52 vezes por ano. Quer apenas que tenhamos um relacionamento com Ele — pessoal e como igreja. Deus respeita nossas preferências.

Recebemos liberdade de Deus, portanto precisamos também estendê-la ao nosso cônjuge. Eu recebi liberdade de Deus para fazer muitas escolhas, portanto preciso conceder a mesma liberdade a David. Deus respeita minhas preferências quanto ao modo como me relaciono com Ele, portanto preciso também respeitar as preferências singulares de David.

Deus quer que cresçamos e usa as diferenças no casamento para nos ajudar a fazer isso. Por mais estranho que possa parecer, podemos agradecer a Deus pelas diferenças entre nós e nosso cônjuge.

Senhor, permita-me estender ao meu cônjuge a mesma liberdade que me concedeste.

> Em que áreas específicas você precisa conceder a seu cônjuge a liberdade de ser diferente de você?

17 DE JUNHO — *liberdade*

Liberdade no quarto

Beija-me com os beijos de tua boca; porque melhor é o teu amor do que o vinho. —CÂNTICO DOS CÂNTICOS 1:2

É comum os casais nos perguntarem sobre dificuldades sexuais no casamento. Ouvimos perguntas como estas: "Por que há tão pouco interesse?" ou "Por que não me interesso tanto pelo sexo?".

A união física é parte importante do relacionamento conjugal. Deus quer que sejamos livres para desfrutar o Seu plano traçado para o marido e a esposa. Estas são algumas sugestões para tornar seu relacionamento mais prazeroso:

Durante um de seus momentos a sós, discutam quais são os obstáculos normais para um relacionamento sexual satisfatório. Resolvam antes as mágoas que existem entre vocês, porque ressentimento e romance não andam de mãos dadas. Aumentem os carinhos fora do ato sexual, porque os toques carinhosos apenas quando conduzem ao sexo provocam ressentimento em vez de afeto mútuo. Conversem a sós e fora do quarto sobre as preferências sexuais ou mudanças que gostariam de fazer, mas só façam isso quando estiverem descontraídos e sem pressa.

A liberdade no quarto pode ser roubada pelo jogo de adivinhação sexual. Pressupor que seu cônjuge sabe como estimulá-lo e depois ficar zangado e frustrado é uma armadilha comum. Para romper esse ciclo, troquem de papéis. Faça amor com seu cônjuge exatamente da mesma forma que gostaria que ele fizesse amor com você. Mostre a seu cônjuge como e onde você gosta de ser tocado. Depois inverta o processo. Eliminem o tédio no quarto mudando as rotinas. Variem o local, a hora do dia, a roupa e as posições nos momentos de intimidade. Revezem-se quanto a quem inicia e como o ato de fazer amor começa. Conversem mais entre si durante os momentos de intimidade. Compartilhem sentimentos, desejos e estímulos sexuais.

Graças, Pai, por Teu plano de termos uma intimidade plena.

> **?** Quais das sugestões acima você pode pôr em prática hoje para aperfeiçoar a intimidade física entre você e seu cônjuge?

18 DE JUNHO *delicadeza*

Cuidando com amor e delicadeza

Rogo-vos [...] que andeis [...] com toda a humildade e mansidão...
—EFÉSIOS 4:1,2

Delicadeza no casamento significa tratar minha esposa (de David) de acordo com seu valor inerente, conforme declarado por nosso Salvador. Significa não usar palavras grosseiras ou ásperas. Ou seja, levar em consideração os sentimentos e as preferências de minha esposa. Significa não ser rude nem descortês. Significa reagir com carinho às mágoas, questionamentos e necessidades de minha esposa. Delicadeza significa controlar a língua e evitar dizer palavras mordazes ou sarcásticas. Significa tratar minha esposa da maneira que quero ser tratado.

Jesus foi exemplo de delicadeza quando interagiu com as crianças. Em um relato nos Evangelhos, enquanto Ele ensinava em uma casa em Pereia, alguns pais trouxeram os filhos para ver o Senhor. Os discípulos dispensaram aqueles "pequeninos insignificantes", dizendo estar muito ocupados cuidando das "coisas do reino". Jesus repreendeu os discípulos por manterem as crianças longe dele. Então, as Escrituras dizem que "tomando-as nos braços e impondo-lhes as mãos, as abençoava" (MARCOS 10:16).

Jesus não tratou as crianças de acordo com o comportamento delas nem de acordo com o que poderiam contribuir para a conversa. Cristo deu atenção às crianças de acordo com o valor que tinham para o Pai. Jesus viu além do que as crianças poderiam fazer e tratou-as de acordo com seu valor, aquele que o Criador demonstrou quando enviou Seu Filho para morrer por elas.

A mesma reação amorosa aplica-se ao casamento. O valor inerente de minha esposa, conforme declarado por nosso Salvador, induz-me a tratá-la com delicadeza e respeito. Se quero ser cuidadoso com o valor declarado de minha esposa, preciso tratá-la com o maior cuidado e ternura. Se vejo o valor que Teresa tem perante o Senhor, minhas ações e maneiras com ela serão amáveis e gentis.

Senhor, permita-me demonstrar Teu espírito
de delicadeza a meu cônjuge.

? Como você pode começar a demonstrar mansidão verdadeira a seu cônjuge hoje?

19 DE JUNHO *delicadeza*

A mansidão do Salvador

Tomai sobre vós o meu jugo [...], porque sou manso e humilde de coração... —MATEUS 11:29

Os autores dos evangelhos usaram várias palavras e expressões para descrever o Messias: cheio de graça, compassivo, amoroso — esses são alguns poucos exemplos. Cristo, porém, descreveu a si mesmo usando as palavras *manso* e *humilde*. Parece que Ele quis ressaltar essas características a Seu respeito. Eu (David) me pergunto se Ele ressaltaria essas características em mim.

Cristo demonstra várias vezes a verdade de Sua autodescrição.

Dirige-se a Marta com ternura e afeto, embora a faça lembrar-se de que o relacionamento dela com Ele deveria ser prioritário: "...Marta! Marta! Andas inquieta e te preocupas com muitas coisas. Entretanto, pouco é necessário ou mesmo uma só coisa..." (LUCAS 10:41,42).

Cristo chora por Jerusalém quando olha para o futuro e vê o sofrimento inevitável daquela cidade. "Jerusalém, Jerusalém [...]! Quantas vezes quis eu reunir teus filhos como a galinha ajunta os do seu próprio ninho debaixo das asas..." (LUCAS 13:34).

Jesus chama de "filha" a mulher com hemorragia, enquanto cura seu corpo e lhe devolve os sonhos de uma vida inteira (MARCOS 5:25-34).

E, finalmente, Cristo carinhosamente prepara Pedro para sua traição com estas palavras: "Simão, Simão, eis que Satanás vos reclamou para vos peneirar como trigo! Eu, porém, roguei por ti, para que a tua fé não desfaleça..." (LUCAS 22:31,32).

A delicadeza é pouco valorizada em nossa sociedade apressada e interesseira. Conseguir tudo à nossa maneira e reivindicar direitos parece estar mais na moda. Mas, para ser semelhante a Cristo, preciso transmitir ternura e cordialidade. Não devo chamar a atenção para mim nem exigir nada dos outros.

O Salvador do Universo, o Rei dos reis, o Leão de Judá descreveu-se como manso e humilde de coração. Portanto, cabe a mim, um pecador salvo pela graça, procurar fazer o mesmo.

Graças, Senhor, por Tua mansidão. Graças porque és sempre terno e bondoso comigo.

? Como você pode demonstrar a mansidão de Cristo a seu cônjuge hoje?

20 DE JUNHO *delicadeza*

Rude e ríspida

Rogo-vos [...] que andeis [...] com toda a humildade e mansidão, com longanimidade, suportando-vos uns aos outros em amor. —EFÉSIOS 4:1,2

Falar com delicadeza nem sempre é um de meus pontos fortes (de Teresa). Sou gentil quando toco em alguém, mas nem sempre quando uso palavras. Minha grosseria magoou muitas vezes David e as crianças. David chegou até a me chamar de rude e ríspida nos primeiros anos de casamento. Ri na época, pensando: *É uma descrição apropriada. Mostra que sou forte.*

Minhas palavras magoavam meus filhos quando eu os corrigia com severidade. Eu quase me orgulhava das palavras ásperas, imaginando estar exercendo satisfatoriamente meu papel de mãe, porque eles paravam de comportar-se mal. À medida que foram crescendo, eles faziam brincadeiras comigo sobre como eu "ia direto ao assunto" ou "não deixava para depois". Aquelas eram as formas de dizerem que as palavras da mamãe eram quase sempre mordazes.

Fui motivada a mudar quando comecei a me ver através dos olhos de minha família e a ver a mágoa que causara. Meu marido falou de sua mágoa e raiva nas vezes que necessitou de minha compaixão e, em vez disso, recebeu comentários insensíveis e reações ríspidas. Vi como meus filhos se fecharam em razão da raiva e não gostavam de abrir o coração comigo. Hoje sei que temiam minha frieza e recuavam como medida de autoproteção.

Senti a voz suave de Deus tocar meu coração para que eu mudasse minha maneira de falar. Ele sempre foi gentil comigo, e pedi-lhe que não promovesse apenas mudanças, mas mudanças drásticas.

Agora analiso com muito cuidado — não só as palavras, mas o tom de voz, as expressões faciais, os contatos visuais e minha franqueza emocional. Peço ao Senhor que abrande meu coração e torne visível aquela aparência branda quando me comunico com minha família.

> *Senhor, quando achares que necessito de mudança, ajuda-me a aceitá-la.*

? Como você pode suavizar a comunicação com seu cônjuge hoje?

21 DE JUNHO *delicadeza*

Milagres após uma resposta branda

A resposta branda desvia o furor... —PROVÉRBIOS 15:1

Quatorze horas depois de ter saído de madrugada para trabalhar, eu (David) peguei o carro e me dirigi para casa à noite. Estava com raiva. Estava zangado com a incompetência das pessoas e com o fato de terem prolongado desnecessariamente o meu dia. "Se todos fossem como eu, não teríamos tanta confusão assim", disse furioso a mim mesmo.

Já era tarde da noite quando entrei intempestivamente em casa, com a sensação de martírio atingindo o pico. Teresa ainda estava acordada. Havia aquecido gentilmente meu jantar e me cumprimentou com carinho. "Querido, parece que você teve um dia muito cansativo", disse. "Sinto muito."

"Tive, sim, e você também estaria assim se tivesse passado o que passei hoje!", respondi rispidamente. A ofensa foi lançada. Teresa mostrou-se magoada e chocada diante de minha reação insensível e irada.

Minha esposa permaneceu em silêncio por cerca de dez segundos — dez segundos que pareceram uma eternidade. Em seguida, falou com uma delicadeza divinamente inspirada: "Vejo que você teve um dia difícil, e gostaria de falar sobre ele se você quiser. Mas parece que está descarregando toda a sua raiva em mim, e isso dói".

Quando ouvi sua resposta branda, o Espírito Santo deu-me um puxão de orelha. Havia apenas uma resposta que o Senhor permitiria: "Você tem razão", eu disse. "Foi um erro meu ofendê-la com minha raiva. Você me perdoa?".

A reação de minha esposa foi um belo exemplo de oferecer uma palavra branda quando foi ofendida. Ela poderia ter reagido defensivamente, mas, ao contrário, respondeu com uma brandura divina.

> *Senhor, lembra-me de reagir com brandura diante da raiva de outra pessoa. Ajuda-me a ver além da irritação que ela apresenta para enxergar o que o coração dela necessita.*

[**?**] Como você costuma reagir quando se defronta com a raiva ou frustração de seu cônjuge? Que providências pode tomar para reagir com amor e delicadeza?

22 DE JUNHO — *delicadeza*

Força para agir com amabilidade

Seja a amabilidade de vocês conhecida por todos. —FILIPENSES 4:5 NVI

Dizem que as palavras machucam mais que uma bofetada. Quando eu (David) ouvi isso pela primeira vez, senti-me culpado porque me dei conta das muitas "bofetadas" que dei em Teresa ao longo dos anos quando disse palavras cruéis ou insensíveis. Dirigia-lhe muitos comentários sarcásticos ou insultos ardilosos. As palavras que proferi não eram verdadeiras, e eu não tinha a intenção de dizê-las, mas machucaram mais que uma bofetada.

Não quero ser conhecido como um homem que maltrata a esposa. Não quero ser conhecido como um homem que extravasa a raiva em Teresa nem que a ofende com palavras iradas. Quero ser conhecido por minha integridade, meus dons, meu caráter e minhas realizações. Quero ser conhecido por ser amável.

É difícil ser conhecido como uma pessoa amável no mundo de hoje, visto que em geral sou pressionado a ser agressivo para ter sucesso. Sinto a mensagem da sociedade que preciso ser durão, intransigente, nunca permitir que "eles" vejam minha fraqueza. E sei que, hoje, muita gente considera a mansidão como sinal de fraqueza.

Que grande contraste com o que a Palavra de Deus diz! O próprio Cristo descreveu-se como manso, e não consigo pensar em nenhum homem mais poderoso da história. Jesus disse que era "manso de espírito", e não consigo pensar em ninguém com tanta força. O apóstolo Paulo rogou a "mansidão e benignidade de Cristo" à igreja de Corinto (2 CORÍNTIOS 10:1), no entanto ele era muito conhecido por sua intrepidez e força pela causa de Jesus. Em 2 Timóteo 1:24,25 lemos que os líderes da igreja devem exibir amabilidade e consideração pelos outros, à semelhança de Cristo.

Evidentemente, no reino de Deus o poder verdadeiro manifesta-se quando mostramos amabilidade no coração.

Deus, lembra-me de que a amabilidade é um traço de caráter de Jesus. Quero ser semelhante a Ele.

> **?** Que providências você pode tomar hoje para substituir a atitude de "durão" por um coração verdadeiramente amável?

23 DE JUNHO *delicadeza*

Beleza interior

...fomos bondosos quando estávamos entre vocês, como uma mãe que cuida dos próprios filhos. —1 TESSALONICENSES 2:7 NVI

Eu (Teresa) ajudei uma amiga recentemente. O marido dela seria submetido a uma cirurgia simples, mas estava muito apreensivo. Ela providenciou para que eu cuidasse de seu filho pequeno a fim de dar total atenção e força ao marido. Fui ao hospital para cuidar do bebê e aprendi uma excelente lição naquele dia.

Vi a delicadeza de minha amiga em seus gestos, em suas palavras — em toda a sua conduta. Nunca demonstrou irritação diante das reclamações de dor do marido nem criticou sua ansiedade. Beijou o marido e acariciou seu rosto quando ele foi para a sala de cirurgia. Esteve ao seu lado após a operação, cuidando de cada necessidade dele.

Minha amiga inspirou-me a ser mais branda com David. Fui motivada por seu exemplo e também pela delicadeza com a pessoa que necessitava de cuidados.

Em tempos passados, eu mal tolerava as reclamações das dores físicas de David e de seus abatimentos emocionais. Havia uma parte de mim que pensava: *Ele não é criança! Eu não deveria tratá-lo como um bebê.* Percebi que, embora fosse adulto, meu marido ainda necessitava da mesma amabilidade que eu demonstrava aos nossos filhos. Comecei, portanto, a verificar meu tom de voz e expressão facial todas as vezes que David reclama de dor nas costas. Comecei a escolher as palavras com muito cuidado quando percebo que David está estressado depois de um longo dia de trabalho.

Esses atos de amabilidade significam muito para ele. Vejo que as dores de David melhoram quando reajo com ternura diante de suas reclamações. Os ombros dele relaxam e o rosto suaviza quando demonstro consideração por ele no final de um longo dia.

Pai, ajuda-me a ser amável com meu cônjuge
em minha tentativa de cuidar dele no dia a dia.

> Que atitudes você pode tomar hoje para demonstrar amabilidade e ternura ao seu cônjuge?

24 DE JUNHO   *delicadeza*

Envolvendo os cinco sentidos

O meu amado pôs a mão por uma abertura da tranca; meu coração começou a palpitar por causa dele. —CÂNTICO DOS CÂNTICOS 5:4 NVI

Christine e Larry recorreram a nós em busca de ajuda para lidar com a intimidade sexual. Christine descrevia as carícias preliminares de Larry como "agressivas" e o sexo como grosseria intolerável. As raízes do comportamento de Larry são comuns: O sexo não era seu ponto forte e, quando ele não sabia o que fazer, a ansiedade o levava a agir com indelicadeza.

Antes de tudo, conversamos com Larry e Christine sobre a união emocional. Encorajamos Cristine a falar de seus desejos a Larry — com amabilidade e sem críticas — e a reafirmar sua vontade de passar momentos de intimidade com ele e celebrar o amor entre ambos. Encorajamos Larry a ouvir Christine para conhecê-la melhor na intimidade. Aconselhamos prudência a ele, para que não presumisse conhecer os desejos de Christine nem tentasse ler a mente dela.

Ao conversar com Christine e Larry, procuramos adicionar outras amabilidades à sua intimidade sexual, dizendo que, quanto mais os cinco sentidos fossem envolvidos, maior seria a aproximação sexual.

Incentivamos Larry e Christine a envolver o sentido da visão com iluminação suave, roupas íntimas de dormir e que um despisse o outro. Pedimos que aprimorassem o sentido do toque com massagens corporais, banhos de espuma, roupas de tecidos macios e lençóis de cetim. Informamos que poderiam ser criativos com o sentido do paladar por meio de beijos carinhosos, bebidas à base de frutas e loções corporais. Para estimular a audição, sugerimos música agradável, sons da natureza e sussurros ao ouvido um do outro. E, finalmente, para acentuar o sentido do olfato, sugerimos velas perfumadas, óleos perfumados para o banho, colônias e perfume.

O casal também encontrou outras ideias: revezar-se para iniciar o sexo e conduzir a intimidade sexual — cada um experimentando envolver os cinco sentidos.

Senhor, graças por Teus propósitos divinos na intimidade sexual.

> **?** O que você pode fazer com seu cônjuge para aumentar ou melhorar a expressão de amabilidade durante os momentos de intimidade sexual?

25 DE JUNHO *graça*

Graça concedida a uma pessoa de valor

Este é o meu Filho amado, em quem me comprazo. —MATEUS 3:17

Para definir que tipo de ambiente o Senhor deseja para nosso casamento, precisamos olhar para o ambiente que o Pai celestial criou para Seu Filho.

Lemos nas Escrituras que, quando Cristo saiu das águas do batismo, os céus se abriram e o Espírito de Deus desceu sobre Ele em forma de pomba. E uma voz começa a dizer: "Este é o meu filho amado, em quem me comprazo".

É importante observar que essa expressão paternal de aceitação, aprovação e graça foi anunciada no primeiro dia do ministério público de Jesus. Ele ainda não tinha realizado algo "messiânico". Não havia pregado nenhum sermão, não havia realizado nenhum milagre nem expulsado nenhum demônio. O Pai de Jesus estava dizendo: "Eu amo você, e não tem de fazer nada para ganhar ou merecer meu amor. Eu apenas o amo!".

Essa, amigos, é a definição da palavra graça.

Podemos deduzir do relato do batismo de Jesus que Deus sentiu tanto amor e alegria por Seu Filho que o abençoou publicamente. O Pai queria transmitir Seu amor e graça antes que Jesus iniciasse Seu ministério público, antes de começar a realizar a obra do Pai.

Os relacionamentos íntimos se fundamentam primeiramente em sentir-se aceito, amado e valorizado — do mesmo modo como o Pai aceitou, amou e valorizou o Filho no batismo. E assim que essa aceitação e esse amor são assegurados, o objeto daquela graça deseja "realizar" a obra necessária dentro do relacionamento.

Conceder graça ao meu cônjuge significa conceder-lhe favor sem expectativas de bom comportamento ou desempenho.

Pai, obrigado porque me amaste, me aceitaste e me valorizaste sem que eu precisasse fazer nada.

> **?** O que você pode fazer hoje para demonstrar graça — isto é, conceder amor e aceitação sem levar em conta desempenho ou comportamento — a seu cônjuge?

26 DE JUNHO — *graça*

Receba graça, e então compartilhe-a

Porque todos nós temos recebido da sua plenitude e graça sobre graça.
—JOÃO 1:16

A graça não pode ser conquistada nem é merecida. Não pode ser exigida nem reivindicada como um direito. É um dom, oferecido gratuitamente por um Doador que possui uma fonte inesgotável desse dom.

A gratidão é um sinal evidente de quem recebeu graça, seguido de serviço e de compartilhamento. Receber a graça de Deus, torna possível repartir essa mesma graça aos outros. De fato, o Senhor me chamou para compartilhar Sua provisão ilimitada.

Nosso método de ajudar casais baseia-se no princípio de que primeiro precisamos receber graça de Deus para ter algo a oferecer aos outros, principalmente ao nosso cônjuge. Por exemplo, aconselhamos os casais que lutam para perdoar um ao outro a que reflitam no perdão que Deus lhes concede. Também desafiamos os casais que enfrentam rejeição a que reflitam sobre a aceitação incondicional de Deus a todo aquele que crê.

Repartir a graça de Deus significa que eu (David) passo adiante um favor imerecido, um amor não conquistado e uma bondade sem ter mérito algum. Sou capacitado a amar minha esposa dessa maneira somente quando sou agradecido pela graça que Deus me concedeu.

Lembro-me da primeira vez que percebi que Deus me demonstrou favor imerecido. Recordo-me da absoluta descrença que senti quando entendi que Deus — apesar de tudo o que eu havia feito, apesar de minha rebeldia visível a qualquer tipo de autoridade, inclusive a dele — podia me amar e me salvar da separação eterna dele. Lembro-me da incrível gratidão que senti quando passei a entender o amor de Deus, que Ele me demonstrou embora eu não tivesse feito nada para o ganhar ou merecer.

Quando considero a graça de Deus, sinto o dever de repassar esse mesmo tipo de graça a Teresa.

> *Deus, ajuda-me a lembrar-me da graça que derramaste sobre mim e a reparti-la com meu cônjuge.*

? Que atos de amor e aceitação imerecidos você pode praticar por seu cônjuge hoje?

27 DE JUNHO *graça*

Nossa herança

...pela graça sois salvos. —EFÉSIOS 2:5

Você já desejou receber uma herança? Puxa, eu (David) já! Porém, o mais perto que Teresa e eu chegamos de receber uma herança foi quando recebemos um dinheiro inesperadamente.

Todo ano o jornal de nossa cidade apresenta uma lista de pessoas com direito a receber algum dinheiro. Sempre verifico a lista para ver se nosso nome está ali. Um ano, o nome de nosso filho apareceu na lista. De onde veio o dinheiro? Aconteceu que a avó de nosso filho abriu uma caderneta de poupança para ele por ocasião de seu nascimento, e esquecemo-nos completamente dela. Ficamos entusiasmados por ganhar 28 dólares sem fazer nada, sem merecê-los.

Deus é generoso conosco de muitas maneiras, mas o dom principal de Sua graça é Seu Filho. Embora não tivéssemos feito nada para merecer, Deus demonstrou amor por nós enviando Seu Filho para morrer em nosso lugar. O Pai nos ama e deseja ter um relacionamento especial conosco, mas esse relacionamento não é possível sem o pagamento pelo pecado em nossa vida. Na verdade, por causa de nosso pecado, merecemos a separação eterna de Deus. Merecemos o inferno!

A única forma de ter um relacionamento com Deus e não ir para o inferno é aceitar a obra de Seu Filho, Jesus Cristo. Jesus veio à Terra, viveu sem pecar, morreu na cruz e ressuscitou dentre os mortos. Sua morte e ressurreição pagaram o preço da punição pelo nosso pecado. Para Deus, a morte de Cristo substituiu o nosso pecado. O dom gratuito da vida eterna no céu, concedido por Deus, tornou-se possível por intermédio de Cristo.

Esse dom gratuito é a descrição perfeita da graça de Deus. Não fizemos nada para merecê-la, e não há nada que possamos fazer para conquistá-la. Ela é concedida gratuitamente por Deus. Essa é a graça! Essa é a nossa herança! Tudo o que precisamos fazer — pela fé — é aceitá-la.

*Pai, graças por me concederes gratuitamente
o Teu amor a mim e por mim.*

De que maneira você e seu cônjuge celebram a graça de Deus em sua vida?

28 DE JUNHO

graça

Liberdade ou escravidão?

Porque os meus pensamentos não são os vossos pensamentos...
—ISAÍAS 55:8

Nos primeiros anos de nosso casamento, parecia que Teresa e eu vivíamos "chicoteando" um ao outro para mudar. Afinal, acreditávamos que, se não mantivéssemos a pressão, o outro jamais mudaria. Como estávamos errados!

Deus tem uma forma melhor. Seus pensamentos são diferentes dos nossos. Ele nos disse: "Aceitem um ao outro incondicionalmente e concedam graça um ao outro. Eu os incentivarei e os capacitarei a promover as mudanças necessárias!".

O marido e a esposa que só pensam em cumprir seus deveres concentram-se no que cada um faz. O comportamento determina a quantidade de aceitação e aprovação de cada um. O que cada pessoa *faz* determina seu valor. Esse tipo de ambiente produz escravidão, medo, amor condicional e concentração nas "obras".

Nos casamentos cheios de graça, no entanto, os casais oferecem aceitação incondicional, aprovação e valorizam um ao outro. Quando fazem isso, cada um deles sente-se mais motivado a "fazer" ou mudar. Esse tipo de relacionamento conduz à liberdade, à verdade e ao amor incondicional.

Deus deixou claro o que deseja para o marido e a esposa. Ele intenciona que o casamento seja um refúgio de graça.

Às vezes, senti vontade de "chicotear" minha esposa para que ela mudasse. Por exemplo, queria mudar sua tendência de ver as coisas somente em preto e branco, e queria também negar-lhe meu amor e afeição quando ela me dirigia palavras ríspidas. Mas quando sou tentado a negar graça a Teresa, o Senhor me cutuca com esta pergunta: "Será que alguém por quem Cristo morreu voluntariamente precisa fazer alguma coisa para conquistar sua aceitação e graça?".

Teresa não precisa fazer nada para conquistar o amor e a aceitação de Deus, nem precisa fazer nada para conquistar os meus.

Pai, remove minha tendência de querer mudar meu cônjuge.
Ajuda-me a demonstrar graça verdadeira.

> **?** O que você pode fazer hoje para transformar seu casamento em um relacionamento cheio de graça e não em um ambiente orientado pelo desempenho?

29 DE JUNHO *graça*

A graça nos liberta para a generosidade

...não useis da liberdade para dar ocasião à carne; sede, antes, servos uns dos outros, pelo amor. —GÁLATAS 5:13

Nos quatro anos de casamento, Anthony e Cecelia lutaram com questões muito estranhas. Ela fervia o chá durante muito tempo e deixava a torneira aberta muito antes de entrar na banheira. Ele fazia o bebê saltar muito alto em seus joelhos e não prendia bem as fraldas.

Quando começamos a investigar as questões subjacentes que provocavam essas críticas, ficou claro que Anthony e Cecelia eram "reservados", isto é, tinham medo de falar de seus anseios. Anthony precisava muito de afirmação verbal e de ser valorizado — coisas que o pai não lhe dera. Cecelia queria sentar e conversar, ser ouvida e sentir que valia a pena investir tempo em sua vida — coisas que não recebera na infância. Em vez de falar dessas necessidades um ao outro, eles viviam em pé de guerra por coisas insignificantes.

À medida que nosso trabalho com Anthony e Cecelia progredia, eles começaram aos poucos a conceder graça um ao outro. Cada um começou a se doar sem exigir que o outro mudasse. Cada um começou a servir ao outro sem expectativas.

Anthony sentou-se e ouviu o que Cecelia tinha a dizer, suas esperanças e sonhos para o bebê. Ele lhe deu total atenção enquanto ela falava de sua preocupação em ser uma boa mãe. Cecelia expressou verbalmente seu apreço por Anthony. Manifestou gratidão por ele ter ajudado a cuidar da filha e trabalhado com afinco para sustentá-las.

Antes que percebessem, Cecelia mostrou que queria mudar a forma de preparar o chá, para agradar a Anthony. O marido quis ser mais cuidadoso com as fraldas porque isso era importante para Cecelia. Ambos perceberam que haviam aguardado impacientemente receber algo, ao passo que Deus queria que vissem as oportunidades de servir um ao outro.

Houve uma mudança radical de pensamento, e ela produziu mudanças radicais no casamento deles.

Deus, mostra-me hoje como posso servir incondicionalmente a meu cônjuge.

? De que maneiras específicas você pode servir incondicionalmente a seu cônjuge hoje?

30 DE JUNHO *graça*

Graça de ouro

É bom que o nosso coração seja fortalecido pela graça...
—HEBREUS 13:9 NVI

Um de meus filmes favoritos (de David) é *Num lago dourado*, uma história maravilhosa sobre o amor e o comprometimento entre um casal de idosos, Norman e Ethel Thayer.

Norman é um homem excêntrico, com uma atitude relativamente cética. Tende a ver as coisas pelo lado negativo e deixa a desejar quando se trata de intimidade emocional. Seu orgulho inflexível impede-o de ter um relacionamento mais próximo com a filha, e sua autoconfiança arrogante causa sofrimento à família inteira. Ethel é sensível, carinhosa e ótima incentivadora. É uma mulher cheia de graça. E são os modos cheios de graça de Ethel que fortalecem o casamento com Norman.

É engraçado, e às vezes doloroso, ver o modo como eles interagem no filme. A personalidade rude de Norman quase sempre provoca frustração em Ethel, porém ela não desiste dele. Norman põe o comprometimento de Ethel à prova com frequência, mas ela sempre passa no teste.

Quero fazer o possível para ser uma "Ethel" em nosso casamento. Quero tomar a iniciativa. Quero ser o primeiro a oferecer graça a Teresa. Quero ser sensível e carinhoso com minha esposa. Quero permanecer firme a seu lado mesmo quando ela me decepcionar. Quero confirmar meu compromisso com Teresa frequentemente, mesmo quando ela me puser à prova.

Não quero de maneira alguma ser o "Norman" em nosso casamento. Não quero ser negativo nem excêntrico. Também não quero que minha autoconfiança arrogante me mantenha distante das pessoas que amo.

Afinal, Deus resiste aos orgulhosos e concede graça aos humildes — e isso inclui o marido de minha esposa.

> *Deus, ajuda-me a tratar meu cônjuge com amor,*
> *independentemente da maneira como age.*
> *Lembra-me da Tua graça para que eu contribua com o*
> *fortalecimento do nosso casamento.*

? O que você pode fazer todos os dias para fortalecer seu casamento, mesmo que seu cônjuge seja o "Norman" no relacionamento?

Notas

julho

- *graça*
- *felicidade*
- *harmonia*
- *honra*
- *hospitalidade*
- *instrução*

1.º DE JULHO

graça

Um lugar onde existe graça

...fortifica-te na graça que está em Cristo Jesus. —2 TIMÓTEO 2:1

Minha amiga Lucy é mãe e dona de casa. O dinheiro é curto, por isso ela cuida de outra criança e, de vez em quando, trabalha durante meio período. Mesmo assim, Lucy e o marido, Larry, mal conseguem pagar as contas, principalmente quando surge uma despesa extra. Quando o carro quebra ou um filho adoece, o dinheiro da família encurta mais ainda. Eles não cogitam em ir ao cinema ou comer fora. Às vezes, Lucy fica desanimada com a situação.

Uma amiga de Lucy ligou convidando-a para uma viagem de fim de semana, mas disse que as despesas de transporte ficariam a cargo de Lucy. Porém, ela disse à amiga que a ocasião era inoportuna e que talvez pudessem viajar juntas posteriormente. Triste, Lucy desligou o telefone.

Larry viu o brilho nos olhos de Lucy quando recebeu o convite da amiga. Disse que queria que ela fosse. Poderiam conseguir o dinheiro. Explicou que aquele era um mês de cinco semanas, por isso ele teria um ganho extra. Lucy vibrou de alegria! As palavras do marido a animaram e a incentivaram.

A disposição de Larry em sacrificar-se por Lucy ajudou-a a passar da tristeza para a alegria. Larry mostrou a ela o significado da graça em ação, e isso a fortaleceu.

A história de Lucy e do sacrifício de Larry serviu para motivar-me (Teresa) a demonstrar mais graça a David. Agora procuro oportunidades para favorecê-lo quando ele menos espera. Afinal, o casamento deve ser um lugar onde existe graça.

Pai, ajuda-me a atender às necessidades do meu cônjuge e a demonstrar que ele é muito importante para mim (e para ti).

? De que maneiras específicas você pode fortalecer o coração de seu cônjuge hoje?

2 DE JULHO

graça

O triângulo da graça

Servi uns aos outros, cada um conforme o dom que recebeu, como bons despenseiros da multiforme graça de Deus. —1 PEDRO 4:10

O casamento é um dos dons de Deus — uma extensão da graça divina. No casamento, Deus planejou um relacionamento tridimensional em que duas pessoas compartilham amizade, companheirismo e paixão. Costumamos encorajar os casais a desenharem um triângulo representando essas três dimensões, como material para reflexão e comunicação.

A *amizade* protege-nos da aridez de uma vida agitada. O Salmo 127:2 adverte sobre a inutilidade de levantar de madrugada, deitar tarde — e perder o que é mais importante na vida.

O *companheirismo* dá à vida um sentido de mistério divino. O apóstolo João, já idoso, fala do que viu e ouviu para que outras pessoas mantivessem comunhão (1 JOÃO 1:3).

A *paixão* proporciona a oportunidade para os cônjuges "se conhecerem" e "serem conhecidos" de uma forma que não existe em nenhum outro relacionamento humano. O privilégio da abnegação oferece um lugar reservado de satisfação, refúgio e proteção.

Leslie e Jimmy desenharam os triângulos e responderam às perguntas nas três dimensões de seu relacionamento. Primeiro desenharam a base do triângulo, que representava a percepção que tinham da amizade, inclusive alegria mútua, interesses comuns e apoio emocional.

Depois, desenharam um lado do triângulo representando o companheirismo, o qual incluía segurança, aproximação espiritual e objetivos eternos em comum.

Por último, desenharam o lado do triângulo que representava a paixão e incluía bem-estar em áreas de carícias e beijos, bem como a importância dessa área do casamento para cada cônjuge.

Enquanto conversavam sobre os triângulos, Leslie e Jimmy sentiram o desejo de ser francos e sinceros. Jimmy chegou a desculpar-se ao comentar que a base de seu triângulo era muito curta, o que o fez perceber a mágoa de Leslie em razão da falta de amizade entre eles.

Pai, aumenta nossa capacidade de apreciar a intimidade.

> De que formas você pode fortalecer as três áreas de seu casamento relacionadas acima?

3 DE JULHO — *felicidade*

Sentindo ânimo e alegria com a pessoa amada

...tende bom ânimo; eu venci o mundo. —JOÃO 16:33

Alegria, ânimo e coragem têm origem na vitória suprema, a vitória de Cristo sobre o inferno e a sepultura. Os homens e mulheres piedosos do Antigo Testamento aguardavam-na ansiosamente, e a igreja do Novo Testamento recorda-se dela. A felicidade verdadeira repousa na certeza de que Deus nos ama — não um pouco, mas muito; não com um pequeno sacrifício em nosso favor, mas com o sacrifício supremo.

Quando se trata de meu casamento, é sempre bom que eu (David) esteja atento a esse tipo de sacrifício. Veja bem, Teresa parece gostar mais do tempo que passamos juntos quando ele envolve um sacrifício de minha parte. Oferecer a ela minhas "sobras" não a faz sentir-se especial.

Só recentemente passei a apreciar mais da bênção deliberada de Deus que resulta da entrega sacrificial. Aconteceu quando passei um tempo apenas caminhando com Teresa. Ora, a caminhada nunca apareceu em minha lista das cem coisas que me dão prazer. A frase "gosto de caminhar" nunca sairá de minha boca. Aqueles momentos esporádicos em que cedi à pressão de Teresa e saí para caminhar com ela provocaram muita transpiração, mas nenhuma alegria.

No entanto, gradualmente, o Senhor incutiu em mim esta verdade simples sobre as caminhadas com Teresa: "As caminhadas não são tão importantes assim. O importante é levar em conta o desejo de Teresa de não estar só e de querer compartilhar essa parte da vida dela com você".

Aos poucos, a obra do Espírito em mim transformou minha participação relutante nas caminhadas em um sacrifício feito com alegria. A transpiração continua, mas agora é acompanhada de alegria verdadeira. Continuo a dizer com toda sinceridade: "Não gosto de caminhadas". Mas agora posso também dizer com toda sinceridade: "Gosto de caminhar com Teresa".

Lembra-me, Pai, da alegria de ser generoso
para que os outros sejam abençoados.

> Como você pode começar a fazer um sacrifício em favor de seu cônjuge hoje?

4 DE JULHO — *felicidade*

Pausa para o louvor

Está alguém alegre? Cante louvores. —TIAGO 5:13

O louvor é a extensão lógica da felicidade verdadeira, a felicidade estendida aos que conhecem o único e verdadeiro Deus — aquele que concede coisas boas a Seus filhos, o Deus de quem fluem todas as bênçãos.

O louvor parte de um coração agradecido, e essa gratidão motiva-nos a ser generosos com os outros, inclusive com nosso cônjuge. A Bíblia aconselha-nos a não nos cansar de fazer o bem (GÁLATAS 6:9). Quando eu (David) começo a me cansar de fazer o bem em meu casamento, sei que é tempo de fazer uma *pausa para o louvor*. Significa separar tempo para citar Seus benefícios, um a um, o que sempre me enche o coração de louvor.

Da mesma forma que os fabricantes de carro instalam luzes de advertência nos painéis, Deus instala "luzes de advertência" em nosso casamento para nos avisar que é hora de parar no acostamento e fazer uma "pausa para o louvor". Quando a dedicação diária à minha esposa se torna um dever, sei que é hora de "olhar para cima" e falar com Deus. Quando a dedicação à minha esposa passa a ser obrigação, é hora de pedir refrigério do alto. Desprezar esses avisos significa seguir rumo à sequidão, distância, distrações e coisas piores.

A proximidade e as complexidades do casamento exigem que nos submetamos periodicamente a infusões renovadas da graça divina. Durante tempos de enfado no casamento, o Deus que anseia relacionar-se intimamente conosco nos convida a dar meia-volta e passar um tempo com Ele.

Costumo fazer minhas pausas para o louvor no trajeto de carro de volta para casa. Louvo a Deus pela alegria de meu relacionamento com Ele e pela alegria do amor e da aceitação de minha esposa e filhos. Enquanto medito nessas bênçãos, a gratidão toma conta de mim. Quando chego em casa, meu coração agradecido abre caminho para uma noite agradável.

Senhor, lembra-me de louvar-te sempre pelas bênçãos que derramas sobre mim.

> Por qual motivo específico sua família pode separar um tempo para louvar a Deus hoje?

5 DE JULHO — *felicidade*

Uma questão de foco

...com a tristeza do rosto se faz melhor o coração. —ECLESIASTES 7:3

Eu (Teresa) estou convencida de que minha felicidade é puramente um estado de espírito — uma questão de onde fixo meu olhar. Se eu foco naquilo que não possuo ou no que não está acontecendo em minha vida, vivo infeliz. Por outro lado, se eu foco no que possuo e no que está acontecendo, vivo feliz.

Muitas mulheres já me confessaram que não se sentem felizes no casamento. Nessas ocasiões, pergunto se elas estão focando nas coisas que Deus tem em mente. O apóstolo Paulo explica desta maneira: "Finalmente, irmãos, tudo o que é verdadeiro, tudo o que é respeitável, tudo o que é justo, tudo o que é puro, tudo o que é amável, tudo o que é de boa fama, se alguma virtude há e se algum louvor existe, seja isso o que ocupe o vosso pensamento" (FILIPENSES 4:8).

Quando sinto necessidade de focar de novo nos pontos positivos de meu casamento, lembro-me da seguinte verdade: "Aquele que não poupou o seu próprio Filho [...] não nos dará graciosamente com ele todas as coisas?" (ROMANOS 8:32).

A meditação nessa verdade me ajuda a guardar meu coração de atitudes negativas com David. Sabendo que Deus me concedeu gratuitamente Seu Filho e promete dar-me gratuitamente todas as coisas, posso descansar na segurança de que o Senhor me deu um marido que preenche tudo aquilo que Ele sabe que necessito.

Quando penso nessas coisas, meu coração se enche de gratidão por David e pelo Deus que o enviou a mim. Sinto-me, então, livre para ver todas as coisas maravilhosas que David é e não me preocupar com o que ele não é.

Pai, ajuda-nos a manter nossos pensamentos somente nas coisas que edificam.

> Quais características de seu cônjuge você pode começar a observar para ser mais feliz no casamento?

6 DE JULHO — *felicidade*

Felicidade aqui e agora

...ponham sua esperança [...] em Deus, que de tudo nos provê ricamente, para a nossa satisfação. —1 TIMÓTEO 6:17 NVI

Uma característica comum em muitos casamentos é a aparente incapacidade de viver no presente. É ótimo ter lembranças especiais e fazer planos grandiosos, mas precisamos lembrar que a felicidade ocorre no presente, não no passado nem no futuro.

Quando Jesus prometeu vida abundante aos que nele creem (JOÃO 10:10), estava se referindo à esta vida presente. Teresa e eu desfrutamos a abundância de Cristo no presente e temos a promessa de vida abundante no futuro. Aprendemos, porém, que o segredo para ter felicidade abundante no casamento é viver no presente.

No mesmo versículo, Cristo advertiu a Seus seguidores que "o ladrão vem somente para roubar, matar e destruir". Como o ladrão faz isso em nosso casamento? Mantendo-nos presos ao passado por meio de mágoa, raiva e culpa ou mantendo-nos presos ao futuro por meio de medo, ansiedade e preocupação.

O ladrão roubou a abundância de Deus durante muitos anos de nosso casamento. Aos poucos, contudo, por meio de momentos de confissão e perdão, o Senhor promoveu a cura em nosso relacionamento. Com o passar do tempo, nossas conversas centradas no que fizemos ou não fizemos no passado foram diminuindo. Da mesma forma diminuíram as conversas sobre o que cada um de nós precisava fazer no futuro.

É comum pedirmos aos casais que saiam para um passeio com esta regra de ouro em mente: Nada de falar sobre o passado nem sobre o futuro. Falem apenas sobre o presente. Pedimos que conversem sobre o pôr do sol, sobre as estrelas, sobre o amor e a apreciação um pelo outro. Na maioria das vezes, nós os encorajamos a aprender a viver e desfrutar o "agora".

Pai, lembra a mim e ao meu cônjuge a ver cada dia, cada momento, como dádivas vindas de ti para nos alegrar.

> **?** Em que aspectos de cada dia e de cada momento você e seu cônjuge podem focar e desfrutar hoje?

7 DE JULHO

felicidade

Felizes juntos

O coração alegre aformoseia o rosto... —PROVÉRBIOS 15:13

Um grupo musical chamado *The Turtles* fez muito sucesso no final da década de 1960 e início da década de 1970, e uma de minhas canções favoritas (de David) era *Happy Together* (Felizes juntos). A letra falava de ser completamente feliz com a pessoa amada e como o mundo é "tão bom" quando o amor romântico está em plena florescência.

Para mim, a canção capta algo do que todos nós desejamos para nosso casamento: céu azul por toda parte, querer passar o resto da vida juntos e a expectativa de voltar a estar juntos.

Sei que a letra é exageradamente romântica, mas gosto da canção mesmo assim. Embora o amor romântico abra o caminho para um amor mais maduro e sacrificial, não faz mal a ninguém lembrar a sensação de "felizes juntos" que tivemos quando nosso amor começou a florescer.

O apóstolo João repreendeu os cristãos de Éfeso porque eles abandonaram seu "primeiro amor" (APOCALIPSE 2:4) e encorajou-os a reacender a chama de seu amor por Cristo. De modo semelhante, os casamentos podem beneficiar-se das emoções do primeiro amor, que às vezes são abafadas em razão da seriedade das rotinas, das obrigações diárias e das agendas.

É útil e divertido priorizar o tempo para reflexões sobre o primeiro amor. Por exemplo, podemos lembrar:

- As músicas que compartilhamos, principalmente "nossas canções",
- Os sacrifícios ou tolices que fizemos juntos,
- Como reatamos o namoro depois de discussões e rompimentos,
- Diários que escrevíamos, bilhetes e cartões que enviávamos um ao outro,
- Presentes especiais e lembrancinhas,
- Os apelidos carinhosos que dávamos um ao outro,
- Lugares onde gostávamos de ficar a sós.

Essas lembranças ajudam-nos a renovar o primeiro amor e mostram-nos a simplicidade de manter vivo o amor romântico.

> *Deus, peço que nosso amor um pelo outro amadureça e que continuemos a ser "felizes juntos".*

? O que você pode fazer hoje para reacender a chama daquele "primeiro amor" entre você e seu cônjuge?

8 DE JULHO — *felicidade*

"Forçados" a gostar um do outro

...a alegria do coração é banquete contínuo. —PROVÉRBIOS 15:15

Terminamos recentemente aquilo que imaginávamos ser impossível: nove longos meses de reforma na casa, *com a família dentro*. O chefe da obra aconselhou-nos a sair da casa, mas decidimos permanecer e nos alojar em um dos cômodos longe da reforma.

Ouvimos muita gente dizer que a situação seria terrível para nós. Porém, foi um tempo feliz, porque nos concentramos em nosso relacionamento. A maioria de nossos pertences ficou guardada em um depósito distante, inclusive nossos meios de "fuga" — televisão, rádio, livros, computador etc. A vida tornou-se mais simples e também serviu para nos concentrarmos um no outro.

Passamos grande parte dessa época renovando interesses comuns, conversando tranquilos e tomando o café da manhã fora de casa. Comprometemo-nos a passar tempo juntos, para não ser sugados pelas agendas lotadas. Planejei meu trabalho de forma que pudesse passar uma manhã por semana com Teresa, só para nos distrair. Planejamos jantar fora a cada quinze dias e ver um filme juntos, além de algumas escapadas para pernoitar num hotel que incluía o café da manhã.

Teresa e eu aprendemos muitas lições com essa temporada. Descobrimos que podíamos conversar melhor do que imaginávamos. Teresa não se cansou de conversar comigo, e sobrevivi longe de meus livros, todos empacotados e longe de mim. Começamos a sentir mais prazer em nos reunir com outros casais, o que Teresa adora, e aprendi a gostar da companhia de pessoas da mesma forma que gosto da companhia de meus livros. As saídas frequentes para dormir fora não me tornaram um maníaco sexual, conforme Teresa temia. Aliás, passei a gostar de estar com ela fora de casa.

Viver com o cônjuge com alegria e entusiasmo não acontece por acaso. Exige tempo e energia e, às vezes, uma espécie de catalisador para fazer acontecer.

> *Senhor, ajuda meu cônjuge e a mim a criar*
> *um ambiente de alegria e entusiasmo.*

[?] O que você poderia fazer hoje para gostar mais de estar na companhia de seu cônjuge?

9 DE JULHO *felicidade*

Interesses comuns e bons tempos

...tenho-vos chamado amigos, porque tudo quanto ouvi de meu Pai vos tenho dado a conhecer. —JOÃO 15:15

A amizade requer comprometimento para passar tempo juntos, gostar da companhia um do outro e encontrar interesses em comum. Sem esse compromisso, a amizade não se aprofunda de verdade.

Muito tempo depois do início de Seu ministério terreno, Cristo lembrou aos discípulos as coisas que partilharam juntos. As multidões não conheceram a maioria das revelações do Pai, porém Jesus contou-as àqueles seus amigos íntimos.

Isso demonstra que o segredo da verdadeira amizade é compartilhar a vida juntos. Observe como Cristo e os discípulos desenvolveram amizade entre eles:

- Eles "viviam" juntos — no trabalho, no divertimento, no ministério etc.,
- O tempo "deles" juntos vinha em primeiro lugar, depois o tempo com as multidões,
- Eles afastavam-se juntos das multidões, para evitar o cansaço,
- Nenhum assunto era "proibido", o que tornava especial o relacionamento entre eles,
- Cristo doou-se a eles e os encorajou a se doarem aos outros.

De modo semelhante, a proximidade no casamento ocorre quando passamos momentos memoráveis, divertidos, o que nos encoraja a nos "doar" mais a nosso cônjuge de muitas maneiras significativas.

Vocês podem fazer isso voltando a "marcar encontros", a fazer pequenas coisas das quais gostavam nos tempos de namoro — sentar lado a lado de mãos dadas, usar perfumes favoritos, tocar a música "de vocês" ou ir àquele restaurante especial. Desenvolvam interesses comuns e se revezem para encontrar coisas divertidas para fazer. Compartilhem ligações de 30 segundos que poderiam ser mais ou menos assim: "Oi, amor, estava pensando em você e liguei para dizer que o amo e mal posso esperar para vê-lo esta noite".

Iniciem, vamos, iniciem! Verbalizem seu amor. Abracem-se, toquem-se, amem-se, troquem cartas de amor e se relacionem sexualmente. Digam que se sentem felizes por estar na companhia um do outro.

Senhor, ajuda-me hoje a ter uma amizade firme com meu cônjuge.

> **?** Que coisas específicas você pode fazer hoje para cultivar uma amizade íntima com seu cônjuge?

10 DE JULHO *harmonia*

Aceitação e amor garantido

Deus colocou todas as coisas debaixo de seus pés... —EFÉSIOS 1:22 NVI

"Está consumado!" A batalha terminou. Do Calvário e do túmulo vazio surgem os segredos para paz e harmonia entre Deus e a humanidade. Cristo, o Deus-homem, eliminou o abismo causado por meu pecado (de David), e nele encontro descanso do sofrimento, da culpa e da luta para trabalhar. Da mesma forma que Deus trabalhou seis dias e descansou, agora posso entrar em Seu descanso por intermédio de Cristo (HEBREUS 4:4,5). A harmonia com o Criador flui de minha alma, e sou compelido a compartilhar paz e amor com aqueles que amo.

É comum, no entanto, meu estresse e turbilhão interiores respingarem em Teresa e nos filhos. Fico impaciente, retraído, inacessível. Nessas ocasiões, necessito da intervenção divina. Necessito de tempo a sós para lançar minhas ansiedades sobre Ele, de tempo para Sua paz. Então, a harmonia no lar torna-se possível.

Minha alma se aquieta e minha mente ansiosa se tranquiliza quando medito no amor e no sacrifício de Cristo no Calvário. Da cruz, ouvimos estas palavras chocantes em meio à Sua agonia: "Pai, perdoa-lhes" (LUCAS 23:34). Que espanto isso deve ter causado àqueles que o atormentavam e zombavam dele — aqueles cujo futuro seria repleto de lembranças do "Rei dos reis" — ao ouvir Suas palavras de cuidado e preocupação. Imagine o susto quando o ladrão pendurado ao lado dele ouviu as palavras: "Hoje estarás comigo no paraíso" (LUCAS 23:43). E depois ouvimos o cuidado do Messias com Maria, Sua mãe: "Mulher, eis aí teu filho [...] Eis aí tua mãe" (JOÃO 19:26,27). Daquele dia em diante, Maria passou a morar na casa do apóstolo João.

Lá está pendurado o Cristo — crucificado e cuidando de todos a Seu redor. Esse cuidado tranquiliza meu ansioso coração.

Pai, ajuda-me a compartilhar a harmonia interior que tenho por conhecer-te.

O que você pode fazer hoje para compartilhar com seu cônjuge a harmonia e a paz interiores que sente por conhecer Jesus Cristo?

11 DE JULHO — *harmonia*

Harmonia no lar

...tenham todos o mesmo modo de pensar [...] sejam compassivos, amem-se fraternalmente... —1 PEDRO 3:8 NVI

A harmonia atrai tanto quanto o conflito repele. Crie um lar harmonioso, e os cônjuges haverão de querer morar lá. Crie uma família harmoniosa, e os filhos — até os adolescentes — haverão de querer morar lá.

Minha tendência (de David) de trabalhar exageradamente tem causado conflito entre mim e Teresa. Depois de cerca de dez anos de casados, notamos uma ligação entre a harmonia que desfrutávamos em casa e o número de horas que eu trabalhava. Constatamos que quanto mais harmonia conjugal tínhamos, menos horas extras eu trabalhava. De repente, passei a querer voltar correndo para casa.

A jornada do conflito até a harmonia foi longa para nós. Teresa viu que minha tendência de trabalhar exageradamente estava suplantando meus planos, meus objetivos, meus sonhos e minhas prioridades. Mas o Espírito Santo estava trabalhando o tempo todo para desafiar-me a agir de acordo com Filipenses 2:3 — Considerar cada um (Teresa, Terri, Robin, Eric) superiores a mim mesmo.

Teresa também teve desafios. Em vez de dizer palavras iradas como: "Você trabalhou até tarde da noite esta semana e não aguento mais", ela acatou a obra de compaixão do Espírito Santo e passou a aceitar as instruções de Efésios 4:15 de falar a verdade em amor. Em vez de ataques ríspidos, ouvi palavras ternas: "Você trabalhou muito esta semana, mas senti muito a sua falta. Que tal planejarmos um tempo só para nós dois?".

Deus estava trabalhando poderosamente para trazer harmonia ao nosso lar.

A harmonia origina-se de uma atmosfera na qual o marido e a esposa podem compartilhar seus sentimentos com segurança. A harmonia relaciona-se com a ligação que sentimos quando aprendemos a nos alegrar com os que se alegram e chorar com os que choram (ROMANOS 12:15)

Quando isso acontece, o marido e a esposa tornam-se uma só carne.

Pai, graças pela harmonia que trazes ao nosso lar.

> **?** Você acredita que Deus pode trazer mais alegria a seu casamento e família hoje? Como?

12 DE JULHO — *harmonia*

Um ambiente agradável

Melhor é um bocado seco e tranquilidade do que a casa farta de carnes e contendas. —PROVÉRBIOS 17:1

Eu (Teresa) sei que há harmonia no lar dos Fergusons quando não compito com David querendo assumir o papel de líder. David diz que tenho o dom de ser controladora e que quando meu humor está assim, sou "insensata". Acredite-me, isso não é nenhum elogio!

Torno-me insensata quando me sinto insegura a respeito de qualquer tipo de problema — dinheiro, dúvidas quanto ao que está acontecendo com os filhos e com o que David não está fazendo. E nesses momentos há desarmonia em nosso lar. Essa desarmonia sempre é transmitida dos pais para os filhos. Exerce influência no desempenho dos adultos no trabalho e no desempenho escolar dos filhos.

Para evitar cair nessa armadilha, converso com David sobre meus medos. Ele me ajuda e mantemos a harmonia no lar. Porém, a tarefa aparentemente simples de contar meus medos a ele me coloca de frente com um obstáculo maior ainda: minha autoconfiança.

Essa mania de decidir tudo sozinha começou na infância, quando falar de minhas necessidades não era uma opção. David e eu lutamos para combatê-la. Mas não foi fácil. Nos primeiros anos de casamento, meu marido era tão "inacessível" quanto as outras pessoas haviam sido comigo. Demorei anos para aprender a falar "a verdade em amor" (EFÉSIOS 4:15) a respeito de minhas necessidades e medos em vez de criticar ou reclamar.

Foi longa a jornada para eu abandonar a autoconfiança e expor meu problema com humildade, mas a harmonia que temos em nosso lar valeu cada passo dado.

Deus, ajuda-nos a lembrar de que, quando te buscamos, temos paz e harmonia em nosso lar.

> Que manias você e seu cônjuge precisam superar para ter harmonia no casamento?

13 DE JULHO

harmonia

O poder da harmonia

...para mim, o viver é Cristo, e o morrer é lucro. —FILIPENSES 1:21

Doug e Pam brigavam constantemente por causa da educação dos filhos. Havia muitos problemas: As crianças precisavam orar antes de dormir? Que programas de televisão podiam ver? A lista dos conflitos entre os pais era interminável, e eles os apresentaram a mim (David), para que eu atuasse como o mediador.

Minha reação às perguntas deles deixou-os chocados: "O maior problema não é como vocês lidam com esses problemas. O maior problema é a harmonia de vocês a respeito desses problemas. A concordância dos pais a respeito de um problema é mais importante para os filhos que a resposta 'perfeita' quanto a hora de dormir, televisão, alimentação ou escovação de dentes, porque os livra de presenciar conflitos entre os pais."

Ao longo de décadas de vida conjugal e familiar, aprendemos esta verdade: Aquilo que imaginamos ser problema *não* é problema. Aprendemos que o Senhor pode usar esses "aparentes" conflitos para lidar com problemas maiores — isto é, nossa harmonia com Ele.

Paulo em Romanos 8:28,29 diz que nós, os cristãos, fomos predestinados para ser conformes à imagem de Seu Filho. Quando Deus trabalha dentro de mim para mostrar-me o amor altruísta e meigo de Cristo — isto é, quando Ele me faz "matar o meu eu" — meu coração e mente passam a ser Seu coração e mente. E quando Ele realiza uma obra semelhante em Teresa, o coração e a mente do Senhor prevalecem, e temos harmonia com Deus e entre nós.

Deus não discute com Ele próprio. E o testemunho de duas pessoas tornando-se uma — a harmonia verdadeira — é evidência do mistério do amor de Cristo por Sua Igreja (EFÉSIOS 5:1,2). Quando temos essa harmonia com Deus, temos harmonia uns com os outros.

*Senhor, ajuda-nos a andar em harmonia contigo
para andarmos em harmonia um com o outro.*

> **?** Que atitudes você e seu cônjuge podem tomar para estar em harmonia com Deus e entre vocês?

14 DE JULHO *harmonia*

Não faça tempestade em copo d'água

Tende o mesmo sentimento uns para com os outros... —ROMANOS 12:16

Seu marido deixa os pratos na pia prometendo lavá-los, mas não há nenhum prato limpo na hora do jantar. Sua esposa deveria tirar a roupa da secadora, mas não tira, e na hora de você vestir-se para um compromisso importante, a roupa apropriada não está no armário.

Esses conflitos lhe são familiares? Coisas realmente insignificantes. Não se comparam à perda de emprego, doença grave ou morte de uma pessoa querida. No entanto, parecem imensos, principalmente quando você está de mau humor ou teve um dia difícil.

Costumamos "transformar banalidades em tragédias" no casamento. Mas o casamento exige ver os acontecimentos na devida proporção. Lidar com banalidades como banalidades e tragédias como tragédias faz parte da missão de desenvolver a verdadeira intimidade no casamento.

O ensino bíblico de que "o amor cobre multidão de pecados" (1 PEDRO 4:8) ajuda-nos a manter a situação em perspectiva nessa área. O amor imenso e infinito com que Deus nos ama cobre a multidão de nossos pecados. Devemos perguntar a nós mesmos: E se Deus fosse rápido para apontar constantemente cada ato de desobediência ou cada atitude não-cristã em minha vida? Não teríamos um minuto de sossego, você não acha?

A graça e o amor do Espírito Santo chamam a atenção primeiro para a "tragédia" de eu saber que necessito de santificação em minha vida e deixar as "banalidades" para serem cuidadas depois. O amor de Deus é assim! Ele tem as melhores intenções a meu respeito, por isso a paciência de Seu amor *agape* cuida com carinho e graça das banalidades de minha vida.

Recebo esse amor gratuitamente. E gratuitamente o passo adiante!

Deus, ajuda-me com Teu amor a não fazer tempestade em copo d'água em meu casamento.

? Que pequenas falhas ou imperfeições em seu cônjuge você precisa ver como banalidades?

15 DE JULHO *harmonia*

Mantendo a paz

Completai a minha alegria, de modo que penseis a mesma cousa, tenhais o mesmo amor, sejais unidos de alma, tendo o mesmo sentimento.
—FILIPENSES 2:2

Carrie queria muito comprar uma mesa e cadeiras para a sala de jantar. Tom, seu marido, prometeu durante um ano que compraria. Ela foi ficando cada vez mais zangada ao ver que a mesa e as cadeiras não chegavam. Para motivá-lo — e talvez para vingar-se dele — Carrie dizia frequentemente, diante dos outros, que ele não cuidava bem da família. Tom sabia que, se quisesse paz em casa, teria de ceder, mas quando ele cedeu, a paz não durou muito.

Você conhece pelo menos um casal que costuma agir assim? Um deles deseja algo — uma casa maior ou um carro mais novo — e trata o outro com descortesia até conseguir o que quer. Mesmo assim, a harmonia só dura até o cônjuge insatisfeito desejar outra coisa. É o que chamamos de "barganha conjugal".

A pior parte da barganha conjugal é que, mesmo que consiga o que queria, o cônjuge não fica satisfeito. Deus parece ter "atado" relacionamentos como esse de tal forma que só nos sentimos satisfeitos quando "tiramos" alguma coisa de nosso cônjuge. Por exemplo, quando temos de apoquentar nosso cônjuge para atrair a atenção dele, não ficamos nada satisfeitos quando ele atende a nosso pedido com relutância e má vontade.

O plano de Deus para a harmonia no casamento é que os dois cônjuges, cada um ricamente abençoado com amor do Pai, ofereça amor, afeto e devoção um ao outro livremente — sem precisar "tirar" nada!

Ser amado e ser cuidado por alguém — é isso que nos dá segurança, não os bens materiais, não o afeto e a atenção que "barganhamos". Essas coisas não foram planejadas para nos dar segurança. Encontramos o amor verdadeiro dentro da estrutura da harmonia conjugal.

Senhor, ajuda-me a colaborar com meu cônjuge para criar um ambiente de harmonia em nosso lar.

? Que providência(s) você pode começar a tomar hoje para garantir que em seu casamento não exista a desarmonia que certamente a "barganha" provoca?

16 DE JULHO

harmonia

Harmonia por meio de orçamento do tempo

Se o Senhor não edificar a casa, em vão trabalham os que a edificam...
—SALMO 127:1

Muitos casais assemelham-se a Jenice e Mark, que brigavam muito sobre como priorizar o tempo com os filhos. Jenice reclamava e Mark prometia melhorar. A esperança de Jenice aumentava, porém Mark a decepcionava em razão de outros assuntos mais urgentes.

O tempo dedicado à família é semelhante ao dinheiro para o orçamento familiar — nunca parece ser suficiente. O tempo também se assemelha ao dinheiro porque é importante orçá-lo. A maioria das famílias pensa primeiro em reservar o dinheiro para despesas da casa, transporte, tratamento de saúde e assim por diante. Se sobrar um pouco, elas gastam com "frivolidades". O orçamento do tempo familiar funciona às vezes da mesma forma. Os casais podem começar a fazer esse orçamento dedicando tempo a adorar a Deus, a "reuniões conjugais", a "noites com a família" com todos reunidos, ao trabalho e à escola e depois às outras áreas da vida.

Encorajamos Jenice e Mark a revisar seus compromissos e a pensar em programar uma noite com a família todas as semanas. Sugerimos que a noite com a família incluísse o compromisso assumido por todos de chegar a tempo para jantarem juntos — depois dos filhos terminarem os deveres de casa, sem convidar amigos, com telefones e televisão desligados e sem nenhuma interrupção. Durante o jantar, poderia haver conversas positivas e elogiosas (sem regras, sem críticas, sem conflitos), acompanhadas de uma hora e meia de divertimento.

No caso de Jenice e Mark, as noites com a família tornaram-se um sucesso para os filhos. Eles também reduziram conflitos em uma área importante. Jenice preparava a noite especial com sobremesas divertidas e novas brincadeiras. Mark passou a gostar de poder separar um horário em sua agenda para passar tempo com a família.

Senhor, ajuda meu cônjuge e a mim a orçar nosso tempo como tu desejas que façamos.

? Quais seriam suas prioridades se você tivesse de "orçar" seu tempo hoje?

17 DE JULHO *honra*

Tratar como joia preciosa e de grande valor

Digno de honra entre todos seja o matrimônio... —HEBREUS 13:4

Deus é um Deus zeloso que guarda Seus testemunhos com diligência. Ele protegeu a arca da aliança, trazendo julgamento àqueles que a profanaram. Em 1 Reis 8 lemos o testemunho da glória enchendo o templo de forma tão arrebatadora que ninguém foi capaz de suportar. Sua presença era um testemunho a Ele e, portanto, devia ser honrada. Hoje, desconhecemos o paradeiro da arca, e o templo foi destruído, mas um testemunho poderoso permanece.

O casamento é um testemunho a Deus e precisa ser honrado. Paulo fala desse testemunho quando nos encoraja a nos tornar um, referindo-se ao exemplo de Cristo de amar a Igreja (EFÉSIOS 5:25). É mais ou menos como se Paulo estivesse dizendo: "Se vocês quiserem ver a realidade do amor de Cristo, passem um tempo com David e Teresa e:

Vejam como eles põem em prática entre si a divina aceitação apesar de serem tão diferentes um do outro (ROMANOS 15:7);

Aprendam como eles magoaram e traíram um ao outro e depois observem o perdão que só pode ser divino (EFÉSIOS 4:31,32); e

Observem a ternura, o cuidado e a consolação que um tem pelo outro e lembrem de que isso só pode vir do Deus de toda consolação (2 CORÍNTIOS 1:2-4)."

Deus escolhe muitas maneiras para que o honremos neste mundo, e uma delas é o meu casamento (de David).

Teresa e eu demoramos muitos anos para começar a *honrar* nosso casamento com a importância divina. Havia muitas outras prioridades atrapalhando, mas depois da meiga intervenção de Deus em nossa vida, minhas prioridades começaram a mudar.

Senhor, lembra a meu cônjuge e a mim que desejas honrar a ti mesmo por meio de nosso casamento.

? De que formas específicas você e seu cônjuge podem honrar a Deus por meio de seu casamento?

18 DE JULHO

honra

Honrados pelo dom do Filho de Deus

...não foi mediante cousas corruptíveis, como prata ou ouro, que fostes resgatados [...] mas pelo precioso [...] sangue de Cristo. —1 PEDRO 1:18,19

O poder das palavras é um dos mistérios que somente o céu revelará. Nossas palavras têm o poder de abençoar e de amaldiçoar. Só os seres humanos, criados à imagem de Deus, receberam tal poder e privilégio.

Sem dúvida, cada um de nós leva ou levou consigo as cicatrizes das palavras que ferem — palavras que criticam, nomes que ridicularizam. São "palavras perniciosas" que derrubam em vez de edificar (EFÉSIOS 4:29). Mas será que Deus está querendo usar essas palavras perniciosas para tornar nosso coração sensível às palavras que edificam e nossa boca mais propensa a dizer palavras que edificam?

Imagine o privilégio e a oportunidade de dizer palavras de afirmação e aprovação, palavras que reflitam os atributos de Deus e lembrem aos ouvintes o valor inexplicável que o Senhor colocou sobre nós.

Nosso Criador "honrou-nos" com o dom precioso de Seu Filho. Por intermédio desse dom, Ele declarou nossa importância e valor. Sabendo disso, como eu (David) posso desvalorizar com palavras o que Deus honrou? Como posso dizer palavras que humilhem, desconsiderem ou ridicularizem minha esposa, sabendo que ao fazer isso estou menosprezando o sangue de Cristo? Ao contrário, essa verdade encoraja minha boca a dizer palavras que edifiquem minha esposa.

Muitos casais se surpreendem quando Teresa e eu os lembramos de que eles não precisam expressar verbalmente todos os seus pensamentos críticos ou negativos, porque sabemos que as palavras mordazes não podem ser recolhidas depois de ferirem o "alvo". Lembramos aos maridos e esposas de que devem sempre dizer palavras que reflitam o grande valor que Deus colocou sobre cada um deles.

*Graças, Pai, por me motivares a dizer palavras
que honram meu cônjuge.*

> **?** Que palavras de coragem e ânimo você pode dizer a seu cônjuge hoje?

19 DE JULHO

honra

Seja pronto para ouvir

[Há] tempo de estar calado e tempo de falar. —ECLESIASTES 3:7

Eu (Teresa) tinha medo de ouvir as ideias e planos de David. Tinha medo porque sabia que havia muitos e que eles poderiam afetar minha vida de alguma forma. David tem mais ideias e planos que a maioria das pessoas conseguiria ter, mesmo que vivessem dez vezes mais que ele. Quando meu marido me falava de uma ideia ou sonho, eu ficava pensando em todos os motivos pelos quais ele não poderia ou não deveria realizá-los.

Alguns anos atrás, David e eu vimos de perto um casamento e um ministério serem destruídos porque a esposa medrosa não oferecia apoio e segurança ao marido. Um dia, o marido, um pastor, voltou para casa depois de uma reunião turbulenta com os presbíteros, durante a qual ouviu palavras de rejeição e foi traído pelos amigos em quem mais confiava. Sofrendo muito, ele começou a falar de sua mágoa à esposa. Precisava ser consolado, porém ela, com medo, disse estas palavras: "Não sei o que você vai fazer, mas não peça demissão". A esposa daquele homem não o consolou. E pior, suas palavras cheias de medo afastaram-no dela. O pecado o esperava, buscando devorá-lo (GÊNESIS 4:7), e o marido logo se viu nos braços de outra mulher, membro da igreja. As escolhas dele foram pecaminosas e dolorosamente erradas, da mesma forma que as terríveis e egoístas palavras da esposa o foram.

Um dia, David disse-me que parecia que eu estava tratando os pensamentos e sonhos dele como se fossem uma competição de tiro ao prato. Ele atirava um pensamento, mas, por medo, eu o abatia. Hoje, quero ouvir os sonhos e as ideias de David. Quero que ele continue a sentir segurança ao compartilhar seus pensamentos comigo, mas sei que isso só acontece quando eu o honro sendo uma boa ouvinte.

*Deus, ajuda-me a honrar meu cônjuge ouvindo
com o coração e sem medo algum.*

> Que atitudes você pode tomar agora para se tornar um ouvinte melhor?

20 DE JULHO

honra

Esposas, honrem seu "menino"

A mulher virtuosa é a coroa do seu marido, mas a que procede vergonhosamente é como podridão nos seus ossos. —PROVÉRBIOS 12:4

Tom trouxe sua esposa, Andrea, até nós para que déssemos um "jeito" nela. Contou que ela tentava ser sua mãe, corrigindo-o sempre e competindo com ele em todas as decisões. Andrea concordou que Tom tinha razão em quase tudo e que se envergonhava muito de seu comportamento. No entanto, ela lutava com o fato de vê-lo como um sabe-tudo durão que tinha todas as respostas. Andrea queria simplesmente lembrá-lo de que ele não era perfeito.

Lançamos um desafio a Andrea para que ela entregasse o marido a Deus e confiasse que Ele faria Tom prestar atenção em todas as mudanças que gostaria de promover nele. Ao confiar que Deus realizaria Sua obra, ela foi capaz de tentar entender melhor o marido, inclusive sua aparência de durão. Qual não foi a surpresa de Andrea ao ver que, sob a camada externa de autoconfiança de Tom, havia um menino inseguro e assustado tentando desesperadamente encobrir seus sentimentos de inadequação. Tão logo entendeu isso, ela conseguiu abandonar seu comportamento materno e tentou cuidar daquele "menino" de formas mais apropriadas.

Existe uma criança dentro de todos nós. Algumas características infantis — risadas, brincadeiras, vulnerabilidade e compaixão — podem ter efeito positivo no casamento. Contudo, inseguranças, falta de habilidade e medos infantis são, às vezes, dolorosos.

Teresa e eu encontramos as características infantis boas e más um no outro. Às vezes, lutamos com inseguranças e falta de habilidade, mas as lutas proporcionam oportunidades de crescimento. Quando tranquilizamos com carinho e aceitamos um ao outro, experimentamos muitos momentos de ternura e de profunda intimidade.

Feliz é o marido que possui uma esposa, não uma segunda mãe. Uma auxiliadora, não um chefe a mais. Alguém que o "complete", não alguém que "compete" com ele.

*Deus, ajuda-me a encorajar a criança
que existe dentro de meu cônjuge.*

? Como você vai resistir ao querer ser mãe ou pai de seu cônjuge e passar a ajudar essa criança insegura?

21 DE JULHO

honra

Expectativas moderadas

Prefiram dar honra aos outros mais do que a si próprios.
—ROMANOS 12:10 NVI

"Espero que você me ame!"

"Espero que você me ouça quando estou falando."

Espero — que palavra aborrecida! Você já parou por um minuto para examinar em que ela implica?

Quando dizemos "eu espero...", estamos basicamente afirmando que merecemos determinado tipo de tratamento e ponto final. Esse modo de pensar infiltrou-se na sociedade de hoje. Nosso mundo está cheio de mensagens do tipo "eu tenho esse direito", e elas prejudicam grandemente nosso casamento.

Intimidade e expectativas são conceitos mutuamente exclusivos. Com isso eu (David) quero dizer que, quando conseguimos o que esperamos, não damos muito valor a ele. Afinal, por que deveríamos ser gratos àquilo que, a nosso ver, temos o direito de receber? Por outro lado, quando nosso cônjuge não faz o que esperamos, ficamos zangados e tentamos forçá-lo a nos pagar.

Permita-me sugerir uma alternativa às expectativas: comunique suas necessidades. Quando conversar com seu cônjuge, fale do que você necessita, não do que espera. Isso facilitará muito a situação. Afinal, "Amor, eu *preciso* de um pouco de tempo de qualidade com você" é muito mais fácil de ouvir do que "*Espero* que você fique mais tempo em casa".

Mateus 10:8 lembra-nos do proceder de Deus: "De graça recebestes, de graça dai". Essa graça — o favor imerecido de Deus — que recebemos nos motiva a sermos generosos com nosso cônjuge sem nos sentir *no direito* de receber algo em troca. A abundância no casamento gira em torno de nunca nos esquecermos da maravilha de que recebemos graça infinita e amor ilimitado, que nos motiva a atender com gratidão às necessidades do outro.

Desonramos nosso cônjuge quando lhe apresentamos expectativas, porém os honramos quando humildemente lhe apresentamos nossas necessidades.

Deus, ajuda-me a honrar meu cônjuge apresentando humildemente minhas necessidades a ele.

Quais as expectativas em relação a seu cônjuge que você precisa abandonar hoje?

22 DE JULHO — *honra*

Dando importância ao que é importante

Os sábios herdarão honra... —PROVÉRBIOS 3:35

Teresa e eu reformamos nossa casa recentemente. Foi um tempo especial aquele em que fazíamos planos e depois víamos — passo a passo — a "casa de nossos sonhos" tornar-se realidade. Durante a reforma, constatamos que, de vez em quando, cada um de nós gostava de ter a palavra final. As decisões sobre o que acrescentar, sobre o que retirar ou sobre a cor da pintura foram muito divertidas, desde que concordássemos um com o outro. Quando discordávamos, havia atritos.

Assuntos como a reforma da casa podem provocar egoísmo em você e em seu cônjuge. Se a situação não for resolvida rapidamente, todo o relacionamento poderá ser contaminado. Em nosso caso, às vezes eu tinha de sentar, respirar fundo e perguntar a mim mesmo: "O que ou quem é mais importante — Teresa ou a casa?". Na época, achei útil pensar nas "coisas principais". É muito fácil nos desviar do caminho e honrar o que é errado em vez de honrar um ao outro — em nosso caso, o papel de parede ou a cor da tinta escolhida.

O apóstolo Paulo escreveu aos coríntios sobre o receio que tinha de que a mente deles "se [apartasse] da simplicidade e pureza devidas a Cristo" (2 CORÍNTIOS 11:3). "Apartar-se" é uma descrição dolorosa, porém apropriada, de como eu nem sempre dou importância ao que é importante. Descobri uma pergunta útil que se aplica a essa área: "Até que ponto dou prioridade hoje às coisas eternas, como Deus, Sua Palavra e as pessoas ao meu redor?". Essa pergunta faz-me lembrar de que Deus, Sua Palavra e as pessoas que amo têm significado eterno. Em outras palavras, são as coisas principais.

Aprendi que a reforma de uma casa nunca deve ser mais importante que as pessoas que chamarão aquela casa de lar.

> *Deus, graças por Tua dádiva — meu cônjuge.*
> *Ajuda-me a honrá-lo como merece, depois de ti.*

? Em sua opinião, quais são as "coisas principais" em sua vida e na vida de seu cônjuge?

23 DE JULHO

honra

Honrando os pontos fortes de seu cônjuge

Que o casamento seja respeitado por todos... —HEBREUS 13:4 NTLH

Com o tempo, passei a apreciar as qualidades de caráter de Teresa — aqueles pontos fortes dentro dela que me abençoam e abençoam os outros. Por exemplo, ela me apoia muito e é leal a mim. É diligente em terminar suas tarefas. Sabe discernir as coisas e é perspicaz, confiável e hospitaleira. Essas são algumas de suas numerosas qualidades.

Honrar os pontos fortes do caráter do cônjuge é importante porque significa que você o conhece de fato. Honrar o cônjuge dessa maneira concentra-se mais no que a pessoa é do que naquilo que ela faz.

Costumamos pedir aos casais que reflitam nos pontos fortes selecionados e os encorajamos a identificar os que exemplificam o cônjuge. Pedimos que façam perguntas como estas: "Meu cônjuge é uma pessoa contente, criativa, perdoadora ou generosa?" ou "Eu aprecio sua gratidão, paciência, habilidades ou autocontrole?".

Identificar os pontos fortes do cônjuge é uma tarefa difícil, principalmente se nos acostumamos a focar em reclamações e críticas. É um desafio ver além dos comportamentos e das ações e procurar conhecer nosso cônjuge um pouco mais. Veja duas maneiras excelentes de começar a procurar os pontos fortes de seu cônjuge:

Identifique suas próprias limitações e veja se Deus o tem abençoado com um cônjuge que possui pontos fortes que compensem essas limitações.

Lembre-se do que primeiramente o atraiu a seu cônjuge — qualidades como ser expansivo, sensível, sereno, divertidamente carinhoso etc.

Depois de identificar os pontos fortes de seu cônjuge, elogie-o quando estiverem sozinhos. Descubra outras formas de elogiá-lo. Por exemplo, envie um bilhete de agradecimento à sua casa ou ao escritório, ou coloque, furtivamente, um bilhete na maleta dele. Por fim, elogie-o em público. Verbalize sua gratidão pelo caráter de seu cônjuge diante dos outros.

*Senhor, ajuda-me a ver os pontos fortes
que somente meu cônjuge possui.*

> **?** Por quais qualidades e pontos fortes específicos você pode elogiar seu cônjuge hoje, em particular ou em público?

24 DE JULHO — *hospitalidade*

Abra o coração e acolha o outro com amor

Sede, mutuamente, hospitaleiros, sem murmuração. —1 PEDRO 4:9

A hospitalidade procede de um coração agradecido. Nunca procede de um sentimento de obrigação, porque causaria reclamação, nem de um sentimento de dever, porque daria uma sensação de orgulho. A verdadeira hospitalidade procede de um coração agradecido porque o Rei dos reis escancarou as portas do céu e declarou que sou santa, e amada e coerdeira com Cristo. Mediante Sua graça, Deus atendeu a todas as minhas necessidades. Ele deu início a Seus atos diários de amor e bondade sem que eu pedisse. É essa hospitalidade divina que me capacita e me encoraja (Teresa) a ser hospitaleira com os outros — principalmente com meu marido.

Na tentativa de incentivar a hospitalidade dentro dos relacionamentos conjugais, encorajamos os casais a que se dirijam um ao outro com expressões carinhosas como "meu amor" ou "querido", porque acreditamos que essas palavras simples, quando partem de um coração agradecido, promovem um ambiente mais convidativo ao relacionamento.

Hospitalidade não é algo que demonstramos apenas aos visitantes ou em ocasiões especiais com toda a família reunida. A hospitalidade no casamento ajuda a transformar nosso lar em um lugar de refúgio e descanso. O calor das palavras de afirmação e o carinho acolhem o cônjuge quando ele chega a casa. A preservação da harmonia com a bondade e a abnegação aproxima o marido e a esposa para refletirem juntos todos os dias.

Quando levamos em conta a empolgação, as coisas divertidas que acontecem todos os dias, alegramo-nos com os que se alegram, ao passo que, quando levamos em conta as decepções ou as tristezas que acontecem todos os dias, choramos com os que choram (ROMANOS 12:15). Isso nos mantém ligados tanto nas coisas boas como no sofrimento.

Essa é a descrição verdadeira da hospitalidade dentro do casamento.

Graças, Pai, pela hospitalidade que meu cônjuge
e eu oferecemos um ao outro todos os dias.

[?] De que maneiras específicas você pode demonstrar hospitalidade a seu cônjuge hoje?

hospitalidade

25 DE JULHO

Jesus, um cavalheiro

Eis que estou à porta e bato... —APOCALIPSE 3:20

Jesus só entra em lugares onde é bem-vindo. Somente um estábulo acolheu Seu nascimento, por isso foi lá que Ele nasceu. Somente pecadores e pessoas humildes acolheram Seu ministério terreno, por isso foi com eles que Cristo conviveu. Dois discípulos desanimados no caminho de Emaús deram testemunho de um coração hospitaleiro quando disseram: "Não nos ardia o coração, quando ele [...] nos expunha as Escrituras?" (LUCAS 24:32).

Os discípulos de Emaús dão-nos uma ideia do principal ingrediente da hospitalidade. O coração deles ardeu quando o Senhor lhes expôs as Escrituras. Depois eles conversaram terna e afetuosamente com Jesus e entre si.

No início de nosso casamento, nosso lar era o último lugar no qual Teresa e eu queríamos estar. Teresa ficava presa em casa o dia inteiro com as crianças, por isso ela se lembra até hoje da alegria de ir a uma loja só para estar na companhia de "gente grande". Temendo criar um conflito conjugal, eu me dedicava inteiramente ao trabalho. Nossa jornada para nos abrirmos um com o outro fez a diferença. O lar agora é um refúgio — um lugar agradável, convidativo e seguro — e nós dois ansiamos por estar lá.

Teresa e eu descobrimos que, quando Cristo expõe as Escrituras para cada um de nós, Ele nos prepara para a hospitalidade. Experimentamos isso durante anos. Cada um de nós lia o mesmo capítulo de Provérbios de acordo com o dia do mês, depois orávamos buscando revelação, direção e comunhão com Aquele que inspirou as palavras. O agradecimento aproximou-nos um do outro por muitos dias; a convicção nos aproximou das outras pessoas. E no café da manhã ou no almoço conversávamos sobre o "ardor" em nosso coração.

À medida que acolhíamos um ao outro no espírito da verdadeira hospitalidade, nossa casa passou a ser um lar.

Pai, graças pela hospitalidade que trouxestes ao nosso lar.

> [?] Que providências você pode tomar hoje para assegurar que você e seu cônjuge "acolham" um ao outro em seu lar?

26 DE JULHO

hospitalidade

Bem-vindo ao lar

Sede, mutuamente, hospitaleiros, sem murmuração. —1 PEDRO 4:9

David chegou em casa excepcionalmente tarde depois de trabalhar quarta-feira à noite em um retiro. Na manhã de quinta-feira, ele me contou que estava à beira da exaustão, que a viagem e sua dedicação exagerada o estavam prejudicando.

Eu sabia que ele chegaria a casa às 19 horas naquela quinta-feira, portanto decidi transformar aquela noite em momentos agradáveis para ele. Queria que David se sentisse especial. Queria demonstrar hospitalidade, dar tudo de mim para fazê-lo sentir-se bem em nosso lar.

Planejei uma bela refeição — peixe grelhado, batatas assadas, salada e sorvete com mirtilos — para o jantar. David adora sentar-se no *deck*, portanto planejei que passássemos algum tempo ali naquela noite. Planejei aquecer a água da banheira para que ele pudesse relaxar totalmente antes de dormir.

"Dar tudo de mim" — fazer um pequeno trabalho extra, privar-me de minha conveniência por amor a outra pessoa — é, em geral, o que quer dizer hospitalidade. Atitudes egoístas ou pensar mais em meus problemas do que nos dos outros é um obstáculo a esse tipo de hospitalidade.

Por outro lado, quando meditamos na entrega abnegada do Filho, somos encorajados a demonstrar hospitalidade. Vemos Cristo "dar tudo de si" quando deixou o céu para humilhar-se a ponto de morrer (FILIPENSES 2:8). Nas páginas dos Evangelhos vemos Cristo dando prioridade à missão de cuidar dos outros. Seu exemplo é encorajador e convincente.

Quero que meu lar reflita a hospitalidade de Cristo. Quero que nossos visitantes sintam essa hospitalidade, porém, acima de tudo, quero que minha família se sinta bem todos os dias por morar ali.

*Pai, mostra-me maneiras de fazer de meu lar
um lugar que reflita a Tua hospitalidade.*

? De que maneiras específicas você pode "dar tudo de si" para fazer de seu lar um lugar onde exista hospitalidade?

27 DE JULHO *hospitalidade*

Sinta-se completamente à vontade

...praticai a hospitalidade. —ROMANOS 12:13

Certa vez, uma igreja em Ohio providenciou para que eu (David) ficasse hospedado na casa de um casal, membro da igreja. Não gosto disso porque parece que estou atrapalhando a rotina da vida de meus anfitriões. Mas os ajustes já haviam sido feitos, portanto concordei.

O casal foi atencioso demais comigo. Ambos fizeram o possível para que eu me sentisse à vontade e confortável. Não deixaram nada a desejar. Mostraram-me a verdadeira hospitalidade em ação.

Minha estada na casa daquele casal me lembra a hospitalidade que devo demonstrar a Teresa todos os dias. A mensagem que desejo transmitir a ela é: "Sinta-se completamente à vontade em minha vida. Você é sempre bem-vinda. Tudo o que possuo é seu". Quero que Teresa saiba que é preciosa e que eu a convido alegremente para entrar em meus pensamentos e sentimentos, esperanças e sonhos.

Teresa e eu começamos a desfrutar os benefícios da verdadeira hospitalidade conjugal quando passamos a programar nossas "reuniões conjugais" semanais. Essas duas horas por semana dedicadas a conversar e compartilhar coisas ajudaram-nos a verbalizar nosso desejo de ter uma união mais profunda como marido e esposa, e como pais.

Primeiro, vimos os benefícios de comparar agendas e, de vez em quando, programar "encontros", escapadas e reuniões sociais. Posteriormente, à medida que nos sentimos mais confortáveis por estar juntos por mais tempo, nossas conversas tornaram-se mais pessoais e francas porque "dávamos liberdade" um ao outro para falar de seus desafios e decepções, de seus desejos e sonhos. Nossa amizade aprofundou-se e nossa hospitalidade aumentou.

Teresa e eu somos abençoados porque aprendemos a mostrar hospitalidade um ao outro, e encorajamos todos os casais a tentar o mesmo no casamento.

Deus, ajuda-me a abrir minha vida a meu cônjuge
e a oferecer-lhe o que há de melhor em mim.

[**?**] Como você pode começar hoje a mostrar a seu cônjuge que ele é bem-vindo em todas as áreas de sua vida?

28 DE JULHO

hospitalidade

Entre! A porta está aberta!

Compartilhai as necessidades dos santos; praticai a hospitalidade.
—ROMANOS 12:13

Jody era filha de pastor. As pessoas observavam todos os seus movimentos e lembravam-se de cada palavra dela. Para proteger-se, Jody escondia tudo o que sentia interiormente. O bom andamento da família dependia do papel que ela desempenhava, por isso Jody passou a representar como se estivesse em um palco. A Jody verdadeira — o que ela gostava, o que não gostava, suas fraquezas e dons — perderam-se na confusão do dia a dia.

A única palavra que Jody usava para descrever sua vida era "medo". Ela não podia dizer que alguém a "conhecia" de verdade. Aliás, ninguém nunca manifestou o desejo de querer conhecê-la. Porém, tudo começou a mudar quando Deus trouxe Bob à sua vida.

Atraído primeiramente pela discreta meiguice de Jody, Bob foi sentindo, aos poucos, uma compaixão por aquela moça calada que às vezes parecia viver muito isolada. Bob percebeu que Jody havia construído muros de proteção ao redor de si, e aquilo o motivou a interessar-se mais por ela. Deus concedeu-lhe uma paciência sobrenatural quando os muros de proteção começaram a ruir.

Bob tinha dificuldade de lidar com as explosões imprevisíveis de rejeição de Jody, porém o amor e a graça de Deus prevaleceram. Quando Bob se aproximava muito, Jody, com medo, o empurrava, mas no fundo desejava o tempo todo que ele não se afastasse. Bob aprendeu a não levar a rejeição para o lado pessoal. Para ele, aquela era uma forma de Jody testá-lo involuntariamente. Pouco a pouco, o amor perfeito e acolhedor de Deus, que "lança fora o medo" (1 JOÃO 4:18), começou a derrubar os muros de proteção de Jody.

Que bela demonstração de verdadeira hospitalidade e amor! Bob, mesmo correndo o risco de ser rejeitado e magoado por aquela jovem, entregou-se a ela. Essa é uma descrição do amor que cada um de nós deve sentir por nosso cônjuge.

Querido Deus, faz de nosso casamento um porto seguro onde possamos ter a liberdade de ser nós mesmos.

? O que você pode fazer todos os dias para que seu cônjuge se sinta seguro do seu amor?

29 DE JULHO — *hospitalidade*

Uma casa hospitaleira: uma criança os guiará

...uma criança os guiará. —ISAÍAS 11:6 NVI

Ann e Scott levaram a filha de 3 anos, Amy, a uma de nossas palestras sobre família. Scott estava frustrado pela falta de paz em seu lar, por não sentir o acolhimento e a hospitalidade de Ann no fim de um longo dia de trabalho. Ann queixou-se das inspeções meticulosas e diárias de Scott em suas tarefas domésticas. Ela tentava agradá-lo de todas as formas com sua aparência, modo de cozinhar e de cuidar dos filhos. Com o tempo, Ann desistiu de tudo e começou a ter acessos de raiva, às vezes atirando objetos.

Depois de uma sessão noturna, voltamos todos para o nosso quarto e discutimos os acessos de raiva periódicos de Ann. Durante a conversa, Amy começou a examinar o novo local, tocando em tudo o que podia alcançar, brincando com o telefone e jogando as almofadas do sofá no chão. Em menos de cinco minutos, Scott já havia dito a Amy umas vinte vezes: "Não!", "Pare!", "Não faça assim!", "Ponha isso no lugar!". Por fim, em um acesso de raiva, Amy atirou o telefone no pai.

Vimos que tanto Ann quanto Amy se cansaram de buscar a aprovação de Scott e estavam revidando. Scott aprendeu que quem faz as coisas para receber aprovação, aceitação e amor dos outros, colhe uma vitória superficial e extermina o aconchego e a sinceridade que existem no lar.

Teresa começou a brincar de "esconder o rosto" para distrair Amy. Depois, colocou-a no colo e passou a cochichar segredos para ela. Amy acalmou-se e, logo depois, dormiu em seus braços. Scott surpreendeu-se ao ver a mudança de comportamento da filha.

As lições aprendidas com Amy naquela noite foram exatamente as que Ann e Scott precisavam. Ambos viram uma demonstração do amor de Cristo. Jesus olhou além de nossas transgressões e viu nossas necessidades, e é assim que nosso casamento, nossa família e nosso lar devem ser.

Pai, ajuda meu cônjuge e a mim a aceitar um ao outro e a nossos filhos como tu nos aceitas.

> Como você pode começar hoje a olhar além das imperfeições de sua família e ver suas necessidades?

30 DE JULHO

hospitalidade

Mostre hospitalidade a seu cônjuge

Sede, mutuamente, hospitaleiros... —1 PEDRO 4:9

Wayne e Julie não davam o devido valor um ao outro. Nenhum deles se concentrava nos pontos positivos do outro. Descreviam o ambiente doméstico como distante e aborrecido, principalmente depois que os dois filhos do casal foram para a faculdade.

Há muitos desafios no casamento que tornam a hospitalidade cada vez mais essencial. Costumamos dizer aos casais que, depois da chegada dos filhos, eles necessitam separar um tempo para conectar-se novamente. Recomendamos aos pais que se preparem para a época em que os filhos chegarem à adolescência. Se a mãe e o pai não preservarem a união entre si, haverá tempos de "dividir e conquistar".

Wayne e Julie estavam enfrentando o estágio do "ninho vazio" e precisavam viver em um ambiente mais acolhedor e hospitaleiro. Trabalhamos com o casal para transformar seu lar em um local atraente e de relacionamento franco entre os dois, e sugerimos os seguintes passos:

Manter um diário de gratidão. Encorajamos Wayne e Julie a registrar em um diário, durante um mês, todas as bênçãos de Deus que cada um recebeu por intermédio do outro. Instruímos que escrevessem a data, explicassem como foram abençoados e como demonstraram apreciação um pelo outro. Esse foco nas bênçãos os ajudaria a superar as atitudes críticas e mostrar apreciação ao outro.

Elogiar o outro em particular. Pedimos que destacassem os pontos positivos um do outro. Durante tempos de reflexão, deveriam aproximar-se um do outro com toque carinhoso e contato visual e depois verbalizar sua apreciação e amor pelo outro.

Interessar-se pelas necessidades do outro. Wayne e Julie deveriam perguntar carinhosamente como poderiam colaborar mais um com o outro.

O casal levou esses desafios a sério. Hoje ambos estão ativamente envolvidos em ajudar outros casais. Faça o mesmo à medida que seguir esses passos.

> *Pai, ajuda-nos a transformar nosso lar*
> *em um local que reflita a hospitalidade divina.*

? Que passos você pode dar hoje para restabelecer a hospitalidade conjugal em seu relacionamento?

31 DE JULHO *instrução*

Equipe-se por meio de palavras e exemplos

...o intuito da presente admoestação visa ao amor que procede de coração puro... —1 TIMÓTEO 1:5

Teresa e eu estávamos casados havia quase dez anos e tínhamos dois filhos. Eu lia e estudava tudo o que encontrava sobre a vida cristã. Tentava, de todas as formas imagináveis, deixar minha família tão empolgada quanto eu. Ouvi, então, um palestrante adaptar um ditado popular ao lar cristão: "Sua mulher e seus filhos só darão valor ao que você sabe quando souberem que você os valoriza". Parei um pouco de tentar "saber" tudo e me concentrei em cuidar mais da família.

Aparentemente, isso faz parte do que o apóstolo Paulo está lembrando a Timóteo no versículo de hoje. Paulo também nos lembra de que toda a verdade do Evangelho gira em torno de motivar os outros a terem um relacionamento de amor com Deus. O propósito da Palavra é promover o amor de Deus entre Seu povo.

Com base em 1 Timóteo, preciso primeiro examinar meu coração para tentar atender às necessidades de minha esposa. A quem minhas palavras de instrução beneficiam? A ela ou a mim? Minhas palavras de instrução a motivará a ter um relacionamento mais amoroso com Deus ou com alguém de Seu povo? Minhas palavras de instrução procedem de um coração puro, de consciência boa e de fé verdadeira?

Conservar esse tipo de padrão ajudou-me a refrear a língua em muitas ocasiões. Ajudou-me também a não magoar minha esposa, levando-a a sentir mais amor por mim e por nosso Deus. Ao pôr em prática verdadeiramente as orientações do apóstolo Paulo, Teresa e eu temos ajudado um ao outro a nos preparar para a vida com nossas palavras e nosso exemplo.

Graças, Pai, pelas instruções
que nos dás através da Tua Palavra.

> Você já examinou cuidadosamente seu coração antes de instruir a seu cônjuge? Já procurou conhecer as instruções de Deus e procurou evidências de Seu amor por você?

agosto

- *instrução*
- *intimidade*
- *bondade*
- *liderança*
- *amor*

1.º DE AGOSTO — *instrução*

A instrução diz: "Siga-me!"

Assim como tu me enviaste ao mundo, também eu os enviei ao mundo.
—JOÃO 17:18

Os pais de Paul encaminharam-no a mim (David) depois que ele passou a esgueirar-se do quarto repetidas vezes a fim de ir ao encontro dos amigos para noitadas de travessuras e extravagâncias. Sua maior preocupação era que o rapaz não se responsabilizava por suas ações. "Queremos que ele veja que está agindo errado e peça desculpas pelas preocupações e noites sem dormir que nos faz passar", os pais insistiram. Paul, porém, não se emendava. Só se arrependia quando era pego em flagrante.

Em uma reunião com a família, perguntei a Paul: "Qual foi a última vez que alguém de sua família pediu desculpa?". O silêncio foi revelador. Os pais encolheram-se no sofá. Finalmente Paul respondeu: "Os adultos nunca pedem desculpa, só os filhos. Nunca ouvi meu pai ou minha mãe pedir desculpa um ao outro". Naquele dia, todos nós aprendemos que o exemplo é o melhor professor.

Cristo não disse: "Façam o que eu digo, não o que eu faço". Suas instruções basearam-se em primeiro lugar e acima de tudo em Sua vida e exemplo. Essa é uma parte do significado que existe por trás da oração de Jesus em João 17. Ele orou em voz alta para que os discípulos ouvissem Sua interação com o Pai. Queria que eles soubessem que, da mesma forma que Deus o enviara ao mundo, Ele também os estava enviando ao mundo. Cristo ratificou Sua vida como exemplo aos discípulos e então os encorajou a seguir esse exemplo.

Nos casamentos, uma das ferramentas mais eficazes para a instrução é o exemplo. Quando vivo para agradar e honrar nosso Pai celestial e concentro-me nas mudanças que Ele deseja fazer em mim, transmito esta mensagem positiva a meu cônjuge: "Siga-me nesta área porque Deus está realizando uma obra maravilhosa".

Pai, mantém-me consciente do exemplo que dou aos outros.

> **?** Em que áreas você precisa dar instruções melhores e ser um exemplo melhor para seu cônjuge e filhos?

2 DE AGOSTO

instrução

Uma atitude negativa

Tende em vós o mesmo sentimento que houve também em Cristo Jesus.
—FILIPENSES 2:5

Às vezes eu (Teresa) ouço apenas até a metade quando David tenta instruir-me. Minha atitude é, em geral, a de que sei mais do que ele sobre um determinado assunto, portanto eu mentalmente me desligo dele, concordo com um movimento de cabeça e as palavras entram por um ouvido e saem pelo outro. Em outras ocasiões eu o interrompo no meio da frase para corrigi-lo ou emitir minha opinião sobre o assunto. Ou, se estamos no meio de um projeto que tem suas próprias instruções, eu presto atenção no que está escrito para ver se David está realizando o projeto "corretamente".

Às vezes, entristeço meu marido com minha postura de "eu sei tudo" e prejudico o relacionamento entre nós. Também entristeço o Salvador com minha atitude negativa. Sei que essa não é, de forma alguma, a mente de Cristo.

A posição do Salvador era muito diferente da minha porque Ele "sabia tudo". Sua *atitude* também era radicalmente diferente da minha. Jesus não deixou de ouvir as palavras da mulher à beira do poço quando ela quis saber o significado de água viva. Não interrompeu Nicodemos quando ele quis saber o significado de vida eterna. Embora soubesse tudo a respeito desses assuntos, Cristo reagiu com humildade e amor em cada situação.

Aprendi que quando abandono minha atitude de "eu sei tudo" e permito que David me instrua, ele acaba fazendo perguntas para ver até que ponto eu já sei. Quando percebe que estou querendo ensinar, ele me respeita e me considera. Quando confio em seu julgamento e permito que ele apresente sua opinião e sugestões, ele se torna mais propenso a me ajudar. É a minha *atitude* que exerce grande influência em nossa aproximação.

> *Senhor, cria em mim uma atitude*
> *sempre disposta a receber instruções.*

? Em que áreas específicas você pode fazer uso das instruções de seu cônjuge e que providências precisa tomar para aprender a aceitar essas orientações?

3 DE AGOSTO — *instrução*

Ouça quando Ele diz "não"

Deixai os pequeninos, não os embaraceis de vir a mim, porque dos tais é o reino dos céus. —MATEUS 19:14

Em várias ocasiões descritas na Bíblia, Cristo diz que devemos ser como as crianças. De fato, nesta passagem em Mateus, Ele diz que, para entrar no reino dos céus, precisamos confiar em Deus como uma criança.

Eu (Teresa) entendi que é importante ter a fé igual a de uma criança, mas não devo ter todas as características "de uma criança". Veja bem, quando se trata de receber instruções, eu me comporto, às vezes, como uma criança pequena. Quando nosso filho Eric, tinha cerca de 2 anos, perdia totalmente o controle ao ouvir um "não" como resposta. Não importava se estivéssemos livrando-o de uma situação de perigo ou estabelecendo um limite sobre a quantidade de doces que ele comia — Eric detestava ouvir que não podia fazer algo.

Sei que houve ocasiões em que agi de modo muito semelhante ao que Eric agia na infância. Quando Deus me disse que não era o momento certo de abandonar uma situação muito prejudicial na igreja, fiquei indignada e com raiva de Deus por muito tempo. Quando David não concordou com minha sugestão sobre como gastar dinheiro ou com minha programação para fazer grandes compras, fiquei irritada.

Se eu analisar cuidadosamente por que Deus me diz "não", reagirei com mais gratidão. O Senhor tem me mostrado que, quando Ele me diz "não" ou "agora não", é porque me ama e deseja o melhor para mim. Quando eu tinha de livrar Eric de situações perigosas ou limitar a ingestão de doces, fazia isso porque o amava e não queria prejudicá-lo. O amor de Deus é exatamente assim.

Por isso, preciso ouvir quando o Senhor diz "não".

Graças, Pai, por Tua disposição
em me dizer "não" todas as vezes que achares necessário.

> Em quais situações Deus poderia estar dizendo "não" a você neste momento? Como o Senhor usa seu cônjuge para transmitir o "não" dele como resposta?

4 DE AGOSTO *instrução*

Aquilo que machuca, instrui

O que atenta para o ensino acha o bem... —PROVÉRBIOS 16:20

Dizem que há três anéis no casamento: o *anel* de noivado, o *anel* de casamento e o *anel* do sofrimento. Muitos casais se desiludem quando enfrentam as dificuldades e os problemas inerentes à vida conjugal. Quando ficamos magoados, temos a tendência de acreditar que algo horrível está acontecendo com nosso casamento.

Eu (David) quero afirmar o oposto. O casamento, por sua natureza, é difícil, e enfrentar essas dificuldades é quase sempre doloroso. No entanto, podemos aprender com o sofrimento se assim nos permitirmos.

Teresa e eu tivemos problemas em muitas áreas de nosso casamento. Uma dessas áreas é meu egoísmo. Ao longo dos anos, magoei Teresa muitas vezes por não dar atenção às suas necessidades. O Senhor começou a me chamar a atenção sobre meu egoísmo. Por meio de Sua Palavra, Ele mostrou-me que eu não devia fazer nada por egoísmo, mas considerar Teresa mais importante que eu.

Certa manhã, quando eu estava preparando meu café, o Senhor incutiu em mim um pensamento que nunca tive antes: *David, por que você não prepara também uma xícara de café para Teresa?* Nunca me ocorrera que eu poderia preparar um café para Teresa de manhã.

Nunca me esquecerei da expressão no rosto dela naquela manhã. Ela agradeceu, mas levou um susto. Seus olhos lacrimejantes disseram-me que Deus me ajudara a atender a uma necessidade importante na vida de minha esposa. Aquilo me motivou a tentar isso novamente.

Teresa e eu ainda lutamos com meu egoísmo, mas à medida que presto atenção e obedeço à Palavra de Deus, meu egoísmo diminui. Isso só está acontecendo porque aceitei as dificuldades como meios usados por Deus para me ensinar.

Pai, ajuda-me a enfrentar os problemas conjugais
e aceitá-los como ferramentas que tu usas para me ensinar.

> **?** Que dificuldades em seu casamento Deus poderia usar para ensiná-lo neste momento?

5 DE AGOSTO *instrução*

O dinheiro não deve ser um problema!

Ouve o conselho e recebe a instrução... —PROVÉRBIOS 19:20

Cuidar das finanças é uma área difícil para a maioria dos casais, e David e eu não somos exceção à regra. Descobrimos que nós dois podemos nos beneficiar das instruções um do outro na área financeira.

Deus me abençoou com uma boa cabeça para organizar as coisas. Sou capaz de controlar o talão de cheques e as contas da casa sem nenhum problema. David, por outro lado, tem dificuldade em *encontrar* o talão de cheques, e mais ainda de atualizar os saldos. Descobrimos que as finanças de nossa família transcorrem suavemente porque eu cuido das contas mensais e das despesas da casa. Sou capaz de orientar David sobre a situação de nosso dinheiro mês a mês e controlar todos os pagamentos regulares.

Deus me abençoou também com um marido que gosta de lidar com os investimentos da família. Entendo pouco — e às vezes tenho pouco interesse — de como o mercado de ações funciona ou de como nossos planos de aposentadoria são estruturados. Porém, graças a atenção de David à parte financeira "mais importante", não poderíamos estar vivendo melhor.

Nos últimos anos, David tem demonstrado mais interesse em me pôr a par das entradas e saídas financeiras de nossa vida. Ele se importa comigo e com nossa família e quer me ensinar tudo o que preciso saber como sua esposa. Não me preocupo muito com o futuro porque conheço a estrutura de nossas finanças.

Deus deseja que cada um de nós instrua nosso cônjuge com amor nas coisas que aprendemos de modo que possamos crescer individualmente e como casal. Receber instrução um do outro é uma forma de crescer em sabedoria.

Deus, ajuda-me a aceitar as instruções de meu cônjuge
para que possamos crescer juntos em sabedoria.

? Em que áreas específicas seu cônjuge tem mais habilidades que você? Que providências você pode tomar para começar a receber instruções dele nessas áreas?

6 DE AGOSTO *instrução*

Encontros instrutivos

Toda a Escritura é inspirada por Deus e útil para o ensino, para a repreensão, para a correção [...] a fim de que o homem de Deus seja perfeito e perfeitamente habilitado para toda boa obra. —2 TIMÓTEO 3:16,17

Amy e Paul compareceram a uma de nossas palestras frustrados pela falta de união espiritual entre eles. Fazia pouco tempo que haviam entregado a vida ao Senhor e se tornado membros ativos de uma igreja local. Nenhum dos dois crescera em um ambiente espiritual, portanto estavam ansiosos por compensar o tempo perdido. Começamos a encorajá-los a ler a Palavra de Deus.

Durante uma recapitulação de passagens bíblicas, Amy e Paul notaram que os cristãos têm a oportunidade de ouvir a Palavra da boca de outras pessoas. Colossenses diz que quando lemos e estudamos a Palavra, podemos nos tornar mensageiros de Cristo (3:16). Apocalipse diz que aqueles que leem a Palavra e a guardam no coração são abençoados (1:3) e Atos afirma que um grupo de cristãos examinava as Escrituras todos os dias (17:11).

Finalmente, Amy e Paul notaram que temos a oportunidade de memorizar a Palavra de Deus e meditar nela. Lemos em Salmos que guardamos puro o nosso caminho quando memorizamos a Palavra de Deus e vivemos de acordo com ela (119:9-11). Josué diz que se meditarmos na Palavra de Deus e cumprirmos fielmente o que está escrito nela, seremos prósperos e bem-sucedidos (1:8).

Paul e Amy ficaram estarrecidos ao ver que as promessas estavam associadas ao passar um tempo com as Escrituras. Cada um foi desafiado a rever sua programação semanal e a passar mais tempo com a Palavra de Deus. Amy decidiu planejar um tempo breve de meditação antes de dormir. Paul preferiu escolher um tempo semanal para um estudo pessoal e intenso da Bíblia. Comprometeram-se a se reunir todas as semanas para compartilhar as experiências com a Palavra de Deus.

O coração de Paul e Amy afeiçoou-se de tal forma à Bíblia que, mais tarde, ingressaram em um seminário e, depois, decidiram trabalhar em um campo de missões.

Instrui-nos, Pai, em Tua Palavra.

> Que providências você e seu cônjuge podem tomar para passar um tempo com a Palavra de Deus todos os dias?

intimidade

7 DE AGOSTO

Intensa comunhão e compartilhamento

Esquadrinhas [...] e conheces todos os meus caminhos. —SALMO 139:3

As Escrituras apresentam as três principais dimensões dos relacionamentos íntimos. Essas três dimensões são importantes para nosso relacionamento com Deus e com os outros.

Primeiro, Jeremias 1:5 diz que, antes de nos formar no ventre de nossa mãe, o Senhor já nos *conhecia*. A palavra hebraica para esse tipo de "conhecimento" é *yada*, que é definida como conscientização e entendimento profundo e pessoal. A passagem diz que Deus criou cada um de nós e nos conhece individualmente. A palavra *yada* expressa que Deus fez um investimento para nos conhecer e uma escolha para nos entender.

A segunda palavra hebraica associada a intimidade é *sod*, que significa revelar ou desvendar. Provérbios 3:32 diz que Deus trata os retos com *intimidade* e se revela àqueles que procedem corretamente com Ele.

A terceira palavra hebraica para intimidade é *sakan*, que significa envolvimento benéfico ou cuidadoso. O salmista medita no coração de Deus quando escreve: "Esquadrinhas [...] e conheces todos os meus caminhos" (SALMO 139:3). Ele está dizendo que Deus o conhece de tal forma que se preocupa com ele de modos tangíveis. Essa palavra explica o motivo por trás do envolvimento. Será que Deus quer me conhecer para julgar-me ou condenar-me? Não! Deus quer ter intimidade comigo para poder se envolver carinhosamente em minha vida.

Em resumo, as três palavras hebraicas dizem que devemos ter um relacionamento íntimo com alguém que (1) precisamos conhecer, (2) deixar a pessoa nos conhecer e (3) nos envolver carinhosamente um com o outro. Que objetivo maravilhoso para o casamento!

Pai, aumenta meu anseio por ter intimidade contigo e mais intimidade ainda com meu cônjuge.

> **?** O que você pode fazer hoje para começar a conhecer seu cônjuge e permitir que ele o conheça de modo que ambos se envolvam carinhosamente um com o outro?

8 DE AGOSTO

intimidade

Intimidade significa me conhecer

Senhor, tu me [...] conheces. —SALMO 139:1

Nesta passagem, o salmista expressa a absoluta maravilha de que o Senhor o conhece e, mesmo assim, o ama. Ele se encanta diante do modo intrincado que Deus conhece e entende seu coração, mente, pensamentos e ações.

Efésios diz que somos feitura de Deus, ou obra feita por Deus, e que Ele observou e admirou Sua criação. Por ser nosso Criador, Deus conhece nossas forças, fraquezas, estados de humor, necessidades, preferências e desejos. Ele olha para o que fez e gosta do que vê.

Efésios 2:10 diz como Deus vê sua criação. Essa epístola afirma que somos criação de Deus realizada em Cristo Jesus para fazermos boas obras. Essa palavra *criação* deriva de uma palavra grega que significa "poesia". Portanto, em essência, somos poesia de Deus. Ele nos fez criaturas únicas, exatamente como queria que fôssemos.

Seu cônjuge é poesia de Deus, um reflexo de Sua criatividade e obra. Gostaríamos que você passasse um tempo em oração pedindo ao Senhor que lhe mostre, através de Seus olhos, o que Ele vê quando olha para seu cônjuge. Peça a Deus que lhe mostre as lindas complexidades de Seu projeto. Peça-lhe que atraia seu coração para a beleza de Sua poesia: seu cônjuge.

Talvez isso pareça um pouco estranho porque não costumamos pensar em nosso cônjuge como uma bela poesia, principalmente quando somos casados há algum tempo e as falhas e as imperfeições parecem ofuscar a visão da obra-prima de Deus. Contudo, Teresa e eu queremos encorajá-lo a pedir a Deus que lhe dê uma visão renovada da beleza de seu cônjuge. Ele conhece seu cônjuge intimamente e ama Sua obra. Peça a Ele que lhe dê a mesma visão.

Pai, graças porque me conheces e conheces meu cônjuge.
Dá-me Tua visão para que eu saiba admirar
a beleza do meu cônjuge.

? O que você vê como singularidade e beleza em seu cônjuge hoje?

9 DE AGOSTO — *intimidade*

Por pura escolha

O marido conceda à esposa o que lhe é devido, e também, semelhantemente, a esposa, ao seu marido. —1 CORÍNTIOS 7:3

David e eu casamos tão jovens que não tínhamos ideia do que fazer para atender às necessidades um do outro. Tentamos amadurecer e, ao mesmo tempo, permanecer casados. Depois de alguns anos me tornei emocionalmente morta em razão das mágoas que ocorreram entre nós. Não sentia quase nada por David, muito menos intimidade.

Um dia, David perguntou como eu me sentia em relação a ele, e tudo o que consegui dizer foi: "Não sinto nada. Estou morta por dentro". Eu não estava tentando ser cruel ou grosseira. Sentia-me, de fato, entorpecida. Hoje sei que, ao longo dos anos, a mágoa se acumulou de tal forma que eu não sentia absolutamente nada. Meu amor por David anestesiou-se pelo sofrimento do passado. Não sentia mais nenhuma emoção positiva. Sabia que deveria ser cordial, terna e carinhosa com meu marido, mas não havia esses sentimentos dentro de mim.

Durante aquele período eu sabia que não deveria afastar-me sexualmente de David. Em obediência a Deus e pelo bem de nosso casamento, eu precisava ter certeza de que nossa intimidade sexual continuaria. Houve ocasiões, no entanto, em que eu me entreguei a David por pura escolha. Escolhi me entregar a ele, mesmo sem nenhum sentimento.

O processo para curar as mágoas do passado foi longo. E, enquanto David e eu aprendíamos a curar nossas feridas, Deus honrou Sua promessa de me devolver os sentimentos de amor e paixão. Hoje, quero ter intimidade sexual com meu marido, e esse desejo é motivado por meu desejo de dar e receber.

Graças, Pai, porque conheces o que é melhor para nós e nos instruis a manter intimidade no casamento.

> O que você pode fazer para manter viva a intimidade em seu casamento, mesmo em tempos difíceis?

10 DE AGOSTO

intimidade

Intimidade ou interrupção?

E conhecereis a verdade, e a verdade vos libertará. —JOÃO 8:32

Sherry e Mark compareceram a uma de nossas palestras a fim de aperfeiçoar algumas áreas do casamento. Eles eram pessoas muito articuladas e inteligentes. Pediram para conversar conosco após a palestra para uma consultoria particular.

Sherry começou a dizer que ouvira falar que havíamos "consertado" outros maridos e que o dela precisava muito disso. Quando tentamos saber o que passava no coração de Mark, ele mal conseguiu dizer algumas palavras antes que Sherry o interrompesse. Tentamos perguntar a Mark como ele se sentia diante das interrupções da esposa, mas ela continuou a interrompê-lo.

Depois de alguns minutos de negociações e orientações para nossa conversa, Sherry aproveitou a oportunidade para falar de seus sentimentos. Contou que quase sempre se sentia sozinha no casamento. Contou que, quando abordava Mark para falar de seus sentimentos, ele estava muito ocupado ou cansado demais para ouvi-la. Ela precisava da atenção e carinho dele, e não recebia nada disso.

Explicamos que a palavra *intimidade* tem raiz na palavra *profundidade* e se relaciona com um compartilhamento vulnerável de pensamentos e sentimentos íntimos e do próprio "eu". Demos a entender que Sherry e Mark precisavam sentir-se seguros nesse tipo de compartilhamento, confiantes de que encontrariam apoio mútuo, ouvindo o que o outro tinha a dizer, com empatia e tranquilidade.

Identificamos as mágoas entre Sherry e Mark e os ajudamos a confessá-las e a perdoar um ao outro. Sherry prontificou-se a ouvir e Mark prontificou-se a reagir com cordialidade e interesse.

Sherry e Mark são semelhantes a muitos de nós. Podemos ser as pessoas mais articuladas e inteligentes do mundo, mas sem um coração submisso a Deus e a nosso cônjuge, jamais teremos uma profunda intimidade conjugal.

Pai, mostra-me como desejas que meu coração mude
para que meu casamento se torne mais íntimo.

> **?** Que atitudes você pode adotar hoje para trazer ao seu casamento a segurança necessária para que ambos desfrutem a verdadeira intimidade?

11 DE AGOSTO

intimidade

Casamento perfeito?

Se, porém, andarmos na luz, como ele está na luz, mantemos comunhão uns com os outros... —1 JOÃO 1:7

Eu (David) tenho vontade de rir quando folheio alguns desses livros sobre autoajuda conjugal. Conforme vários autores dizem, o casamento perfeito é acessível a qualquer um — a qualquer hora, a qualquer momento.

Sendo honesto, há dias em que me sinto um homem de sorte por conseguir ser um pouco decente com Teresa. Talvez eu esteja sendo muito pessimista, mas creio que a lista de benefícios que a grande maioria dos livros de autoajuda apresenta é falsa. O casamento perfeito é uma ilusão. Jamais teremos intimidade completa e constante com nosso cônjuge. Essa possibilidade deixou de existir quando Adão e Eva pecaram no jardim.

Desanimador? Não precisa ser. É possível ter um relacionamento íntimo, profundo e consistente com seu cônjuge. O segredo para esse tipo de companheirismo e intimidade encontra-se no versículo bíblico de hoje. Encontra-se em você perguntar a si mesmo: "Estou andando na luz de Sua Palavra?". Teresa e eu temos comunhão consistente quando vivemos de acordo com os princípios da Palavra de Deus.

Essa ideia faz sentido. Temos comunhão quando, conforme lemos em Efésios 4:15, falamos a verdade em amor um ao outro. Temos intimidade quando vivemos de acordo com Tiago 5:16, que diz que devemos confessar nossos pecados uns aos outros e orar uns pelos outros. Temos um casamento perfeito quando, conforme Paulo escreve em Romanos, mostramos igual cuidado e bem-estar um ao outro e aceitamos um ao outro. A verdadeira intimidade é possível quando o marido e a esposa andam na luz — na luz da Palavra de Deus.

Pai, ajuda-me a abandonar as ideias irreais sobre intimidade e a viver na luz da tua Palavra em relação ao meu casamento.

> **?** Como você e seu cônjuge podem tornar a Palavra de Deus o ponto central para a intimidade conjugal que ambos almejam?

12 DE AGOSTO

intimidade

Os dois se tornam um

...o homem deixará pai e mãe [...] e eles se tornarão uma só carne.
—GÊNESIS 2:24 NVI

Nosso casamento parece muito diferente agora do que no início. O tempo corrói o idealismo e expõe a futilidade dos fatos corriqueiros do mundo. Não é necessário muito tempo para vermos como nossa natureza pecaminosa é realmente — não apenas um no outro, mas também em nós mesmos.

David e eu aprendemos que quando não estamos vivendo em harmonia é porque não estamos vivendo de acordo com a Palavra de Deus. Não estamos andando na luz que traz comunhão um com o outro. Quando ocorrem essas rupturas ou conflitos no relacionamento, passamos um tempo a sós e pedimos a Deus que nos mostre os versículos que Ele gostaria que puséssemos em prática.

No passado, constatamos muitas vezes que houve conflitos em nosso casamento porque não estávamos vivendo de acordo com Gênesis 2:24. David e eu descobrimos que deixar pai e mãe era muito diferente de afastar-nos deles emocionalmente e apegar-nos um ao outro. Saímos de uma pequena cidade no Texas onde morávamos quando nos casamos aos 16 anos de idade, mas levamos décadas para nos desligar emocionalmente de nossos pais. Levamos anos para identificar as mágoas da infância, curá-las e nos libertar delas, para nos unir um ao outro.

E quando fizemos isso, vimos a feiura do pecado e a beleza de Cristo em nossa vida. Embora tenhamos um longo caminho a percorrer, Deus tem nos dado amor um pelo outro por meio do qual podemos esperar todas as coisas, crer em todas as coisas e suportar todas as coisas.

Pai, une-nos como casal. Ajuda-nos a identificar
os textos bíblicos que tu desejas que pratiquemos
para nos aproximar e desenvolver nossa intimidade.

? Que textos das Escrituras você pode pôr em prática a fim de aumentar a aproximação e a intimidade com seu cônjuge?

13 DE AGOSTO — *intimidade*

A intimidade do romantismo

...encontrei logo o amado da minha alma; agarrei-me a ele e não o deixei ir embora... —CÂNTICO DOS CÂNTICOS 3:4

"Não sinto nada. Absolutamente nada." O romantismo de Ken e Donna desapareceu e foi substituído muito tempo antes pelo simples fato de ambos existirem. A jornada com o conselheiro conjugal foi longa, mas as velhas feridas se abriram quando o doloroso processo de cura começou. Os graves traumas da infância necessitavam de atenção, mas Ken e Donna perseveraram até que, aos poucos, a esperança voltou.

Manter o romantismo vivo ou reacender sua chama é essencial para a intimidade e a plenitude no casamento. Na ocasião apropriada, encorajamos os casais a refletirem sobre o casamento e a conversarem sobre romantismo. Sugerimos que se lembrem dos tempos de namoro e falem sobre o primeiro encontro e início do romance. Pedimos que se recordem dos tempos descuidados e divertidos que passaram juntos. E também que se lembrem de suas canções favoritas, das vezes em que dançaram juntos, dos dias agradáveis da lua de mel. Chegamos até a sugerir que façam esta pergunta um ao outro: "O que você acha que deveríamos fazer para intensificar o romance em nosso casamento?".

Encorajamos Ken a colocar uma cartinha de amor na bolsa de Donna ou comprar-lhe um presente especial. Sugerimos que a surpreendesse com flores ou com um piquenique a sós. Encorajamos Donna a tomar a iniciativa de verbalizar o amor e elogiar o marido. Pedimos a ela que fosse a primeira a demonstrar afeto, iniciar atividades divertidas e planejar um jantar à luz de velas em casa apenas para os dois.

À medida que Ken e Donna deixaram as coisas velhas para trás e prosseguiram juntos, passaram a desfrutar de uma nova intimidade.

Graças, Pai, pelo amor romântico. Ajuda-me a ser sensível quanto aos desejos do meu cônjuge por mais romantismo em nosso relacionamento.

> **?** Que ato romântico você pode realizar hoje para ajudar a manter o romantismo vivo — ou reacendê-lo — em seu casamento?

14 DE AGOSTO *bondade*

Servir com alegria e cordialidade

Sejam bondosos e compassivos uns com os outros... —EFÉSIOS 4:32 NVI

A bondade verdadeira procede de um coração compassivo, de um coração abrandado pelo meigo amor de Deus. A bondade é traída pela aspereza e indiferença rude e estoica. Não é genuína quando feita por obrigação e nunca chama atenção para ela própria.

No casamento, bondade significa fazer a *coisa certa* — como enviar flores e lembrar-se das datas comemorativas — e fazer isso com ternura e carinho. Bondade significa ter uma atitude agradável ao ajudar o cônjuge na execução de um projeto. Significa dirigir-se ao cônjuge com palavras gentis, sem rispidez, com palavras ternas, sem grosserias. Bondade significa ser misericordioso e solidário. Significa procurar oportunidades para servir nosso cônjuge mostrar-lhe carinho e atenção.

Deus mostrou-nos o supremo ato de bondade quando desceu do céu para servir-nos na pessoa de Seu Filho. Revelou de forma vulnerável a formosura de Seu coração ao entregar Cristo para sofrer em nosso lugar. Usou Sua força e poder para nos proteger e redimir, porém demonstrou bondade todos os dias.

Nós, os homens, acreditamos em uma mentira. A sociedade convenceu-nos de que ternura é sinal de fraqueza, que mostrar bondade é degradante. Mas o Salvador do Universo, que lutou contra as portas do inferno, exemplificou para nós o verdadeiro significado de humanidade e fez tudo isso com bondade.

O Salvador mostrou bondade ao ajoelhar-se e lavar carinhosamente os pés dos doze discípulos. Na véspera de Sua morte, Jesus quis passar Seus últimos momentos com eles para incluir esse gesto de bondade.

Que nós, os casados, encontremos formas de demonstrar esse tipo de bondade a nosso cônjuge.

Pai, abranda meu coração para que meus atos de bondade demonstrem ao meu cônjuge o quanto eu o amo.

? De que formas você pode demonstrar bondade verdadeira a seu cônjuge hoje?

15 DE AGOSTO

bondade

Revestido de bondade

Revesti-vos, pois, como eleitos de Deus [...] de misericórdia, de bondade...
—COLOSSENSES 3:12

A bondade me vê (David) como servo de Teresa. O versículo de hoje refere-se à bondade quando diz que devo me revestir de compaixão e bondade. Significa que devo usar o "traje" da bondade quando inicio o dia. A bondade deve fazer parte de todas as minhas interações, conversas e atitudes.

Essa ideia não me parecia muito atraente quando eu era um marido adolescente. Se tinha de ser agradável, eu não queria servir. Se tinha de servir, eu não me agradava disso. Mas, depois de muitos anos de vida conjugal, Deus começou a "amolecer" meu coração.

Deus me mostrou Sua imensa bondade por intermédio do zelador de uma igreja local. O Senhor começou a atrair Teresa de volta à igreja, porém eu era um frequentador relutante. Estava frustrado com muitas de minhas experiências na igreja, por isso entrei um dia no templo e sentei na última fileira, procurando outros "rebeldes". Mas, naquele dia, conheci Paul.

Paul era o zelador de uma igreja pequenina e conquistou minha amizade imediatamente. Sua natureza cordial e bons modos atraíram-me na hora. Gostei de estar perto daquele homem bondoso. Acompanhei-o durante os reparos e manutenções do templo só para estar ao lado dele. Paul demonstrou a descrição mais verdadeira de um cristão que eu havia conhecido até então. Exemplificou a bondade de Cristo diante de mim. Graças a Paul, entreguei minha vida a Cristo.

Não é de admirar que, hoje, minha tarefa de cuidar de Teresa pareça natural, sem ser forçada. Mostrar-lhe bondade e servi-la é uma alegria para mim, não um fardo.

Tudo porque Deus me mostrou um exemplo de bondade.

Pai, reveste-me de Tua bondade para que eu possa demonstrar essa mesma bondade ao meu cônjuge.

? Em que áreas específicas de sua vida conjugal você precisa "revestir-se de bondade"?

16 DE AGOSTO

bondade

Amar meu irmão?

...tenham todos o mesmo modo de pensar, sejam compassivos...
—1 PEDRO 3:8 NVI

Ser bondoso uns com os outros era prioridade da família quando nossos filhos eram pequenos. Por exemplo, eu (Teresa) os ensinava a dizer "obrigado" quando alguém compartilhava seus brinquedos com eles ou quando um adulto lhes servia à mesa. Quando as crianças se tornaram adolescentes, parece que a bondade deixou de ser prioridade em nossa casa. Em vez de bondade, assuntos como chegar em casa no horário, terminar o dever de casa e não bater o carro se tornaram importantes. O hábito de ser bondoso uns com os outros que havíamos adquirido tornou-se repentinamente estranho durante aqueles anos de adolescência.

David e eu conversamos sobre o que estávamos vendo acontecer entre nossos filhos. Em uma de nossas reuniões conjugais, pensamos em um plano para aumentar a bondade na família. Primeiro, decidimos que David e eu precisávamos ser exemplos de bondade entre nós. Segundo, decidimos insistir para que os filhos conversassem entre si com palavras bondosas e em tom respeitoso. Decidimos elaborar um plano de disciplina e segui-lo até o fim, um plano que encorajasse palavras e ações bondosas. E começamos a pôr o plano em prática.

David e eu nos esforçamos para dizer palavras de afirmação um ao outro e às crianças durante as refeições. Observávamos nosso tom de voz com nossos filhos e usávamos palavras ternas, em vez de palavras ríspidas. Impedimos Eric de aborrecer a irmã com um assunto sensível. Pedimos a Robin que ficasse calada se não tivesse nada de positivo para dizer a respeito da refeição — ou de quem a preparara. Impedimos Terri de criticar o irmão e a irmã mais novos, embora eles costumassem se intrometer na conversa.

Nossos filhos são bondosos uns com os outros sem nossa intervenção. É uma alegria ver a bondade se tornar uma herança que podemos passar para eles.

Pai, ajuda-nos a criar um ambiente de bondade em nosso lar.

> **?** De que maneira você, seu cônjuge e seus filhos podem demonstrar o terno amor de Deus dentro de casa?

17 DE AGOSTO *bondade*

Recuperando sentimentos

[Ele] é poderoso para fazer infinitamente mais do que tudo quanto pedimos ou pensamos... —EFÉSIOS 3:20

Durante mais de vinte anos de vida conjugal, Joan e Allen trilharam os caminhos certos. Cumprimentavam-se com abraços e verbalizavam seu amor. Saíam periodicamente para jantar e cada um agradava o outro de maneira especial. Mas agora, com "o ninho vazio", ambos estavam se sentindo um pouco de estranheza e incerteza. Continuavam comprometidos um com o outro e comprometidos a demonstrar bondade entre si, mas havia pouco envolvimento emocional.

Joan e Allen achavam que todo casamento chegava a esse ponto.

Sem habilidades emocionais adequadas ou propósitos traçados, os adultos em geral entram no casamento com esperança de ter profunda aproximação emocional, mas não conseguem alcançá-la. Se não forem cuidadosos, viverão em mundos separados — ele absorvendo-se na carreira profissional ou em passatempos e ela fugindo para o mundo dos filhos, do trabalho ou de atividades sem fim.

Não basta ser "legal" no casamento. A intimidade e o sucesso no casamento não são consequência de poucos conflitos. Muitos casais imaginam que, pelo fato de não brigarem, têm um casamento sólido. David e eu descobrimos que se não nos esforçarmos deliberadamente para aumentar nossa proximidade emocional, viveremos em mundos separados. Bondade e amabilidade precisam ser acompanhadas de firme proximidade emocional.

Joan e Allen cumpriam os deveres diários do casamento e da família, mas perderam o contato com seus sentimentos. Quando aprenderam a entender e transmitir seus sentimentos, eles conseguiram expressar empatia e segurança um ao outro. A bondade entre o casal tornou-se cada vez maior, da mesma forma que os sentimentos. Deus começou a restaurar o casamento deles, tornando-o infinitamente melhor do que tudo o que pediram ou pensaram.

Pai, graças pelos sentimentos que meu cônjuge e eu temos. Não permitas que nos contentemos com o que é apenas amável, mas leva-nos a buscar a proximidade emocional.

? O que você pode fazer hoje para reacender a chama do amor que você e seu cônjuge sentiam antes?

18 DE AGOSTO

bondade

Como você sabia disso?

O amor é paciente, o amor é bondoso. —1 CORÍNTIOS 13:4 NVI

Eu (David) não tenho um passatempo específico, mas há algumas atividades que aprecio muito. Por exemplo, gosto de jogar golfe. Não sou bom jogador e perco mais bolas do que gostaria de admitir. Porém, gosto de estar ao ar livre e jogar um pouco. Gosto também de café. Uma de minhas atividades favoritas é ir a uma cafeteria da localidade e experimentar diferentes sabores de café. Sento-me ali, tomo café e leio livros durante horas. Sou um caso perdido.

Teresa não joga golfe nem gosta de ver outras pessoas jogando. Um dia, porém, ela me perguntou: "David, você gostaria de participar do torneio de golfe no mês que vem? Li sobre o assunto no boletim de notícias e achei que você gostaria de participar. Se você for, gostaria de acompanhá-lo". Tive certeza de que Rod Serling [N.E.: Roteirista norte-americano de séries de ficção científica, entre outros.] estava prestes a sair de trás da porta para me dizer que eu acabara de entrar no programa "Além da imaginação".

Teresa gosta de café, mas contenta-se com duas xícaras de manhã e, de vez em quando, uma xícara de café descafeinado após o jantar. Um dia, no entanto, Teresa presenteou-me com uma cafeteira para o quarto. Disse que sabia que eu gostava de tomar café de manhã enquanto lia o jornal, por isso instalou uma pequena cafeteira só para mim. Era tudo o que eu queria. Café fresco, moído na hora, dentro de minha caneca tamanho gigante. Tive certeza de ter morrido e ido para o céu!

A pergunta de Teresa sobre o golfe e seu presente significaram que ela foi levada a fazer algumas coisas importantes na vida porque eram importantes para mim. Sua bondade foi impressionante.

> *Pai, ajuda-me a ser bondoso e a demonstrar interesse pelas coisas que são importantes para o meu cônjuge.*

? Por quais atividades de seu cônjuge você poderia se interessar hoje?

19 DE AGOSTO

bondade

Na hora da minha necessidade

...sejam sempre bondosos uns para com os outros e para com todos.
—1 TESSALONICENSES 5:15 NVI

Eu (Teresa) estava de cama com gripe, abatida demais para fazer alguma coisa, mas em condições razoáveis para não ir ao médico. Tinha um milhão de coisas para fazer, e não conseguia realizar nenhuma delas. Li a lista das tarefas importantes e me cansei só de pensar nelas. Precisava buscar os filhos na escola, em seguida preparar um lanche rápido para eles e ajudá-los com o dever de casa. Depois disso, tinha de preparar o jantar e mandá-los para o banho. Um pensamento martelava em minha cabeça zonza: *Será que consigo fugir de casa — só por um ou dois dias?*

Mais ou menos naquela hora David ligou do trabalho, perguntando como eu estava e se precisava de alguma coisa urgente. Respondi "não", mas meu coração reagiu de modo diferente. Sem hesitar, David se ofereceu para buscar nossos filhos na escola e servir-lhes um lanche a caminho de casa. Disse que eu precisava de descanso e não deveria me preocupar com o jantar, porque ele compraria alguns hambúrgueres. Chegou até a me tranquilizar dizendo que cuidaria de tudo em casa, inclusive do banho das crianças à noite. Queria que eu me concentrasse em melhorar, porque não gostava de me ver doente. Comecei a me sentir melhor.

São essas ocasiões, em que David se torna sensível às minhas necessidades e às necessidades de nossa família, que me fazem gostar mais dele. Sua bondade naquele dia proclamou em alta voz seu amor por mim. Eu sabia que ele havia pensado em tudo o que seria bom para nós dois e para nossos filhos.

Isso, para mim, é um exemplo de David me mostrando bondade ao atender a uma necessidade prática — a necessidade de descanso.

Pai, ajuda-me a ser sensível às necessidades de meu cônjuge
e a atendê-las com bondade prática.

? De que maneiras *práticas* você pode demonstrar bondade a seu cônjuge hoje?

20 DE AGOSTO — *bondade*

Pequenos atos de bondade

...que o servo do Senhor não viva a contender e sim deve ser brando para com todos... —2 TIMÓTEO 2:24

Teresa e eu gostamos muito de passar ocasiões especiais juntos — viagens ao exterior, presentes memoráveis e comemoração das bodas de prata — porém as coisas "menores" também são importantes para nós.

Menosprezar as coisas pequenas pode roubar a intimidade no casamento. São elas que demonstram ao marido e à esposa que o amor entre eles é um amor no qual existe bondade.

Para nós, é importante reservar um tempo para conversar e relaxar juntos. Consideramos muito importante "namorar", ter interesses em comum e passar fins de semana longe de casa. Também é importante compartilharmos sentimentos, medos, sonhos, esperanças, inseguranças e alegrias e verbalizar apreço e gratidão um ao outro para uma base consistente.

Consideramos também de suma importância atender às necessidades de afeto um do outro. Em nossos momentos de intimidade sexual, nossa prioridade é dar ênfase especial às "preliminares" e ser sensíveis ao "pós-sexo". Costumamos nos revezar para atender aos desejos, preferências e anseios um do outro durante a intimidade sexual.

Finalmente, para nós é essencial iniciar momentos de oração, toques carinhosos, amor verbalizado, proximidade silenciosa e olhares apaixonados.

As "grandes" recordações de nosso casamento parecem nos lembrar de que nosso relacionamento é eterno, que nosso compromisso é seguro. Porém, são as pequenas coisas que nos fazem lembrar que nosso casamento é exclusivamente nosso. Os pequenos gestos de bondade nos lembram de que nosso amor é verdadeiramente nosso.

> *Pai, ajuda-me a não me esquecer das pequenas expressões de bondade que mantêm o amor vivo e aconchegante.*

? Que "pequenos" gestos de bondade você demonstrará ao seu cônjuge hoje?

21 DE AGOSTO *liderança*

Submissão a Deus para seguir em segurança

Guia-me na tua verdade e ensina-me, pois tu és o Deus da minha salvação. —SALMO 25:5

Bob e eu (David) estávamos conversando sobre aceitar seguir alguém para conseguir conduzir melhor sua família. "Ainda estou procurando uma pessoa a quem eu me sinta à vontade para submeter-me a ela", Bob disse. "Então, eu a seguirei."

A conversa ocorreu há quase vinte anos, e Bob ainda não encontrou ninguém a quem pudesse se submeter. Sua família sofre com isso. Eles já tiveram de enfrentar conflitos na igreja, filhos rebeldes, instabilidade no emprego e problemas financeiros.

Não sei ao certo se a submissão humilde é uma atitude confortável, mas é o segredo para a boa liderança.

Deus usou algumas pessoas surpreendentes para me ensinar uma lição sobre liderança. Um zelador da igreja durante meus tempos de faculdade me ensinou muito sobre a Bíblia e como causar impacto na vida das pessoas com as boas-novas de Cristo. Um avô amoroso mostrou aceitação a seu neto rebelde, embora eu não quisesse aprender. Algumas pessoas idosas, doces e consagradas me ensinaram o significado de conduzir outros a agradecer a Deus em meio a terrível sofrimento. E até nossos netos têm me ensinado a respeito da natureza do Deus de amor cujo caráter nos leva a ter um relacionamento com Ele.

Enquanto luto com minhas hesitações a respeito de quem devo seguir, tenho aprendido a ser mais sensível quando estou tentando liderar. Aprendi que a liderança pelo exemplo supera, de longe, a liderança por manipulação. Tenho sido abençoado por líderes que me conhecem e desejam o melhor para mim, em contraste com a decepção causada por líderes que só queriam meu trabalho.

Finalmente, descobri que para ser líder no casamento eu preciso estar disposto a seguir, disposto a seguir o Deus da minha salvação aonde quer que Ele me levar.

O que requeres de mim, ó Deus, senão que eu seja misericordioso, pratique a justiça e ande humildemente contigo?

? Em que áreas de sua vida conjugal você precisa aprender a obedecer à liderança de Deus?

22 DE AGOSTO *liderança*

Cristo precisou ser guiado?

Jesus, cheio do Espírito Santo, voltou do Jordão e foi guiado pelo mesmo Espírito, no deserto. —LUCAS 4:1

Cristo sendo guiado? Que mistério! A vida do Deus-homem perfeito foi modelada no Espírito Santo, mostrando que Ele não tinha nada que fosse de Sua iniciativa. Cristo exemplificou-nos a humildade necessária para a vida cristã. Mostrou-nos que até Ele precisou aguardar que o Pai o guiasse. Mostrou-nos que até Ele precisou ouvir o Espírito Santo e se submeter aos planos do Pai.

Se Cristo precisou se submeter à orientação do Espírito, com certeza eu também preciso.

Há ocasiões em que eu (David) luto para saber o que minha esposa necessita. Teresa parece tão diferente de mim que meu medo de agir de modo errado me impede de lhe conceder o que ela necessita. Houve situações em que permaneci sentado, coçando literalmente a cabeça, sem saber o que fazer. É aí que preciso pedir a direção do Senhor. Tenho necessidade de ser guiado pelo Espírito Santo. Necessito dele dia após dia para me conceder sabedoria e graça, a fim de que eu viva de acordo com Seu plano de amar minha esposa como Cristo amou a Igreja.

Infelizmente, costumo me esquecer da orientação de Deus, disponível a qualquer momento, e tento resolver as coisas por conta própria. Recorro à minha "sabedoria" e treinamento para evitar conflitos com Teresa. Em vez de recorrer Àquele que é o autor de toda ideia do casamento, tento agir sozinho. Quando faço isso, provoco uma grande confusão. O Senhor, porém, tem sido misericordioso, e quando reservo tempo para buscar Sua liderança, Ele sempre me atende. Deus sempre me mostra exatamente o que Teresa necessita e o como eu devo agir a esse respeito.

Pai, agradeço-te porque tens um plano para minha vida e meu casamento. Quero buscar diligentemente esse plano.

? Que áreas de sua vida você necessita submeter à liderança de Deus?

23 DE AGOSTO

liderança

Você está disposto a ser liderado?

> O SENHOR é excelso, contudo, atenta para os humildes; os soberbos, ele os conhece de longe. —SALMO 138:6

Eu (Teresa) ministro um seminário intitulado "Necessidades básicas de um homem". Há um ponto que faço questão de ressaltar nesse seminário: Os homens têm a necessidade básica, concedida por Deus, de ser o líder da casa.

Nunca me esquecerei do dia em que fiz essa palestra em um local enorme reservado para retiros. Uma senhora idosa disse que seu marido não queria ser líder e me perguntou o que deveria fazer. Respondi com uma pergunta: "A senhora está disposta a ser liderada?". Sua expressão perplexa e o silêncio constrangedor disseram-me "não". Pedi-lhe que se encontrasse comigo reservadamente após a palestra.

Ouvi aquela doce senhora me contar sobre os muitos anos de frustração e irritação com o marido. Depois de consolá-la e mostrar-lhe compaixão, permanecemos em silêncio por alguns instantes. Mais uma vez ela perguntou: "Mas o que devo fazer se meu marido não quer liderar?". Fiz-lhe mais estas perguntas: "Seu marido sente que a senhora está disposta a aceitar a liderança dele? A senhora está pronta a lhe dizer que vai começar a permitir que ele seja o líder da casa?". Ao ouvir isso, ela me deu as costas e saiu. Sua resposta à minha pergunta foi clara.

Todos nós desejamos ter nossas necessidades atendidas, mas às vezes não queremos fazer nossa parte. Deus diz que atenta favoravelmente para os humildes e submissos. Atenta favoravelmente para aqueles que estão dispostos a ser conduzidos, aqueles que necessitam de algo e recorrem a Ele. Deus, porém, conhece de longe os soberbos e os que não querem ser submissos. Eles nunca verão a face de Deus nem desfrutarão Sua bênção.

Esse é um lugar assustador, um lugar que nunca vou querer estar.

Pai, submeto-me humildemente a ti
e me disponho a ouvir o que tens a me dizer.

? O que o impede de seguir humildemente a liderança daquelas pessoas que Deus colocou em sua vida? Como você pode mudar isso?

24 DE AGOSTO *liderança*

O exemplo de liderança de Cristo

Ensina-me, Senhor, o teu caminho e guia-me por vereda plana...
—SALMO 27:11

Virginia e Ned estavam disputando o clássico jogo da luta pelo poder. Virginia era mais falante e tentava controlar com ameaças e explosões. Ned, ao contrário, era calado e passivo. Na busca pelo poder, ele procrastinava, refugiava-se na televisão ou no trabalho ou em geral evitava Virginia. Eles se amavam sinceramente e queriam agradar ao Senhor, mas não conseguiam encontrar o caminho de Deus.

Ned ficou chocado quando eu (David) sugeri que talvez as exigências e explosões de Virginia fossem a maneira que ela encontrara de provocar uma reação qualquer dele. Sugeri que talvez algumas das reações de Virginia fossem consequência de medos latentes a respeito das finanças e da disciplina dos filhos. Provavelmente ela queria que Ned desse mais atenção a essas coisas, mas não sabia como comunicar essas necessidades. De fato, depois que conversamos com Virginia, descobrimos que ela queria que Ned liderasse algumas dessas áreas.

Virginia ficou chocada quando sugeri que a procrastinação e as fugas de Ned eram métodos de proteção. Argumentei que talvez Ned não se sentisse capacitado a agir em algumas dessas áreas, mas não sabia expressar isso de maneira carinhosa. De fato, depois de conversar com Ned, descobrimos que ele estava procurando maneiras concretas de ajudar a esposa. Em algumas áreas ele se sentia razoavelmente capaz, mas em outras necessitava de apoio extra.

Depois de pedir a Deus que lhes mostrasse como caminhar suavemente no casamento, Virginia e Ned elaboraram um plano. Estipularam algumas diretrizes sobre a educação dos filhos e Ned começou a disciplina-los quando estava em casa. Ned contatou um consultor financeiro, que os ajudou a planejar o orçamento familiar.

Ned e Virginia foram ótimos exemplos do que acontece quando Deus intervém no casamento e ajuda a estabelecer a liderança.

Senhor, torna-me sensível a Tua direção,
para que o caminho de nosso casamento seja suave.

? Em que áreas do casamento você seria capaz de atuar melhor como líder de sua esposa e filhos?

25 DE AGOSTO

liderança

Pelo cabresto ou de braços dados?

Cristo [é] o cabeça de todo homem, e o homem, o cabeça da mulher...
—1 CORÍNTIOS 11:3

Os homens gostam de fazer piadas com o casamento. Algumas brincadeiras são engraçadas, mas algumas são cruéis.

É como "andar de cabresto". Esta é uma brincadeira que eu (David) ouço com frequência de homens quando se referem ao casamento de outro homem. Quando um homem ouve esse tipo de comentário, sente-se ameaçado em seu ego, portanto ele tenta apresentar a imagem oposta: "Quem manda na minha casa sou eu, e aquela mulherzinha me obedece em tudo". Lá vem o John Wayne de novo.

Essas imagens são perturbadoras e demonstram que é comum os homens não entenderem a questão de liderar e ser liderado. Elas transmitem a ideia de pessoas tentando controlar e manipular outras.

Cristo diz que Ele é o cabeça de nossa casa. Estou certo de que Cristo não é nem um pouco controlador ou manipulador. Ao contrário, Ele é o cabeça do homem, de modo que todo marido precisa ter a certeza de que Alguém está cuidando de suas necessidades. Cristo está pronto e disponível para ouvir as necessidades de cada homem e as atende de forma plena. Cristo está pronto para proteger e guiar.

Cristo também diz que o homem é o cabeça da mulher. Não há nenhuma ideia de controle ou despotismo. Ao contrário, todo marido é responsável por sustentar a esposa, da mesma forma que Cristo o sustenta. Graças à provisão de Cristo, todo marido pode proteger, guiar e ajudar a suavizar o caminho.

O plano de Deus para a intimidade envolve um tipo diferente de liderança. Não é do tipo John Wayne nem o do "cabresto", mas um modo de enfrentar os problemas juntos, de braços dados. A opinião e os sentimentos de cada um são igualmente importantes, e quando um assume a liderança, trata-se de um ato de amor com o intuito de mostrar o caminho para que aquele que segue tenha uma visão clara desse caminho.

Deus, ajuda-me a liderar minha esposa de braços dados, em vez de manipular ou controlá-la.

> Que atitudes você pode adotar para ter certeza de que está liderando com amor e carinho, não com manipulação ou controle?

26 DE AGOSTO

liderança

Aonde você me levar, eu o seguirei

No caminho da sabedoria, te ensinei e pelas veredas da retidão te fiz andar. —PROVÉRBIOS 4:11

"Por que você não deixa a liderança por minha conta?"

Essa pergunta foi feita muitas vezes em nossos anos de casamento. Eu (Teresa) tive de aprender a deixar a liderança a cargo de meu marido. David e eu temos trabalhado nesse assunto com frequência. Quase sempre um projeto especial ou uma decisão familiar precedem nosso conflito. David e eu discutíamos nossas opções e, depois de dar minha opinião, eu deixava a decisão final a cargo dele. Nem bem a decisão saía da boca de meu marido, lá estava eu criticando. Conclusão: achava que ele havia tomado a decisão errada, e estava determinada a dizer-lhe isso.

Descobri que David nunca aprenderia a ser um líder eficiente em nosso lar se eu não permitisse que ele tomasse decisões e até cometesse erros. Ele só seria capaz de liderar em nosso casamento se eu ficasse calada sobre os erros e não lhe desse respostas do tipo "eu avisei".

Descobri também que David é menos propenso a ouvir a sabedoria de Deus se estiver muito ocupado tentando defender-se, e ele é menos propenso a entender a direção clara de Deus se for criticado ou se alguém não confiar nele. Quando temos uma decisão a tomar, minha melhor contribuição é oferecer a David uma opinião sincera e carinhosa e afastar-me, para que ele seja capaz de orar a Deus sem nenhum impedimento.

Deus trabalha por intermédio de David para cuidar de mim e de nossos filhos. Confiar que o Senhor cuida de mim significa confiar na liderança de David.

Amado Deus, ajuda-me a não pensar que tenho todas as respostas. Dá-me um espírito submisso.

? Qual é sua reação quando seu cônjuge tenta ser o líder da casa? Como isso se harmoniza com as instruções de Deus?

27 DE AGOSTO *liderança*

Conduzindo seu casamento com amor

Eu pertenço ao meu amado, e ele me deseja.
—CÂNTICO DOS CÂNTICOS 7:10 NVI

O toque é um dos mais poderosos dos cinco sentidos, mas é comum os casais não usarem esse caminho para a aproximação entre eles. Teresa e eu sugerimos aos casais que se revezem para tocar um no outro sem intenção sexual. Sugerimos que o marido e a esposa tomem a iniciativa de expressar seu amor por meio do toque. Também é importante que ambos sintam a segurança de estar muito próximos um do outro sem que o momento termine em relação sexual. Cada um precisa sentir-se seguro de que, quando o outro inicia um contato físico, a intenção é aproximar-se com intimidade — não necessariamente para o sexo. Recomendamos três "exercícios de toque" para aumentar a proximidade sem motivação sexual.

Primeiro, *massagem nas mãos*. Com a mão aberta, comece a tocar levemente toda a palma da mão de seu cônjuge. Toque cada dedo até a ponta, fazendo movimentos leves e circulares em cada impressão digital. Toque a parte interna de cada dedo, com movimentos pausados, para a frente e para trás, no local em que ele se junta com a palma.

Segundo, *lavagem dos pés*. Lavem os pés um do outro. Não conversem; apenas relaxem. O propósito não é lavar os pés, mas relaxar e aproveitar o momento. Use as mãos ou uma esponja. Faça movimentos lentos, sem nenhuma pressa.

Finalmente, sugerimos *respiração sincronizada*. Deitem-se de frente um para o outro, olhos nos olhos, perto o suficiente para sentir a respiração de seu cônjuge. Logo vocês descobrirão o ritmo da respiração um do outro. Mudem de posição e deitem-se "de conchinha", com as costas dela de encontro ao abdome dele. Depois que a respiração estiver sincronizada, fechem os olhos e relaxem, aproveitando a sensação.

Tentem alguns desses exercícios ou encontrem outros. Acima de tudo, comunique seus desejos a seu cônjuge e ouça atentamente os dele. Vocês descobrirão outras bênçãos de Deus — um relacionamento conjugal amoroso.

Pai, conduze-nos a ter a intimidade que tu desejas.

[?] Que exercícios com toques sem intenções sexuais você pode iniciar com seu cônjuge?

28 DE AGOSTO — *amor*

O compromisso de fazer o bem um ao outro

...que vos ameis uns aos outros; assim como eu vos amei... —JOÃO 13:34

A palavra *amor* é usada com exagero e quase sempre mal interpretada em nossa linguagem. Ouvimos a palavra *amor* ligada a comida mexicana, jogos de tênis e sexo. Mas a intenção de Deus para o amor no casamento é sagrada e preciosa.

Amor verdadeiro é um compromisso incondicional com uma pessoa imperfeita. Não há ninguém perfeito nem casamento perfeito, mas amor significa assumir o firme compromisso de amar seu cônjuge apesar das imperfeições dos dois. Amar é apreciar a pessoa e a presença de seu cônjuge — quem ele é — não apenas o que ele faz. Significa ter uma afeição terna e profunda pelo cônjuge. Significa querer estar com essa pessoa e expressar devoção a ela. O amor não se baseia em desempenho ou comportamento, mas na escolha de cuidar de seu cônjuge como você gosta de ser cuidado.

O firme compromisso do Pai de nos amar permite que eu (David) também ame. Ele assumiu esse compromisso comigo apesar de conhecer tudo sobre mim. Minhas falhas atuais não são surpresa para Ele.

Como o casamento poderia ser diferente se vivêssemos a partir do mesmo ponto de vista do amor divino! O amor verdadeiro é este: o compromisso de amar com palavras e ações uma pessoa que nem sempre "merece" esse amor.

Na próxima vez que Teresa falhar comigo de alguma forma, que Deus me faça lembrar que isso já foi levado em conta e que meu amor deve permanecer firmemente comprometido com ela.

Você é capaz de receber e compartilhar o amor incondicional de Deus? Essa é a única esperança para o casamento e a intimidade entre os cônjuges.

> *Pai, graças por Teu compromisso de me amares apesar de minhas imperfeições. Capacita-me a fazer o mesmo por meu cônjuge.*

? Que atitudes você pode adotar hoje para mostrar seu compromisso de amar seu cônjuge incondicionalmente apesar das imperfeições dele?

29 DE AGOSTO

amor

Volte ao primeiro amor

Guardai-vos no amor de Deus, esperando a misericórdia de nosso Senhor Jesus Cristo, para a vida eterna. —JUDAS 21

Quando eu (David) não me sinto perto de Deus, é sinal de que fui eu que me afastei. Ele continua no mesmo lugar. O amor de Deus é um compromisso firme, mas tenho a escolha de permanecer em Sua exuberância ou afastar-me dela. Há ocasiões em que me sinto perdido, como se Deus me tivesse abandonado, mas essa sensação indica minha separação dele, não Sua atitude em relação a mim.

Houve tempos em que meu amor por Deus foi abalado em razão de meu pecado e rebeldia. Nessas vezes, o amor de Deus e a misericórdia do Senhor me dão uma lição de humildade. À semelhança do Filho Pródigo, volto para a presença do Senhor — assustado, cheio de dúvidas e envergonhado. E, à semelhança do pai do pródigo, meu Pai celestial me recebe de volta de braços abertos. Todas as vezes que retornei ao amor do Pai, esse amor generoso, abundante e incondicional estava à minha espera.

Sugerimos aos casais que voltem ao primeiro amor um pelo outro. Pedimos que passem tempo meditando na época em que se apaixonaram. Que pensem nas coisas que os atraíram um ao outro e nos modos como expressaram cuidado e amor. E que pensem nos tempos agradáveis que passaram juntos.

O retorno a esses ingredientes do "primeiro amor" ajuda muitos casais a renovar o modo de pensar, adquirir esperança e deixar para trás as feridas do passado à medida que são curadas.

Aprendi que, quando me lembro sempre do amor de Deus, tenho mais capacidade de estender esse amor. E quando me lembro do amor que pela primeira vez senti por Teresa, tenho mais capacidade de fomentar as chamas do amor que dura quase quarenta anos.

Senhor, agita-nos sempre com lembranças
de nosso primeiro amor — por ti e entre nós.

? O que você pode fazer hoje, especificamente, para renovar o "primeiro amor" por seu cônjuge?

30 DE AGOSTO *amor*

Dizer: "Eu amo você" primeiro

Nós amamos porque ele nos amou primeiro. —1 JOÃO 4:19

David disse um dia que ficaria feliz quando eu (Teresa) dissesse: "Eu amo você" primeiro, isto é, antes dele. David precisava que eu iniciasse as declarações de amor. O problema não era que eu não o amava ou estava com medo de lhe falar de meus sentimentos. Só não estava acostumada a expressar meus sentimentos positivos. Na infância, não fui ensinada a falar de meus sentimentos em voz alta. Depois que saí de casa de vez, lembro que minha mãe assinava suas cartas com "Eu a amo", mas nunca a ouvi dizer essas palavras.

Hoje, olho para trás e vejo a mudança em minha vida quando aceitei o amor de Cristo pela primeira vez. Quando senti o grande amor de Cristo, fui capaz de amar a mim mesma. O Senhor mostrou-me que me amava antes de o mundo existir, que me amava quando eu estava no ventre de minha mãe, que me amava até quando eu desobedecia a meus pais. Ele me amava quando as garotas da escola me rejeitavam. Ele me amava quando, contra a vontade de nossos pais, David e eu nos casamos. Ele me amou primeiro. Simples assim — Ele me amou.

Quando senti o terno afeto de Deus, finalmente consegui amar David. Eu não conseguia amar meu marido antes porque não tinha recebido o amor de Deus.

David continua a me ajudar, oferecendo e expressando seu amor continuamente por mim. Ele nunca impôs condições para me amar, mas me ama com o amor incondicional de Cristo. Por ter recebido o amor de Deus e o de David, estou achando mais fácil expressar meu amor.

Graças, Pai, por expressares amor incondicional por mim.
Liberta-me e me capacita a fazer o mesmo por meu cônjuge.

> **?** Que palavras e ações você pode usar para iniciar uma declaração de amor a seu cônjuge hoje?

31 DE AGOSTO

amor

Saindo do esconderijo

[Há] tempo de estar calado e tempo de falar. —ECLESIASTES 3:7

"Não há problema algum." "Isso realmente não importa!" Essas são frases clássicas de alguém que esconde sentimentos de mágoa, irritação e necessidades não atendidas, e que por dentro fervilha de dor ou raiva. Em vez de "causar problemas" ou arriscar ser rejeitado, essa pessoa prefere sofrer em silêncio. Mas quando escondemos nossos sentimentos e desejos, corroemos nossa autoestima e lançamos as sementes da inevitável retaliação.

Em geral, aqueles que escondem seus verdadeiros sentimentos durante anos reclamam que não conseguem sentir amor. Os ressentimentos abafam o romantismo, e a amargura esmagou o afeto. Grande parte do sofrimento conjugal procede da mentalidade do tipo: "Não vou dizer a você o que preciso, mas estou com raiva porque você não supre essa necessidade".

A sabedoria de Salomão diz que há tempo de calar e tempo de falar. A atitude apropriada de falar "a verdade em amor" (EFÉSIOS 4:15) é de suma importância para intensificar o relacionamento. Cristo exemplificou isso no Getsêmani quando expôs Sua necessidade de orar: "[Ficai] aqui e vigiai comigo" (MATEUS 26:38).

A sinceridade de Cristo ao falar de Suas necessidades é um encorajamento importante. Expor os sentimentos dessa forma é um testemunho de confiança. Quando temos segurança no relacionamento, somos capazes de dizer ao outro quais são nossas necessidades, sabendo que ele não nos rejeitará nem deixará de atendê-las.

Vemos nesse mesmo relato do Getsêmani, que Cristo não escondeu Sua decepção ao fazer esta pergunta direta aos discípulos quando os achou dormindo: "Então, nem uma hora pudestes vós vigiar comigo?" (v.40).

Um relacionamento de amor e carinho é construído sobre a certeza de que, se eu estiver me sentindo sozinho, magoado ou decepcionado, meu cônjuge vai querer saber o motivo. Então, não sentirei a necessidade de "esconder".

Graças, Pai, porque podemos ser francos quanto a nossa vulnerabilidade e compartilhar nossas mágoas e necessidades com nosso cônjuge.

> Que atitudes você precisa tomar a fim de ser mais sincero e vulnerável com seu cônjuge a respeito de suas necessidades?

setembro

- amor
- misericórdia
- paz
- elogio
- oração

amor

1.º DE SETEMBRO

Adesivos de para-choques e o amor

O que se deseja ver num homem é amor perene... —PROVÉRBIOS 19:22 NVI

Eu (David) adoro adesivos de para-choques. Alguns são muito engraçados. Alguns meses atrás vi um que dizia: "Dentre todas as coisas que perdi, a que mais sinto é ter perdido a cabeça". Identifico-me com essas palavras. Também me identifico com o adesivo de para-choques que diz: "Amo minha esposa".

Não sei por que o marido estava usando a parte traseira do carro para declarar amor à sua esposa, mas acho que ele queria que todos soubessem que não se envergonhava de dizer a todo mundo que amava sua esposa. Sujeito corajoso!

Gosto de pensar que a esposa daquele homem se sente satisfeita e segura por ter um marido que declara abertamente seu amor por ela. Também espero que ela saiba que o marido faz muitas outras coisas para provar que a ama profundamente.

Embora eu nunca tenha pensado em declarar meu amor por Teresa em um adesivo de para-choque, quero declarar-lhe de outras maneiras — e aos outros à nossa volta — o quanto eu a amo. A sabedoria de Provérbios nos lembra de que desejamos sentir segurança no amor — no amor "perene". Gostaria de saber se Teresa se sente segura em meu amor ou se a deixo com dúvidas.

E quanto a você? Seu cônjuge sente segurança em seu amor? Como você deixa claro seu amor por ele? Diz "eu amo você" com frequência ou acha suficiente dizer essas palavras uma vez por semana? Mostra amor por meio de ações significativas a seu cônjuge? Nos próximos dias, converse com ele a respeito disso e descubra se ele se sente seguro em seu amor.

> *Pai, eu gostaria que meu cônjuge sentisse segurança*
> *em meu amor. Ajuda-me a declarar meu amor a ele, a cada dia,*
> *por meio de minhas ações.*

? O que você vai fazer hoje para deixar claro a seu cônjuge — e às pessoas à sua volta — que o ama?

2 DE SETEMBRO *amor*

Uma descrição do amor dedicado a alguém

Maridos, amai vossa mulher, como também Cristo amou a Igreja...
—EFÉSIOS 5:25

Observei o Sr. Lacy olhar na janela e verificar seu reflexo. Penteou cuidadosamente o cabelo e endireitou a gravata. Tinha 70 anos, mas agia como se fosse um adolescente ansioso. O Sr. Lacy visitava regularmente a casa de repouso da cidade. Dirigia-se ao encontro de sua esposa, vítima do mal de *Alzheimer*.

A esposa nunca falava muito, mas parecia que ele não se importava com isso. Continuava a manter uma conversa animada, lia cartas da família, cantava para ela, alimentava-a e segurava-lhe a mão.

Esse é o amor que Deus tinha em mente quando elaborou Seu plano para o casamento. Amor verdadeiro é o compromisso de cuidar do outro sem esperar nenhuma reação, sem esperar nada em troca. Cristo assumiu a forma humana para demonstrar esse amor a nós — na cruz.

O Sr. Lacy é um homem privilegiado que ama a esposa de forma visível ao mundo, e com muita intensidade. Ele traça para nós um lindo quadro de como é o amor de Cristo.

Quando eu (David) me lembro de que Cristo "se entregou por mim", sinto o desafio de perguntar a mim mesmo o que tenho abandonado ultimamente para amar Teresa ainda mais. Às vezes as respostas são condenatórias. Quase sempre sou mesquinho e superficial quando se trata de oferecer amor a ela.

Aos poucos, o Senhor está alargando minhas oportunidades de "oferecer" mais de mim, de meus planos, de meu tempo e de minhas prioridades à minha esposa. Ironicamente, o amor que lhe ofereço deixa de ser um ato de grandeza de minha parte, porque a alegria que isso traz a Teresa me abençoa além de qualquer coisa que eu possa ter dado.

Pai, graças porque nos deste Teu único Filho.
Ensina-me a amar meu cônjuge como tu me amaste.

De que maneiras você pode "oferecer" mais de si mesmo a seu cônjuge hoje?

3 DE SETEMBRO

amor

Amando seu cônjuge com espírito, alma e corpo

...e eles se tornarão uma só carne. —GÊNESIS 2:24

A Bíblia apresenta três palavras gregas diferentes para amor, que reforçam as dimensões da intimidade conjugal. Costumamos discutir essas palavras com os casais que procuram ter um relacionamento melhor no casamento.

A palavra *agape* é usada no Novo Testamento para descrever a atitude de Deus para com Seu Filho (JOÃO 17:26), para com a humanidade (JOÃO 3:16) e para com aqueles que creem em Seu filho (JOÃO 14:21). *Agape* é, então, usada para transmitir o desejo de Deus de que os cristãos compartilhem esse amor com os outros (JOÃO 13:34). Esse amor é demonstrado por meio de ação, comprometimento e entrega — não por meio de sentimento. É uma expressão do Espírito de Deus e impossível de ser produzido por vontade própria. Este é o encorajamento prático para os casais quanto ao amor *agape*: cada um o recebe gratuitamente e o oferece gratuitamente ao cônjuge.

A palavra *phileo* distingue-se do *agape* porque fala de ternura e afeto e representa o aspecto emocional do relacionamento. O amor *phileo* refere-se a dois corações unidos em ternura e no companheirismo mútuo. Esse é o amor que os casais devem preservar com carinho no casamento. Cultivamos melhor o amor *phileo* quando aprofundamos intencionalmente o relacionamento por meio de encontros planejados, compartilhamento de interesses em comum, saídas para dormir fora e outros momentos passados juntos.

Por fim, *eros* é a palavra da qual se origina o vocábulo *erótico*. Esse amor refere-se à satisfação sensual por meio dos prazeres físicos da expressão sexual. Ao longo da Bíblia, Deus estabeleceu regras para esses prazeres sexuais, limitando-os ao casamento (HEBREUS 13:4).

Que bênção é compartilhar essas três palavras referentes ao amor com a pessoa com a qual nos comprometemos a passar a vida inteira!

*Pai, ajuda-nos a valorizar nosso amor e,
dessa forma, cumprir Teu plano para o casamento.*

> **?** De que maneiras específicas você pode expressar esses três tipos de amor a seu cônjuge hoje?

4 DE SETEMBRO — *misericórdia*

Um ministério de cuidado para quem necessita

Tendes ouvido da paciência de Jó e vistes que [...] o Senhor é cheio de terna misericórdia e compassivo. —TIAGO 5:11

A misericórdia toca-nos no momento da dor e ministra em tempos de perda. A vida inevitavelmente traz ambos, mas a tragédia maior é suportá-los sozinho. Todos nós necessitamos do apoio misericordioso de outras pessoas quando estamos atravessando tempos difíceis.

Durante cada sofrimento e perda na vida, cada parte de meu ser (de Teresa) grita: "Alguém se importa comigo?". A misericórdia responde: "Eu me importo e estou aqui com você". A misericórdia é quase sempre o apoio consolador da presença de outra pessoa durante momentos de dor. É o toque de misericórdia tranquilizador que me afasta da ansiedade no futuro e me traz a segurança do amor no presente.

Os casais se beneficiam quando compartilham o "momento da dor" entre si. Quando eles refletem sobre esses tempos de dor e solidão, a consolação delicada, acompanhada do toque carinhoso do cônjuge misericordioso, grita dentro de cada um deles: "Não estou mais sozinho!".

A ironia da misericórdia do Senhor é que ela é totalmente imerecida. É particularmente irônico saber que não nos esquecemos de Sua misericórdia em nosso momento de pecado. Esperamos a compaixão de Deus nas tragédias da vida ou nos pecados dos outros, uma vez que Ele é o Senhor. Porém, o fato mais surpreendente é a misericórdia que Ele nos estende mesmo quando estamos sofrendo por causa de nosso pecado. Temos um Pai celestial que não apenas se entristece quando nosso pecado nos faz sofrer, mas também nos alcança com compaixão e misericórdia.

Conforme Tiago afirma, o Senhor é *cheio* de terna misericórdia e compassivo. Depois de ter experimentado a maravilha desse amor, posso agora repassá-lo aos outros, inclusive a meu cônjuge.

Graças, Pai, pela bênção que recebo
quando tu me consolas em momentos de grande tristeza.

> **?** Em que áreas específicas e de que maneiras práticas você pode estender misericórdia a seu cônjuge hoje?

5 DE SETEMBRO — *misericórdia*

Misericórdia ilimitada

Deus [é] rico em misericórdia, por causa do grande amor com que nos amou. —EFÉSIOS 2:4

Não pode haver "escassez" de misericórdia porque Deus é rico em misericórdia. Todas as nossas mágoas, decepções e fracassos juntos jamais esgotarão o estoque de misericórdia de Deus.

É comum a "empresa" do casamento reunir dois sócios emocionalmente falidos que não têm quase nada a oferecer um ao outro. Consequentemente, as duas pessoas começam um ciclo de "sacar" o que é do outro, e isso acarreta raiva e decepção a ambos. Esse sistema de "saque" é conhecido como "codependência". Refere-se as duas pessoas, cada uma sobrecarregada com as próprias carências, tentando desesperadamente tirar um pouco do outro.

Às vezes, Teresa e eu ilustramos esse ciclo do casamento desta forma: Temos dois carros em casa, e o meu está com pouca gasolina. Em vez de ir ao posto para completar o tanque, uso uma bomba para tirar a gasolina do tanque do carro de Teresa e coloco-a no meu. No dia seguinte, Teresa nota que está rodando com pouca gasolina, por isso faz o mesmo que fiz no dia anterior: usa uma bomba para tirar gasolina do meu carro e coloca-a no dela. Adivinhe o que acontece quando esse ciclo continua pelos próximos dias? Nós dois ficamos sem gasolina, claro.

É isso que acontece quando um "saca" do outro no casamento.

A única maneira de Teresa e eu oferecermos um ao outro a misericórdia que cada um de nós necessita é recorrer ao estoque ilimitado de Deus. Quando nos aproximamos de Deus em busca de misericórdia, Ele nos presenteia com uma dose de sua misericórdia ilimitada. Tornamo-nos, então livres e capacitados a derramar Sua misericórdia aos que nos rodeiam.

Bem-vindo ao reino, onde Deus é o Deus de toda consolação, onde Deus é amor, onde Deus é rico em misericórdia.

Obrigado, Pai, por Teu estoque ilimitado de misericórdia.

> **?** Que atitudes específicas você pode tomar hoje para transformar seu casamento em uma rica fonte de misericórdia para seu cônjuge?

6 DE SETEMBRO — *misericórdia*

Compartilhando a misericórdia que recebemos

...para que, igualmente, eles alcancem misericórdia, à vista da que vos foi concedida. —ROMANOS 11:31

David e eu somos muito gratos a Deus por Sua misericórdia ao longo dos dez primeiros anos de nosso casamento. Foi somente pela Sua graça que nosso casamento sobreviveu e, depois, se fortaleceu. Nosso casamento não foi realizado no céu, mas, quando aceitamos Cristo como nosso Salvador, Deus começou a nos curar e a usar o passado para nos ajudar a reabilitar outros casamentos repletos de mágoas. Para nós, é fácil oferecer misericórdia aos outros porque recebemos a misericórdia de Deus.

O apóstolo Paulo apresenta uma revelação importante sobre a misericórdia divina, dizendo que ela é contagiante. Quando Deus toca algumas pessoas com Sua misericórdia, por meio delas muitas outras são tocadas pela mesma misericórdia. Faz parte da natureza divina misericordiosa produzir "doadores alegres" — cristãos cheios de gratidão — que doam aos outros o que receberam.

Um dom especial de misericórdia que David e eu podemos oferecer é ministrar a pastores, missionários e outros casais que servem a Deus. É muito difícil encontrar alguém que ouça seus problemas quando você está envolvido com algum trabalho na igreja. Todos esperam que você carregue os fardos, não que tenha fardos. David e eu mostramos misericórdia quando nos dispomos a ouvir os problemas dessas pessoas sem que se sintam julgadas.

David e eu somos gratos pela misericórdia que Deus nos tem mostrado no casamento e na vida familiar. Somos, porém, mais gratos ainda pela oportunidade de ser "doadores alegres" dessa graça quando a repassamos aos que nos rodeiam.

Pai, obrigado, pois por causa da Tua misericórdia podemos mostrar misericórdia as pessoas que dela necessitam.

? De que maneiras e a quem você e seu cônjuge podem repassar a misericórdia de Deus hoje?

7 DE SETEMBRO — *misericórdia*

Misericórdia de um coração "sensível"

...porém dou minha opinião, como tendo recebido do Senhor a misericórdia de ser fiel. —1 CORÍNTIOS 7:25

"Meu marido é tão sensível quanto uma máquina."

"Ela faz amor comigo com a paixão de uma caixa de papelão."

Essas são as queixas comuns dos casais no mundo de hoje. Eles querem "sentir" amor, mas não têm ideia do que são realmente esses sentimentos.

Nosso mundo destaca a realização e o desempenho, excluindo o desenvolvimento emocional. As crianças pequenas aprendem a amarrar os sapatos, mas como aprendem a identificar seus sentimentos? As crianças maiores começam uma série de atividades intermináveis, mas como aprendem a lidar com os medos e as decepções? Os adolescentes concentram-se em esportes, nos estudos ou na popularidade, mas como aprendem a curar as feridas próprias da adolescência? A maioria não aprende essas coisas; ao contrário, casa-se.

A Bíblia mostra o Senhor como o Deus que "sente". O coração de Deus é tocado pelo sofrimento (GÊNESIS 6:6), decepção (MATEUS 26:40,41) e compaixão (SALMO 103:13). Como o Deus que "é amor" pode deixar de ser aquele que anseia se relacionar conosco com amor no coração? E como esse Deus poderia deixar de ser aquele que deseja que nos relacionemos um com o outro da mesma forma?

Nosso trabalho com casais quase sempre começa com os elementos básicos da emoção, começando com este: Sentimentos não são opiniões. Por exemplo, "acho que não estou cuidando direito das crianças" é uma opinião. Mas "sinto-me só quando não passamos um tempo de qualidade juntos" é um sentimento. Ajudamos os casais a aprender a identificar seus sentimentos e a se esforçar para curar sentimentos não resolvidos do passado. Assim, a raiva desaparece (EFÉSIOS 4:31), o medo é lançado fora (1 JOÃO 4:18,19) e os que choram são consolados (MATEUS 5:4).

Quando os casais fazem isso, entram no amor do casamento com um coração misericordioso, conforme Deus planejou.

Graças, Pai, porque me criaste para ser sensível.

O que você e seu cônjuge podem fazer para verbalizar melhor seus sentimentos?

8 DE SETEMBRO

misericórdia

Tenha misericórdia de mim, por favor

*...é o que o S*ENHOR *pede de ti: que pratiques a justiça, e ames a misericórdia, e andes humildemente com o teu Deus.* —MIQUEIAS 6:8

Muitos estudiosos bíblicos se referem a Miqueias 6:8 como o "coração" do Antigo Testamento — todos os ensinamentos do Antigo Testamento resumidos em um versículo. O foco de Miqueias é, de muitas maneiras, semelhante ao grande mandamento de Cristo, registrado em Mateus 22:37-40. O ponto central de Miqueias está na simplicidade dos relacionamentos. Miqueias dá-nos o mandamento "vertical" de "andar humildemente com Deus" e o mandamento "horizontal" de "praticar a justiça e amar a misericórdia". Vemos dois ingredientes destacados nesse mandamento. Primeiro, agir corretamente e praticar a justiça para não ofender alguém nem pecar contra os outros. E o segundo, amar a misericórdia — talvez em especial quando nos deparamos com as ofensas e pecados dos outros.

Recebemos grande bênção quando aplicamos esse chamado à misericórdia em nosso casamento.

Todos nós erramos, e um de nossos maiores medos é que a pessoa a quem ofendemos nos faça pagar muito caro por isso. A experiência é maravilhosa quando nosso erro é tratado com misericórdia em vez de ira. É um alívio quando, em vez de explodir conosco, a pessoa nos perdoa e tenta nos ajuda a aprender com o erro. Esse é o significado de misericórdia.

Todos nós cometemos muitos erros no casamento. Quando erramos, precisamos — às vezes desesperadamente — que nosso cônjuge nos mostre misericórdia. Quando ele nos mostra misericórdia, ocorre a cura. Quando não, o sofrimento torna-se mais intenso.

O casamento requer uma atitude de misericórdia, se quisermos que ele seja bem-sucedido. Com essa atitude de misericórdia, tornamo-nos a pessoa que Deus planejou que sejamos — pessoas maduras, que amam profundamente.

Você tem mostrado misericórdia a seu cônjuge ultimamente?

Pai, obrigado por nos dar Tuas instruções para todas as áreas de nossa vida, inclusive a de mostrar misericórdia aos outros.

? O que você pode fazer hoje para ter uma atitude de misericórdia, principalmente em relação a seu cônjuge?

9 DE SETEMBRO

misericórdia

Obrigada! Eu precisava disso

A misericórdia triunfa sobre o juízo. —TIAGO 2:13

Sue terminou a última página de seu trabalho acadêmico. Fazia uma semana que o estava escrevendo à mão e temia que sua demora em terminá-lo lhe custasse a chance de entregá-lo dentro do prazo, mas ela ainda tinha mais dois dias para digitar, corrigir e imprimir o trabalho. Barry, marido de Sue, disse a ela que lhe mostraria como fazer isso tão logo voltasse de uma viagem a negócios. Sue sabia que conseguiria entregar o trabalho no prazo. Afinal, receberia o diploma na primavera.

Sue começou a pensar no dia da colação de grau. Viu-se atravessando o corredor em direção ao palco, trajando capelo e beca de formatura. Mas seus pensamentos foram interrompidos pelo toque do telefone. Era Barry. Ele disse a Sue que a viagem se prolongaria até o fim da semana seguinte.

Ao ouvir as palavras do marido, o medo de Sue de não se graduar se transformou rapidamente em raiva. Porém, antes mesmo de a raiva tomar conta dela, antes mesmo de Sue ser tentada a censurar Barry severamente, o Espírito Santo aquietou suas emoções, e a raiva cedeu lugar à misericórdia. Os sentimentos de julgamento de Sue amainaram, e ela disse palavras de misericórdia ao marido.

"Vou sentir sua falta", Sue disse. "E estava particularmente esperançosa de contar com sua ajuda no computador para terminar meu trabalho."

Após um momento de silêncio, Barry tranquilizou a esposa.

"Sabe de uma coisa?", Barry disse. "Vou ligar para você à noite depois de minha última reunião e ensiná-la a usar o computador passo a passo. Se houver necessidade, ligo para meu escritório e peço a alguém que digite o trabalho para você."

A bondade de Barry — o fato de sacrificar seu tempo em favor dela — a emocionou. Mais tarde, Sue percebeu que isso só aconteceu porque ela foi misericordiosa com Barry.

Pai, quero mostrar misericórdia no casamento,
ajudando meu cônjuge no que ele precisar.

> **?** O que você pode fazer hoje para ter certeza de que a misericórdia triunfará sobre o juízo em seu casamento?

10 DE SETEMBRO

misericórdia

Como você se sente?

Você não devia ter tido misericórdia do seu conservo, como eu tive de você?
—MATEUS 18:33 NVI

Todas as pessoas expressam emoção. Algumas demonstram seus sentimentos abertamente, ao passo que outras os escondem. Algumas são sensíveis ao extremo, ao passo que outras não sabem o que sentem. Em geral, as pessoas expressam a mesma emoção de formas diferentes. Algumas expressam sentimentos de solidão afastando-se com tristeza, ao passo que outras expressam os mesmos sentimentos por meio de conversas intermináveis.

O ingrediente principal da aproximação nos relacionamentos é expressar a emoção de modo franco e construtivo. O primeiro passo é criar um vocabulário emocional. Significa dar nomes às diferentes emoções que apreciamos ou toleramos. Para estabelecer diálogo emocional no casamento, encorajamos os casais a revezar-se para dar nomes ao maior número possível de emoções.

Por que é importante identificar as emoções? Um dos motivos é que a maioria delas define para nós os principais problemas emocionais. Por exemplo, é muito comum a pessoa identificar a raiva como emoção, mas na realidade essa raiva pode ser a soma de sentimentos de desvalorização, rejeição e má interpretação. Sentir-se desvalorizado significa que necessitamos de apreciação; sentir-se rejeitado significa que necessitamos de aceitação; e sentir-se mal interpretado significa que necessitamos de compreensão.

Precisamos de uma intervenção divina de misericórdia que nos capacite nesse diálogo aberto de coração para coração. A misericórdia abranda o coração quanto às necessidades, emoções e até erros da outra pessoa. Permite que o casal comunique suas emoções um ao outro e aja corretamente em relação a elas.

Acima de tudo, de acordo com o versículo de hoje, Deus concedeu a cada um de nós uma grande dose de misericórdia, e Ele aguarda com muita seriedade que a compartilhemos.

Pai, por Tua misericórdia, permite que eu me conscientize do sofrimento de meu cônjuge.

O que você e seu cônjuge podem fazer hoje para comunicar melhor seus sentimentos um ao outro?

11 DE SETEMBRO

paz

Harmonia baseada em conhecer o outro

...o seu nome será: Maravilhoso Conselheiro, Deus Forte, Pai da eternidade, Príncipe da Paz. —ISAÍAS 9:6

Por muitos anos David e eu vivemos em conflito e discórdia emocional. Depois que entregamos a vida a Cristo, oramos sinceramente para que o Príncipe da Paz reinasse em nossa casa e a governasse. Queríamos que nosso casamento e nossa família refletissem a beleza de Seu nome.

Aos poucos, o Senhor começou a mostrar-nos que, para ter um lar onde reinasse a paz, cada um de nós precisaria priorizar o relacionamento com Deus, depois priorizar o cônjuge e a família. À medida que David começou a priorizar a família e o casamento acima da carreira profissional, muitos de nossos conflitos diminuíram. À medida que comecei a priorizar David acima do ministério, muitos outros conflitos cessaram. Começamos a ver sinais de paz em nosso lar.

Para ter um casamento marcado pela paz, David e eu tivemos de assumir o compromisso de amar um ao outro apesar de nossas diferenças. Tivemos de ver um ao outro com os olhos "cheios de graça" de nosso Salvador. Para ter paz, tivemos de ver além das falhas um do outro. Quando David começou a passar por cima de minhas falhas e me amar em vez de tentar me dar sermões, a paz de Cristo encheu nosso lar. Quando comecei a ver além das falhas de David e ver sua necessidade de respeito e honra em nosso lar, o Príncipe da Paz pôde reinar ali.

Finalmente, para ter um lar onde reina a paz tivemos de enfrentar os conflitos inevitáveis do casamento. O Príncipe da Paz nos mostrou que, para ter um lar sem discórdias, David e eu teríamos de falar a verdade um ao outro de maneira carinhosa. Comprometemo-nos a resolver nossos conflitos — mas com palavras gentis, palavras que promoveram um ambiente de paz.

Graças, Pai, por teres enviado o Príncipe da Paz.

> De que maneira você pode ser um embaixador do Príncipe da Paz hoje? Como pode promover mais tranquilidade e paz em seu lar?

12 DE SETEMBRO

paz

Paz apesar das diferenças

Vivei em paz uns com os outros. —1 TESSALONICENSES 5:13

Paz no sentido relacional é a tranquilidade interior que brota de uma causa comum. As diferenças entre nós e os outros produzem ansiedade e não paz, e as grandes diferenças produzem ansiedade em grau considerável.

A maioria das pessoas sente-se ameaçada pelas diferenças entre elas e os outros. Sentimo-nos inseguros porque deduzimos que essas diferenças implicam em que somos errados, incompetentes ou fracassados. Tais inseguranças provocam grandes divisões, bem como as tentativas de mudar os outros para serem mais semelhantes a nós.

Porém, nós, os cristãos, podemos descansar em uma paz que o mundo não conhece. Essa paz origina-se da comunhão de fé no Deus que domina o mundo e conhece nossa condição humana natural. Essa fé, fundamentada na certeza de que Deus nos aceitou apesar de nossas imperfeições, encoraja-nos a aceitar mutuamente e nos prepara para conhecer realmente um ao outro. Em geral, isso nos leva a descobrir que somos muito semelhantes apesar de nossas diferenças.

A ansiedade ou a tensão causada pelas diferenças afasta muitos casais. Teresa e eu somos diferentes um do outro em pontualidade, hora de dormir, exercícios físicos, dinheiro e disciplina dos filhos. Sob todas essas diferenças, no entanto, nós dois sentimos necessidade de amor, atenção e consolação.

Surpreendemo-nos ao descobrir que cada um de nós necessita de encorajamento quando estamos abatidos, e de apoio quando estamos lutando. Quanto mais reconhecemos que Deus nos criou para ter um relacionamento com Ele e entre nós, menos atenção prestamos às nossas diferenças. Quando passamos a reconhecer isso, a paz começou a substituir a tensão. É a paz que chega quando sentimos que cada um de nós sabe qual é a necessidade do outro e se preocupa em suprir a cada uma delas.

Graças, Pai, por nossas necessidades em comum
que usas sabiamente para unir-me a meu cônjuge.

? Que diferenças entre você e seu cônjuge você precisa substituir pelas necessidades que ambos têm em comum?

13 DE SETEMBRO

paz

Paz dentro de nossos muros

Reine paz dentro de teus muros... —SALMO 122:7

Um dos lados de nosso terreno de esquina é completamente natural, com muitas árvores crescendo na subida até o *deck*. No entanto, a paisagem do lado de nossa casa perto da rua é inacabada, portanto não é a melhor vista quando estamos no *deck*.

Uma noite, David estava passando alguns momentos agradáveis do lado de fora da casa quando resolvi fazer-lhe companhia. Ele estava completamente relaxado após o trabalho e em paz total. Porém, minutos depois que saí de casa, estraguei toda aquela paz com minha atitude. Tenho a tendência de ver a "metade vazia" do copo. Quando saí, só consegui ver as coisas erradas de nosso quintal. Comecei a me queixar daquilo que não tínhamos em vez de agradecer o que possuíamos.

David me incentiva a ver a vida de modo mais positivo. Quando faço isso, sinto paz.

O desejo do salmista por "paz dentro de teus muros" destaca o princípio de que a paz "dentro" precede a paz estendida ao lado de fora. Em nosso ministério, quando falamos sobre o grande mandamento de Cristo de amar a Deus e ao nosso próximo (MATEUS 22:37-40), costumamos destacar o fato de que, se somos casados, nosso "próximo" mais próximo é nosso cônjuge.

Em geral, David e eu dizemos que parece que o Grande Mandamento do amor precisa começar em casa. Se o amor de Cristo não estiver funcionando em casa, será difícil levar Seu amor e paz além de nossos "muros". Estabelecer a paz e o amor em casa continua a ser uma batalha muito difícil — mas o esforço vale a pena.

Paz é a recompensa por uma atitude positiva.

Pai, que Teu amor e paz reinem dentro dos muros de nossa casa, e que nosso "próximo" sinta isso.

> **?** Que atitudes você e seu cônjuge podem tomar hoje para assegurar que a paz reine dentro dos muros de seu lar?

14 DE SETEMBRO

paz

Promovendo a paz enquanto falamos a verdade

[Falando] a verdade em amor... —EFÉSIOS 4:15

"Querida, tenho certeza de que você não teve a intenção, mas fiquei magoado quando você não me apoiou quando eu disse às crianças que era hora de dormir."

Essas palavras não parecem mais adequadas para lidar com um conflito do que dizer: "Não aguento mais ver você tomando o partido das crianças"?

Falar a verdade sem amor causa discórdia dentro do casamento. Mas os casais podem aprender a "falar a verdade em amor", conforme o versículo de hoje nos instrui e, assim, promover a paz no lar.

Mágoas, irritações, necessidades não supridas são inevitáveis nos relacionamentos muito próximos. Aliás, a proximidade *amplia* as irritações diárias. Na família, temos de admitir que pessoas imperfeitas são forçadas a viver próximas umas das outras dia após dia, e isso causa estresse. E o estresse se intensifica no lar pela tendência de deixar cair a "máscara" pública de ser educado.

Encorajamos os casais a fazer uma lista das reclamações comuns: pouco tempo juntos, desavenças sobre a educação dos filhos, falta de apoio para cuidar da casa e assim por diante. Depois, pedimos que escrevam o que significa falar a verdade em amor. Essa parte do exercício tende a ser fácil porque a maioria dos casais já ouviu a verdade ser falada sem amor. Em seguida vem a parte difícil — reescrever as declarações da verdade acrescentando amor. Em geral, os casais precisam de ajuda para começar, por isso lhes damos uma pequena ajuda, como:

"Eu ficaria muito feliz se pudéssemos _____."
"Seria muito importante para mim se _____."

A expectativa de intimidade conjugal sem conflito é irreal. Mas aprender a resolver conflitos falando a verdade *em amor* intensifica a intimidade e encoraja a paz.

Senhor, lembra-me sempre de falar a verdade em amor e, assim, promover a paz em meu lar.

> **?** Como você pode mudar a maneira de falar a seu cônjuge e dizer a verdade em amor?

15 DE SETEMBRO

Um lugar de paz

Seja a paz de Cristo o árbitro em vosso coração... —COLOSSENSES 3:15

Temos sido abençoados com a oportunidade de realizar muitos seminários para casais por todo o país e no exterior. Gostamos imensamente do que fazemos, mas eu (Teresa) tenho de admitir que sou um pouco menos apaixonada por viagens do que David.

Apesar de viajarmos há muitos anos, sempre sinto um pouco de ansiedade quando estamos na estrada. Não penso que alguma coisa errada possa acontecer enquanto eu estiver viajando. Ao contrário, trata-se de uma ansiedade por eu estar fora de casa — meu lugar de paz, o lugar onde me sinto segura. Por mais imprevisível que a vida possa ser, o lar sempre me faz sentir bem e estável. Em geral, quando estou na estrada, digo a David que tudo que preciso é estar em casa e no "ninho".

Dorothy, de *O mágico de Oz*, estava certa. Não existe lugar melhor que o lar. Sinto falta dele quando estou longe e fico feliz ao voltar para casa. É maravilhoso voltar para o lugar cheio de paz após um seminário. Essa sensação de retornar ao meu ninho "de paz" é minha imagem de referência para a "paz de Deus". Quando descanso em Sua paz, a ansiedade vai embora e a sensação de "acolhimento" enche o meu coração. Paz é quando me sinto descansada, relaxada, e "paz de Deus" é quando estou descontraída com Ele, descansando na segurança de Seu cuidado.

Quero que meu lar seja sempre um lugar onde reine essa incrível paz. Sei que isso acontecerá quando David e eu descansarmos e confiarmos em nosso Senhor, que nos promete a paz que excede todo entendimento.

Deus, obrigado pelo casamento, família e meu lar.
Por favor, abençoe-os para serem um lugar contínuo de paz.

> **?** O que você e seu cônjuge podem fazer diariamente para reforçar a sensação de segurança e paz em seu lar?

16 DE SETEMBRO

paz

Um por todos e todos por um

...é em paz que se semeia o fruto da justiça, para os que promovem a paz.
—TIAGO 3:18

Ken desejava muito cursar o seminário. Era o sonho da vida dele. Kay, esposa de Ken, queria ajudá-lo, por isso planejaram que Kay poderia encontrar um trabalho de meio período fora de casa. As crianças ficariam na creche durante essas horas.

Mais ou menos na metade do ano, Ken notou mudanças na esposa. Kay perdia o controle com frequência e tinha o semblante pálido e abatido. Ken sabia que o chefe da esposa era uma pessoa difícil e que ela detestava deixar os filhos na creche. A situação estava destruindo Kay. Ken sabia que a esposa vinha em primeiro lugar e decidiu que, se Deus quisesse que ele continuasse a cursar o seminário, proveria o dinheiro de outra maneira. Kay precisava pedir demissão do trabalho.

Deus nos conduz na direção de Sua paz. Os fatores externos podem acarretar problemas, mas quando estamos onde Ele deseja que estejamos, Sua paz prevalece. Ken e Kay haviam perdido essa sensação de paz. Enquanto oravam juntos pela direção divina, eles expressaram gratidão um pelo outro. Kay queria manter o sonho de Ken de cursar o seminário, ao passo que Ken queria proporcionar a Kay uma vida na qual houvesse mais paz no dia a dia.

Ken e Kay não tinham ideia do que fazer, mas, quando assumiram o compromisso de ser generosos um com o outro, houve uma sensação de unidade e gratidão entre eles. Ambos sentiram que Deus se agradara do cuidado de um para com outro e confiaram no Senhor para receber outras orientações.

O Senhor atendeu, de fato, aos pedidos do casal. Uma semana depois, Kay recebeu uma oferta para trabalhar em casa. Agora ela podia demitir-se do emprego, ficar em casa com os filhos e manter Ken no seminário.

Sentimos paz em nosso casamento quando damos prioridade a nosso cônjuge em detrimento de outras coisas importantes.

Senhor, quero sentir paz para suprir as necessidades de meu cônjuge antes das minhas.

Que atitudes você e seu cônjuge precisam tomar hoje para trazer a paz de Deus a seu lar?

17 DE SETEMBRO

paz

Palavras de paz

Uma esposa exemplar; feliz quem a encontrar! [...] Fala com sabedoria e ensina com amor. —PROVÉRBIOS 31:10,26

A esposa tem a tarefa especial de contribuir para um ambiente saudável e positivo no lar. Teresa costuma encorajar as esposas a levantar o assunto com o marido, usando palavras como estas: "Quero ser a esposa de um homem feliz de verdade, por isso gostaria que você me dissesse algumas coisas que poderiam fazê-lo feliz". Às vezes, ela também encoraja as esposas a reler Provérbios 31 e 1 Pedro 3:1-7, para saber como tornar o marido feliz.

Pedimos também aos casais que querem criar um ambiente mais pacífico em casa que encorajem um ao outro com palavras positivas. Incentivamos ambos a dizer um ao outro palavras de encorajamento, gratidão e afeto todos os dias e que acolham um ao outro em casa com palavras de empatia, compreensão e ternura. Pedimos que troquem elogios em público ou reservadamente.

Acreditamos que isso está de acordo com o que a Palavra de Deus nos diz sobre o poder das palavras. Conforme o versículo de hoje indica, um dos aspectos importantes da esposa "exemplar" é que ela "fala com sabedoria e ensina com amor". As palavras têm o poder de trazer paz ou provocar discórdia.

A esposa exemplar precisa aprender a refrear a língua e transformar comentários negativos ou críticas em palavras que edifiquem (EFÉSIOS 4:29). Por exemplo, observe a diferença entre: "Você se preocupa mais com sua carreira do que comigo!" e "Sei que você anda muito atarefado no trabalho e estou satisfeita com seu esforço, mas me sinto sozinha sem você. Gostaria que em breve pudéssemos passar mais tempos juntos".

A esposa que aprende a falar de modo carinhoso dá um passo enorme para promover a paz no casamento.

Pai, concede Tua paz ao nosso casamento,
a paz que o mundo não conhece.

> Que palavras de elogio e encorajamento você pode dizer hoje a seu cônjuge a fim de promover a paz em seu casamento?

18 DE SETEMBRO *elogio*

Elogiar: uma contribuição significativa

> Ó SENHOR, quem é como tu entre os deuses? Quem é como tu, glorificado em santidade, terrível em feitos gloriosos...? —ÊXODO 15:11

A pergunta retórica do salmista é bastante apropriada: Ninguém é como Tu, ó Deus! O elogiar não tem nenhuma definição verdadeira sem a maravilha de nosso Criador. Ele dá à palavra o seu significado e, ao fazer isso, define nosso propósito. Temos o privilégio de gerar elogios.

Introduzir elogios no casamento significa que eu preciso deixar para trás minhas palavras e pensamentos negativos ou atitudes críticas. Elogiar a esposa significa que abandono meu papel de *queixoso, instrutor ou resmungão*. Elogiar a esposa significa que preciso procurar oportunidades para encontrar valor, mérito e aprovação. Expresso gratidão à minha esposa e digo-lhe palavras agradáveis que lhe trazem alegria.

Teresa e eu descobrimos que, se temos dificuldade em elogiar um ao outro, isso significa que precisamos dar mais atenção ao nosso tempo devocional com Deus. Observamos que não podemos sair da presença do Senhor com espírito crítico ou atitude negativa. Quando Deus cuida de nossas irritações e meditamos na provisão dele para nossas necessidades, sentimos o desejo de lhe ser gratos. E parece que quanto mais "vertical" for o nosso louvor, mais facilmente o elogio "horizontal" começará a fluir. Quando nos afastamos para estar com Ele e experimentamos a maravilha de um coração repleto de louvor, sentimos estar preparados para ter uma aproximação maior com nosso cônjuge.

Teresa e eu também descobrimos que, à medida que aumentamos nossas expressões de elogios um pelo outro, Deus sente-se duplamente feliz. Ele ouve nossa gratidão e recebe a glória por Sua provisão generosa. Mas o Senhor também se alegra com o testemunho único e milagroso de um casamento no qual existe intimidade. Só Deus pode nos tirar da situação de "tolerar um ao outro" e nos levar a ter momentos de intimidade e elogios um com o outro.

Ninguém é como Tu, ó Deus. Nós te louvamos.

> **?** Que palavras de louvor você tem para Deus?
> Que palavras de elogios tem para o seu cônjuge?

19 DE SETEMBRO *elogio*

Uma experiência de vencer e vencer

...o que prova o homem são os elogios que recebe. —PROVÉRBIOS 27:21 NVI

Elogiar é, de fato, uma questão de vencer e vencer. Quem recebe elogios sente-se abençoado por ter sido reconhecido como alguém de valor e importante. Quem elogia é abençoado com um coração agradecido e sem espírito crítico.

Em nossas palestras lembramos aos participantes que, no primeiro dia do ministério terreno de Cristo, Ele ouviu palavras vindas do céu. Cristo ainda não havia pregado nenhum sermão nem realizado nenhum milagre, mas Ele começa Seu ministério ouvindo palavras de elogio. "Este é o meu Filho amado, de quem me agrado" (MATEUS 3:17 NVI). Cristo seria rejeitado por Seu povo e, por fim, traído por Seus discípulos, mas buscou força no significado destas palavras — o Pai se agrada dele! As palavras de afirmação do Pai transmitem valor ao Filho. Nossas palavras de afirmação transmitem valor, fortalecem corações e sustentam casamentos.

O ato de elogiar um ao outro confirma e intensifica o relacionamento. Costumamos usar palavras de elogios em nosso trabalho com casais. Eles dizem um ao outro palavras semelhantes a estas: "Sinto-me especialmente amado por você quando _____". Os elogios dão um entendimento maior aos casais de como o outro "sente" melhor o amor. Há outro exercício mais ou menos assim: "Uma das qualidades que admiro em você é... Vi essa qualidade quando...". Isso ajuda a identificar qualidades específicas e exemplos concretos que são dignos de elogio. Em cada um desses exercícios pedimos aos casais que fiquem de frente um para o outro, de mãos dadas, e verbalizem sua reação às palavras do outro. O cônjuge "recebe" a expressão de gratidão e a reconhece de modo positivo.

Muitos casais destacam a simplicidade desses exercícios e o profundo impacto na vida deles. Cada um começa a experimentar o "vencer e vencer" do elogiar.

Graças, Pai, pelo privilégio e pelo poder do elogio.

> **?** Como você pode completar os exercícios mencionados acima? Quando você dirá essas palavras de elogio ao seu cônjuge?

20 DE SETEMBRO

elogio

Dê uma oportunidade a ele

...se alguma virtude há e se algum louvor existe, seja isso o que ocupe o vosso pensamento. —FILIPENSES 4:8

Parecia que David e eu estávamos tomando rumos diferentes em relação as nossas finanças. Eu queria poupar mais e sentia que David estava tentando gastar mais. Eu estava fazendo palestras em um fim de semana na Carolina do Sul e David estava no Tennessee realizando uma tarefa para a faculdade. Encontramo-nos em Atlanta no sábado à noite, onde passaríamos a noite.

David havia sido criterioso ao fazer as nossas reservas de hotel e planejou nosso encontro com muito cuidado. Queria dar prioridade a meus desejos, por isso investigou as melhores lojas para eu fazer as compras e os lugares para "ver gente" na cidade. Esforçou-se muito para tornar especial a minha estadia em Atlanta.

Em vez de elogiá-lo, meu primeiro pensamento foi o de criticar David por gastar tanto dinheiro extra. Felizmente, Deus incutiu em mim o pensamento de que eu deveria pensar nos atributos dignos de louvor de meu marido. Deus incentivou-me a meditar nos traços de caráter virtuosos de David. Percebi que precisava elogiá-lo por seus esforços e consideração em vez de ser tão negativa. Eu poderia ter prejudicado nosso lazer se tivesse sido crítica em vez de elogiar David. E mais importante ainda, poderia ter magoado meu marido profundamente se tivesse continuado a pensar apenas em coisas negativas.

Uma das lições que aprendi ao longo da jornada é elogiar David por seus "motivos", mesmo que eu não concorde plenamente com os "métodos". O motivo dele para reservar um tempo especial para mim foi digno de louvor, e Deus modificou meu modo de agir. Quanto mais aprendo a elogiar os motivos em vez de criticar nossos métodos diferentes, mais Deus tem trabalhado para aproximar nossos métodos.

Senhor, graças por me ajudares a mudar meus pensamentos.

> Em vez de concentrar-se nas diferenças ou traços negativos de seu cônjuge, que pensamentos dignos de elogio a respeito dele você poderia ter hoje? Como poderia expressá-los?

21 DE SETEMBRO

elogio

O poder do elogio

Que outros façam elogios a você, não a sua própria boca...
—PROVÉRBIOS 27:2 NVI

Os casais com os quais conversamos são, em geral, aqueles que esqueceram o poder do elogio. As esposas, particularmente, parecem subestimar o poder de suas palavras de afirmação. E os homens em geral parecem tão desligados ou autoconfiantes que nunca acham que a esposa necessita ser elogiada.

Lembro-me das críticas constantes de Lewis dirigidas à sua esposa, Andrea, por seu modo de gastar dinheiro. Fazia-lhe perguntas como estas: "Você tem ideia de quanto custa morar aqui?" e "Você não entende quanto custa pagar a escola de nossos filhos?".

Todos nós sabíamos que não faltava dinheiro a Lewis e à esposa. Possuíam tudo de que necessitavam e mais. Então, será que Lewis era tão "mão-fechada" e crítico por natureza? Qual era o *verdadeiro* problema entre os dois?

Eu (Teresa) lembro-me de ter perguntado a Andrea: "Normalmente, quem agradece e elogia Lewis por seus esforços para sustentar a casa? A resposta foi reveladora. "Acho que ninguém", ela respondeu.

Por mais estranho que possa parecer, as críticas de Lewis em relação ao uso que a esposa fazia do dinheiro talvez tenha sido um grito dele para receber gratidão. Encorajamos Andrea a cuidar desse problema em vez de reagir às críticas do marido.

Andrea começou a expressar gratidão e elogiar o esforço e a sabedoria do marido, afirmando-o publicamente por sustentar a família com fidelidade. O que Lewis realmente queria o tempo todo era ser elogiado pela esposa. Quando ela começou a lhe dizer palavras positivas, a crítica parou e eles se aproximaram mais um do outro.

Por meio de palavras, o marido ou a esposa tem a missão particular de edificar um ao outro.

Guarda meus lábios, Pai, para que minhas palavras sejam apenas para exaltar e edificar.

> **?** Em que área de seu casamento você pode substituir palavras de críticas por palavras de afirmação?

22 DE SETEMBRO

elogio

Elogio tímido

Seus filhos se levantam e a elogiam; seu marido também a elogia...
—PROVÉRBIOS 31:28 NVI

Você não se sente feliz ao ser elogiado por algo que fez? Há pouca coisa semelhante a isso. Todos nós adoramos receber palavras de incentivo quando trabalhamos bem. Faz parte de nossa natureza.

Infelizmente, em muitos casamentos há o que chamamos de "deficiência de elogios". Na maioria deles, o elogio, quando oferecido, quase sempre é tímido ou, na melhor das hipóteses, "ambíguo". Estamos falando de "elogios" do tipo: "Este traje não lhe cai tão mal assim".

Todos nós precisamos de elogios para prosseguir na vida. Precisamos que alguém note nossos esforços e talentos e nos dê "afagos" verbais. Precisamos de louvores claros, fortes e firmes, para que saibamos, sem sombra de dúvida, que estamos sendo elogiados.

O esmero de nosso elogio tem relação com a sinceridade de nossas palavras. Elogio verdadeiro não é bajulação — palavras de "louvor" proferidas a outra pessoa em benefício nosso. O elogio genuíno é altruísta — uma expressão de nossa gratidão em benefício de outra pessoa.

Há um elemento importante no elogio verdadeiro que ajuda a transmitir sua sinceridade: "conhecer" a pessoa de modo franco e honesto. Se eu (David) fosse elogiar Teresa por sua flexibilidade, ela riria ou imaginaria que enlouqueci. Flexibilidade *não* é definitivamente uma das características da personalidade de Teresa, e não haveria sinceridade de minha parte se eu a elogiasse por isso. Por outro lado, ela ficaria feliz se eu expressasse gratidão por seu coração perdoador, pelo compromisso de dizer a verdade e pelo esforço para cumprir suas responsabilidades. Esses elogios afirmariam a ela que a "conheço" de verdade.

Elogie seu cônjuge pelas coisas boas que ele faz. Não permita que seu elogio seja tímido. Fale bem alto e claro e com sinceridade.

Deus, ajuda-me a oferecer elogios ao meu cônjuge com regularidade, clareza e sinceridade.

> **?** Que sinceros elogios você pode dizer a seu cônjuge hoje?

23 DE SETEMBRO

elogio

Palavras de refrigério

A língua serena é árvore de vida, mas a perversa quebranta o espírito.
—PROVÉRBIOS 15:4

Os pais de Ann foram muito infelizes na vida conjugal. O pai era fraco e a mãe, controladora demais. Anne sentia que precisava evitar que seu casamento tivesse o mesmo destino.

A princípio, os comentários de Ann ao marido eram úteis, mas, aos poucos, deterioraram-se a ponto de se transformar em críticas mordazes. Ele tornou-se fraco e reservado. Ann e o marido tinham um compromisso verdadeiro com o casamento, portanto decidiram buscar ajuda. Ann ficou sabendo que o marido sofrera críticas na infância e lidava agora com elas como lidava no passado: fechando-se em seu mundo.

O versículo de hoje nos lembra do poder da língua. Nossas palavras têm o poder de vida e o poder de destruir o espírito. As críticas de Ann estavam destruindo o espírito de seu marido e empurrando-o para o isolamento.

Ann e o marido estavam passando pelo mesmo sofrimento que haviam passado na infância. Viviam fechados dentro de um ciclo de magoar um ao outro das maneiras mais dolorosas possíveis, como nunca haviam feito antes. As críticas que o marido recebia de Ann ampliavam-se por causa do sofrimento que ele sentia pelas críticas do pai. Quando o marido de Ann se afastou, ela se lembrou da dor que sentia em razão do distanciamento de seu pai.

O poder da língua de trazer vida estava prestes a entrar em ação. Depois de participar de um de nossos retiros "intensivos" para casais, Ann e o marido passaram a entender o sofrimento um do outro e a trocar palavras de carinho.

Ann descobriu a utilidade de começar a elogiar o marido uma vez por dia. Logo passou a elogiá-lo mais de uma vez. O marido começou a reagir com mais liberdade, conversando com ela sobre seu dia e seus problemas. Ela passou a ouvir mais. Em pouco tempo a situação melhorou extraordinariamente.

Pai, ajuda-me a ter prazer
em dizer palavras de afirmação ao meu cônjuge.

> Se você tivesse de fazer um comentário positivo a seu cônjuge hoje, qual seria?

24 DE SETEMBRO

elogio

Deus fez o bem!

...fazendo o bem [...] enchendo o vosso coração de fartura e de alegria.
—ATOS 14:17

Que declaração maravilhosa é dizer que Deus fez o bem! Ele fez o bem porque Sua natureza é assim. Deus não é um desmancha-prazeres celestial, mas um Pai cuidadoso que não deseja retirar as coisas boas de nós. Ele deseja que sintamos alegria em tudo o que pertence à vida e à santidade. Isso inclui gostar de nosso cônjuge. Gostar de outra pessoa — estar junto dela e sentir uma alegria especial na companhia um do outro — é uma parte especial do plano de Deus para o casamento. Deus fez o bem quando criou seu cônjuge *só para você*.

É incrível saber que muitos casais pensam que, na melhor das hipóteses, o casamento deve ser tolerado. Suportá-lo é a última esperança, e eles acreditam que conseguiram uma grande façanha só pelo fato de permanecerem casados.

Dentro dessa atitude de mediocridade e complacência devemos crer que há o Deus que deseja dar vida e a dá em abundância. Isso não significa proteção especial dos problemas. Significa alegria, paz e liberdade em meio aos problemas. Parte do plano de Deus para tal abundância são os relacionamentos divinos por meio dos quais ele escolheu trabalhar: casamento, família e igreja.

A estratégia especial que Teresa e eu elaboramos para vivenciar Deus "fazer o bem" todos os dias é obedecer a Romanos 12:15: "Alegrai-vos com os que se alegram e chorai com os que choram". Fazemos isso com frequência, perguntando um ao outro: "Aconteceu alguma coisa positiva e empolgante hoje?". E alegramo-nos juntos. Perguntamos também: "Aconteceu alguma coisa triste ou decepcionante hoje?". Se algo triste ou decepcionante aconteceu, choramos juntos.

Quando nos alegramos juntos e choramos juntos, desenvolvemos uma atitude de louvor em nosso casamento, uma atitude que diz: "Deus, fizeste o bem trazendo meu cônjuge para mim".

Graças, Pai celestial, porque és o Deus que mostra bondade!

[?] De que maneiras específicas você pode comemorar a bondade de Deus por Ele ter trazido seu cônjuge para você?

25 DE SETEMBRO *oração*

Suplicando a Deus pela unidade no casamento

Dá ouvidos, ó Deus, à minha oração... —SALMO 55:1

A providência de Deus para a comunhão com Ele por meio da oração diz muito sobre Seu caráter. Ele nos buscou e estabeleceu esse canal divino de oração. Deus ouve nosso clamor como a mãe ouve o clamor de seus filhos.

Ele conhece minha voz e atende aos meus clamores. Assim é o meu Senhor: o Deus de iniciativa que me busca com amor, o Deus de grande sensibilidade que me ouve, o Deus de intimidade que me conhece, e o Deus da graça que atende as minhas necessidades.

O plano de Deus para o casamento é unir o marido e a esposa de modo que se tornem "uma só carne" — espírito, alma e corpo. A unidade espiritual por meio da oração mútua é parte vital do plano de Deus.

Não é de surpreender, então, que a ordem do mundo para o casamento seja exatamente o oposto: "Ter intimidade física em primeiro lugar e depois ver se conseguimos ser amigos. Se mais tarde acharmos importante, cuidaremos de nossa vida espiritual". Muitos casais carregam durante décadas o sofrimento dessas prioridades mal colocadas, sem perceber que Deus tomou a providência de restaurar Suas prioridades. E esse processo de restauração requer que tenhamos acesso ao poder e à força da oração.

A oração deve ser parte vital da vida dos cristãos casados. É importante orar e suplicar a atenção e o favor de Deus para o cônjuge. As orações de agradecimento aproximam os casais. As orações pelos filhos ajudam o casal a ter o mesmo pensamento quando se trata de educá-los. Pedir oração ao sair de casa de manhã para o trabalho dá ao casal a oportunidade de compartilhar as mesmas ideias durante o dia.

Deus está disposto a ouvir nossas orações, tanto as orações individuais como as orações do casal. Devemos fazer o possível para separar um tempo a fim de desfrutar esse privilégio maravilhoso.

Graças, Senhor pelo privilégio especial de orarmos juntos.

> **?** Em que hora do dia e em que circunstâncias você e seu cônjuge vão orar juntos?

26 DE SETEMBRO

oração

A oração ajuda a curar mágoas

...orai uns pelos outros, para serdes curados... —TIAGO 5:16

Não existe um instrumento mais poderoso de cura para os relacionamentos que a oração. Em meio a cada discussão no casamento, os casais podem chegar a um entendimento mútuo entregando-se à oração: "Não se faça a minha vontade, e sim a tua" (LUCAS 22:42). Há uma importante mensagem de cura quando os dois oram juntos, declarando sua dependência do Criador. Quando os casais proclamam juntos a grandeza de Deus, o orgulho é suplantado e o relacionamento, curado.

Há uma dimensão importante da oração que Teresa e eu descobrimos: é útil orarmos juntos depois de pedir desculpa. Tiago 5:16 oferece uma fórmula para curar relacionamentos: Primeiro, confessar os pecados um ao outro e depois orar um pelo outro. Em Sua infinita sabedoria, Deus nos deu orientações importantes para a cura dos relacionamentos — pedidos de desculpa seguidos de oração.

Recentemente, depois de magoar Teresa com uma resposta curta e impaciente, senti o dever de me desculpar com ela: "Eu estava errado quando a magoei com minha reação áspera; tenho certeza de que a ofendi. Estava errado; você me perdoa?". Abraçamo-nos e ela sussurrou: "Eu o perdoo". Enquanto continuávamos abraçados, murmurei uma oração: "Senhor, não quero magoar Teresa com minhas palavras ou atitudes. Transforma-me, Pai. Torna-me mais sensível a ela. Quero amá-la melhor".

A associação de meu pedido de desculpa feito com humildade e meu pedido a Deus que interviesse provou mais uma vez que isso traz cura ao casamento. Descobri que, quando Teresa sente minha sinceridade ao dizer que a magoei e ouve que admito meu erro, ela se sente respeitada e valorizada. E quando ela ouve minha oração a Deus e meu pedido de que Seu poder promova as mudanças necessárias em mim, ela se sente segura. Quando faço a oração de Tiago 5:16, as mágoas são curadas.

Obrigado, Senhor, por Teu plano restaurador.

? Que confissão precisaria ser compartilhada com seu cônjuge? Que oração seu cônjuge precisaria ouvir?

27 DE SETEMBRO

oração

Alguém "de carne e osso"

E eles orarão com muito carinho por vocês, por causa do imenso amor que Deus tem mostrado a vocês. —2 CORÍNTIOS 9:14 NTLH

Eu (Teresa) sei que Deus me ouve quando oro por mim e para mim. Há ocasiões em que sei que Deus quer que eu confie somente nele. Mas sei também que Deus me deu alguém "de carne e osso" para orar comigo e por mim.

Em um dia especialmente difícil, eu queria que David orasse por mim. Sempre me senti muito mais próxima a ele quando oramos. Parece que lido melhor com as situações quando tenho a oportunidade de conversar com David, e depois ele nos conduz em oração. A união em nosso lar, que existe pelo fato de orarmos juntos, enfraquece o inimigo e seu ataque sobre nós. Quando David e eu oramos juntos, sinto que sou capaz de passar por provações com a atitude de vencedora.

Deus tem usado nossos momentos de oração para ajudar a quebrar minha independência. Minha tendência é ter uma atitude de: "Vou cuidar disto sozinha, e se der errado, vou orar". Sei que essa atitude, às vezes, me cria problemas e sei que é uma atitude que Deus deseja mudar em mim. Ele usa nossos momentos de oração para ensinar-me a ser humilde e a ser mais dependente dele momento após momento.

Deus também tem usado nossos momentos de oração para aproximar David e eu de forma espiritual e emocional. David me disse que se sente particularmente abençoado quando lhe peço que ore comigo e por mim. Disse que isso o faz "sentir-se necessário" e nos aproxima mais ainda.

Pai, graças porque me deste alguém
"de carne e osso" para orar por mim.

> Pelo que, especificamente, você gostaria que seu cônjuge intercedesse quando se reúnem para orar juntos?

28 DE SETEMBRO *oração*

Olhando para Ele

E o meu Deus [...] há de suprir [...] cada uma de vossas necessidades.
—FILIPENSES 4:19

Andy e Patti recorreram a nós em busca de ajuda durante o primeiro ano de casamento. O amor já havia morrido e os ressentimentos sufocaram o romantismo.

Durante a primeira sessão, identificamos dinâmicas comuns, porém dolorosas, dentro do relacionamento de Andy e Patti. As expectativas que um tinha do outro os estavam "matando". Andy disse: "Patti espera jantar fora duas vezes por semana e precisa de aproximadamente 900 reais para comprar roupas, e tenho de fazer a vontade dela, nosso orçamento permitindo ou não". Patti disse: "Andy espera fazer sexo duas vezes por semana e quer que eu o acompanhe às reuniões da empresa, por isso me acomodo à situação, gostando ou não".

Deus certamente nos criou com a capacidade de abençoar nosso cônjuge quando suprimos suas necessidades, porém nossas *expectativas* devem ser direcionadas a Deus, não a nosso cônjuge. Deus é Aquele que prometeu "suprir cada uma de [nossas] necessidades". Em Sua soberania, Ele pode querer envolver seu cônjuge para suprir suas necessidades, mas não devemos criar expectativas em torno disso.

Andy e Patti estavam presos na armadilha dolorosa de tentar "sacar" um do outro. Dissemos a eles que o desejo de Deus era o contrário: que confiassem suas necessidades a Ele e que soubessem que estavam confiando no Senhor quando começassem a se concentrar em suprir as necessidades um do outro.

Para onde dirijo minhas expectativas para suprir as necessidades legítimas e humanas? Deus quase sempre envolve outras pessoas para suprir minhas necessidades, mas deseja que minha fé seja direcionada a Ele. Esperar que Deus supra as necessidades de acordo com Sua Palavra nos dá a certeza de que Ele age por meio de outras pessoas.

Andy e Patti começaram a entregar suas necessidades a Deus e a suprir as necessidades um do outro.

Graças, Pai, por Tua provisão, que me liberta para ser generoso.

? O que você pode fazer hoje para começar a confiar em Deus, e não em seu cônjuge, para suprir suas necessidades?

29 DE SETEMBRO

oração

O casal que ora junto, permanece junto

Está alguém entre vós sofrendo? Faça oração. —TIAGO 5:13

O mistério de dois se tornarem um no casamento só é possível por meio de um relacionamento íntimo com Aquele que deu essa ordem. A oração é o caminho para termos um relacionamento com Deus. O casamento foi planejado para que a vida do casal se baseie na dependência divina. Quando Teresa e eu recorremos ao Senhor em oração e dependemos dele para aliviar um sofrimento, consolar em momentos de dor e atender a uma necessidade, Ele oferece uma fonte ilimitada de amor para nosso cônjuge. Quando oramos, reconhecemos nossa absoluta dependência de Deus e, dessa forma, aproximamo-nos mais dele — a fonte de amor que jorra em nós.

Teresa e eu também descobrimos que a oração traz humildade ao casamento e aumenta a compaixão um pelo outro. Ao orar com Teresa, lembro-me de que necessito da graça de Deus. E ao orarmos juntos sobre problemas com os filhos ou decisões em nosso ministério, sou compelido a reconhecer humildemente meus pontos fracos e me submeto ao favor imerecido de Deus.

Ao longo dos anos, também tenho orado por Teresa. Tenho orado quando ela tem dificuldade para resolver os problemas da família. Busco a Deus quando nossos amigos se mudam para outro lugar ou a magoam profundamente. Nessas ocasiões o Senhor coloca em meu coração uma ternura especial por Teresa. E quando reflito no sofrimento dela e peço ao Senhor que eu sinta o mesmo que Ele sente por Teresa, meu coração transborda de compaixão por minha esposa.

Finalmente, Teresa e eu somos agraciados com esta simples oração: "Senhor, desejo o que Tu desejas; ajuda-me a discernir Teus desejos e dá-me poder para viver de acordo com eles". Seja qual for o problema ou o conflito, quando fazemos essa oração juntos, nosso coração se une no desejo de conhecer e fazer a vontade de Deus.

Deus, ajuda-nos a levar a oração a sério em nosso casamento.

> Quando você poderia orar com seu cônjuge a respeito de uma situação ou luta? Em que área o Senhor deseja sensibilizar seu coração quando você ora por seu cônjuge.

30 DE SETEMBRO

oração

De quem é a melhor ideia?

Porque os meus pensamentos não são os vossos pensamentos, nem os vossos caminhos, os meus caminhos, diz o SENHOR. —ISAÍAS 55:8

Ao longo dos anos, Teresa e eu gastamos muito tempo e muitas palavras discutindo sobre quem tem os melhores "pensamentos". Tivemos conflitos por problemas inimagináveis no casamento, como: "Meu carro está sem gasolina", "Não há saldo em meu talão de cheques" e "Por que você não telefonou avisando que eles viriam com você?".

Nossa lista de "problemas" conjugais no decorrer de décadas é interminável, porém, embora sejamos lentos para aprender, encontramos um caminho melhor.

Começamos com o princípio de que nenhum de nós tem os "melhores" pensamentos, ideias ou planos. Eles podem ser bons, mas, conforme diz o versículo de hoje, não são os pensamentos *de Deus,* portanto, não podem ser os melhores. Conclusão: os pensamentos, ideias e planos de Deus nunca estão em segundo lugar.

O famoso missionário George Mueller orou assim: "Pai, tenho meus pensamentos a respeito deste assunto, mas quero Teus pensamentos. Não quero que minha vontade prevaleça — quero que Tua vontade prevaleça". Quando Teresa e eu buscamos ao Senhor em oração dessa maneira, Ele nos aproxima e Seus caminhos prevalecem.

À medida que aprendemos a lidar com os problemas do casamento dessa maneira, hoje há mais harmonia entre nós e passamos também a apreciar o modo como cada um de nós pensa. Passei a gostar muito da percepção de Teresa em relação as pessoas, sua sensibilidade para suprir as necessidades das crianças e muitas outras qualidades. Eu não teria apreciado completamente esses pontos fortes dela se não tivéssemos passado um tempo juntos buscando os pensamentos, as ideias e os planos de Deus.

Pai, queremos levar os problemas a ti em oração e confiar que sabes o que é melhor para nós.

> Que problemas você precisa apresentar ao Senhor para serem resolvidos hoje?

Notas

outubro

- oração
- proteção
- repreensão
- correção
- respeito
- segurança

1.º DE OUTUBRO *oração*

Começando silenciosamente

...se dois dentre vós, sobre a terra concordarem a respeito de qualquer cousa que, porventura, pedirem, ser-lhes-á concedida por meu Pai, que está nos céus. —MATEUS 18:19

Muitos casais com quem conversamos desejam ter um relacionamento espiritual mais próximo um com o outro e, em geral, perguntam-nos como e por onde começar essa jornada. Esse conceito parece ser uma preocupação entre todas as pessoas casadas. Uma pesquisa recente indicou que menos de 15% dos casais que frequentam alguma igreja oram juntos. Os casais apresentam várias razões, tais como: "Não sei exatamente o que dizer", "Não sei orar tão bem quanto o pastor" ou "Receio que meu cônjuge me corrija".

Sugerimos que os cônjuges comecem a jornada de aprender a orar um com o outro, fazendo de vez em quando uma oração silenciosa juntos. Recomendamos que os casais passem alguns minutos conversando sobre assuntos importantes — preocupações, esperanças, sonhos e temores em relação aos filhos, trabalho, dinheiro ou eventos futuros. Essa conversa pode ocorrer no fim do que chamamos de "reuniões conjugais" ou um pouco antes de dormir.

Recomendamos também que, no final da conversa, o casal segure a mão um do outro — é mais apropriado que o marido tome a iniciativa — e orem juntos em silêncio por dois ou três minutos. Se um dos cônjuges, ou os dois, sentir-se à vontade para orar em voz alta, ótimo. Se não, podem continuar a orar silenciosamente.

Na maioria das vezes os casais sentem uma importante aproximação espiritual quando oram juntos, e muitos relatam que há uma aproximação física a seguir.

O versículo de hoje faz referência à reação do Pai quando "duas pessoas concordam" em oração. À luz do plano de Deus para a aliança do casamento, não há duas concordâncias mais poderosas do que as de duas pessoas que Deus vê como uma só.

> *Pai, te damos graças pelo poder da oração de duas pessoas que oram juntas. Que seja assim conosco em nosso casamento.*

[?] Que atitudes específicas você tomará hoje para tornar os momentos de oração com seu cônjuge mais confortáveis e frutíferos?

2 DE OUTUBRO

proteção

Posicionando-me entre meu cônjuge e o mal

...eu, o Senhor Todo-Poderoso [...] protegerei [...] salvarei [...] livrarei...
—ISAÍAS 31:5 NTLH

Não é bom saber que o Senhor Todo-Poderoso é o seu protetor? As pessoas podem ser úteis, prestativas e encorajadoras, mas a promessa que lhe foi dada é que, com Jeová, você prevalecerá. Nada escapa à visão do Senhor, e nenhum obstáculo prevalece em Seu caminho. Sua asa protetora proporciona abrigo e segurança. Sua mão poderosa preserva minha vida e me protege do adversário. Seu forte nome é minha defesa e meu escudo.

A passagem de Isaías me lembra (David) de que Deus é o protetor completo e absoluto de minha alma. Quando leio a passagem, vejo-me em um campo de batalha sob o ataque de um exército de inimigos violentos. Estou fraco, indefeso e exausto. Nesse momento o Senhor me diz: "Sou seu refúgio seguro. Sou a fortaleza que você pode encontrar e sentir-se protegido. Sou seu defensor. Luto na batalha com você. Permaneço a seu lado e impeço os golpes do inimigo. Com meu escudo, eu o protejo das flechas do inimigo e liberto-o de suas armadilhas. Sou sua esperança para a vitória. Preservo sua vida e sua saúde. Afasto você do perigo e coloco-o em um lugar de descanso. Você precisa lutar, mas saiba que estou sempre aqui para protegê-lo, salvá-lo e livrá-lo. Você é meu filho, e eu o amo".

Quando sinto a proteção de Deus, estou mais preparado para proteger meu casamento. Proteção significa que eu trabalho para proporcionar um lugar seguro e um refúgio para meu cônjuge e para preservar o amor que partilhamos. Significa que sempre valorizarei o presente que Deus me concedeu — meu cônjuge.

Pai, graças por Tua proteção. Preciso de ti comigo para preservar e proteger a mim e meu casamento.

Em que áreas ou circunstâncias específicas Deus proporciona proteção em seu casamento? Em que áreas Ele o está equipando para proporcionar proteção?

3 DE OUTUBRO *proteção*

Protegido pela sabedoria do alto

A sabedoria fortalece ao sábio... —ECLESIASTES 7:19

O salmista fala de minha tendência de andar a esmo como uma ovelha, porém diz que a sabedoria de Deus me protege quando escolho meus passos. A sabedoria de Deus me protege de me desviar do caminho porque Ele me dá discernimento para a vida diária. Deus vê tudo — o quadro inteiro. Vê o fim desde o começo e o último passo antes que eu dê o primeiro. Essa sabedoria me concede algo para compartilhar à medida que busco amar este cônjuge especial que Deus me deu.

Proteção no casamento tem a ver com uma sensação crescente de segurança em seu cônjuge. Significa que você confia que ele estará presente quando precisar de um ombro amigo. Que você tem a segurança de saber que ele defenderá sua reputação ou caráter. Proteção significa precaver-se de danos físicos ou emocionais. Significa fazer todo o possível para proteger seu cônjuge de situações que causem estresse ou sofrimento emocional. Proteção significa que você fará o possível para apoiar e socorrer seu cônjuge.

Para dar proteção a meu cônjuge, preciso ter a sabedoria e o discernimento do Senhor. Sua sabedoria me ajudará a conhecer o tempo certo e os elementos práticos da proteção. Ela me ajudará a saber quando agir e quando esperar nele. Ela me ajudará a discernir como defender melhor meu cônjuge e ainda conceder graça aos outros.

Às vezes, a proteção é complicada. É por isso que necessito do discernimento e da força de Deus.

Pai, dá-me a sabedoria de Tua Palavra.
Ajuda-me a saber exatamente como prover Tua amorosa
proteção ao meu cônjuge.

> Em que áreas específicas você começará a proporcionar proteção a seu cônjuge hoje? Que atitudes vai tomar para proporcionar essa proteção?

4 DE OUTUBRO *proteção*

Aprendendo a estar protegido

O Senhor o protege, preserva-lhe a vida... —SALMO 41:2

Quando tinha 5 anos, nosso filho, Eric, passou por um período de medo de separar-se de nós. David e eu tivemos de nos esforçar para cuidar de Eric durante aquela fase, mas eu tive também de lidar com um problema pessoal. Precisei chegar ao ponto de confiar em Deus para proteger nossos filhos. Até aquela época, eu pensava mais ou menos assim: "Deus nos deu estas crianças, mas sou a única responsável por protegê-las". Deus teve de realizar um trabalho importante em mim. Ele queria que eu protegesse nossos filhos, mas queria também que eu me sentisse livre para confiar que Ele também cuidaria deles.

David e eu traçamos um plano. Primeiro, dávamos atenção total a Eric quando estávamos em casa. Com isso, ele teve certeza de nosso amor. A seguir, tomamos algumas pequenas atitudes para encorajá-lo a ficar com outras pessoas enquanto estávamos fora. Na primeira vez deixamos Eric com os avós durante uma parte da noite. Em seguida, deixamos Eric com os avós um dia inteiro, depois uma noite inteira e depois um fim de semana. Todas as vezes que nos despedíamos de Eric, nós o tranquilizávamos dizendo que voltaríamos rapidamente, dizíamos que estávamos tristes porque ele se assustava de vez em quando e o elogiávamos por sua coragem. Aos poucos, Deus começou a restaurar o senso de segurança de Eric.

Aprendi algumas lições preciosas durante aquele período. Aprendi a ajudar nossos filhos a atravessar tempos de medo. Aprendi também que Deus cuida de nossos filhos e de meu marido muito melhor do que eu. Podemos e devemos confiar que Deus nos protege com amor.

> *Obrigado, Pai, porque caminhas conosco*
> *em cada momento da nossa vida. Ajuda-me a confiar*
> *com toda a minha família em ti.*

? O que você fará hoje para dar a seu cônjuge e filhos a certeza de que Deus e você os protegem?

5 DE OUTUBRO *proteção*

Sobrecarregada e desprotegida

...se alguém não tem cuidado dos seus [...] é pior do que o descrente.
—1 TIMÓTEO 5:8

As pressões de administrar constantemente a casa sobrecarregavam Alice. Os cobradores ligavam para ela todos os dias sobre contas vencidas e cheques devolvidos. Os filhos exigiam sua ajuda e atenção com atividades, deveres de casa e rivalidades entre irmãos. Ela trabalhava quarenta horas por semana e participava de várias atividades na igreja à noite. Quando lhe "sobrava" tempo, ela cuidava da mãe enferma.

Sam, marido de Alice, não imaginava por que ela vivia tão ressentida e desinteressada no sexo. Quando, porém, ele aprendeu o que significa proteger sua esposa, Alice encontrou mais energia, interesse e romantismo.

Sam começou a entender que proteger Alice significava ajudá-la a cuidar das crianças e administrar as finanças da família. Ele aprendeu que, para Alice, aquelas atitudes de apoio eram cruciais para libertá-la da exaustão, e essenciais para a união do casal. Sam começou a entender que, embora Alice fosse extremamente capaz e cuidasse bem de tudo, no fundo, ela precisava da proteção dele. Precisava da participação dele na educação dos filhos, para não se sentir mais sozinha nessa missão. Precisava dele para tirar a pressão dos cobradores e criar um novo sistema para o orçamento doméstico. Alice chegou a pedir a Sam que a ajudasse a dizer "não" quando as pessoas da igreja pedissem que ela assumisse mais responsabilidades. Sam e Alice concordaram que, antes de assumir novos compromissos na igreja, ela discutiria o assunto com Sam. Ambos perceberam que, para protegê-la, ele precisaria ajudá-la a recusar pedidos sem sentir culpa. Essa atitude deu mais tempo e energia emocional a Alice.

O marido tem a enorme responsabilidade de proporcionar proteção e apoio à esposa. Quando assumimos essa responsabilidade, nosso casamento tem mais chances de prosperar.

Senhor, lembra-me de que meu cônjuge precisa de proteção.
Que eu seja um abrigo seguro para ele.

? De que maneiras você protegerá e apoiará seu cônjuge hoje?

6 DE OUTUBRO — *proteção*

Sabendo quando proteger

Não desampares a sabedoria, e ela te guardará... —PROVÉRBIOS 4:6

Madison, nossa neta de 2 anos, necessita muito de nossa proteção. Ela enfia o dedo na tomada, cai da cadeira, sobe no vaso sanitário e brinca com as facas na gaveta se não a protegermos de fazer isso. Eu (Teresa) gosto de assumir o papel de protetora quando Madison está em nossa casa.

O marido e a esposa também necessitam da proteção um do outro. Mas, às vezes, proteger alguém significa amar a pessoa o suficiente para mantê-la afastada e impedi-la de fazer algo que a machuque. Tudo o que ela aprende a ajuda a ter sabedoria, e isso atua como proteção interior contra perigos futuros.

Houve ocasiões em que me preocupei com os negócios de David ou com as pessoas com quem ele negociava. Verbalizei minhas preocupações de modo carinhoso e confiei a vida de David a Deus. David assimilou minhas preocupações, orou por elas e tomou a decisão que achou melhor. Às vezes, minhas preocupações acertam direto no alvo; em outras, parece que me preocupei sobre nada. Houve, porém, ocasiões em que David desejou ter prestado mais atenção à minha sabedoria. Mas Deus usou aqueles negócios para lhe ensinar lições preciosas — lições que, em minha opinião, ele não teria aprendido de outra forma.

Portanto, impeço sempre que Madison enfie o dedo nas tomadas e brinque com as facas na gaveta porque ela necessita desse tipo de proteção. Com David, eu me interponho entre ele e o perigo quando sei que estou fazendo o melhor para ele. Espero que ele continue a fazer o mesmo por mim. Porém, em outras ocasiões, eu me afasto carinhosamente e oro para que Deus use a dor para ajudá-lo a adquirir sabedoria.

Deus, dá-me discernimento
para saber quando devo proteger meu cônjuge.

? De que maneira você sabe quando deve intervir e proteger seu cônjuge e quando deve recuar?

7 DE OUTUBRO — *proteção*

Conte comigo

...guarda o que te foi confiado... —1 TIMÓTEO 6:20

Mark, Lisa e os garotos foram convidados para comemorar o aniversário de Lisa na casa do pai dela. Chegaram uma hora atrasados por causa de problemas no trânsito. O pai de Lisa estava furioso. Não levantou a voz nem disse palavras grosseiras, mas até as crianças perceberam seu espírito não perdoador.

Mark e Lisa desculparam-se e tentaram explicar, porém o pai começou a arrumar a mesa em silêncio e frieza no semblante.

Mark não queria correr o risco de estragar a noite toda. Disse respeitosamente ao pai de Lisa que gostariam de permanecer ali e comemorar o aniversário da filha dele, mas que não sujeitariam sua família àquele tipo de tratamento. Sugeriu que o pai de Lisa conversasse sobre o assunto e resolvesse o problema ou, então, eles iriam embora. O pai de Lisa decidiu conversar, e eles curaram as mágoas e recomeçaram a noite em um clima melhor.

Quando Mark e Lisa voltaram para casa naquela noite, ela agradeceu a Mark por ele ser muito corajoso e intrépido em defendê-la. "Foi muito importante para mim que você tenha ficado do meu lado", ela disse. "Amo meu pai, mas não queria passar meu aniversário sendo punida por ter chegado atrasada. Obrigada por ter tomado a iniciativa. Sinto-me muito segura por saber que posso contar com você para me proteger." Mark reafirmou seu amor por Lisa e disse-lhe que, para ele, era muito importante protegê-la de prejuízos emocionais.

Mark foi um ótimo exemplo para todos nós porque teve a coragem de confrontar de forma firme, porém amorosa.

*Deus, ajuda-me a proteger carinhosamente
o meu cônjuge do mal quando for apropriado que eu o faça.*

? Como você pode começar a aumentar especificamente a proteção que dá a seu cônjuge e filhos?

8 DE OUTUBRO — *proteção*

Proteção contra o distanciamento

Guarda o bom depósito, mediante o Espírito Santo que habita em nós.
—2 TIMÓTEO 1:14

Às vezes, os casais se distanciam depois de vários anos de casamento. Gostaríamos de oferecer algumas sugestões para que eles preservem o dom do amor que Deus lhes concedeu.

Primeiro, encorajamos os casais a verbalizar — dizer ao cônjuge que sente falta dele, necessita dele, se preocupa com ele e gosta dele. Palavras delicadas são reconfortantes, tranquilizadoras e comunicam: "Você é especial para mim!".

Pedimos aos casais que perguntem um ao outro como suas palavras soam, para que possam transmitir mensagens significativas entre si. Por exemplo, a esposa poderá dizer: "Provérbios 31 fala de uma esposa que deseja o bem-estar do marido. O que posso fazer para proporcionar-lhe um bem-estar maior?". E o marido poderá dizer: "Efésios 5 fala que o marido deve entregar-se à esposa. Como posso demonstrar isso a você?". Recomendamos que os casais façam perguntas entre si sobre o ambiente em casa, para que o lar seja reconfortante ou tranquilo para os dois, o que causa impacto positivo no casamento.

Em seguida, pedimos que sejam solidários um com o outro. É importante que ambos sintam liberdade para expressar frustração, ansiedade ou medo. Os casais podem fazer isso por meio de toques e palavras que demonstrem empatia. Isso mostra como o cônjuge sofre quando vê o outro triste. Pedimos que reafirmem seu amor e preocupação um pelo outro e reafirmem também seu compromisso de andar juntos e compartilhar os fardos um do outro.

Finalmente, encorajamos os casais a que nunca percam de vista o impacto que os pequenos gestos podem causar no casamento. Estamos falando de gestos simples como receber o cônjuge com carinho depois que ele passou algum tempo fora, ser atencioso com ele todas as noites, fazer contato visual e conversar sobre os fatos importantes do dia.

Senhor, ajuda-me a proteger o amor que existe entre nós.

? Que providências você tomará hoje para começar a proteger o amor que existe entre os dois?

9 DE OUTUBRO

repreensão

Corrigir, combater o erro, falar a verdade

*Filho meu, não rejeites a disciplina do S*ENHOR*, nem te enfades de sua repreensão.* —PROVÉRBIOS 3:11

A verdade precisa ser dita e aceita se for para "nos libertar". Muitas vezes a própria verdade que eu (David) preciso ouvir parece desagradável. Quase sempre é uma indicação de que meu pecado ou fraqueza foi exposto. Talvez eu tenha de ouvir a dolorosa verdade quando a mão de Deus age em mim para me fazer crescer e amadurecer. Assim é a repreensão.

Deus tem compromisso com a verdade e emprega qualquer "instrumento" para transmitir essa verdade. A verdade chegou a Balaão por meio de uma jumenta. Jonas descobriu a verdade em um peixe gigantesco. Deus deu um sonho a Pedro sobre "animais impuros" para mostrar a verdade. E o filho pródigo percebeu a verdade dentro de um chiqueiro.

Deus me repreende por meio de decepções e derrotas, por meio de objetivos não alcançados e cheques devolvidos, por meio do declínio da saúde e noites mal dormidas. E, sim, quase sempre por meio das palavras amorosas, porém firmes, de uma esposa que me ama.

Em meu caso, sou repreendido quando Teresa comenta com carinho, por exemplo, que estou dando prioridade à minha agenda e não à nossa família. Ela disse com amor que, para "entregar-me a ela", conforme Efésios ordena, devo estar disposto a abrir mão de minha agenda e programação só para estar com ela e nossos filhos.

Repreensão significa que Tereza me ajudou a ver que meus motivos eram bons quando ordenei que as crianças destruíssem suas músicas seculares, mas que meu método as deixou iradas. Meu coração estava no lugar certo, mas a maneira de lidar com a situação prejudicou o relacionamento.

O Senhor tem usado Teresa repetidas vezes para me ajudar a ver a verdade de Sua Palavra e a reconhecer meus "pontos cegos".

*Pai, graças te doou porque me amas o suficiente
para me dizeres a verdade — mesmo quando ela machuca.*

? Como você reagirá quando seu cônjuge o repreender com amor?

10 DE OUTUBRO *repreensão*

Difícil de ouvir

Melhor é a repreensão franca do que o amor encoberto. —PROVÉRBIOS 27:5

Teresa sempre consegue dizer o que pensa, e foi por isso que percebi que havia algo errado quando, um dia, ela estava muito calada no carro. Havíamos embarcado no "turismo das casas da família Ferguson", o que significava que estávamos percorrendo as ruas de Austin para mostrar aos nossos filhos as doze casas nas quais moramos quando eles eram pequenos. Houve muitos comentários do tipo: "Papai, você tem certeza de que moramos ali?". Quando viramos a esquina de nossa casa atual, Teresa estava calada, um fato raro.

Tão logo os filhos se acomodaram em casa, perguntei a Teresa por que estava aborrecida. Ela hesitou, levou alguns instantes para ordenar os pensamentos e, depois, começou a dizer: "David, fiquei triste e magoada com algumas lembranças vinculadas a todas aquelas casas. Surpreendi-me ao pensar: *Por que tivemos de mudar de casa tantas vezes?* A resposta foi: *David achou que eram bons investimentos.* Comecei a refletir nas muitas vezes que forçamos nossa família a mudar de casa, tudo em nome de um bom investimento. Parecia que você estava preocupado com suas prioridades, não com o bem-estar da família".

As palavras de Teresa me feriram o coração. Passamos alguns minutos em silêncio, e em seguida confessei meu egoísmo. Era verdade; naquela época de mudanças eu mal pensava nas necessidades de minha família. Pensava acima de tudo nas coisas que me diziam respeito. Senti muito por Teresa e pela crianças, mas fiquei aliviado porque ela foi capaz de dizer o que estava pensando. Foi bom saber que ela me amava o suficiente para ser sincera comigo.

Os relacionamentos íntimos ocorrem apenas quando existe franqueza e florescem apenas quando há vulnerabilidade. O deixar de dizer a verdade por medo de rejeição ou retaliação não deve ter lugar nos relacionamentos íntimos.

Pai, quando Tua correção amorosa for necessária,
usa meu cônjuge para transmitir Tua verdade.

> **?** Como você começará a reagir quando seu cônjuge falar a verdade que é difícil de ouvir?

11 DE OUTUBRO

repreensão

Repreensão em momentos de emoção

Mais fundo entra a repreensão no prudente do que cem açoites no insensato. —PROVÉRBIOS 17:10

Você já foi mal interpretado? Lembro-me de um incidente no qual David me interpretou mal.

Havíamos assumido o compromisso de dar um estudo bíblico em Dallas e estávamos atrasados para chegar ao aeroporto. Eu queria apenas ajudar David a encontrar um caminho mais rápido e o melhor lugar para estacionar o carro. David, porém, achou que eu estava querendo assumir o controle da situação. Depois que chegamos ao aeroporto, precisávamos comer alguma coisa, por isso comecei a dizer a David onde colocar minha mala. Ele explodiu e disse: "Não preciso que você me diga como conseguir alguma coisa para comer!".

Aquilo me magoou. Quando chegamos ao quarto do hotel em Dallas, avisei: "David, não quero ir a esse estudo bíblico. Quero voltar para casa." Depois que David se desculpou por sua parte no conflito, conversamos sobre o que aconteceu naquele dia. Contei a David os meus medos relativos a todos os acontecimentos daquele dia: estava com medo de perder o voo, com medo de não chegarmos a tempo de conseguir um bom lugar ou de não haver espaço suficiente para nossa bagagem. Mas em vez de compartilhar com ele meus temores, tentei controlar a situação.

Mesmo depois que David me consolou e me disse que gostaria que eu lhe dissesse quais eram os meus medos, resisti aos seus cuidados. "Não consigo", disse. "Tenho muita dificuldade de controlar minhas emoções". Foi naquele momento que David me falou sobre a verdade de Romanos 8:11: "Se habita em você, Teresa, o Espírito daquele que ressuscitou a Jesus dentre os mortos, esse mesmo Espírito não pode controlar suas emoções?".

Tive de escolher entre minhas emoções e a verdade desse versículo. Escolhi ir ao estudo bíblico. Deus foi fiel à Sua Palavra: Ele me concedeu os sentimentos apropriados quando fui obediente ao Seu Espírito.

Pai, quando Tuas verdades nos repreendem,
embora não gostemos, sabemos que Tua motivação
é sempre o nosso bem.

? Que atitudes vocês podem adotar para ter certeza de que repreenderão um ao outro com amor e corretamente, mesmo quando a emoção está à flor da pele?

12 DE OUTUBRO

repreensão

Repreender não é atacar

Os ouvidos que atendem à repreensão salutar no meio dos sábios têm a sua morada. —PROVÉRBIOS 15:31

"Querido, estou preocupada porque Robin deve ter ficado magoada quando você foi impaciente com ela ao sair para o trabalho esta manhã", Teresa alertou-me.

Certamente fui grosseiro e irritadiço quando apressei minha filha para sair de casa naquela manhã, e Teresa observou meu erro. Não gostei de ouvir as palavras dela. Doeram, mas eram verdadeiras. No entanto, em nenhum momento nos comentários de Teresa houve sequer um indício de ataque pessoal. Suas palavras continham uma repreensão delicada e verdadeira.

A repreensão precisa sempre ser distinta da pressão para realizar algo ou da manipulação para mudar. A repreensão sempre chama a atenção para o comportamento, palavras ou atitudes da pessoa que contrariam a Palavra de Deus. Nunca contém ataque pessoal ao caráter. A repreensão é feita com calma e nunca em forma de retaliação ou raiva. A repreensão sempre beneficia quem a recebe.

O ataque vem de várias formas, inclusive perfeccionismo, críticas constantes, expectativas irreais, superioridade misturada com orgulho, regras intermináveis e pressão social. A repreensão não inclui afrontas pessoais, sarcasmo, descontrole nervoso ou disciplina rígida, nem rejeição, silêncio ou demonstração de falta de amor ou afeto. A repreensão não faz uso de nada disso; ao contrário, incentiva mudança e demonstra aceitação.

Teresa e eu queremos que o versículo de hoje nos ajude a determinar se nossas palavras estão dentro das orientações da repreensão feita com amor. Perguntamos a nós mesmos: "Minhas palavras trarão vida a quem as ouvir?". Se a resposta for "não", precisamos rever os motivos por trás delas.

Deus deseja que cresçamos em sabedoria quando somos repreendidos, mas deseja beneficiar também a pessoa que ouve nossa repreensão.

Pai celestial, coloca palavras de repreensão amorosa ao longo do meu caminho.

Que atitudes você vai adotar para ter certeza de que seus motivos para "repreensão" são os mesmos de Deus?

13 DE OUTUBRO

repreensão

Pronto para ser repreendido?

Prega a palavra, insta, quer seja oportuno, quer não, corrige, repreende, exorta com toda a longanimidade e doutrina. —2 TIMÓTEO 4:2

O amor definitivamente tem seu lado brando, mas eu (Teresa) acredito que ele também tem um lado ríspido. Amor profundo significa se importar o suficiente para corrigir a pessoa quando ela se desviou do caminho certo.

Não gostamos desse lado do amor, e quase sempre nos recusamos a reconhecê-lo como amor quando somos o alvo dele. Porém, é amor. Jesus disse a Pedro: "Arreda, Satanás!", porque Pedro não aceitou a afirmação de Cristo de que Ele morreria (MATEUS 16:23). Embora tenha sido uma repreensão dura, foi um ato de amor para que Pedro voltasse ao caminho certo.

Amar o cônjuge significa, às vezes, ter uma reação mais firme para "corrigi-lo" quanto a um erro moral. Fazer isso de maneira correta significa ter certeza de que você tirou "primeiro a viga de seu olho" (MATEUS 7:1-5 NVI).

Às vezes, sou tentada a repreender David por ele ser muito rígido ao disciplinar nossos filhos e não ser paciente e longânimo com eles, porém o Espírito Santo me adverte que devo fazer um autoexame nessa área. É nesses momentos que percebo que não devo falar com David quanto a sua maneira de tratar os filhos, até que eu humilhe meu próprio coração a respeito da minha impaciência.

Também sou tentada a repreender David sobre sua tendência de abrandar as regras e encontrar desculpas para tudo. Então o Espírito me lembra de minha atitude rebelde em relação a alguns líderes da igreja e de minha má vontade para agir de acordo com a nova estrutura da igreja. Assim, Deus me mostra que eu não devo falar com David enquanto meu coração não estiver completamente submisso ao Senhor e às Suas autoridades estabelecidas.

> *Deus, ajuda-me a discernir quando e como repreender meu cônjuge. Ajuda-me a aceitar a repreensão também.*

? Como você vai se preparar especificamente hoje para repreender com amor e aceitar a repreensão?

14 DE OUTUBRO

repreensão

Diga-me a verdade sem rodeios!

Eu repreendo e disciplino a quantos amo... —APOCALIPSE 3:19

Eu (Teresa) me lembro do desfecho de uma de nossas primeiras desavenças conjugais. Depois de discutirmos, David entrou intempestivamente no quarto, bateu a porta, mergulhou na cama, zangado. Sentei-me no sofá, furiosa. Não sei quanto tempo permaneci ali, mas finalmente peguei a bolsa, preparei o almoço para o dia seguinte e, ressentida, fui à casa da avó de David.

A avó de David morava perto de nós, por isso não precisei andar muito. Só queria mostrar a ele que minha atitude era séria. Entrei em sua casa e esperei que David notasse que eu havia saído de nossa casa e, assustado, ligasse para sua avó para saber se eu estava lá.

Aguardei uma hora e ele não ligou. Então, liguei para ele. David não acreditou que eu estivesse falando ao telefone. Eu não estava no quarto ao lado? Não continuava na sala de estar sentada no sofá?

Embora eu e David tivéssemos apenas 16 anos na época, ele mostrou grande sabedoria naquela noite. Disse-me que fugir para a casa de sua avó não solucionaria nossa discussão. Éramos agora uma família, e nossos problemas precisavam ser resolvidos entre nós.

O que ele disse era verdade. Hoje sei que David me repreendeu porque me amava e queria que nosso casamento desse certo. Os laços com os pais necessitam ser substituídos pelos laços de marido e esposa. Temos de nos voltar um para o outro e resolver nossos assuntos.

Precisei ouvir a repreensão de David naquela noite, e ele se dispôs a falar comigo com amor. Ao longo de décadas, temos tentado continuar a viver de acordo com aquele precedente em nosso casamento.

Deus, ajuda-me a aceitar a repreensão de meu cônjuge quando eu precisar dela.

> O que você pode fazer hoje para estabelecer um precedente de boa vontade para repreender seu cônjuge com amor quando for necessário?

15 DE OUTUBRO
repreensão

Repreensão proveniente da Escritura

Toda a Escritura é inspirada por Deus e útil para o ensino, para a repreensão, para a correção, para a educação na justiça. —2 TIMÓTEO 3:16

Mark e Allissa fizeram grandes progressos para curar as mágoas oriundas do casamento. Eliminaram vários conflitos importantes e restauraram a amizade entre eles. Agora queriam maior proximidade espiritual.

Em geral, os casais se aproximam espiritualmente por meio de memorização da Escritura, concentrando-se em especial nas passagens que tratam do casamento, da família e da comunicação.

Iniciamos nosso trabalho com Mark e Allissa com um projeto de memorização em conjunto de dez passagens de Provérbios referentes à comunicação. Pedimos que encontrassem um tempo todos os dias para a memorização. Ambos procuravam o versículo na Bíblia e liam o contexto para entendê-lo melhor em relação à ideia expressa na passagem.

No início, Mark e Allissa citavam a referência e depois liam o versículo. Descobriram que os versículos se desdobram em frases lógicas. Assim, à medida que memorizavam cada versículo, Mark e Allissa escolhiam uma frase por vez e se comprometiam a memorizá-la até completarem o versículo inteiro. Recitavam e repetiam o versículo, conferindo entre eles se o repetiram corretamente e diziam a passagem em voz alta.

Mark e Allissa começaram a usar o tempo que passavam juntos no carro, revezando-se na direção, para o exercício de memorização. Aprenderam rapidamente os dez versículos que lhes demos e muitos outros. O relacionamento entre eles se intensificou grandemente por causa do poder convincente da Palavra de Deus. Ambos descreveram as inúmeras vezes em que, quando estavam prestes a dizer ou fazer algo que prejudicaria seu casamento, o Espírito Santo intervinha e colocava a Palavra de Deus na mente de cada um deles.

A Palavra de Deus trabalha assim — serve para trazer a repreensão necessária a fim de prevenir mágoas entre o casal.

Deus, quero guardar Tua Palavra em meu coração para que eu possa me deleitar em ti de modo mais completo.

? O que você vai fazer hoje para tornar a memorização da Palavra de Deus algo mais importante em seu casamento?

16 DE OUTUBRO

correção

Expondo o erro para edificar alguém

Quem rejeita conselhos prejudica a si mesmo, mas quem aceita a correção fica mais sábio. —PROVÉRBIOS 15:32 NTLH

A correção de Deus é coerente com Seu caráter. Ele nos corrige para nos manter no caminho da bênção. Deus costuma "sussurrar" advertências mediante Sua voz mansa e tranquila, mas fala também "audivelmente" por meio de Sua Palavra e quase "grita" Seus apelos durante muitas das grandes decepções da vida. Deus "não recusa nenhum bem aos que vivem com integridade" (SALMO 84:11 NVI). Ele não apenas promete bênçãos, mas também nos corrige com amor para que caminhemos em direção a elas.

Quando lemos a Palavra de Deus, é importante ter um novo entendimento de Sua correção. Quando lemos um dos mandamentos de Deus é importante nos perguntarmos: "Por que Deus está me dando esta advertência ou esta mandamento?".

Todas as vezes que você encontrar um mandamento na Escritura, verá por trás dele o amor de Deus. O Senhor não nos dá mandamentos simplesmente porque tem autoridade para tal e gosta de dizer o que devemos fazer. Ao contrário, Deus nos dá mandamentos para proteger-nos. Por exemplo, quando Deus diz que não devemos roubar nem matar, Deus dá-nos esse mandamento para não nos ferirmos nem ferirmos os outros. O Senhor sabe que, se desobedecermos à Sua Palavra, sofreremos as consequências do sofrimento e da separação dele.

Parte do plano de Deus para nos corrigir é usar um cônjuge carinhoso para essa missão. Casamento sem correção é um acidente à espera do que vai acontecer. Sem a liberdade de um corrigir um ao outro com amor dentro do casamento, o perdão deixa de ser exercido, o egoísmo não é corrigido e as complicações do pecado, ignoradas.

Todos nós devemos estar atentos à correção que Deus nos dá por meio de nosso cônjuge, e devemos agradecer ao Senhor todos os dias por essa parte do relacionamento conjugal.

Pai, te agradecemos porque desejas o que é melhor para mim.

? O que você pode fazer hoje para dar a si mesmo e a seu cônjuge a liberdade de corrigir um ao outro quando necessário?

17 DE OUTUBRO

correção

Sinais de advertência

...o que abandona a [correção] anda errado. —PROVÉRBIOS 10:17

Enquanto eu (David) percorria a estrada da vida, encontrei uma bifurcação no caminho com duas placas sinalizadoras: 1) receber correção e 2) andar errado.

Diferente da repreensão, a correção nem sempre é verbalizada; ela ocorre por meio de consequências naturais. Por exemplo, se eu ficar acordado até tarde da noite vendo um filme, qual será a consequência natural? Estarei cansado para trabalhar no dia seguinte.

Nos relacionamentos, a correção, se falhar em atender as necessidades dos membros da família, pode levá-los a buscar suprir essas necessidades por meio dos outros. Um cônjuge solitário procura abrigo em amizades com pessoas de fora — consequência natural pela perda da intimidade entre o casal. Ou uma criança solitária busca aceitação com os amiguinhos à custa de sua segurança pessoal — consequência natural da falta de proximidade entre os pais e os filhos.

Se minha esposa ou filho recorrer a outras pessoas em busca daquilo que Deus me encarregou de conceder, deparo-me com esta bifurcação na estrada. Preciso decidir: receberei a correção ou andarei errado? Obedecerei a Palavra de Deus, que diz que devo cuidar de minha família, ou continuarei a desprezar suas necessidades? Observarei a Palavra de Deus, que diz que devo consolar minha esposa como Deus me consola, ou continuarei a negligenciá-la ou desconsiderá-la? Aceitarei meus filhos como Deus me aceita, ou continuarei a basear meu amor no desempenho deles?

Há relacionamentos importantes em jogo em minha caminhada pela vida. Meu relacionamento com o Deus santo precisa ser repleto de devoção. Meu relacionamento com minha esposa precisa ser valorizado. Meu relacionamento com meus filhos precisa ser cultivado. É por causa desses relacionamentos que há muita coisa em jogo para andarmos errado.

Ajuda-me, Pai, a ver além das ações dos outros e enxergar a Tua correção.

> Como você e seu cônjuge reagirão diante das correções que Deus coloca em seu caminho?

18 DE OUTUBRO *correção*

Apertando meus botões

O coração do rei é como um rio controlado pelo Senhor; ele o dirige para onde quer. —PROVÉRBIOS 21:1 NVI

Algumas das correções mais eficazes de Deus chegam até nós por meio das circunstâncias da vida. Mas eu (Teresa), muitas vezes, luto com a tendência de querer apontar problemas e alertar os outros sobre seus erros — como se Deus tivesse me encarregado da obra do Espírito Santo.

David costuma fazer piadas sobre "o botão masculino" do homem. Ele diz que esse botão é um lugar místico no interior do homem e que só é acionado por meio de reclamações recorrentes. Quando a esposa aperta esse botão, o homem começa a se rebelar e toma a atitude de "agora é que não vou mudar, mesmo que eu quisesse!".

Não tenho certeza se todos os homens tem esse botão, mas sei que meu marido o possui. E esse botão masculino quase sempre entra em conflito direto com minha tendência de apontar os problemas nos outros. Depois de muitas brigas e discussões sem rodeios sobre esse assunto em particular, decidi testar o princípio de permitir que David sofresse a correção. Decidi, de uma vez por todas, que esperaria para ver se Deus usaria as circunstâncias da vida para ensinar a meu marido aquilo que eu não conseguia.

Em nossa viagem de volta de San Antonio, notei que precisávamos abastecer o carro e mencionei o fato a David. Ele verificou o marcador e decidiu que poderíamos rodar mais alguns quilômetros. Embora eu tenha a tendência de reclamar repetidas vezes do hábito de David de rodar com pouca gasolina no carro, desta vez permaneci calada. Quando ficamos sem gasolina, eu peguei calmamente uma revista para ler e disse-lhe que esperava que ele apreciasse sua caminhada.

Tenho a satisfação de dizer que a teoria só precisou ser testada duas vezes. Nunca mais ficamos sem gasolina.

> *Pai, podes mudar o coração dos reis e dos cônjuges.*
> *Mantém-me calmo para realizares Tua obra.*

[?] Em que área(s) específica(s) você precisa manter-se em silêncio e permitir que Deus faça a correção na vida de seu cônjuge?

19 DE OUTUBRO

correção

A correção equilibra a verdade em amor

[Falando] a verdade em amor... —EFÉSIOS 4:15

Teresa e eu somos diferentes em muitos aspectos, inclusive na maneira como lidamos com ás mágoas inevitáveis no casamento. Teresa tende a falar a verdade, mas nem sempre em amor. Por outro lado, minha tendência é não deixar transparecer de maneira alguma a verdade a respeito de meu ressentimento.

Para ter um relacionamento íntimo, minha esposa e eu tivemos de promover mudanças nessa área. Teresa passou a expressar seus ressentimentos com mais carinho e eu passei a ser mais aberto com os meus.

Fui desafiado a expressar minhas necessidades a Teresa com muita franqueza em vez de esperar que ela leia meus pensamentos e depois se zangue por não conseguir. Abandonei minha tendência de ficar amuado ou me afastar quando minhas necessidades não são atendidas. Preciso dizer estas palavras a Teresa: "Querida, seria muito importante para mim se pudéssemos reservar um tempo para nós, para nos distrairmos juntos. Adoro ter os filhos e os netos por perto, mas preciso passar um tempo só com você".

Teresa foi desafiada a orar para mencionar suas necessidades. Em vez de dizer: "David, por que você não aprende a recolher suas coisas?", Tereza diz: "David, é importante que a sala de estar esteja em ordem antes da chegada das visitas". Eu reajo muito melhor a esse tipo de correção.

Será que sou capaz de transmitir minhas necessidades com amor à minha esposa e também aos outros? Posso falar de minhas mágoas? Esses são assuntos cruciais nos relacionamentos.

Deus instituiu o casamento, a família e a Igreja. Deus deseja incluir outras pessoas importantes em minha vida para suprir minhas necessidades. Meu desafio é falar a verdade em amor, conforme Efésios me instrui, e deixar os resultados nas mãos do Senhor.

*Obrigado, Pai, pelo equilíbrio
que Teu Espírito traz aos relacionamentos.*

? Em que áreas você e seu cônjuge mais precisam "falar a verdade em amor"?

20 DE OUTUBRO — *correção*

Permita que eu acenda a luz para você

Prega a palavra, insta, quer seja oportuno, quer não, corrige, repreende, exorta com toda a longanimidade e doutrina. —2 TIMÓTEO 4:2

Todos nós caímos no que é falso. Faz parte do ser humano interpretar mal, distorcer e não perceber a realidade. Devido a nossa propensão de não ver a verdade, precisamos de ajuda para enxergá-la. Todos nós precisamos de alguém que nos ajude a "acender a luz".

Acender a luz é uma coisa delicada. É comum ficarmos na defensiva quando se trata de ouvir que procedemos mal. Portanto, quando ajudamos nosso cônjuge a acender a luz da verdade, precisamos agir com gentileza, sensibilidade e amor.

David me ajudou a acender a luz. Foi um processo doloroso, mas eu precisava que a luz brilhasse em um dos lugares escuros de meu coração. Sempre fui uma pessoa sem meias palavras. Sou muito franca, vou direto ao assunto, falo sem rodeios. Essas qualidades são admiráveis em algumas situações, mas quando se trata de relacionamentos nem tanto, descobri que minha indelicadeza e precipitação podem prejudicar as pessoas.

Depois de me ouvir conversando com minha filha por telefone, David me abordou com muita sensibilidade e amor. "Teresa, sei que você não teve a intenção, mas seu tom de voz foi terrivelmente áspero com Robin." Depois de um exame cuidadoso e muita oração, entendi que precisava de Deus e de David para me ajudar a usar palavras mais gentis.

A correção de David doeu em meus ouvidos, mas foi verdadeira. Eu não teria percebido a verdade a respeito de minhas palavras se David não a tivesse iluminado para mim.

Sou grata por ter um Deus — e um marido — que me ama tão intensamente a ponto de querer iluminar as áreas escuras de minha vida, falar palavras de correção em amor quando necessito ouvi-las.

Deus, ajuda-me a falar a verdade em amor
para ajudar meu cônjuge a crescer.

? Qual é sua reação quando seu cônjuge tenta iluminar as áreas escuras de sua vida?

21 DE OUTUBRO

correção

Preciso de sua opinião

> Quem rejeita a correção acabará [...] na desgraça, mas quem aceita a repreensão é respeitado. —PROVÉRBIOS 13:18 NTLH

Dan estava queixando-se a Audrey, sua esposa: "Não me sinto perto de Deus. Pelo jeito, faço tudo certo — vou à igreja todos os domingos, sou dizimista e participo de vários trabalhos da igreja — mas não chego a lugar algum. Quando oro, não sei se o Senhor de fato me ouve".

Audrey replicou com amor: "Dan, os relacionamentos próximos são construídos quando passamos muito tempo tentando conhecer um ao outro. Duas das melhores maneiras que conheço para ter um relacionamento próximo com Deus são: ter um tempo de qualidade no estudo da Bíblia e na oração. Tenho pensado sobre isso também. Você sabe, antes de passar um tempo devocional com o Senhor, quero primeiro terminar minhas tarefas, servir o jantar e colocar as crianças na cama. Nessa hora, estou totalmente exausta. Mal me sobra um pensamento coerente para dedicar ao Senhor. Ele merece mais que isso".

Audrey prosseguiu: "E quanto a passar tempo em oração, ouvi a professora do estudo bíblico para mulheres explicar o seguinte: Deus deseja que todos compartilhem o coração com Ele. Deus não quer apenas ouvir nossa lista de desejos e reclamações. Ele quer estar conosco, ter a nossa companhia. Quer que o conheçamos, assim como Ele nos conhece completamente. Deseja nossa gratidão e louvores. Deseja nossa atenção e respeito."

Dan e Audrey passaram alguns minutos conversando sobre o modo de pensar de cada um e as mudanças necessárias. Finalmente Dan chegou a esta conclusão: "Acho que estou começando a entender. Minha atitude precisa mudar. Em vez de *receber* de Deus preciso perguntar o que posso *dar* a Ele. O Senhor já me deu tantas coisas, como posso deixar de expressar minha gratidão?

Andrey agradeceu o coração receptivo de Dan e o elogiou por sua boa vontade em receber a opinião dela. Dan agradeceu a correção amorosa de sua esposa.

> *Senhor, ajuda-me a receber as opiniões de meu cônjuge com um coração ensinável.*

? Em que áreas de sua vida espiritual ou de seu casamento você acha que pode fazer uso das opiniões de seu cônjuge?

22 DE OUTUBRO *correção*

Vigiando seus pensamentos e palavras

Todos tropeçamos de muitas maneiras. Se alguém não tropeça no falar, tal homem [...] é capaz de dominar todo o seu corpo. —TIAGO 3:2 NVI

Em nosso ministério com casais, notamos uma melhora importante quando eles permitem que Deus mude seu hábito de "falar com seus botões", ou seja, falar consigo mesmos. Encorajamos os casais a fazer um inventário cuidadoso a respeito dos seus pensamentos sobre a vida e das palavras que resultam deles. Esse hábito prejudicial de falar consigo mesmo pode provocar muitos conflitos desnecessários no casamento.

A esposa, inocentemente, recusa o convite do marido para um passeio. Ele diz consigo mesmo: "Ela nunca faz minha vontade. Iria comigo se eu fosse mais importante para ela. Que ela fique esperando quando me pedir alguma coisa!". A reação verbal dele poderá ser: "Como queira, não vou convidá-la de novo!".

Há um processo de quatro etapas que ajuda a controlar esses pensamentos e melhorar a comunicação. Primeiro, pense antes de falar. O fato de você ter tido um pensamento não significa que precisa verbalizá-lo. A seguir, leve "cativos" os pensamentos errados quando mencioná-los a Deus. Verbalizar os pensamentos a Deus nos ajuda a expressar os sentimentos e a extravasar as emoções negativas, assim damos tempo ao Senhor para nos lembrar da verdade.

Agora você está pronto para substituir os pensamentos antigos por novos, que representam a verdade mais adequadamente: "Minha esposa deve estar cansada ou talvez necessite de tempo para relaxar. Ela foi comigo à feira náutica na semana passada. Eu queria muito visitar aquela feira. Sei que ela me ama e me considera importante. Posso usar o tempo sem a presença dela para refletir sobre algumas prioridades pessoais."

Finalmente você está pronto para dizer palavras que edificam: "Enquanto vou dar um passeio, faça alguma coisa de que gosta muito. Espero voltar logo para ficar com você."

Ao seguir esse processo, os casais descobrem que "tropeçam" menos nas palavras e provocam menos conflitos no casamento.

Transforma-me, Pai, e renova minha mente.

? Que áreas da "conversa com seus botões" o Senhor deseja mudar em você?

23 DE OUTUBRO

respeito

Dar grande valor

Amai-vos cordialmente uns aos outros com amor fraternal, preferindo-vos em honra uns aos outros. —ROMANOS 12:10

Respeitar significa valorizar, honrar e ter em alta consideração. Significa dar grande valor.

Deus entende o respeito. Em breve, o Pai exaltará Seu Filho, dando-lhe um nome acima de todos os nomes. Em breve, todo joelho se dobrará diante de Jesus e toda língua confessará que Ele é o Senhor (ROMANOS 14:11).

Deus também entende o desrespeito. O Pai enviou profetas aos filhos de Israel, mas estes foram ridicularizados pelo povo. Enviou sacerdotes para serem mediadores entre o Senhor e o povo, mas o povo menosprezou os sacerdotes. Deus enviou Seu Filho para ser o maior libertador de Seu povo, mas o povo o rejeitou. Ele foi "desprezado e o mais rejeitado" (ISAÍAS 53:3).

Precisamos também entender o respeito no casamento. O respeito tem várias formas. Respeitar Teresa significa pedir antes de pegar algo que lhe pertence e devolver o que emprestei dela. Respeito significa conversar com ela antes de fazer planos que a envolvam.

Uma das melhores maneiras de respeitar Teresa é confessar sinceramente quando cometo um erro. Dizer-lhe: "Eu estava errado, e me importo porque a magoei", transmite a mensagem de que os sentimentos dela são importantes para mim. A confissão sincera demonstra à minha esposa que tenho uma consideração tão grande por ela que quero resolver toda e qualquer mágoa estabelecida.

Precisamos também entender o significado do respeito. Respeitar significa falar com Teresa com tom de voz adequado — sem sarcasmo, arrogância ou superioridade. Respeito pode incluir perguntar a opinião dela ou suas preferências. Isso significa tratar as escolhas, as programações e as ideias de minha esposa como algo de valor e que vale a pena.

Pai, ajuda-me a honrar meu cônjuge e a honrar Teu Filho.

? Como você pode começar a demonstrar respeito sincero por seu cônjuge hoje?

24 DE OUTUBRO

respeito

Respeito no Calvário

Prefiram dar honra aos outros mais do que a si próprios.
—ROMANOS 12:10 NVI

Pense por um instante no respeito que Cristo demonstrou ao longo das páginas dos evangelhos. Ele tratou as pessoas de acordo com o valor que tinham diante do Pai, não de acordo com a aparência nem mesmo com o comportamento.

Pense nisto. Jesus tratou com respeito a mulher surpreendida em adultério. Não fez nenhuma referência ao fato de ela ter sido "pega em flagrante" nem perguntou por que ela estava com os cabelos desgrenhados diante de uma turba irada de religiosos fanáticos. Cristo não se dirigiu à mulher com desdém, embora a cultura da época julgasse apropriada essa conduta.

Jesus tratou Zaqueu com respeito. Cristo não o ridicularizou por ter subido na árvore. Não disse a Zaqueu como agir nem exigiu que ele devolvesse todo o dinheiro que roubara. Cristo simplesmente convidou Zaqueu para jantar.

Até Judas, o Senhor tratou com respeito. Mesmo durante Seu momento mais tenebroso, Jesus não humilhou Judas diante dos outros discípulos nem o fez passar vergonha. Não repreendeu Judas por ser o maior de todos os traidores. Cristo pegou um pedaço de pão, deu-o a Judas e disse: "O que pretendes fazer, faze-o depressa" (JOÃO 13:27).

Como Jesus foi capaz de tratar com respeito a mulher adúltera, o cobrador de impostos fraudulento e o amigo traidor? Porque Ele era o Filho de Deus. Porém, em Sua natureza humana, Jesus foi capaz de demonstrar respeito porque se lembrou de que as pessoas tinham valor aos olhos do Pai. E o Pai enviou Seu Filho para morrer no lugar de cada um daqueles três.

Precisamos ter esse mesmo pensamento quando nos relacionamos com nosso cônjuge, o qual é um dos motivos para ter existido o Calvário.

*Deus, ajuda-me a ver meu cônjuge
de acordo com o valor que ele tem para ti.*

> Como você descreveria o valor de seu cônjuge para o nosso Pai celestial? De que maneira você passará a ver, a tratar ou a falar com seu cônjuge hoje?

25 DE OUTUBRO *respeito*

Respeito no churrasco com a família

...e a esposa respeite ao marido. —EFÉSIOS 5:33

Certo verão, planejamos fazer um churrasco para uma reunião em família. Várias pessoas já haviam chegado à nossa casa, e estávamos fazendo os preparativos para a refeição. Para minha surpresa (de Teresa), David se ofereceu para assar a carne na churrasqueira. Normalmente meu marido deixa a comida por minha conta, por isso quando ele se ofereceu para ajudar, duvidei dessa sua habilidade. Ele não tinha muita prática na cozinha e achei que necessitasse de um pouco mais de orientação.

Nossas filhas estavam na cozinha conosco enquanto David preparava a carne a ser grelhada. Comecei a dizer a David como cortar os bifes, como temperá-los e até em que vasilha deveriam ser colocados. Dei instruções explícitas sobre como colocar os bifes na grelha e, depois, adverti que não deveriam ser assados muito depressa. David permaneceu calado diante do balcão da cozinha. Quando levantei a cabeça e vi seus olhos, percebi que ele estava zangado. Eu havia estragado tudo. Havia magoado e desrespeitado meu marido.

Nunca desejei conscientemente magoar David com minhas palavras, mas foi exatamente o que fiz naquele dia. Desrespeitei seu caráter e suas habilidades. E pior, diante dos outros.

Entristeci-me quando percebi o que havia feito. Desrespeitei David por causa dos meus receios. Magoei David porque tinha medo do que a família poderia pensar a respeito da carne. Foi um preço muito alto a ser pago por bifes assados corretamente. Chamei David à parte e lhe pedi que me perdoasse. Sou muito grata por ter percebido quanto havia magoado David e porque o ressentimento pôde ser curado, e nossa unidade restaurada.

*Senhor, obrigado por Teu Espírito,
que me mostra quando sou desrespeitoso com meu cônjuge.*

> **?** Como você reagirá na próxima vez que perceber que fez ou disse algo que demonstrou desrespeito ao seu cônjuge?

26 DE OUTUBRO

respeito

O respeito motiva

Irmãos, pedimos que respeitem os que trabalham entre vocês.
—1 TESSALONICENSES 5:12 NTLH

Durante nossos quase quarenta anos de vida conjugal, Teresa sempre me elogia diante de nossos filhos, da família e dos amigos. Sinto-me seguro porque, quando está com as amigas, Teresa não participa de reuniões para "falar mal dos homens" nem se junta com outras mulheres para criticar os maridos.

Posso sempre contar com o respeito dela quanto ao meu modo de pensar e minhas ideias. Quando Teresa e eu decidimos redecorar a sala de estar, ela me consultou sobre o tipo de mobília que eu achava melhor. Perguntou que tecidos eu gostaria para revestir minha cadeira e qual o estilo de cadeira que eu preferia. Senti-me muito respeitado quando ela dedicou tempo para conhecer quais eram minhas preferências.

Teresa sente-se livre para falar de suas ideias e, ao mesmo tempo, não menosprezar as minhas. Toma muito cuidado para me incluir nas discussões sobre os presentes de Natal para os filhos e netos. Embora saiba que tipo de brinquedos seriam os melhores para as meninas e as cores que mais preferem, ela ouve minhas ideias com atenção e as inclui em suas decisões.

Não tenho receio de que Teresa me humilhe diante dos outros. Não me preocupo com a possibilidade dela contar histórias constrangedoras sobre mim ou destacar meus defeitos com palavras sarcásticas. Ela é cautelosa e faz brincadeiras somente nas áreas em que me sinto seguro. Conta apenas as histórias que não me constrangem.

A segurança que sinto pelo respeito de Teresa me motiva a renovar a fidelidade e a dedicação em minha caminhada diária como marido e pai. O respeito dela me motiva a continuar trabalhando em nosso casamento e em mim.

Pai, obrigado pela bênção de um cônjuge que me respeita.

> Como seu cônjuge reagiria hoje se você o brindasse com atitudes e palavras respeitosas, principalmente diante dos outros?

27 DE OUTUBRO

respeito

R-E-S-P-E-I-T-O, saiba o que significa

Tratai todos com honra... —1 PEDRO 2:17

Eu (Teresa) estou convencida de que, quando colocamos o papel higiênico no suporte, devemos encaixá-lo de modo que as folhas sejam puxadas de cima, não de baixo. Estou convencida de que há um modo certo de colocar os utensílios na máquina de lavar louça para obter o rendimento máximo. Estou convencida de que é muito melhor chegar mais cedo a um compromisso do que chegar em cima da hora. Estou convencida de que é melhor guardar todos os nossos pertences nas gavetas do quarto de hotel do que passar a viagem toda tirando roupas da mala.

Estou convencida de tudo isso, essas são as minhas preferências. No entanto, não são necessariamente as de David. Não é nada fácil, mas aprendi que respeito significa dar prioridade as necessidades e preferências do meu cônjuge da mesma forma que dou as minhas. Preciso pensar que, aquilo que é importante para mim, talvez não seja tão importante para David. Embora seja importante para mim, talvez não seja tão importante quando pensamos à luz da eternidade. Respeito no casamento significa também que posso abrir mão de algumas de minhas preferências.

Para nós, significa que preciso escolher o que é mais importante. Será que desejo que David me respeite e saia de casa para ir ao aeroporto com tempo suficiente para não perder o voo ou devo respeitar seus inúmeros compromissos antes de sair para viajar? Será que David precisa colocar corretamente os utensílios na máquina de lavar louça para demonstrar que tem respeito por mim ou devo respeitar sua necessidade de receber um elogio e gratidão por ter me ajudado?

Pai, ajuda-me a considerar o modo de ser de meu cônjuge da mesma forma que considero o meu.

De que maneira você demonstra respeito por seu cônjuge quando dá importância às preferências dele acima das suas?

28 DE OUTUBRO

respeito

Aspectos práticos do respeito

...considerando cada um os outros superiores a si mesmo. —FILIPENSES 2:3

Um dos princípios gerais que norteiam o respeito diz que, quando assumimos o compromisso de causar impacto na vida de outra pessoa, dedicamos um tempo para discutir o assunto com ela. David e eu aprendemos que é importante conversarmos sobre compromissos de negócios, viagens, hospedagem e decisões financeiras, porque isso causa impacto a ambos. Descobrimos até que é importante discutirmos certos assuntos com nossos filhos antes de implementá-los. Conversamos sobre férias com a família, responsabilidades no lar e mudanças de programação ou rotina.

Aprendemos também que é importante pedir a opinião de outras pessoas e respeitá-la. Em nossa casa, todos têm direito a opinar livremente. Pedimos que manifestem suas ideias, e sempre que possível tentamos acatá-las. Por exemplo, em vez de dizer a nossos filhos onde vamos passar as férias de verão, perguntamos aonde gostariam de ir. Em vez de anunciar nossa decisão de como passaremos o Dia de Ação de Graças e o Natal, David e eu apresentamos nossas ideias e opiniões.

Respeito em nosso lar também inclui honrar um ao outro e honrar os bens e privacidade de cada um. Temos muitas discussões em casa sobre como cuidar bem da camisa que foi emprestada e de encher o tanque de gasolina quando um de nós empresta o carro ao outro. Temos aprendido que é importante respeitar a privacidade dos outros. Batemos na porta antes de entrar no quarto de um filho. Quando David ou eu pedimos um tempo para ficar a sós, esforçamo-nos para respeitar esse pedido.

Por fim, respeito inclui honrar o tempo um do outro. O hábito de chegar atrasado aos compromissos demonstra desrespeito pela programação dos outros. Descobrimos que é importante avisar antes quando percebemos que vamos chegar mais tarde do que o esperado, e temos o cuidado de respeitar os recados telefônicos um do outro.

> *Deus, torna-me sensível à necessidade de haver respeito em nossa família.*

? De que maneiras você e seu cônjuge podem começar a respeitar um ao outro e respeitar também as outras pessoas da família hoje?

29 DE OUTUBRO

respeito

Ouvir antes de agir

Quem responde antes de ouvir comete insensatez e passa vergonha.
—PROVÉRBIOS 18:13 NVI

Ao longo dos anos, Teresa e eu aprendemos que, para demonstrar mais respeito um pelo outro, os casais precisam conversar sobre o que é respeito e como manifestá-lo. Aquilo que comunica respeito a uma pessoa talvez não comunique respeito a outra. Encorajamos os casais a discutir que atitudes e palavras transmitem respeito entre o marido e a esposa. Ressaltamos que é importante os casais ouvirem com atenção o que o outro tem a dizer quando conversam sobre respeito. Afinal, ouvir é o primeiro passo para demonstrar respeito.

Quando trabalhamos com os casais para induzi-los a falar sobre respeito, usamos pontos de partida como estes: "Quero respeitar você, suas funções, suas decisões e sua liderança, por isso peço que me diga como posso respeitá-lo melhor" ou "Qual a melhor forma de demonstrar que valorizo muito você e que o honro como meu cônjuge?".

Também ajudamos os casais a descobrir o que é necessário para haver maior proximidade entre eles. Para isso, pedimos que façam esta pergunta: *Quando eu preciso do meu cônjuge?"*. Eles devem responder desta maneira: "Para mim, é muito importante quando você _____."

À medida que aprendem a ouvir melhor um ao outro, os casais acertam o "alvo" com mais facilidade. O marido sabe como respeitar a esposa, e a esposa sabe como honrar o marido. Ambos se tornam mais preparados para considerar um ao outro e menos frustrados em seus esforços para conseguir isso.

Pai, lembra-me sempre da honra de Teus filhos serem coerdeiros com Cristo. Que minha atitude e comportamento esteja de acordo com esse chamado divino.

> **?** De que forma você vai demonstrar mais disposição para ouvir seu cônjuge hoje?

30 DE OUTUBRO

segurança

Segurança na harmonia, livres de prejuízos

...as ovelhas estarão seguras na terra. Elas saberão que eu sou o
Senhor... —EZEQUIEL 34:27 NVI

Deus supre nossa necessidade de segurança e promete nunca nos deixar nem nos abandonar. E cumpre essa promessa! Sempre nos dá alimento, roupa e abrigo. Ele é nosso auxílio sempre presente nas tribulações, e suas misericórdias se renovam cada manhã (SALMO 46:1; LAMENTAÇÕES 3:23). Podemos confiar que Ele é fiel e imutável — o mesmo ontem, hoje e eternamente (HEBREUS 13:8). Deus dá segurança eterna àqueles que confiam em Cristo como seu Salvador. "Eu lhes [as minhas ovelhas] dou a vida eterna; jamais perecerão, e ninguém as arrebatará da minha mão" (JOÃO 10:28).

Quando recebemos a segurança de Deus, somos capazes de transmitir segurança ao nosso casamento. Transmitir segurança significa que eu (Teresa) vivo de tal forma que meu marido sabe que estou comprometida com ele, e somente com ele, que sempre serei fiel às promessas feitas em nosso casamento, e somente a elas.

Segurança significa cuidar das necessidades financeiras de minha família, que inclui viver dentro do orçamento, ter ética no trabalho, desenvolver habilidades comerciais e proporcionar um futuro financeiro estável em caso de doença ou morte.

Segurança significa não fazer ameaças de deixar ou abandonar minha família. Significa me comprometer em protegê-la de danos físicos e emocionais. Significa que não quero prejudicar meu marido nem meus filhos de maneira alguma. Segurança significa não perder a calma com meu marido nem levantar a voz com meus filhos. Significa ser dependente e cumprir as promessas.

Só existe intimidade no casamento quando o marido e a esposa se sentem confiantes de que há apoio e proteção no relacionamento. Só existe intimidade na família quando todos os membros se sentem seguros.

Pai, graças porque podemos contar contigo.
Ajuda-me a transmitir a mesma segurança para minha família.

> **?** O que você vai começar a fazer hoje para transmitir sensação de maior segurança a seu cônjuge e filhos?

31 DE OUTUBRO

segurança

A verdadeira segurança que não se vê

...guarda a verdadeira sabedoria e o bom siso [...]. Então, andarás seguro no teu caminho... —PROVÉRBIOS 3:21-23

A sabedoria traz segurança? Parece um pouco estranho. Não podemos tocar, calcular nem ver a sabedoria. Como é possível que ela traga segurança? Funciona assim: Deus sabe que, quando buscamos Sua sabedoria e confiamos naquilo que Ele valoriza, caminhamos em solo seguro.

Conhecemos casais que procuram saber quantos quartos e quantos banheiros existem em casa, para sentir segurança. Eles se enganam pensando que a segurança se origina de bens materiais e posição social. Porém, Deus diz que isso não é grande sabedoria. O rico não deve gloriar-se em suas riquezas. O homem forte não deve gloriar-se em sua força. Mas os que se gloriam, devem gloriar-se em compreender e conhecer a Deus (JEREMIAS 9:23,24). Deus quer que compreendamos que as riquezas e os bens materiais desapareçam, e que só Ele pode nos proteger verdadeiramente do mal.

Teresa e eu conhecemos casais que confiam na "imunidade" contra o divórcio porque se baseiam em paixão sexual, união muito estreita um com o outro ou atratividade. Eles se enganam ao pensar que a segurança se origina de atração ou aparência física. A sabedoria de Deus diz: "Enganosa é a graça, e vã, a formosura" (PROVÉRBIOS 31:30). Deus quer que entendamos que a beleza e a paixão humanas desaparecem, e que só Ele pode proporcionar amor inabalável.

O primeiro capítulo de Provérbios nos lembra que a voz da sabedoria chama por nós. A sabedoria nos dá uma incrível promessa: "Pois a inconstância dos inexperientes os matará, e a falsa segurança dos tolos os destruirá; mas quem me ouvir viverá em segurança e estará tranquilo, sem temer nenhum mal" (vv.32,33 NVI).

Deus, obrigado pela sabedoria que ofereces e pela segurança que ela proporciona. Mantenha-me distante da racionalização e da autossatisfação para que eu viva em segurança.

> **?** Em que áreas específicas da vida você precisa sentir mais segurança? Como seu cônjuge pode ajudá-lo nesse sentido?

novembro

- segurança
- serviço
- apoio
- solidariedade
- ensino

1.º DE NOVEMBRO — *segurança*

Minha ideia de segurança

...não hei eu de buscar-te um lar...? —RUTE 3:1

Eu (Teresa) não sinto segurança porque David instalou um sistema de alarme contra ladrões, colocou trancas mais resistentes nas portas ou tomou outras providências para me proteger de danos físicos. Para mim, a segurança se estabelece quando David se certifica de que apagou as luzes, acionou o alarme e trancou todas as portas à noite. A segurança para mim está mais relacionada com a preocupação dele comigo.

Durante muitos anos, tive a tendência de associar segurança com as coisas que papai fazia para nós quando eu era criança. David e eu tivemos vários conflitos por causa disso. Causei muito sofrimento a David porque eu esperava que ele satisfizesse minha necessidade de segurança fazendo o mesmo que papai fazia. Papai sabia instalar fechaduras, consertar qualquer coisa quebrada e fazer a manutenção preventiva de qualquer item imaginável da casa. Mas faltam a David os "genes" da habilidade manual, como ele próprio admite. Por exemplo, certa vez ele tentou trocar o óleo do carro, mas acabou causando vazamento na transmissão.

David entendia como crítica a minha insistência em forçá-lo a ter todas aquelas habilidades manuais e que eu o considerava incompetente. Somente quando o Senhor nos fez entender melhor um ao outro e nos mostrou qual era o verdadeiro significado de segurança é que consegui ver que estava errada. Comecei, então, a mudar minhas expectativas. Percebi que não devia esperar que David fosse como meu pai. Precisava sentir que ele desejava me dar segurança.

De vez em quando, digo a David o que ele pode fazer para eu me sentir mais segura. A maior parte do tempo quero apenas que ele "fique comigo" emocionalmente. Não posso esperar que ele conheça todos os meus desejos. Ele só pode realizá-los quando eu os verbalizo.

Pai, minha segurança precisa estar, acima de tudo, em ti.
Confiarei em ti para envolver meu cônjuge no que tu desejas.

> **?** O que você pode fazer hoje para comunicar ao seu cônjuge o que é necessário para você se sentir mais seguro?

2 DE NOVEMBRO

segurança

Rigidez, apenas aparente

Mulher virtuosa, quem a achará? [...] O coração do seu marido confia nela... —PROVÉRBIOS 31:10,11

Em geral, os homens são condicionados a agir com rigidez, resistir a expressões emocionais e nunca admitir fraqueza. Todos esses comportamentos atrapalham a intimidade. Embaixo dessa imagem exterior pode haver um marido temeroso, inseguro, que precisa ter certeza do amor da esposa.

Eu (Teresa) sou privilegiada por ter recebido o dom de Deus de proporcionar um porto seguro a meu marido. Esse ministério especial de dar segurança ao meu marido inclui ser cuidadosa para aceitar as inseguranças e medos dele. Aprendi a refrear a língua quando descubro sinais de fraqueza ou inabilidade. É aí que preciso tomar cuidado para não subestimar, não julgar nem menosprezar os medos de David. Ele necessita de minhas palavras de aceitação, não de rejeição.

Aprendi também que crio um ambiente de segurança para David quando lhe dou liberdade para falar de seus medos, sem mencionar os meus. Houve ocasiões em que impedi David de expor seus temores por causa de minhas reações cheias de medo. ("Lamento por você estar tendo problemas com seu chefe, mas você não pode perder o emprego neste momento!")

Meus medos não precisam passar despercebidos. Assim como é importante para David que ele fale de seus medos, é importante também que eu fale dos meus. Aprendi a entregar o assunto da segurança a Deus e, às vezes, falo disso abertamente com uma amiga confiável. Aprendi que devo confiar que Deus trará maturidade à vida de David e que devo discernir com cuidado quando e se o momento é apropriado para expor minhas inseguranças a ele.

Finalmente, descobri que, quando ouço David expressar seus medos, minha função é reassegurá-lo de meu amor. David necessita ouvir palavras como: "Querido, quero que você saiba que vou amá-lo em quaisquer circunstâncias. Vamos trabalhar juntos nesse sentido".

*Pai, graças te dou por me ajudares
a proporcionar um porto seguro a meu cônjuge.*

Como você pode aumentar a "segurança emocional" em seu lar?

3 DE NOVEMBRO   *segurança*

Meu copiloto

O seu coração, bem firmado, não teme... —SALMO 112:8

Estou convencido de que minha esposa tem a capacidade de "evaporar" quando vamos ao shopping. Entramos juntos numa loja de departamentos, caminhamos juntos na mesma seção da loja, e ela desaparece. Teresa está ali, de repente não está mais.

Não sossego enquanto não a encontro. Meu copiloto fugiu, e quase entro em pânico! Lá estou eu no shopping, sozinho! É como estar em território inimigo sem um aliado.

O casamento deve ser assim. Devemos nos sentir desassossegados quando estamos longe de nosso cônjuge porque ele é o nosso copiloto enquanto vivermos na Terra. Voamos juntos no mesmo avião, e há menos segurança quando voamos sozinhos.

Conforme o versículo de hoje sugere, Deus cuida do "coração bem firmado", trazendo a segurança de nos acalmar e confiar plenamente nele. No casamento, o Senhor trabalha por meio de nosso cônjuge para firmar esse alicerce e nos abençoar. Deus deseja que você proporcione estabilidade a seu cônjuge. Deus deseja garantir a seu cônjuge que ele não precisa temer os solavancos ao longo da jornada porque — sem sombra de dúvida — ele ou ela não está sozinho.

Na próxima vez que você estiver sem seu copiloto, pegue o telefone e ligue. Diga a seu cônjuge que sente muita falta dele. Diga que aguarda ansiosamente o momento de voltarem a se encontrar porque a vida não é a mesma sem ele por perto. Dê-lhe a segurança de saber que você o considera importante, que pensa nele e se preocupa muito com ele. Deixe claro que ele ainda derrete seu coração e atiça as chamas da paixão. Procure meios de ajudar a "firmar" o coração de seu cônjuge.

Obrigado, Pai, por me abençoares com um copiloto.

? Como você pode dar mais estabilidade ou proporcionar um alicerce mais firme em seu casamento?

4 DE NOVEMBRO — *segurança*

A segurança de estar "junto a Ele"

O amado do Senhor habitará seguro com ele; todo o dia o Senhor o protegerá, e ele descansará nos seus braços. —DEUTERONÔMIO 33:12

Quando nossos filhos eram bebês, cada um deles tinha um objeto especial que lhe transmitia segurança quando ia dormir — um cobertor, uma boneca favorita, uma chupeta. À noite, quando ouvíamos som de choro ou agitação, sabíamos que havia boas chances de o precioso objeto do bebê ter ficado fora do alcance dele. Assim que o devolvíamos, o bebê se acalmava e dormia. Aparentemente, nossos filhos necessitavam da segurança de ter seu objeto importante *com eles*.

O versículo de hoje refere-se à proteção e segurança que vem de estar perto de Deus, de estar *junto a Ele*. A presença e a proximidade de nosso Deus são princípios importantes de segurança. Não necessitamos apenas da presença do Senhor; necessitamos também de sua proximidade — *junto* a nós.

No casamento, a situação é a mesma: Há momentos que se repetem — momentos de tristeza e de alegria, de adversidade e de sucesso — quando necessitamos que nosso cônjuge esteja *junto a nós*.

Descobrimos também no versículo de hoje a importância que o compromisso exerce no fato de descansar em segurança. Durante quanto tempo o Senhor está *junto a nós*? "Todo o dia", responde o versículo.

Ao lembrar-me disso, eu (Teresa) penso em David e em como ele me dá segurança. Sua presença física e seu comprometimento dão-me a certeza de que sou amada e protegida. Ainda tenho aquela segurança.

Deus conhece sua necessidade de segurança e quer supri-la, portanto deseja que o casamento seja um porto seguro afastado do mundo exterior. O casamento precisa ser um lugar onde podemos *descansar um no outro e descansar junto a Ele*.

Graças, Senhor, porque tenho segurança em ti.
Ajuda-me a estabelecer um lugar seguro no meu casamento.

> **?** O que você pode fazer hoje para transformar seu casamento em um porto seguro?

5 DE NOVEMBRO

segurança

Sem medo do futuro

Porque Deus não nos deu o espírito de temor... —2 TIMÓTEO 1:7 ARC

Se nossos temores não procedem de Deus, conforme o versículo de hoje diz, então procedem do inimigo, aquele que rouba, mata e destrói. O inimigo é chamado de "pai de todas as mentiras" e, por trás do medo que sentimos, encontramos as mentiras do inimigo nas quais acreditamos.

Imagine ouvir estas palavras: "Você nunca vai mudar" ou "Nossa situação nunca vai melhorar". Cada uma dessas afirmações sinaliza medo do futuro, e cada uma se baseia na mentira de que podemos prever o futuro e saber o que vai acontecer conosco.

O medo do futuro rouba dos casais a satisfação do presente. Na tentativa de libertar os casais desse medo, nós os encorajamos a enfrentar seus medos abertamente, por meio de verbalização, priorização e responsabilidade mútua.

Primeiro, ensinamos a habilidade da verbalização como meio para lidar com medos e segurança. Um dos cônjuges diz: "Amor, com o que você se preocupa ou do que está sentindo medo ultimamente?". Esse tipo de comunicação ajuda a estabelecer a base da segurança dentro do casamento.

Segundo, desafiamos os casais a ter certeza de que estão sempre priorizando o relacionamento. Para isso, devem sair juntos periodicamente, fazer alguma coisa para se divertirem juntos — sem os filhos (com eles seria reunião em família) e sem os amigos (com eles seria reunião social).

Terceiro, encorajamos os casais a que desenvolvam responsabilidade mútua. Eles devem dizer frases simples como: "Que coisas irritantes tenho feito ultimamente? Quero esforçar-me para mudá-las". Cada cônjuge ouve atentamente sem ficar na defensiva, ora pelo que foi falado e promove as mudanças necessárias. A disposição de levar em conta os desejos do cônjuge de mudar ajuda a intensificar a segurança no relacionamento e ajuda também a lançar fora o medo.

*Manifesta Teu amor por meu intermédio,
Pai, o amor que lança fora todo medo.*

> Que temores você e seu cônjuge sentem que precisam ser lançados fora do casamento? Que providências você vai tomar hoje para lançá-los fora?

6 DE NOVEMBRO *serviço*

Doando-se um ao outro

...sede, antes, servos uns dos outros... —GÁLATAS 5:13

O verdadeiro "serviço" origina-se de um motivo no qual existe amor e altruísmo. Hoje em dia, há muita coisa rotulada como "servir" que não o é. A atividade que chama a atenção para a própria pessoa não é servir. O envolvimento para "ajudar" os outros como oportunidade para ser bem visto nos meios sociais não é servir. Dar dinheiro aos necessitados para livrar-se de sentimento de culpa não é servir. "Cuidar" de outra pessoa para que ela cuide de você como retribuição é manipular, não servir.

A capacitação para o verdadeiro serviço procede da misteriosa palavra *agape*, traduzida por "amor". Trata-se, porém, de um amor sublime que vem do alto. Talvez apenas por meio da graça desse amor é que somos motivados a servir.

Teresa e eu passamos muitos anos vazios em nosso casamento, "doando-nos" supostamente um ao outro, para depois descobrir que nossa motivação era "dar para receber" e "faço a sua vontade se você...". Esse padrão começou a mudar — não porque negociamos um acordo para nosso amor condicional, mas porque cada um de nós começou a ver o amor incondicional de Deus por nós de outra forma. Cada um de nós, à sua maneira, foi afetado mais profundamente pelo modo como o Salvador nos serviu com amor. Esse amor começou a nos transformar, também o nosso relacionamento com o Senhor, e então o nosso casamento.

Eu sirvo os outros quando meu coração está transbordando de maravilhamento pelo carpinteiro de Nazaré que me serviu. Ele que tinha todas as coisas, deixou tudo para me servir. Ele poderia ter chamado dez mil anjos para resgatá-lo da cruz, mas permaneceu lá para me salvar.

Que a reverência e a admiração por Seu amor me induza a servir com amor aqueles que me rodeiam, inclusive minha querida esposa.

Pai, graças te dou porque escolheste me servir
por meio da dádiva de Teu Filho.

> **?** Que serviços feitos com amor verdadeiro você pode dedicar a seu cônjuge hoje?

7 DE NOVEMBRO *serviço*

Cristo: nosso verdadeiro exemplo

...o Filho do homem [...] não veio para ser servido, mas para servir...
—MATEUS 20:28

Que belo exemplo! Se já existiu alguém que mereceu tratamento especial, esse alguém foi Cristo. Mas Seu foco não estava no que Ele merecia. Mas sim em quem Ele era e em tudo o que pertencia a Ele. Foi dessa identidade e herança que nasceu uma vida de gratidão e serviço.

Conforme o versículo de hoje diz, Cristo veio para servir, e Sua reunião no cenáculo com os discípulos foi um exemplo clássico de Seu chamado para servir. Durante a ceia, algumas horas antes de ser traído e preso, Ele pega uma toalha e uma bacia com água e começa a lavar os pés dos discípulos. A Bíblia diz que, quando terminou de lavar os pés dos discípulos, Cristo pediu a eles (e a nós) que procedessem da mesma forma.

Eu (Teresa) sempre me pergunto quanto tempo Jesus levou para lavar os pés de doze discípulos. Qualquer que seja o tempo investido nessa tarefa, parece-me que, diante de tudo o que Ele enfrentaria adiante, Jesus estava perdendo Seu tempo lavando pés. Mas o Salvador viu que aquela era uma das lições mais importantes que Ele poderia ensinar sobre o ato de servir.

Nessa passagem, vemos que a prontidão de Jesus em servir aos outros vem da segurança de Sua identidade. João 13:3-5 relata que "sabendo que o Pai tudo lhe confiara às suas mãos, e que ele viera de Deus, e voltava para Deus", Jesus se levantou da ceia e começou a lavar os pés dos discípulos.

Fico imaginando se isso funcionaria para mim. Questiono-me se entender completamente quem eu sou em Cristo, faria meu coração transbordar de grata doação. Não sei se o fato de apreciar plenamente minha herança nele, eu me disporia a cuidar dos outros. Deus diz que sou Sua filha amada, abençoada com tudo o que pertence à vida e à piedade. Acho que isso inspira o milagre de servir aos outros — começando por meu casamento.

*Ensina-me, Pai, a reconhecer quem eu realmente
sou e o que realmente recebi.*

> Quando você reservará um tempo para refletir naquilo que recebeu e, dessa forma, ser motivado a servir?

8 DE NOVEMBRO *serviço*

Quando será a minha vez?

A Cristo, o Senhor, é que estais servindo. —COLOSSENSES 3:24

David tinha o costume de chegar em casa do trabalho com a mão levantada, como se estivesse segurando uma xícara. Era sua forma de dizer: "Necessito de uma xícara de chá. Tive um dia realmente difícil".

Nos casamentos atuais, é comum ambos trabalharem fora de casa, e a esposa talvez sinta o desejo de perguntar: "Quando alguém vai me servir? Também tive um dia difícil".

Quando David e eu aconselhamos o marido, a esposa ou ambos, sempre dizemos que *alguém* no casamento precisa começar a servir o outro em amor, confiando que Deus suprirá as necessidades daquele que se dispôs a servir.

Somos encorajados a servir nosso cônjuge quando sabemos a quem estamos realmente servindo. Paulo lembrou aos colossenses que tudo quanto fizessem, deviam fazê-lo "de todo o coração", como para o Senhor a quem eles serviam (COLOSSENSES 3:23). Da mesma forma, quando servimos nosso cônjuge estamos servindo a Cristo também. Talvez isso faça parte do ensinamento de Cristo quando Ele disse que sempre que fizemos alguma coisa a um de Seus pequeninos irmãos, a Ele o fizemos (MATEUS 25:45). Essa possibilidade deveria motivar cada um de nós a servir nosso cônjuge.

Consideremos alguns dos aspectos práticos de servir o outro.

Primeiro, preciso ser generoso com meu cônjuge mesmo que ele não seja generoso comigo, simplesmente porque Deus foi e é generoso comigo. Segundo, preciso servir meu cônjuge com amor e alegria, não com raiva e ressentimento. Terceiro, quando me sinto cansado de servir, preciso amorosamente comunicar minhas necessidades ao meu cônjuge, e confiar a Deus os resultados. Creio que o Senhor trabalhará na vida de meu cônjuge ou cuidará de mim da maneira que Ele escolher.

Pai, cada um de nós terá de prestar contas a ti.
Quero ser encontrado servindo fielmente o meu cônjuge.

O que vocês podem fazer hoje para que o ato de servir um ao outro seja a regra, não a exceção, em seu casamento?

9 DE NOVEMBRO

serviço

Livre para servir

Porque nem mesmo compreendo o meu próprio modo de agir, pois não faço o que prefiro... —ROMANOS 7:15

Logo que nos casamos, Teresa precisava que eu fosse amorosamente "generoso" com ela, mas isso não acontecia com frequência. Eu me desculpava e prometia mudar, mas minhas promessas duravam pouco. Identificava-me com o apóstolo Paulo em Romanos 7:19: "...pois não faço o que prefiro".

Meu problema era que eu não era "livre" para servir. As questões mal resolvidas de minha vida me mantinham confinado em uma preocupação egoísta. Deus começou um processo lento, porém produtivo, em meu interior, e a liberdade para servir e doar a Teresa se instaurou.

Intimidade implica em liberdade para compartilhar tudo o que existe em nós — corpo, alma e espírito — com nosso cônjuge. A esposa necessita de um marido que se sinta cada vez mais livre para encorajá-la a ser livre também.

Um aspecto dessa liberdade inclui lidar com o "acusador", que nos incrimina e nos julga. Este ser maligno nos lança acusações como: "Você é um péssimo pai" e "Será que um cristão verdadeiro faria o que você fez?". O acusador usava a culpa que eu sentia pelos erros que cometia com Teresa e com minha família para atacar minha dignidade e meu valor. Esta condenação roubava de mim a esperança de mudar, deixando-me com a sensação de ser um fracasso como marido, pai e cristão.

Sou grato por poder dizer que o Espírito Santo iniciou uma obra milagrosa em meu interior. Ainda me lembro do dia glorioso em que o Senhor pareceu dizer: "David, sei que você cometeu muitos erros desde que eu o trouxe para o meu reino. Quero que você entenda que, quando o salvei, eu sabia que você pecaria dessa maneira. Mas eu quis salvá-lo mesmo assim".

Naquele momento, libertei-me da condenação. E libertei-me também para servir minha esposa e minha família de acordo com a vontade de Deus.

Pai, obrigado por nos libertares da condenação.

? De que maneiras específicas você precisa que Deus o liberte para servir seu cônjuge e filhos hoje?

10 DE NOVEMBRO — *serviço*

Servir "com segundas intenções"

Servindo de boa vontade, como ao Senhor e não como a homens.
—EFÉSIOS 6:7

Você já se pegou servindo seu cônjuge "com segundas intenções"? Explicando melhor, já fez algo por ele esperando interiormente ser recompensado por seu "ato de serviço"? Eu (Teresa) não me orgulho nem um pouco de admitir que faço isso, às vezes.

E uma delas é quando me dedico à tarefa de lavar roupa — que não é uma de minhas favoritas. Enquanto separo as roupas sujas, coloco-as na lavadora e na secadora e depois as dobro, começo a pensar: *Seria muito bom se David reconhecesse este meu serviço e, para mostrar gratidão, ele poderia me...*

Às vezes, quando me pego pensando dessa maneira, o Espírito Santo me alerta sobre meu egoísmo.

Decidimos "servir" no casamento por livre e espontânea vontade, porém, de vez em quando, achamos que deveríamos ser recompensados de alguma forma pelo que fizemos. A tendência humana é fazer algo para receber recompensa. Porém, destruímos a intimidade conjugal com essa mentalidade de servir "com segundas intenções".

Devemos sempre buscar servir, não ser servidos. O apóstolo Paulo nos encoraja a servir "de boa vontade", sem esperar nada em troca. O princípio da "boa vontade" se refere ao interesse de beneficiar o outro em primeiro lugar. Paulo nos lembra de que não devemos servir a nós mesmos, mas servir aos outros e ao Senhor.

Deus me lembrou disso quando eu estava ligada no modo das "segundas intenções". Fiz a contagem mentalmente e o placar não foi favorável a David. Então o Senhor me trouxe este pensamento: *Teresa, a questão não tem nada a ver com você. Tem a ver comigo e com a forma como você se une a mim para amar seu marido, servindo a ele com o coração puro — com um coração que não espera nada em troca.*

> *Deus, ajuda-me a ter um coração de servo*
> *para com meu marido.*

? Em que áreas você está agindo "com segundas intenções" em relação a seu cônjuge? Que medidas pode tomar para ter certeza de que não fará mais isso?

11 DE NOVEMBRO

serviço

Aspirina, ou algum outro?

...se alguém serve, faça-o na força que Deus supre, para que, em todas as cousas, seja Deus glorificado, por meio de Jesus Cristo...
—1 PEDRO 4:11

Há uma dinâmica interessante quando o marido ou a esposa adoece. Será que o enfermo espera ser "mimado" ou deseja sofrer sozinho?

Teresa e eu tivemos muitos conflitos a respeito desse assunto. Cada um de nós tentava adivinhar o que o outro queria quando estava enfermo, mas de nada adiantava. Ou, então, imaginava o que o outro faria na mesma situação, mas raramente dava certo. Penso que ambos ficamos surpresos quando descobrimos que nenhum de nós sabia o que o outro realmente queria, porque não dizíamos um ao outro o que queríamos.

Atravessamos tempos de muita angústia no casamento quando fazíamos perguntas como estas a nós mesmos: "É isso o que eu realmente quero ou é o que penso que quero?". Também caímos na armadilha de não saber exatamente quais eram nossas necessidades, e depois nos zangávamos quando elas não eram atendidas. Concluímos, então, que é difícil descobrir quais são as nossas próprias necessidades e desejos. Só depois de sabermos o que cada um de nós realmente queria foi que conseguimos comunicar nossas necessidades um ao outro.

Deus começou a nos desafiar a procurar entender quais eram nossas necessidades antes de brigarmos um com o outro por não as suprir. Ele mostrou a ambos que ser um bom servo significa dar atenção às necessidades de nosso cônjuge.

Enquanto percorríamos esse caminho, aprendemos a servir melhor um ao outro — na saúde *e* na doença.

Senhor, ajuda-me a conhecer a mim mesmo
e a saber como atender melhor às necessidades de meu cônjuge.
Dá-me paciência e discernimento nesta área.

> **?** Quais são as suas necessidades que você não comunica a seu cônjuge de modo satisfatório? De que maneira pode começar a melhorar nesse sentido?

12 DE NOVEMBRO

serviço

Servindo um ao outro

...sirvamos em novidade de espírito... —ROMANOS 7:6 ARC

A doação mútua é um dos objetivos de nosso ministério de ajuda aos casais. Quando cada cônjuge encontra liberdade e motivação para servir o outro, a intimidade se instala no relacionamento. Cuidar do outro durante as necessidades intermináveis da vida — esse é o significado verdadeiro do coração de servo. Cuidar do cônjuge significa servi-lo no dia a dia, não necessariamente nas "grandes dificuldades" com as quais nos deparamos.

Encorajamos os casais a perguntarem um ao outro quais são seus desejos e sonhos e também como podem honrar melhor um ao outro. Nós os ensinamos a ouvir as respostas atentamente e servir um ao outro em amor.

A seguir, pedimos que conversem sobre decisões. Ressaltamos a importância de dizer que necessitam muito da sabedoria um do outro e que a valorizam, e o quanto querem ser mais sensíveis à opinião um do outro. Na sequência, lançamos a eles o desafio de conversarem sobre como podem melhor se apoiar mutuamente nessa área. Isso traz mais unidade ao casal e menos tensão nos momentos de tomada de decisões.

Também tentamos lembrar aos casais que não se desgastem com assuntos banais e permitam que o outro tome decisões e até cometa erros. Por exemplo, a esposa não deve criticar o marido quando ele pega a estrada errada ou escolhe um restaurante com uma longa fila de espera. E o marido não deve censurar a esposa quando ela verbaliza ideias "estapafúrdias".

O versículo de hoje oferece uma explicação a mais para quem deseja ter uma vida de servo: servir *"em novidade de espírito"*. Usando um contraste com a escravidão da lei, Paulo fala da nova "evidência" da obra do Espírito Santo que devemos esperar. Se a evidência do habitar do Espírito no *interior* da pessoa é "...o amor, a alegria, a paz, a paciência..." (GÁLATAS 5:22 NTLH), a evidência exterior disso pode ser vista no ato de servir os outros.

Você tem visto ultimamente uma grande evidência do Espírito Santo em seu casamento?

Pai, liberta-nos para que possamos servir um ao outro.

? De que maneiras aparentemente pequenas e insignificantes você pode servir seu cônjuge todos os dias?

13 DE NOVEMBRO

apoio

Ajudando a carregar os fardos

...Arão e Hur sustentavam-lhe as mãos, um, de um lado, e o outro, do outro; assim lhe ficaram as mãos firmes... —ÊXODO 17:12

Os exércitos do Senhor prevaleceram contra o inimigo enquanto Arão e Hur serviam de apoio a Moisés. Josué conduzia os israelitas na batalha enquanto Moisés, no monte, permanecia com o cajado de Deus estendido sobre o vale abaixo. Quando Moisés levantava o cajado, Josué e os israelitas prevaleciam, mas quando Moisés se cansava e abaixava os braços os inimigos prevaleciam. Embora ninguém tivesse suplicado pela intervenção de Arão e Hur, eles viram a necessidade, tomaram a iniciativa e se apresentaram para apoiar.

Apoio verdadeiro significa perceber as necessidades, tomar a iniciativa e, silenciosamente, doar de si mesmo — quase sempre voluntariamente. Eu (David) levei vários anos para deixar de ver apenas minhas necessidades e passar a notar as de Teresa. Mas, nos últimos anos, sinto entusiasmo e satisfação quando vejo as necessidades dela, tomo a iniciativa e dou-lhe apoio.

Há um princípio óbvio na passagem bíblica de hoje: Aquele que fica sobrecarregado quando está sozinho, torna-se vitorioso quando recebe apoio. Se Arão e Hur tivessem deixado Moisés suportar o peso do cajado sozinho, ele não teria aguentado, e o povo de Israel teria sido derrotado.

Deus nos criou com a necessidade do apoio de outros. No contexto do casamento, Deus uniu duas pessoas para que cada uma necessite do apoio forte e amoroso da outra.

Há um incontável número de lares destruídos porque o marido ou a esposa carrega os fardos sozinho, sem receber nenhum apoio. Apoiar não é aconselhar a distância. Ao contrário, é agir de modo prático quando insistimos com nosso cônjuge para que nos permita ajudá-lo a carregar seus fardos.

> *Ajuda-me, Senhor, a apoiar meu cônjuge*
> *em todos as áreas que ele precisar. Torna-me sensível*
> *a cada uma de suas necessidades.*

? Em que áreas de seu casamento ou de sua função como pai ou mãe você mais necessita do apoio amoroso e forte de seu cônjuge hoje?

14 DE NOVEMBRO

apoio

A alegria do apoio mútuo

Mais bem-aventurado é dar que receber. —ATOS 20:35

Uma das maneiras que Teresa e eu encontramos de nos apoiar mutuamente é nos doar um ao outro. Deus, em Sua graça, teve de nos moldar nessa área, porque passamos os primeiros anos de nosso casamento "sacando" um do outro em vez de "depositar". Acreditávamos que éramos mais abençoados ao receber e, às vezes, cada um de nós exigia algo do outro. Mas, aos poucos, vimos que a generosidade de Deus por nós, principalmente ao nos dar Seu Filho, é o modelo que Ele deseja que sigamos em nosso casamento.

Teresa e eu aprendemos que o Senhor deseja que apoiemos um ao outro, doando nosso tempo, atenção, consolo, apreciação e uma infinidade de outras coisas. Quando vejo Teresa carregando o peso da ansiedade ou das atividades diárias, aproximo-me dela, levanto o peso com ela e a ajudo a carregá-lo ouvindo-a falar de sua ansiedade ou mostrando-lhe como priorizar sua agenda. Transmito-lhe a certeza de meu amor por ela e de quanto Deus a valoriza.

Essa doação mútua caracteriza um relacionamento saudável. Nós dois recebemos a plenitude de Deus, e agora obedecemos ao mandamento de Jesus: "de graça dai" (MATEUS 10:8).

Chega a ser engraçado quando, às vezes, Teresa e eu competimos para ter a chance de dar e servir. Nem sempre é assim, mas nos alegramos ao ver a bênção da doação mútua. Levei muitos anos para entender — e acreditar — que é melhor dar do que receber, mas é verdade!

Pense sobre seu casamento. Vocês estão apoiando um ao outro em termos de tempo, atenção, respeito e valor? Quando você doa ao seu cônjuge, torna-o mais completo, mais pleno.

Senhor, louvamos-te por Tua grande generosidade para conosco. Queremos repassá-la a nosso cônjuge.

? De que maneira, ao doar ao seu cônjuge, você pode ajudá-lo a carregar os fardos dele?

15 DE NOVEMBRO

Comigo sempre

apoio

...eu estou com vocês todos os dias... —MATEUS 28:20 NTLH

Eu (Teresa) estava nervosa porque ia levar uma nova mensagem em um congresso de mulheres na região de Houston. As novas mensagens sempre me deixam nervosa.

Uma vez que não podia chegar ao local por via aérea, David se dispôs a me levar de carro ao congresso. Depois de quase uma hora na estrada, decidi revisar as mensagens para o fim de semana e percebi que as deixara na mesa de casa. David foi compreensivo. Ofereceu-se para levar-me ao local, voltar a Austin e pegar minhas anotações.

Nunca senti tanto apoio de alguém como naquele dia. Foi muito bom saber que David deixou de fazer suas coisas para me ajudar. O apoio dele foi um exemplo de que eu deveria fazer o mesmo por ele no futuro.

O versículo de hoje tem sido, ao longo dos séculos, uma promessa de garantia e apoio a um número incontável de pessoas que pertencem ao Senhor. Cristo não promete que nos livrará do sofrimento, das lutas ou das consequências do pecado, mas promete que estará conosco "todos os dias". Essa garantia de que não estou sozinha, de que Jesus está comigo, é que me traz esperança, coragem e força. Essas são as bênçãos do apoio que meu Senhor me prometeu.

Estou com vocês todos os dias. Os compromissos feitos no casamento baseiam-se nesse testemunho de segurança. Quando prometemos estar juntos "na riqueza e na pobreza, na saúde e na doença, até que a morte nos separe", estamos dizendo que, enquanto houver vida em nosso corpo, estaremos sempre com nosso cônjuge.

É em torno disso que gira a segurança do relacionamento conjugal.

Pai, obrigado porque nos dás Teu Espírito para nos apoiar.

De que maneiras específicas você vai demonstrar a seu cônjuge hoje o amor e o apoio que Cristo lhe dá?

16 DE NOVEMBRO

apoio

O milagre do apoio mútuo

Levai as cargas uns dos outros, e assim, cumprireis a lei de Cristo.
—GÁLATAS 6:2

Lemos, no versículo de hoje, o mandamento de levar as cargas uns dos outros. Mas ele é mais do que um mandamento. É o maravilhoso privilégio de carregar as cargas das pessoas perto de nós.

Deus não tem a intenção de que alguns de Seus filhos sejam "carregadores" e outros sejam exclusivamente "carregados". Temos a oportunidade de carregar as cargas dos outros ao nosso redor — a tristeza, a derrota, a tentação e o desespero que fazem parte das lutas comuns da vida —, mas temos também o privilégio de permitir que outros carreguem nossos fardos. Podemos nos cansar facilmente de fazer o bem quando estamos sempre "carregando" e nunca permitindo que os outros carreguem nossas cargas.

Essa verdade ensina audivelmente sobre a vulnerabilidade — um elemento vital para a intimidade no casamento. A vulnerabilidade se manifesta na disposição para admitir necessidades, compartilhar lutas e aceitar apoio. Os casais devem caminhar juntos no processo de cura das mágoas, de aquisição de liberdade e, finalmente, de dar apoio mútuo — cada um cedendo com alegria às necessidades de intimidade do outro.

Teresa e eu comentamos com frequência que, durante quase quatro décadas de vida conjugal, foi pela graça de Deus que ambos não "desmoronamos" ao mesmo tempo. Atravessei tempos de transição e incerteza no trabalho e no ministério, e essas coisas aumentaram minha insegurança e fortaleceram a fé. Teresa esteve sempre presente para carregar minhas cargas, encorajar-me e me fazer companhia em minha jornada de fé. Outras vezes, foi Teresa quem desanimou — aparentemente perdeu a esperança — com respeito à disciplina dos filhos e com seu próprio peso. Deus me ensinou o significado da palavra apoio. Aprendi que apoio não tem nada a ver com meu desinteresse passivo. Aprendi também, ao longo dos anos, a ajudar a carregar as cargas de Teresa, ouvindo-a com atenção e sendo carinhoso com ela.

Senhor, cura-nos e liberta-nos para que possamos apoiar um ao outro em nosso casamento.

? Em que áreas específicas você e seu cônjuge precisam começar a mostrar um ao outro apoio mútuo?

17 DE NOVEMBRO

Aprendendo a dirigir

Vinde a mim, todos os que estais cansados e sobrecarregados, e eu vos aliviarei. —MATEUS 11:28

Você imagina viajar à Inglaterra pela primeira vez e ter de dirigir um carro na faixa da esquerda da estrada? Imagina o que significa chegar a um cruzamento em uma rua movimentada no centro de Londres — dirigindo do lado "errado"?

Deus parece ensinar-me (Teresa) muito quando David e eu cruzamos o oceano, e a nossa primeira viagem à Inglaterra não foi exceção.

Minha primeira experiência com um carro em Londres foi marcante. Na verdade, quem o dirigia era David; eu apenas preenchia o ar com conselhos, advertências e pânico. David é um excelente motorista, e dirigiu em Londres várias vezes sem mim.

O problema era minha necessidade de estar no controle. Todas as vezes que David fazia uma conversão para a faixa "errada", eu entrava em pânico. Perdia o controle e minhas inseguranças emergiam. O Senhor, porém, disse-me carinhosamente: "Teresa, o problema não é o modo como David dirige. É sua péssima tendência de controlar tudo".

O casamento pode ser comparado a dirigir na faixa da esquerda da estrada. Estamos aprendendo todo um novo conjunto de modalidades para "dirigir".

Sabemos que é muito difícil aprender a intimidade conjugal, por isso precisamos nos apoiar mutuamente ao invés de criticar um ao outro. Quase todos nós nos sentimos um pouco perdidos e desajeitados em nossos esforços em aprender essa intimidade, logo não precisamos que alguém nos menospreze ou nos critique. Aliás, quanto mais somos criticados, menos queremos nos aproximar da outra pessoa.

Apoie seu cônjuge. Ele está aprendendo a dirigir na faixa esquerda da estrada e precisará muito de seu amor, compreensão e paciência.

Deus, ajuda-me a apoiar meu cônjuge,
aprendendo a ser uma companheira íntima dele.

> Em que áreas do relacionamento conjugal você mais necessita do apoio de seu cônjuge hoje? Em que áreas ele mais necessita do seu?

18 DE NOVEMBRO

apoio

Estou caindo

Porque o meu jugo é suave, e o meu fardo é leve. —MATEUS 11:30

Jill trabalhou e orou durante dez anos pela promoção do marido. Finalmente, ele foi escolhido para ser o vice-presidente da maior empresa de informática da cidade onde moravam. Fizeram sacrifícios ao longo do caminho, principalmente em relação ao tempo com a família. Mas valeu a pena, não? O acúmulo de bens materiais e férias incontáveis foram as recompensas por todos os sacrifícios e esforços que fizeram.

De repente, o mundo deles desmoronou. O filho de 16 anos foi preso por ter invadido uma farmácia à procura de drogas. Jill e o marido sentiram-se agradecidos quando ele foi colocado durante dois anos em regime de liberdade assistida e ingressou em um programa de reabilitação para dependentes químicos.

Pouco tempo depois, o marido de Jill chegou em casa mais cedo para conversar com ela. Deus lhe havia mostrado o desequilíbrio em que sua vida se encontrava. Ele queria demitir-se do emprego e encontrar uma posição com menos exigências — talvez em uma cidade menor. Queria começar tudo de novo e voltar a ter o controle da vida, mas não sabia se Jill apoiaria sua decisão. Será que ela o ajudaria a aprender de novo a ser marido e pai?

Como Jill poderia recusar? Amava o marido e sua família. Apoiou o marido de todo o coração.

Lembrar de que o *jugo de Cristo é suave* é uma excelente maneira para carregarmos as cargas dos outros. É importante encorajar um ao outro a buscar o "fardo leve" de Jesus. Todos nós enfrentamos situações estressantes na vida, porém — como fez com o marido de Jill — Deus nos conduz na direção da paz e da graça. Jill deu ao marido o apoio de que ele necessitava para tornar aquele fardo mais leve.

No casamento, todos nós precisamos fazer exatamente o que Jill fez.

*Senhor, dá-me a sensibilidade necessária
para compartilhar das cargas e lutas de meu cônjuge.*

? O que você pode fazer hoje para dar apoio a seu cônjuge e tornar "mais leve" o fardo que Deus deseja que ele carregue?

19 DE NOVEMBRO

apoio

Carregando o fardo

Levai as cargas uns dos outros... —GÁLATAS 6:2

À s vezes, nosso humor inflama quando estamos sobrecarregados. Porém, ao apoiar nosso cônjuge ajudando-o a carregar suas cargas, reduzimos a tensão em nossa vida e isso encoraja o compartilhamento mútuo e aumenta os sentimentos de amor.

Quando nossos filhos eram pequenos, Teresa aprendeu que eu ficava extremamente tenso quando tinha de agir como árbitro nos conflitos entre ela e as crianças. Teresa aprendeu que, para me apoiar naquela situação, ela precisava conversar comigo a sós — longe dos filhos.

Aprendi que Teresa era vulnerável ao estresse devido ao seu peso e ao seu tipo de alimentação. Aprendi que poderia dar-lhe apoio nessa área, ajudando-a a planejar o cardápio, fazendo as refeições em casa com mais frequência e acompanhando-a de vez em quando em suas caminhadas.

Em nosso "trabalho conjugal preventivo", ajudamos os casais a criar estratégias para lidar com o estresse inevitável no casamento e na vida familiar. Eles precisam definir o que causa estresse exagerado em cada um dos cônjuges. Depois, conversamos sobre como cada um pode ajudar a reduzir o estresse da vida do outro.

Quando você pressentir a aproximação de um conflito conjugal, é aconselhável perguntar a si mesmo: "Meu cônjuge está reagindo desta forma porque está se sentindo sobrecarregado?". Se for o caso, trate esses sentimentos com compreensão, empatia e apoio. É útil nessas situações pedir ao cônjuge que lhe diga como você pode protegê-lo do estresse.

A "fuga" é outra forma de apoio. Significa insistir com seu cônjuge para que ele aceite "fugir" de vez em quando para uma atividade divertida e relaxante. Por exemplo, almoçar com amigos, ler um livro ou passear no shopping para ver as vitrines.

Finalmente, os momentos de oração do casal são importantes. Depois de conversar com seu cônjuge sobre o problema, deem-se as mãos e orem.

> *Pai, torna-me sensível aos sinais de alerta*
> *da sobrecarga de meu cônjuge. Ajuda-me a ficar do lado dele*
> *para que eu o ajude em amor.*

? Quais são os sinais de sobrecarga emocional que seu cônjuge demonstra em tempos de estresse?

20 DE NOVEMBRO *solidariedade*

Solidarizando-se um com o outro

Jesus chorou. —JOÃO 11:35

Ao longo dos Evangelhos, vemos a descrição de um Salvador sensível e emotivo. O Filho do homem está ali para compartilhar do sofrimento emocional em torno da morte de Seu amigo Lázaro (JOÃO 11:1-44). Ele está disponível para aplacar a solidão de um publicano (LUCAS 19:1-9) e a rejeição de um leproso (LUCAS 17:11-19).

E por que Jesus faz isso? Por que ele gasta tempo e energia emocional para cuidar das mágoas e decepções dos outros? Não é a Sua natureza divina que exige tal envolvimento, mas sim a Sua natureza humana. E se Ele é nosso sumo sacerdote, precisa entrar em nosso mundo emocional de alegria e sofrimento, de vitória e derrota, de comemoração e tristeza.

A palavra usada com mais frequência nos Evangelhos para descrever o coração de Jesus é *compaixão*. Ele olha para os enfermos, paralíticos, famintos e rejeitados e "é movido por compaixão". Jesus não é motivado a dar conselhos ou sermões, mas a oferecer compaixão. Vemos o poder de Sua compaixão no versículo de hoje, o qual narra como Cristo participou do sofrimento de Maria, cujo irmão havia morrido. Imagine só! O versículo mais curto da Bíblia — e talvez um dos mais conhecidos — narra que Deus chora de tristeza.

Somos chamados a fazer isso no casamento. No entanto, muitos casais enfrentam problemas conjugais porque permanecem, por muito tempo, desligados ou afastados do sofrimento do cônjuge. Eles podem até analisar, evitar, racionalizar ou culpar — mas resistem a entrar no sofrimento emocional do cônjuge.

Nosso ministério ajuda os casais a sofrer um pelo outro até o ponto de demonstrar solidariedade genuína em tempos de sofrimento.

Pai, conduz-me para dentro
do mundo emocional de meu cônjuge.

> **?** O que você pode fazer hoje para começar a compartilhar sinceramente as emoções de seu cônjuge?

21 DE NOVEMBRO — *solidariedade*

O mistério da unidade

...que todos vocês tenham o mesmo modo de pensar e de sentir...
—1 PEDRO 3:8 NTLH

A harmonia e a solidariedade se originam de um sentimento de pertença — estar emocionalmente unido e vinculado — com outra pessoa. Devemos apreciar esse tipo de proximidade no casamento. É essa proximidade que nos permite compartilhar das emoções de nosso cônjuge.

A Bíblia diz que os cristãos fazem parte de um corpo do qual Cristo é a cabeça, e o Espírito Santo nos une uns aos outros (1 CORÍNTIOS 12). Cuidamos uns dos outros, portando somos solidários quando o outro está triste ou magoado.

Se pudéssemos entrar no mundo espiritual, veríamos cada cristão "unido" pelo Espírito Santo à cabeça da Igreja, Jesus Cristo. Quando um membro do corpo sofre perda, traição ou dor, a cabeça é movida por compaixão. Então, o Espírito Santo aciona os outros membros desse corpo e eles são movidos por compaixão por aquele que sofre.

E se isso acontecesse de forma consistente na vida conjugal? Acreditamos que deveria ser assim. Devemos ter esse tipo de solidariedade dentro do casamento também. A Bíblia diz que os dois se tornam uma só carne (GÊNESIS 2:24) no relacionamento conjugal. Quando essa unidade se intensifica, cada cônjuge torna-se mais e mais sensível às emoções do outro. Ser compreendido e se identificar com o outro emocionalmente são os ingredientes principais da intimidade conjugal.

O mistério dessa unidade é um dos motivos principais de nosso ministério nas sessões em que os dois cônjuges estão presentes. Acreditamos que podemos ajudar cada um se a "outra metade" estiver presente. Nossa opinião é que Deus deseja que cada cônjuge exerça uma função essencial no processo de cura e restauração e que a verbalização de solidariedade e de apreciação de um para o outro traz mais significado a eles do que a nossa como conselheiro.

> *Obrigado, Pai, pelo mistério de dois*
> *se tornarem um no casamento.*

[?] O que você pode fazer hoje para promover a unidade emocional dentro de seu casamento?

22 DE NOVEMBRO

solidariedade

Eu quero a mamãe!

...não tenho quem me console... —LAMENTAÇÕES 1:21

O estudo bíblico para crianças estava sendo realizado no playground quando uma garotinha machucou o dedo. Foi um corte muito pequeno, e uma das professoras tentou dizer que o ferimento não era grave e que o dedo dela logo ficaria curado. Mas a menina não acreditou e continuou a chorar.

Eu (Teresa) peguei-a no colo e comecei a conversar com ela, dizendo que um ferimento dói muito. Perguntei se ela queria que chamássemos sua mãe, e a resposta foi um entusiástico e ansioso "sim!". Conversamos sobre como ela queria a sua mamãe até a mãe dela chegar. Então a menina ficou bem.

É raro aprendermos a oferecer solidariedade, mas todos nós precisamos dela. Solidariedade não tem nada a ver com fatos e razões. Solidariedade é conversar comigo sobre meu sofrimento. Nós, os adultos, somos às vezes parecidos com aquela menina com o dedo machucado — queremos receber conforto da pessoa que amamos.

Há apenas uma pergunta que queremos fazer quando estamos sofrendo: "Alguém se importa comigo?". Se não houver ninguém que se importe conosco, o sofrimento será maior. E se houver alguém perto de nós, mas não oferecer cuidado solidário, continuaremos sem consolo em nosso sofrimento.

O versículo de hoje é muito semelhante ao nosso clamor quando estamos sofrendo sozinhos: "Não tenho quem me console".

Uma das maiores bênçãos do casamento é a certeza de que nosso cônjuge proverá cuidado solidário quando estivermos sofrendo. É ótimo saber que, se estivermos sofrendo e o resto do mundo nos olhar com indiferença, nosso cônjuge cuidará de nós e oferecerá a solidariedade de que necessitamos.

Senhor, obrigado por tua compaixão
e porque fazes do casamento uma fonte de amor e compaixão.

? O que você pode fazer e dizer hoje para oferecer a seu cônjuge o consolo de que ele necessita em momentos de dor?

23 DE NOVEMBRO *solidariedade*

Insatisfeito por lutar sozinho

Se procederes bem, não é certo que serás aceito? —GÊNESIS 4:7

Philip nos procurou em busca de ajuda para o casamento — sozinho. Descreveu sintomas de depressão, todos relacionados ao seu casamento. Ele sentia vergonha de estar deprimido e de ter problemas conjugais. Acreditava que, por ser cristão, não devia ter esses tipos problemas. Mas estava cansado de fingir, de ter que resolver tudo sozinho.

Muitos casais são como Philip. Em meio às expectativas religiosas, eles lutam para lidar com os problemas conjugais. Fingem que tudo vai bem, mas a vida em casa está um caos. Eles não entendem como podem viver sob o perdão de Deus e, ao mesmo tempo, guardar raiva e amargura no coração. Quando a vida no lar difere dos valores e ensinamentos espirituais da pessoa, é comum ela ter sentimentos de incompetência, culpa e condenação que se somam ao sofrimento da solidão, rejeição, medo, raiva ou amargura.

Ajudamos Philip a analisar sua raiva mal resolvida. Para ele, não bastava prometer a si mesmo que não se zangaria com a esposa. Cada promessa feita por Philip gerava novas esperanças em relação à sua esposa — esperanças que eram destruídas em sua próxima explosão de raiva. Ajudamos Philip a identificar a mágoa por trás da raiva, e incluímos sua esposa em momentos significativos de perdão e consolo. Ela conseguiu expressar cuidado compassivo devido a mágoa na vida de Philip. Algumas delas não tinham nada a ver com o casamento. Philip conseguiu ouvir com mais atenção quando a esposa falava da mágoa que sentia quando ele se zangava. A cura teve início, e as lutas começaram a abrir caminho para a vida plena.

Philip e a esposa aprenderam uma lição importante sobre as expectativas que devemos ter para o casamento. Uma delas é que não devemos lidar simplesmente com os problemas no casamento; ao contrário, devemos expressá-los e nos esforçar para resolvê-los.

Obrigado, Pai, por Tua promessa de nos dar vida plena.

Com que áreas de seu casamento você está lutando? Que atitudes vai tomar hoje para resolver seus problemas?

24 DE NOVEMBRO *solidariedade*

Eu sinto seu sofrimento

...Teve compaixão dele... —ÊXODO 2:6

Teresa não gosta de lugares altos, e isso se torna um problema quando viajamos juntos. É difícil atravessar o Grand Canyon, ir de um lado ao outro sem passar pela ponte. É difícil esquiar sem subir ao topo dos montes.

Além desses desafios óbvios, a reação da família diante dos medos de Teresa, embora não intencionalmente, causa-lhe sofrimento. Às vezes, as crianças a provocam ou se divertem à custa dela. Em outras ocasiões, apresento muitos argumentos irrelevantes e racionais. Por exemplo: "Como vamos chegar ao topo do monte sem subir até lá?". Teresa sempre agia com espírito esportivo diante de seu medo de altura e da falta de apoio da família, mas Deus estava preocupado com ela.

Vários anos atrás, quando o Senhor começou a nos ensinar a respeito do primeiro conflito humano: "Não é bom que o homem esteja só" (GÊNESIS 2:18), Ele me fez lembrar de como tenho tratado Teresa. Fez-me lembrar também de minha reação diante de uma emergência médica recente com nosso neto. Perdi o controle, senti-me impotente e minúsculo no corredor daquele hospital. Deus me constrangeu com estes pensamentos: *David, Teresa age com espírito esportivo quando todos riem dos medos dela, mas ela se sente muito sozinha. Diga-lhe que você se entristece quando pensa no medo que ela sente no alto da montanha, porque se lembra de que também sente medo. Diga-lhe que se entristece por ela ter de enfrentar seus medos sozinha. Assegure-a de que você será mais sensível porque se identifica com as emoções dela.*

Deus me lembrou naquele dia de Sua terna compaixão por Teresa e compartilhou um pouco daquela compaixão comigo. Ele permitiu que eu me solidarizasse com Teresa para que ela não se sentisse sozinha.

Deus, ajuda-me a colocar-me na situação de meu cônjuge
e me solidarizar com seu sofrimento.

? Como você pode expressar solidariedade e compaixão por seu cônjuge hoje?

25 DE NOVEMBRO *solidariedade*

Eu sofro quando você sofre

Porque tu, Senhor, livraste […] os meus olhos das lágrimas e os meus pés da queda. —SALMO 116:8 ARC

Eu havia acabado de deixar David no trabalho, e meus filhos estavam sentados no banco traseiro. Entrei no cruzamento para converter à esquerda e pegar nossa rua. Pelo canto do olho, vi outro carro entrar no cruzamento à minha direita. O motorista não nos viu. Quando percebemos, o carro dele já havia colidido com o nosso.

Quase em lágrimas, desci do carro para ver o estrago. O homem admitiu que foi descuidado e se desculpou por ter se chocado conosco, mas tudo o que consegui ver foi a porta do carro amassada. Embora eu não tivesse culpa pelo acidente e não houvesse nenhuma pessoa ferida, a sensação foi a de ter decepcionado todo mundo.

Enquanto a polícia estava a caminho para ver a cena, liguei para David. Ele me atendeu prontamente e veio correndo para me dar um abraço tranquilizador. Sabia que eu estava me sentindo mal pelo o que tinha acontecido e me ofereceu encorajamento. Lembrou-me de que eu não tive culpa pelo acidente e que as crianças eram mais importantes que os estragos em nosso carro. Antes que tudo terminasse, a reação de solidariedade de David quase me alegrou pelo acidente que ocorrera.

Embora eu tivesse apreciado muito o papel de "libertador" que meu marido exerceu naquele dia, Deus é nosso libertador supremo, e às vezes Sua libertação chega em tempos de perda, incerteza e dor. É nessas ocasiões que Ele nos consola, enxuga nossas lágrimas, dá-nos a certeza da segurança e livra nossos "pés da queda".

A vida conjugal dá-nos o privilégio de trabalhar com Deus para proporcionar conforto e tranquilidade ao nosso cônjuge em momentos de necessidade. É nosso chamado — e privilégio — oferecer solidariedade a ele em tempos de sofrimento ou estresse.

*Deus, ajuda a mim e ao meu cônjuge
a entendermos os sentimentos um do outro.*

> Como você vai oferecer solidariedade a seu cônjuge quando ele estiver enfrentando sofrimento, estresse ou decepção?

26 DE NOVEMBRO

solidariedade

"Glossário de sentimentos"

...e combinaram ir juntamente condoer-se dele e consolá-lo. —JÓ 2:11

É comum encontrarmos casais com problemas no casamento por falta de proximidade emocional. Um dos primeiros desafios com o qual nos deparamos nessas situações é ajudar esses casais a criar um glossário de sentimentos.

É impossível ser vulnerável e falar de sentimentos quando não sabemos que nome dar a eles. É uma tragédia saber que, em uma cultura que ressalta a educação, existem tantas pessoas que não entendem aquilo que chamamos de "educação do coração".

Trabalhamos recentemente com um casal que necessitava desse tipo de educação. Encorajamos Don e Margaret a começar a elaborar uma "tabela de sentimentos". Eles compraram uma cartolina e dividiram-na em duas colunas — uma para os sentimentos positivos e outra para os sentimentos dolorosos. A família toda de Don e Margaret foi solicitada a nominar o maior número possível de sentimentos. Depois de algumas noites dedicadas a criar um "glossário de sentimentos", eles estavam prontos para dar um passo adiante e falar de seus sentimentos.

Don, Margaret e os filhos agora estavam prontos para falar, um por vez, dos acontecimentos que ocorreram em um determinado dia e como se sentiram em relação a eles. Cada membro da família mencionou um acontecimento positivo e o sentimento positivo correspondente e, depois, uma ocorrência negativa e o que sentiu.

Recomendamos esse projeto às famílias que desejam aprender a comunicar um ao outro melhor suas emoções dentro do lar. É muito importante a criança ouvir que a mãe está ansiosa ou zangada, e também que o pai se sente solitário ou triste. Quando isso acontece, as pessoas da família concluem que é correto ter sentimentos e que é correto falar sobre eles.

> *Senhor, obrigado pelas emoções*
> *e pela maneira que elas unem minha família.*

? O que você pode começar a fazer como família para comunicar melhor seus sentimentos e emoções?

27 DE NOVEMBRO

ensino

Lições construtivas para vida

Ensina-me, Senhor, o teu caminho... —SALMO 27:11

Eu (David) sou grato por ter aprendido a repetir a oração do salmista "ensina-me o teu caminho" quando enfrento decisões cruciais ou lutas nos relacionamentos. Deus tem trazido um alívio tremendo quando, ao repetir a oração do salmista, vejo que "meu caminho" era, sem sombra de dúvida, o caminho errado.

Mais do que qualquer outra coisa, o melhor resultado de minhas "orações do salmista" tem sido a doce intimidade com nosso Senhor. Descobri que, da mesma forma que é importante eu aprender quais são os Seus caminhos, Ele deseja me ensinar. O Senhor quer que eu esteja em Seus planos e em Seus desejos. Ele não quer me ensinar Seus mandamentos apenas para me formatar. Não tem uma lista de matérias nas quais preciso ser aprovado. O Senhor quer me ensinar Seus caminhos porque deseja que eu o conheça melhor.

É importante observar que o salmista só proferiu essa oração depois de descrever seu relacionamento íntimo com o Senhor. O salmista pensa em Deus como Sua fonte suprema de bem-estar e salvação. Medita no relacionamento íntimo entre eles, porque ambos habitam juntos na casa do Senhor. O salmista queria conhecer os caminhos do Senhor porque tinha confiança nos planos de Deus. O salmista também sabia que Deus anseia por nos ensinar Seus caminhos porque deseja compartilhar Sua vida conosco.

Esse é o Deus a quem servimos — Aquele que deseja nos conhecer e ser conhecido por nós, Aquele que deseja nos ensinar Seus caminhos porque Ele quer um relacionamento íntimo conosco. É fácil servir a esse Deus. Esse é o Deus que eu amo — e que estou pronto a ouvir.

Senhor, quero conhecer Teus caminhos,
mas quero também te conhecer.

> Como você pode passar um tempo buscando conhecer os caminhos do Senhor hoje — permitindo que Deus compartilhe a vida dele com você?

28 DE NOVEMBRO — *ensino*

Pôr o carro à frente dos bois

Habite, ricamente, em vós a palavra de Cristo; instruí-vos [...] mutuamente. —COLOSSENSES 3:16

Eu (David) lembro claramente quando Deus usou o versículo de hoje para me ensinar uma lição sobre o que fazer com Sua Palavra, e essa lição transformou minha vida. Grande parte de meu treinamento e grande parte de meus mentores me encorajaram a procurar na Palavra por aquilo que as "outras" pessoas necessitam. O Espírito Santo me chamou claramente a atenção para a exortação do versículo: "Habite em *vós* a palavra de Cristo"! Eu precisava me concentrar mais na Palavra para *mim*, não na Palavra para os *outros*.

O Espírito também me chamou a atenção quando li a palavra habite. O que fazer para permitir que a Palavra de Deus residisse, morasse ou habitasse em mim? Memorizei a Bíblia durante anos e preguei sermões sobre todos os livros da Bíblia, mas não tinha certeza se a Palavra de Deus habitava em mim. O Espírito de Deus me suscitou estes pensamentos: *Para que a Palavra de Cristo habite em mim, eu preciso colocá-la em prática. Ela deve causar impacto em meu comportamento. Para que a Palavra de Deus habite em mim, ela precisa impregnar todo o meu ser e habitar em meu coração, para transformar a minha vida.*

O desafio final do Senhor me deixou perplexo. A ordem das palavras na passagem de Colossenses pareceu importante. Antes que eu passe a ensinar alguém com toda sabedoria, é necessário que a Palavra de Cristo habite em mim. Explicando melhor, antes que eu me prepare para ensinar alguém, Deus precisa realizar uma obra em minha vida e me transformar. Comecei a pensar em quantas vezes me dispus a ensinar e comparei-as com a quantidade de palavras de Cristo que habitavam em mim. Meu coração foi humilhado.

Hoje, minhas palavras de instrução soam muito diferente. Agora compartilho com Teresa e com os outros o que Deus tem feito em mim quando ponho Sua Palavra em prática.

Reúne-nos sempre, Pai, ao redor da verdade de Tua Palavra.

> Que palavras de Cristo você gostaria de ver habitando em seu coração hoje?

29 DE NOVEMBRO

ensino

Largue esse bloco e essa caneta!

Filho meu, não te esqueças dos meus ensinos... —PROVÉRBIOS 3:1

O dom espiritual de David é o de ensino. Ele ama estudar, preparar, escrever e, depois, ensinar o que Deus lhe mostrou. E, acima de tudo, gosta de ensinar em casa.

Quando nossos filhos eram pequenos, David tentava "conversar" com eles sobre as questões da vida que precisavam ser corrigidas. Em vez de ser conciso, ele "dava aulas". Em vez de um claro "sim" ou "não", ele apresentava três pontos, cada um com uma dose considerável de explicações. Às vezes, isso era útil para as crianças, mas, em outras, provocou momentos memoráveis de humor em nossa família.

Um dia, quando estávamos reunidos em família, as crianças fizeram uma pergunta simples a David que necessitava de uma resposta simples. Quando David começou a alongar a resposta, um dos filhos exclamou: "Ah, não! Largue esse bloco e essa caneta. Pai, chega de aulas!". Rimos naquele dia, e as palavras de nosso filho se tornaram uma forma engraçada — e muito repetida — para as crianças lembrarem ao pai que precisavam de uma resposta, não de uma aula.

Achamos graça quando nos lembramos das palavras de nosso filho naquele dia, mas nossa família e amigos admiram e apreciam a capacidade de David de transmitir a Palavra de Deus. E essa habilidade de meu marido tem sido muito benéfica para mim. Sei que posso sempre recorrer a ele para encontrar respostas na Palavra de Deus. Passamos momentos maravilhosos juntos buscando a direção de Deus e estudando uma ampla variedade de tópicos.

Posso dizer, por experiência pessoal, que é uma grande bênção ter um cônjuge disposto a dedicar um tempo para transmitir os ensinamentos da Palavra de Deus. Isso tem sido uma bênção para mim e para nossos filhos no decorrer dos anos.

*Senhor, obrigado por eu ter um cônjuge
que deseja aprender da Tua Palavra.*

? Qual é sua reação quando seu cônjuge dedica um tempo para ensinar a você e aos seus filhos?

30 DE NOVEMBRO *ensino*

Lições sobre valor e dignidade

Rogo-vos, pois, eu [...] que andeis de modo digno da vocação a que fostes chamados. —EFÉSIOS 4:1

"Como posso ter minha esposa de volta?" Allen fez essa pergunta em nossa primeira reunião juntos. Ele e a esposa, Jeannie, estavam com problemas, e Allen sentia que ela estava se afastando dele.

Teresa e eu conhecíamos Jeannie há vários meses. Lembro-me de suas palavras dirigidas a nós: "Eu só quero que Allen me aceite como sou, que pare de querer que eu seja igual a ele". Jeannie explicou que Allen, um homem não-cristão, achava que sua dignidade estava ligada a realizações. E dizia a Jeannie que ela não seria valorizada se não realizasse determinadas coisas.

Jeannie não queria apenas que Allen parasse de pressioná-la a ser alguém que ela não era. Queria também que ele parasse de tentar ser valorizado por meio de seu trabalho e atividades. Ela queria que Allen "fosse" alguém — uma pessoa aceita por todos.

A passagem bíblica em Efésios é um excelente lembrete de que a vida cristã é uma "caminhada" e um modo de viver, não uma lista de tarefas! Assim como Allen, muitas pessoas acham que precisam "fazer coisas" para ter sucesso. Porém, quase sempre descobrem que o trabalho em excesso atrapalha o relacionamento com os outros. Os relacionamentos íntimos fundamentam-se, antes de tudo, em ser aceito, amado e valorizado.

Depois de algum tempo, Teresa e eu tivemos o privilégio de levar Allen a sentir a alegria inexprimível de conhecer a Jesus Cristo. A princípio, ele não gostou de saber que não poderia fazer nada para ganhar o amor de Cristo e que precisava simplesmente aceitar o Senhor. À medida que Cristo ensinou Allen a aceitá-lo, Allen conseguiu aceitar Jeannie como ela era. E Jeannie voltou a ter um sólido relacionamento com o marido.

Senhor, ensina-nos que nosso valor se encontra em ti, não no que fazemos.

Como você pode encontrar seu valor em Cristo?
De que maneira pode mostrar aceitação a seu cônjuge hoje?

Notas

dezembro

- ❤ ensino
- ❤ tolerância
- ❤ treinamento
- ❤ confiança
- ❤ entendimento

1.º DE DEZEMBRO

ensino

Como estão suas notas?

...Em seu ensino, mostre integridade e seriedade; use linguagem sadia contra a qual nada se possa dizer... —TITO 2:7,8 NVI

Eu (Teresa), recentemente, lembrei-me de quando nossos filhos chegavam da escola trazendo boletins com notas excelentes. Quando traziam os boletins para casa, as crianças queriam saber como eu as recompensaria. Sugeriam brinquedos novos ou viagem à Disney World. Costumávamos negociar as recompensas — para mim, uma ida à pizzaria mais próxima seria o suficiente.

Há uma profusão de aspectos positivos nesse assunto de conquistas acadêmicas. Saber disso me levou a perguntar para mim mesma: "Como esposa, dou a mesma atenção a minha posição de cônjuge da forma que meus filhos davam atenção ao papel deles como alunos?". Para responder a essa pergunta eu precisava rever minhas ações e atitudes, minha iniciativa e respeito. Também, conforme diz o versículo de hoje, eu precisava rever a questão de meu *comportamento*.

Quando nossos filhos mostravam com entusiasmo suas boas notas na escola, eles — principalmente Eric — não queriam, na maioria das vezes, que víssemos as notas de comportamento. Lembrei-me de que o mesmo acontecia com minha vida espiritual, quando o Senhor me questionava sobre meu comportamento, minha falta de reverência, e a "prudência" de minha linguagem. Percebi que necessitava fazer algumas mudanças.

Pensei também em meu "boletim escolar" como esposa. Se o casamento fosse uma sala de aula, que nota eu receberia? Qual seria minha nota em intimidade, por exemplo? Qual seria minha nota em comportamento?

Na sala de aula do casamento, às vezes ensinamos nosso cônjuge e, às vezes, ele nos ensina. E Deus é, o tempo todo, o Mestre dos mestres. É Ele quem nos dá o maior de todos os ensinamentos — e a maior de todas as recompensas por nosso comportamento.

*Deus, ajuda-me a ensinar e a aprender,
em amor, com meu cônjuge.*

> Em que área ou áreas do casamento você precisa esforçar-se para "tirar notas mais altas"?

2 DE DEZEMBRO

ensino

Aprendendo com exemplos

Tu, porém, fala o que convém à sã doutrina. —TITO 2:1

Estávamos jantando com alguns queridos amigos quando eu (Teresa) elogiei Andrea por sua palestra naquela manhã no estudo bíblico. Ela disse que sua apresentação foi razoável. Bob, marido dela, interrompeu-a: "Ora, querida, acho que você deveria aceitar o elogio de Teresa". Andrea virou-se para mim e disse: "Obrigada, Teresa. Foi muita gentileza sua".

Bob contou que estava ajudando Andrea a aprender a aceitar elogios. Quando alguém elogiava Andrea, Bob a lembrava, com amor e carinho, que ela deveria aceitar o elogio.

Eu quase sempre tenho dificuldade em receber elogios, por isso David e eu decidimos adotar a mesma estratégia. Logo depois começamos a perceber que eu aceitava os elogios com relutância. De repente, já estávamos passando aos outros o exemplo que aprendemos com nossos amigos sobre como aceitar elogios.

David tem me ajudado nessa área (e em outras), lembrando-me da "sã doutrina". Essa parte de minha vida foi impactada quando David leu Romanos 8:32 para mim: "Aquele que não poupou o seu próprio Filho [...] não nos dará graciosamente com ele todas as cousas?".

Deus aplicou esse versículo à minha relutância em receber elogios, dizendo-me mansamente: "Teresa, se eu já lhe dei Jesus, será que não vou querer também elogiá-la por meio daqueles que a conhecem e a amam?".

Deus pode nos ensinar por meio de caminhos diferentes, inclusive usando o exemplo dos outros. Nossos amigos nos ensinaram uma lição importante com o exemplo que nos deram. David também me ensinou a aceitar a importante verdade mencionada na Bíblia.

O que você está ensinando aos outros casais que observam seu casamento?

Deus, ajuda meu cônjuge e eu a aprendermos com outros casais e também por outros meios que desejas usar.

> Que meios Deus está usando para ensinar você e seu cônjuge? O que Ele está tentando ensinar a você hoje?

3 DE DEZEMBRO　　　　　　　　　　　　　　　　*ensino*

O poder do ensino da Palavra

Não só de pão viverá o homem, mas de toda palavra que procede da boca de Deus. —MATEUS 4:4

Recomendamos a memorização de 1 Coríntios 13 aos casais que desejam aprofundar o crescimento espiritual juntos. Esse "capítulo do amor" está repleto de ensinamentos de Deus sobre as características do amor divino e, quando os guardamos no coração, nos aproximamos muito de sua realidade. Os casais também se beneficiam quando memorizam as passagens bíblicas que falam diretamente às suas necessidades. Esses versículos são importantes, da mesma forma que os textos mais amplos da Bíblia. Recomendamos a leitura de Mateus 5–7, João 15, Romanos 5–8, Colossenses 3, Hebreus 12 e Tiago 1.

Também incentivamos os casais a "personalizar" as passagens que leem e memorizam. Deus se alegra em ouvir Sua Palavra, principalmente quando a usamos para expressar nossos desejos e emoções a Ele. Para fazer isso, separe as partes que memorizou e acrescente pronomes pessoais sempre que possível.

Quando transformamos as passagens bíblicas em imagens mentais, temos mais facilidade de visualizar a verdade e transformar a memorização em meditação. Escolhendo meditar nas imagens bíblicas da verdade de Deus, teremos vitórias contínuas em nosso viver. Podemos aprender a transformar essas imagens mentais em verdades fundamentais, exercitando em nossa mente os aspectos da paciência ou da bondade. Isso nos ajuda a lembrar do que é o verdadeiro amor.

Outra bênção que recebemos da meditação na Palavra de Deus é seu impacto no coração do Autor das Escrituras. Imagine como o coração de Deus se sente quando Ele vê seus filhos não apenas como *ouvintes* da Palavra, mas também *praticantes* dela. Conforme a passagem de hoje nos incentiva, devemos pôr em prática "toda palavra que procede da boca de Deus".

Nutre-me com a verdade de Tua Palavra, Senhor.
Que eu seja praticante dela, não um mero ouvinte.

> Como você e seu cônjuge podem memorizar e personalizar um texto maior das Escrituras, para que ele faça parte de seu casamento?

4 DE DEZEMBRO — *tolerância*

Tolerar com paciência

...andeis [...] com toda a humildade e mansidão, com longanimidade, suportando-vos uns aos outros em amor. —EFÉSIOS 4:1,2

Tolerar quer dizer suportar a óbvia natureza humana de outra pessoa e suportar suas imperfeições. Expressar tolerância exige que deixemos o egocentrismo de lado e adotemos o altruísmo de Deus. O Senhor vê cada um de nós como uma pessoa muito diferente, absolutamente única, sem dúvida imperfeita, porém divinamente criada.

Expressar tolerância significa que eu preciso ser "longânime" com meu cônjuge e suportar sua natureza humana. Preciso suportar as falhas e peculiaridades dele com bom humor. Preciso abandonar o ressentimento para ser tolerante com meu cônjuge. Preciso demonstrar humildade e mansidão.

Tolerância refere-se a suportar com paciência as diferenças em preferências e hábitos, de meu cônjuge. Preciso ser paciente se eu preferir creme de amendoim crocante e ela preferir o creme regular. Preciso ser paciente se ele gostar de dormir tarde da noite e eu me sentir em plena forma ao alvorecer. A tolerância também é aguentar as fraquezas de meu cônjuge. Preciso ser longânime, mesmo que eu sempre coloque as chaves do carro no lugar apropriado e meu cônjuge tenha dificuldade até de encontrar o carro. Preciso manter o bom humor, mesmo quando tenho ótimo senso de direção e gosto de seguir um mapa, porém meu cônjuge tem dificuldades para encontrar o caminho.

Finalmente, a tolerância se refere à escolha feita por Deus de suportar a mim e a meu pecado, enviando ao mundo Seu Filho para morrer. O Senhor tolerou minha natureza humana, porque entregou Seu Filho em meu lugar. Deus tolera minhas imperfeições todos os dias e é paciente enquanto eu luto para viver de forma que agrade a Ele. A tolerância é um dom que me foi dado. Sou desafiado a passar adiante o que já recebi.

Obrigado, Pai, por teu poderoso exemplo de ser tolerante comigo.

> Que problemas, que antes lhe pareciam importantes demais, você é capaz de tolerar hoje? De que maneira você pode demonstrar tolerância a seu cônjuge?

5 DE DEZEMBRO

tolerância

A graça é tolerante

Porque pela graça sois salvos... —EFÉSIOS 2:8

"De que maneira posso suportar o desleixo dele?", "Como posso ignorar os atrasos dela?"

Os casais que frequentam nossos seminários sobre vida conjugal querem saber como tolerar as falhas e as fraquezas do cônjuge. Para responder a essa pergunta, eu (David) penso com meus botões: *Você pode perder a esperança no momento em que Deus perder a dele, ou seja, nunca!* Quem dentre nós já não foi beneficiado com a tolerância graciosa do Criador? Essa dádiva nos liberta para aceitar e amar os outros incondicionalmente. Liberta-nos e nos motiva a oferecer a nosso cônjuge a mesma aceitação e amor que recebemos.

O milagre de nossa salvação procede da maravilha do favor divino, que recebemos na forma de graça abundante de Deus. Essa graça nos tornou beneficiários do amor de Cristo "...quando ainda éramos pecadores" (ROMANOS 5:8 NVI). O amor de Cristo não foi concedido *depois* que paramos de pecar, mas *enquanto* vivíamos em pecado. Quando estamos cheios de gratidão por essa graça, ela flui naturalmente de nós para as outras pessoas.

O amor incondicional de Deus nos liberta de ter que fazer alguma coisa para agradar nosso cônjuge. Por ter recebido a graça de Deus, sou genuinamente livre para oferecê-la a meu cônjuge. Jesus disse: "De graça recebestes, de graça dai" (MATEUS 10:8).

Por ter recebido o que não conquistei e não mereci (a graça), estou livre do medo de nunca tê-la e do medo de um dia perdê-la. Esta liberdade de aceitação, por meio da graça, desenvolve intimidade — intimidade com Deus e com meu cônjuge. Nessa liberdade, a tolerância com meu cônjuge flui facilmente.

Graças, Senhor, porque tu me toleras e me aceitas.

> Onde e como você pode encontrar especificamente a motivação para tolerar e aceitar seu cônjuge, apesar dos defeitos dele?

6 DE DEZEMBRO *tolerância*

Não sou sua mãe!

Como poderás dizer a teu irmão: Deixa, irmão, que eu tire o argueiro do teu olho, não vendo tu mesmo a trave que está no teu? —LUCAS 6:42

Um dos "pecados" de David é atrasar. Ele atrasa desde que nos casamos. Eu me aborrecia tanto com seus atrasos que ficava tensa e irritada antes mesmo de sair de casa. Quando chegávamos ao local, sentia vergonha, imaginando que precisava pedir desculpa por nosso atraso.

Com o tempo, comecei a ver que minha atitude em relação aos atrasos de David era um pecado contra Deus. Comecei a ver que me responsabilizar pelos atos de David me faziam pecar. Quando examinei a "trave de meu olho", passei a ser mais tolerante com o que eu imaginava ser o "pecado" de David.

A ironia da sabedoria no versículo de hoje é que, quanto mais me concentro em minha "trave", mais Deus me liberta para eu apontar com amor e carinho o "argueiro do olho" de meu marido. Quando reconheci minhas atitudes e ações pecaminosas em relação aos atrasos de meu marido, consegui dizer-lhe, de forma mais amável e amorosa, por que ele precisava se esforçar mais para chegar aos compromissos no horário. Isso funcionou também!

Nos últimos anos, David mudou tanto que raramente se atrasa e quase sempre *me* força a chegar no horário. É claro que a ação do Espírito Santo na vida de David foi muito mais eficiente que a minha.

Hoje, sinto-me completamente livre ao pensar que não sou responsável pelas ações de meu marido. Quando reclamo de seu atraso ou tento encontrar uma desculpa para ele, estou, na verdade, sendo mãe dele. E Deus não me chamou para ser mãe de David. Chamou-me para ser sua esposa.

Deus, quando for necessário mudar meu cônjuge,
ajuda-me a deixar que tu faças essas mudanças.

> Em que áreas da vida de seu cônjuge você está tentando ser mais pai ou mãe do que parceiro ou parceira no casamento?

7 DE DEZEMBRO

tolerância

Posso me ressentir em tolerar você?

Suportai-vos uns aos outros, perdoai-vos mutuamente [...]
Assim como o Senhor vos perdoou, assim também perdoai vós.
—COLOSSENSES 3:13

O Senhor é o exemplo supremo de tolerância. Ele, que é perfeito, santo e pleno, tolera a pessoa imperfeita, pecadora e incompleta que eu sou. Deus não se ressente de me tolerar. Ele não fica enfadado nem age como mártir enquanto espera que eu "cresça". Deus é bom, manso, paciente e amoroso. Penso que Ele é paciente porque sabe que vou "chegar lá" algum dia — mesmo que seja no céu.

Eu (David) me pergunto se conseguiria ter essa mesma atitude em relação à minha esposa, sabendo que, quando Jesus voltar, ela será semelhante a Ele. Sabendo disso, será que consigo tolerar as imperfeições de Teresa da mesma forma que Deus tolerou e continua a tolerar as minhas?

Teresa e eu fomos desafiados a tolerar um ao outro, ao longo dos anos, em muitas áreas. Meus atrasos, procrastinação e rabugices têm provocado muitas retaliações de Teresa. Sua tendência de controlar, falar antes de pensar e ser exageradamente autoconfiante têm sido motivo da maioria de minhas queixas e frustrações.

Não sei se o sofrimento causado pelos anos ou a falta de sucesso em tentar mudar um ao outro foi o responsável, mas nosso foco mudou tremendamente. A década passada trouxe, para cada um de nós, este novo questionamento: "O que Deus gostaria de fazer em minha vida diante das imperfeições de meu cônjuge?". Essa pergunta intensificou o agir de Cristo em nós, para sermos mais semelhantes a Ele. Deus se agrada dessa obra.

Parece que, quanto mais eu entendo e aprecio a tolerância de Deus comigo, mais tolerante sou com Teresa.

Penso que esse é o verdadeiro significado de tolerar um ao outro no relacionamento conjugal.

Senhor, obrigado por tolerares as minhas imperfeições.

> **?** O que você acha que Deus deseja fazer em *sua* vida — diante das imperfeições de seu cônjuge?

8 DE DEZEMBRO

tolerância

Morda o dedo!

O amor é paciente... —1 CORÍNTIOS 13:4

Quando eu (David) era criança, minha família viajava de carro nas férias. Algumas viagens eram longas, por isso meus pais colocavam um *cooler* com refrigerantes no carro para acalmar meu irmão e eu durante as viagens.

O problema era que tomávamos tanto refrigerante que precisávamos ir ao banheiro a cada trinta minutos mais ou menos. Em uma das viagens, meu irmão e eu começamos a fazer estardalhaço porque queríamos parar para ir novamente ao banheiro. Meu pai virou-se para trás, com um sorriso forçado no rosto, e disse: "Mordam o dedo!". Papai estava dizendo que tínhamos de aguentar o desconforto até chegarmos a um lugar apropriado para parar.

No casamento, temos o dever de suportar — tolerar com paciência um hábito irritante ou uma característica da personalidade de nosso cônjuge. Sabendo que todos nós temos diferentes manias e imperfeições, precisamos que nosso cônjuge seja tolerante conosco, mas precisamos também ser tolerantes com ele.

Teresa e eu encontramos uma estratégia prática para nos ajudar a ser pacientes um com o outro. Para começar, cada um de nós faz uma avaliação sincera de algumas de nossas imperfeições. Por exemplo, sou distraído, quase sempre procrastinador e desatento quando se trata de detalhes. Essa avaliação me ajuda a tirar o foco das imperfeições de minha esposa.

Em seguida, identificamos os pontos fortes que Deus concedeu a cada um de nós, o que nos ajuda a focar nas qualidades, não nas fraquezas do outro. Os pontos fortes de Teresa são: ela é expansiva, rápida para agir e cuidadosa nos detalhes.

Por último, dizemos palavras de apreciação e afirmação um ao outro, confiando que Deus mudará o que tiver de ser mudado em cada um de nós.

*Pai, ajuda-me a tolerar pacientemente as dificuldades
e os desafios que enfrento com meu cônjuge.*

> O que você poderia começar a fazer hoje para ser mais paciente e longânime com seu cônjuge?

9 DE DEZEMBRO — *tolerância*

Amo você de qualquer maneira!

...ajudem os fracos na fé e tenham paciência com todos.
—1 TESSALONICENSES 5:14 NTLH

Eu (Teresa) não tenho muito senso de direção e me confundo com mapas. Portanto, quase sempre dou muitas voltas e me perco. Só consigo encontrar o caminho quando vejo um shopping conhecido. David, ao contrário, parece conhecer intuitivamente onde está indo.

David e eu reformamos recentemente nossa casa e precisávamos de alguns pisos novos de cerâmica. Dirigimo-nos a uma grande loja de materiais de construção, e eu logo me perdi no caminho. Já havia estado lá algumas semanas antes. Não me lembrava exatamente do galpão de pisos, mas tinha certeza de que o reconheceria quando o visse. Passamos por um galpão, depois por outro. "Acho que temos de rodar um pouco mais", sugeri.

Depois de rodar em círculos pelo menos três vezes, David começou a caçoar de mim. Não atacou meu caráter nem minha personalidade. Ao contrário, sugeriu que ligássemos para a loja central e pedíssemos informações. Ao fazer isso, ele mostrou uma tolerância considerável. Quando finalmente encontramos o galpão certo, David continuou de bom humor, e passamos um tempo divertido escolhendo os pisos.

Creio que faz parte do plano de Deus que a tolerância seja posta em prática somente quando a paciência estiver aperfeiçoada. Nosso desejo de ser semelhantes a Cristo é uma grande prioridade para o Senhor, que está trabalhando para nos aperfeiçoar a fim de que sejamos a noiva de Seu Filho.

Deus usa nosso cônjuge — suas imperfeições, manias, defeitos — como ferramentas para nos aperfeiçoar para aquele mesmo propósito.

Pai, ajuda-nos a ser tolerantes com as imperfeições um do outro, por mais irritantes que sejam.

> **?** De que maneira você pode começar a mudar sua reação diante dos defeitos de seu cônjuge hoje?

10 DE DEZEMBRO — *tolerância*

Cultivando a tolerância por meio da gratidão

...não te esqueças de nem um só de seus benefícios. —SALMO 103:2

Frances e Derrick eram impacientes um com o outro. Não toleravam as diferenças de ideias ou opiniões entre eles.

Apresentamos ao casal vários pontos importantes em seu casamento e depois mencionamos a falta de tolerância de um com o outro. Eu (David) disse-lhes que, para ser tolerantes um com o outro, os maridos e as esposas devem se concentrar nos pontos fortes do cônjuge. Por exemplo, se eu focar somente nos defeitos de Teresa, minha paciência com ela será curta. Mas se, ao contrário, eu for cada vez mais grato pelos pontos fortes dela, conseguirei ver além das irritações e das fraquezas.

Frances e Derrick lembraram-se de alguns benefícios de ter um coração agradecido. Perceberam que a gratidão afasta a crítica, as atitudes negativas e o espírito julgador. Notaram também que as expressões de gratidão encorajam os outros a continuar a fazer "boas ações". Finalmente, reconheceram que a gratidão, quando manifestada a Deus, é um elemento importante de adoração.

À medida que Frances e Derrick começaram a aplicar essas ideias ao casamento, nós os encorajamos a redescobrir as características que apreciavam um no outro. Desafiamos os dois também a rever tudo aquilo que, no início, os atraiu um ao outro. Depois, pedimos que tentassem descobrir coisas novas que apreciavam um no outro e que refletissem sobre como essa descoberta poderia trazer equilíbrio ao casamento deles.

Os princípios de lembrar os benefícios e expressar gratidão se baseiam no versículo de hoje. Devemos sempre perguntar a nós mesmos quais são as bênçãos e as porções de graça que recebemos sem nos dar conta delas. Em seguida, precisamos fazer uma pausa para reconsiderar nossas bênçãos e louvar a Deus por elas.

Quando permitimos que nosso coração se encha de gratidão, somos capazes de tolerar — e até aceitar com alegria — nosso cônjuge e suas imperfeições.

Pai, lembra-me sempre desta dádiva especial que recebi de ti — meu casamento.

? Que qualidades de seu cônjuge você pode apreciar hoje?

11 DE DEZEMBRO

treinamento

Enfrentar a vida à maneira de Deus

...todo aquele [...] que for bem instruído será como o seu mestre.
—LUCAS 6:40

Você já se perguntou por que as pessoas vivem tão ansiosas? Hoje em dia, a ansiedade é comum nas pessoas e nos casamentos. Há muitos motivos para isso, e um deles é o medo da inadequação. Eu (Teresa) me sinto inadequada quando enfrento problemas ou decisões com os quais não sei lidar, e a ansiedade se instala em mim. Quando estou sob pressão e tenho de lidar com certos problemas da vida, mas não sei como agir, a ansiedade cresce dentro de mim. E essa ansiedade geralmente resulta em tensão, raiva e conflito.

O "treinamento" ajuda a vencer a ansiedade que sinto por causa de minha inadequação — inadequação para lidar com algumas questões de disciplina com os filhos, inadequação em algumas situações sociais, inadequação no casamento, inadequação para servir a Deus.

Na passagem bíblica de hoje, Cristo explica aos discípulos o poder de nossa *influência* sobre os outros. O *treinamento* de Cristo a Seus discípulos os prepararia para conduzir Sua Igreja. Esse treinamento era abrangente e cobria todos os aspectos que eles precisavam saber depois que Cristo voltasse ao Pai. Jesus sabia que os discípulos enfrentariam céticos, rejeição, legalistas e demônios, por isso queria treiná-los para lidar com essas coisas. Os discípulos *teriam* de aprender o significado de vida no lar, generosidade, vida no reino e segunda vinda de Cristo. Teriam de encontrar Cristo nos textos bíblicos do Antigo Testamento, e muitos deles ajudariam a completar as Escrituras sob a direção do Espírito Santo.

O objetivo de Cristo nesse treinamento era dar aos discípulos um senso de adequação. É essa adequação que assegura que o obreiro não tem de que se envergonhar e maneja bem a palavra da verdade (2 TIMÓTEO 2:15).

O treinamento em adequação, seja em casa ou na obra de Cristo, é de suma importância.

Graças, Senhor, por Tua Palavra e pela força de meu cônjuge, que me treinam para ser adequado em todas as coisas.

> O que você e seu cônjuge farão hoje para enfrentar sentimentos de inadequação no casamento, em sua função como pais ou em seu ministério pessoal?

12 DE DEZEMBRO *treinamento*

Evitando o jogo da culpa

Se vós [...] vos mordeis e devorais uns aos outros, vede que não sejais mutuamente destruídos. —GÁLATAS 5:15

Muitos casais pressionam um ao outro, usando o que chamamos apropriadamente de "jogo da culpa". Funciona mais ou menos assim: "Eu não seria tão crítica se você deixasse de ficar tanto tempo vendo televisão", seguido de: "Eu não ficaria tanto tempo vendo televisão se você fosse mais carinhosa".

Nesse "jogo" destrutivo, um cônjuge *pressiona* o outro a agir de certa maneira. Por exemplo, a esposa pressiona o marido a ajudar mais no serviço da casa, e o marido pressiona a esposa a ser mais receptiva sexualmente.

A vida conjugal e familiar sofre muito com essa pressão. E ela quase sempre ocorre quando as necessidades emocionais e relacionais não são supridas no casamento. E quando isso acontece, surge a falta de afeto seguida da distância emocional. Exigir, controlar e extrair logo substituem a generosidade e a gratidão. O amor passa a ser condicional, e a plenitude planejada por Deus é roubada do casamento.

Esse problema conjugal é comum, e muitos casais precisam ser treinados para não recorrer a esse tipo de pressão dentro do casamento.

Costumamos perguntar aos casais em nossas palestras: "Quantos de vocês, quando estavam diante do altar para se casar, já tinham visto um exemplo do casamento íntimo e pleno que tanto desejavam ter?". Infelizmente, a maioria responde que nunca viu. Para essas pessoas, o casamento é mais ou menos como um cego conduzindo outro cego a um destino que nunca viram. Não é de admirar que haja tantos conflitos e dor em muitos casamentos!

O Espírito de Deus vem para nos treinar em Seu caminho — o caminho de nos entregar a nosso cônjuge, de aceitá-lo e amá-lo como o próprio Deus se entregou a nós, nos aceitou e nos amou.

Isso não lhe parece muito mais gratificante do que um casamento no qual o marido e a esposa pressionam constantemente um ao outro a agir?

Somos gratos, Pai, porque nos destes instruções para nosso casamento.

> **?** Em que áreas do casamento você e seu cônjuge pressionam um ao outro a agir? Como vocês podem mudar esse padrão de comportamento?

13 DE DEZEMBRO

treinamento

Treinamento nas provações da vida

...aquele que começou a boa obra em vós há de completá-la...
—FILIPENSES 1:6

Eu (Teresa) gosto muito desta definição de *treinamento*: "Caminhe comigo para imitarmos a maneira de Deus lidar com os problemas da vida". David e eu fomos treinados durante todo o nosso casamento. Parece que, quando um de nós está sendo provado na jornada da vida, o outro está ao lado para ser exemplo de estabilidade ou proporcionar consolo e encorajamento. Quando estou passando por uma provação, confio que David a atravessará comigo.

Em meio a esses tipos de provação, há uma pergunta crucial que muitos casais se esquecem de fazer: "Em que estou sendo treinado?". Um atleta que treina constantemente, mas nunca compete, perde o interesse. E um músico, que treina constantemente, mas nunca se apresenta em público, perde a motivação. Ambos precisam saber o que os motiva. Enquanto Deus nos treina em nossa jornada conjugal para sermos justos e semelhantes a Cristo, precisamos perguntar a nós mesmos: "Qual é o propósito final desta jornada?". Há duas respostas a essa pergunta em meu casamento com David:

Primeiro, louvar a Deus pelo dom de Sua graça.

E, que Deus use nosso casamento como testemunho para outras pessoas — nossos filhos, nossa família, nossos amigos, nossos colegas de trabalho e assim por diante.

Nosso casamento tem sido, de muitas formas, uma jornada para treinar os outros a não cometerem os erros que cometemos. Muitas vezes não sabemos por que Deus nos fez trilhar os caminhos que Ele escolheu para nós. Porém, sempre entendemos quando chegamos ao fim desses caminhos. Aprendemos que podemos confiar em Deus. Ao longo dessa jornada, Ele expandiu o impacto de nosso ministério muito além de nossos sonhos mais ousados. Ele usa isso para tocar um número incontável de lares e vidas.

Obrigado, Pai, porque todas as coisas cooperam para o bem
— até mesmo nossos erros no casamento.

> **?** Que lições úteis e específicas você aprendeu na jornada, lições que Deus pode usar na vida das pessoas a seu redor?

14 DE DEZEMBRO

treinamento

Um coração treinado

...o alimento sólido é para os adultos, os quais, pelo exercício constante, tornaram-se aptos para discernir tanto o bem quanto o mal.
—HEBREUS 5:14 NVI

O versículo bíblico de hoje afirma que treinamento requer exercício constante. Envolve alguns progressos e algumas derrotas. Às vezes, significa dar dois passos para frente e um para trás. Quando entendo a necessidade da prática, eu (David) cultivo mais a paciência — paciência comigo e paciência com os outros que ainda estão treinando, inclusive minha esposa.

Essa passagem também implica em que há um treinamento intenso e que meus sentidos podem ser treinados para aprender a discernir. Isso difere do treinamento de uma atividade esportiva ou passatempo. Difere também de treinamento para ocupar uma função. Estamos falando do treinamento dentro da alma humana que sensibiliza meu coração para as coisas de Deus. Quando treino desta maneira, torno-me mais consciente dos interesses do Senhor, compartilho Seus fardos e me harmonizo com Seus cuidados. E é nesse ponto que a sensibilidade para com meu cônjuge se origina, quando, de meu coração "treinado", nascem o entendimento, a preocupação e o cuidado.

É esse testemunho de um coração "sensível" que vemos Cristo pôr em prática em todas as páginas dos evangelhos. Certa ocasião, o Senhor afirma que fala e faz somente o que recebe do alto (JOÃO 5:19,20). Em outra ocasião, Ele aborda a questão do discernimento: "...como ouço, assim julgo, e o meu juízo é justo, porque não busco a minha vontade, mas a vontade do Pai, que me enviou" (JOÃO 5:30 ARC).

O exemplo de Cristo de ter um coração sensível a Seu Pai e àqueles a Seu redor é o exemplo que devo seguir quando "treino" para servir a Ele e servir minha esposa e família.

Treina meu coração, ó Deus, para discernir-te
e conhecer verdadeiramente meu cônjuge.

? Como, especificamente, você pode começar a aceitar o "treinamento" de Deus para seu ministério e casamento?

15 DE DEZEMBRO

treinamento

Abertura estreita

Deus [...] nos disciplina para aproveitamento, a fim de sermos participantes de sua santidade. —HEBREUS 12:10

Um homem observa um casulo enquanto a borboleta começa a formar-se com dificuldade dentro dele e, lentamente, esforça-se para sair por uma pequena abertura. Imaginando que vai ajudar a borboleta, o homem alarga a abertura, e a borboleta sai rapidamente e com facilidade do casulo. Mas, por ter saído do casulo antes da hora, ela não se desenvolve adequadamente — e morre. Nunca se torna a borboleta que foi projeta para ser.

O casamento também tem uma "abertura estreita", não? Surgem muitas situações difíceis e, quase sempre, somos tentados a resolvê-las superficialmente e com rapidez — ou evitar todas — em vez de sofrer para atravessá-las. É por isso que muitos casais nunca se transformam em "borboletas" verdadeiras, inspiradoras e admiráveis.

Deus deseja que usemos o casamento para nos transformar em belas borboletas. No casamento, há muitas fases dolorosas de treinamento que nos preparam para voar. Todas as vezes que recusamos a atravessar as aberturas estreitas das dificuldades, tolhemos nossa capacidade de aprender a voar.

O relacionamento conjugal tem o poder de nos refinar, disciplinar, treinar. A natureza rotineira do casamento não dá espaço para usar máscara e esconder quem realmente somos. Estamos sempre vendo as falhas e os defeitos do cônjuge, e acabamos frustrados um com o outro.

Na próxima vez que você estiver em situação difícil no casamento, pare e pergunte a Deus se ele o está refinando, se está tentando ensinar-lhe alguma coisa. Depois ouça, aceite Seu treinamento, resolva a questão sem acelerar o processo. Resista à urgência de alargar a "abertura estreita". Deixe essa tarefa a cargo do processo de treinamento.

Pai, ajuda-nos a enfrentarmos as dificuldades no casamento, e a resistir ao impulso de seguir pelo caminho mais fácil.

> **?** Você acha que Deus está usando uma situação difícil em seu casamento para refiná-lo e treiná-lo? O que você e seu cônjuge vão fazer para permitir que Ele complete Sua obra?

16 DE DEZEMBRO — *treinamento*

Bota militar

...o Deus da paz [...] vos aperfeiçoe em todo o bem, para cumprirdes a sua vontade... —HEBREUS 13:20,21

Um casal que conhecíamos descreveu os primeiros sete anos de seu casamento como "a grande tribulação". David e eu sabíamos muito bem o que eles queriam dizer. Os primeiros anos de nosso casamento foram, para não dizer coisa pior, muito difíceis. Estávamos tentando nos tornar um casal amoroso, e pensávamos que amar um ao outro aconteceria naturalmente. Como isso não aconteceu, começamos o processo de apontar falhas e culpar. Evidentemente, apontar falhas podia ser considerada uma atitude normal quando tínhamos 16 anos. Mas o problema pareceu ser mais grave quando continuamos a agir da mesma forma aos 36 anos.

Os primeiros anos do casamento podem ser comparados a uma bota militar. A dor e a pressão podem ser intensas. Um de nossos primeiros treinamentos foi enfrentar a realidade chocante de que, sem Cristo, é impossível ter um casamento conforme Deus planejou.

David tornou-se cristão aos 21 anos, e em seguida chegou a fase do treinamento na qual precisávamos ter a unção do Espírito Santo em nossa vida e ter a Palavra de Deus como fundamento da verdade para viver. Depois, tivemos de lidar com a pressão sutil e penetrante que o egoísmo exerce em nossa vida. O quebrantamento diante do Senhor e entre nós trouxe uma cura milagrosa para nosso casamento. Havia sofrimento por toda parte, mas a obra de "acabamento" já estava em ação.

Deus usa os sofrimentos e as mágoas conjugais para nos treinar a ser pessoas que amam verdadeiramente. O casamento é um campo de treinamento para refinar nosso caráter. Devemos permitir que as dificuldades aumentem nossa tolerância e força — essa é a vontade de Deus.

O casamento não proporciona felicidade todos os dias, mas, se permanecermos ensináveis, ele trará maturidade.

> *Deus, obrigado por usares meu casamento*
> *para me treinar a ser mais amoroso.*

? Que lições específicas as provações de seu casamento lhe ensinaram? Que mudanças positivas esses tempos de dor promoveram em seu caráter?

17 DE DEZEMBRO

treinamento

Estabelecendo objetivos como treinamento de vida

Toda disciplina [...] produz fruto pacífico aos que têm sido por ela exercitados... —HEBREUS 12:11

David e eu fomos muito admoestados no início de nosso casamento por falta de objetivos, visão e direção. Éramos, como a Palavra de Deus diz, "levados de um lado para o outro", questionando cada decisão imaginável. Tivemos conflitos sobre como deveríamos investir nosso tempo, esforço e dinheiro, sobre a participação em certas atividades e sobre as causas e projetos que deveríamos apoiar.

Sem objetivos estabelecidos, as escolhas se transformam em competições e trazem confusão e conflito ao casamento. Mas, com objetivos claramente definidos e documentados, as decisões tornam-se muito simples.

Adotamos um processo simples. Estabelecemos e escrevemos objetivos claros para oito áreas da vida — espiritual, pessoal, conjugal, familiar, ministerial, educacional, vocacional e financeira. Depois elaboramos planos para examinar cada objetivo dentro de um prazo determinado.

Dividimos nossos planos em objetivos trimestrais. Em seguida, durante nossas reuniões conjugais semanais, conversávamos a respeito do progresso alcançado nos objetivos que selecionamos. O progresso nos encorajou e nos deu estrutura para avaliar outras decisões e prioridades.

Hoje temos estrutura para decidir como vamos investir nosso tempo e energia. Se surgir uma "oportunidade" que nos ajude a cumprir um de nossos objetivos, temos a liberdade de dizer "sim". Ou então, deixamos a oportunidade para depois.

Recomendamos aos casais que comecem a estabelecer objetivos anuais. Em geral, uma série de objetivos para um ano funciona melhor. Objetivos de longo prazo, como comprar uma casa, devem ser considerados, mas divididos em partes que possam ser completadas em um ano. Muitos casais usam a semana entre o Natal e Ano Novo para estabelecer objetivos. Outros usam o início do ano letivo. O importante é começar a estabelecer alvos.

Pai celestial, guia-nos para que possamos estabelecer objetivos em nosso casamento.

> Em que áreas de seu casamento você e seu cônjuge mais necessitam começar a estabelecer objetivos?

18 DE DEZEMBRO — *confiança*

Confiança firme no outro

O coração do seu marido confia nela... —PROVÉRBIOS 31:11

Ande perto da luz para que você não dê um passo em direção ao que não pode ver. Essa é uma boa forma de ilustrar a confiança.

A confiança nunca se baseia em ter todas as respostas ou conhecer todos os fatos. Não é ter certeza absoluta. A confiança se baseia em algumas respostas e fatos, portanto, não é "fé cega". Mas, para ter confiança, não precisamos ver e saber tudo o que nos acontecerá. Por exemplo, confiamos em Deus sem nunca o ter visto. Confiamos em Seu Filho porque lemos sobre Ele. E confiamos em Seu Espírito, embora não possamos tocá-lo.

O mesmo ocorre com a confiança relacional. Eu (David) confio que minha esposa não me trairá, embora ela possa, em sua natureza humana, magoar-me. Confio à minha esposa meus pensamentos e sentimentos mais secretos, crendo que ela os manterá entre nós. Confio à minha esposa meus maiores medos e inadequações, certo de que ela me protegerá e nunca me explorará. Essa confiança alcança as profundezas da intimidade humana.

Teresa e eu aprendemos a confiar nos motivos um do outro, apesar de termos sofrido com os métodos que adotamos. Aprendemos a ratificar os motivos do outro, mesmo quando nos sentimos decepcionados com os métodos. É mais ou menos assim: "Sei que você não fez de propósito, mas me senti desrespeitado quando você ficou do lado das crianças e contra mim".

Essa vulnerabilidade manteve nosso nível de confiança e, ao mesmo tempo, deu-nos liberdade para lidar com a questão de nossos "métodos". Ajudou-nos também a confiar um no outro de modo saudável.

Esse é o elemento fundamental para manter a intimidade em crescimento.

Que alegria, Pai, ter um cônjuge em quem posso confiar.

? O que você vai fazer hoje para expressar confiança em seu cônjuge?

19 DE DEZEMBRO

confiança

Eu Sou o que Sou

Crede no Senhor, vosso Deus, e estareis seguros... —2 CRÔNICAS 20:20

O grande Eu Sou das Escrituras nos promete um alicerce firme. Quando Moisés estava diante da sarça ardente e perguntou a Deus quem ele deveria dizer que o enviou para libertar Israel, a resposta de Jeová foi: "Eu Sou o que Sou" (ÊXODO 3:14).

Esse nome fornece informações reveladoras sobre a questão da confiança. O primeiro Eu Sou está no futuro, traduzido livremente como: "Eu sou Aquele que continuará a ser". O segundo Eu Sou está no passado e pode ser traduzido livremente como: "Eu sempre fui". De fato, o Senhor estava dizendo: "Eu continuarei a ser quem sempre fui".

A natureza imutável de Deus — Sua invariabilidade — produz confiança dentro de nós. Ele esteve conosco de maneira poderosa no passado, e podemos confiar que estará conosco no futuro.

A confiança pode ser considerada um fundamento firme sobre o qual se constrói um relacionamento íntimo e pleno. Tijolo por tijolo, podemos construir o alicerce com estes aspectos da confiança:

- Confio que você deseja o melhor para mim.
- Confio que suas palavras são repletas de verdade e bondade.
- Confio que você se alegra comigo quando eu me alegro.
- Confio que você chora comigo quando eu choro.
- Confio que você se preocupa quando me magoa.
- Confio que você se desculpa quando erra.
- Confio que você toma a iniciativa de demonstrar amor.

E a lista prossegue — confiança construída sobre confiança.

Deus entregou a si mesmo para ter um relacionamento de confiança conosco. Você não acha que Ele fez isso porque queria que tivéssemos o mesmo tipo de relacionamento uns com os outros?

Pai, obrigado por Tua natureza imutável.

? O que você pode começar a fazer hoje para construir um alicerce de confiança em seu casamento?

20 DE DEZEMBRO — *confiança*

Confiando incondicionalmente

...nele o meu coração confia, nele fui socorrido... —SALMO 28:7

Eu (Teresa) havia chegado à conclusão de que gostaria de confiar em David apenas nas áreas nas quais ele provava ser digno de confiança. Mas a confiança é como o amor — não pode ser condicional. É errado confiar em David com base em meus sentimentos. Tenho de acreditar nele em tudo. Não creio que David tenha a intenção de me magoar, portanto, quando não confio nele, é porque já julguei seus motivos.

As ocasiões em que fui desafiada a confiar mais em David ou confiar nele depois de uma fase de sofrimento foram muito difíceis. Tudo em mim queria proteger meu coração e fugir da situação desconfortável. Minha única fonte de ajuda era a fidelidade de nosso Pai celestial. Deus me assegurou de que preciso confiar nele em primeiro lugar. Tenho que confiar que o Espírito Santo vai atrair a atenção de David, trabalhar no coração dele ou trabalhar no meu. Os resultados são incríveis. Quando coloquei minha confiança na capacidade e no tempo de Deus, recebi ajuda em todas as ocasiões. Será que tudo transcorreu do jeito que eu queria ou conforme eu esperava? Não, mas o Senhor foi fiel para suprir minhas necessidades.

Quando tomo atitudes práticas para confiar em David, tenho de me lembrar dos pontos positivos (não apenas dos dolorosos) de meu casamento. Tenho de dizer a mim mesma a verdade completa sobre meu marido e acreditar no melhor. David me ofendeu? Sim, mas ele também é fiel e digno de confiança. Quando me lembro das épocas boas e também das más, sou livre para acreditar no que meu marido tem de melhor.

A confiança nem sempre flui com facilidade, mas pode ser adquirida quando escolhemos acreditar em nosso cônjuge e pensar no melhor.

> *Pai, somente quando mantenho os olhos em ti e confio em ti é que consigo confiar sem reservas em meu cônjuge.*

? Depois de colocar sua confiança no Senhor, como você passará a acreditar no melhor sobre o seu cônjuge?

21 DE DEZEMBRO

confiança

Você é livre para confiar?

Bendito seja o Deus [...] de toda consolação! É ele quem nos conforta...
—2 CORÍNTIOS 1:3,4

As lembranças mais antigas de Troy remontavam ao tempo em que ele agia tolamente para atrair a atenção do pai embriagado. Ann se sentia negligenciada porque o pai e a mãe trabalhavam fora. Ela descreveu entre lágrimas que se sentia mais próxima da governanta da casa do que dos pais. Ambos, Troy e Ann, não aprenderam a confiar. Ao contrário, eles se esforçavam para fazer tudo da melhor forma possível a fim de ser aprovados e aceitos. Os dois foram bem-sucedidos nessa jornada, mas tornaram-se emocionalmente distantes.

Infelizmente, Troy e Ann não eram os únicos que buscavam aceitação e amor. Muitas pessoas se dispõem a "conquistar" amor e aprovação por meio de realizações. Para conseguir atenção de forma positiva, o filho se esforça para ser um estudante ou um atleta excelente ou, de forma negativa, ele demonstra péssimo comportamento. O cônjuge que se sente rejeitado ou negligenciado tenta ganhar aceitação por meio de inúmeras atividades e programas de aperfeiçoamento, ou por meio de reclamação, culpa ou encenação. Em cada caso, a mensagem é a mesma: "Preste atenção em mim! Sou importante!".

O constrangimento de Troy e o desprezo sofrido por Ann na infância lhes renderam legítimos anos de tristeza, solidão e sofrimento. Poderiam confiar em alguém para cuidar desse sofrimento? Foi emocionante vê-los contemplar a possibilidade de que o Deus de toda consolação estava triste, tocado e movido de compaixão pelo sofrimento deles. Ambos começaram a orar com gratidão pelo cuidado de Deus. A capacidade deles de confiar estava voltando aos poucos. A seguir, Deus os envolveu no ministério de consolar um ao outro.

À medida que Ann e Troy sofriam juntos e consolavam um ao outro, a confiança foi restabelecida, porque havia um Deus e um cônjuge para cuidar de cada um deles.

*Ó Deus, ajuda-nos a compartilhar nosso sofrimento
e consolar um ao outro em meio ao sofrimento.*

> **?** O que você vai fazer hoje para dar a seu cônjuge a certeza de que se importa com ele de forma verdadeira e incondicional?

22 DE DEZEMBRO

confiança

Confiamos em Deus

O mau mensageiro se precipita no mal, mas o embaixador fiel é medicina.
—PROVÉRBIOS 13:17

"Não confio em você em hipótese alguma!" Algumas pessoas se sentem assim em relação ao cônjuge. A confiança conjugal é algo muito delicado. Pode ser destruída aos poucos, por vários erros pequenos, ou imediatamente, por um erro gigantesco.

Sabendo que todos nós somos imperfeitos e ninguém é totalmente confiável, como fortalecer a confiança no casamento? Primeiramente, colocando nossa confiança totalmente em Deus. Precisamos ter em mente que Deus é digno de toda a nossa confiança. Depois, precisamos aprender a confiar em nosso cônjuge, sabendo de antemão que, por ser humano, ele em algum ponto nos decepcionará. É importante lembrar de que nós também decepcionamos nosso cônjuge, mas que podemos confiar um no outro para "emendar" o relacionamento nessas ocasiões. Quando nosso cônjuge erra, precisamos pedir a ajuda de Deus, porque nossa total segurança está no Senhor, não em nosso cônjuge.

Um objetivo excelente para qualquer casamento é ser um "embaixador fiel", conforme diz o versículo de hoje. O testemunho de nossa grande confiança fala alto sobre Aquele que está trabalhando para unir nossos corações. Nestes tempos de cinismo e ceticismo, o casamento baseado na fé é um poderoso embaixador de Cristo, porque chama a atenção para a saúde de nosso relacionamento e para Aquele que o torna saudável.

Portanto, confie em Deus em tudo, e confie seu cônjuge a Ele. Você descobrirá que a confiança é um elemento fundamental para a verdadeira intimidade conjugal.

Deus, ajuda-me a confiar plenamente em ti,
e ajuda-me a confiar meu cônjuge a ti.

> Em que áreas específicas de seu casamento você precisa confiar mais em Deus? Que providências vai tomar para fortalecer essa confiança?

23 DE DEZEMBRO

confiança

Bendita segurança

O amor [...] tudo sofre, tudo crê, tudo espera, tudo suporta.
—1 CORÍNTIOS 13:4,7

Nestes tempos de relacionamentos descartáveis, os casamentos que "suportam tudo" são uma raridade. Tragicamente, a norma é "suportar pouco", mesmo na maioria dos relacionamentos conjugais.

David e eu comentamos com frequência que, se não tivéssemos saído de nossa cidade natal, talvez não continuássemos casados. O motivo principal era o grande número de relacionamentos fragmentados que nos rodeavam. Não havia nenhuma evidência de "suportar tudo" naqueles casamentos que nos servisse de exemplo.

Recentemente, alguns amigos nossos compartilharam conosco os problemas de três casais que moravam perto deles em um conjunto de apartamentos. Um casal morava junto sem oficializar a união porque ambos tinham medo de assumir o compromisso do casamento. O outro casal, que viveu separado durante quatro meses depois de dois anos de casamento, voltou a morar junto. E o terceiro estava tentando casar pela segunda vez. Cada um dos casais parecia imaginar que o casamento é descartável. Aquilo criou falta de confiança em cada relacionamento.

A falta de confiança destrói qualquer casamento. Você precisa ser capaz de se apoiar no comprometimento de seu cônjuge. Sim, David e eu já magoamos muito um ao outro, e provavelmente continuaremos a fazer isso. Mas não desistimos diante do sofrimento. Temos o compromisso de manter nosso casamento. Nenhum de nós abandonará o outro.

David e eu estamos no casamento para o que der e vier, não importa quem faça o que a quem. Quando houver mágoas, faremos o possível para curá-las e seguiremos em frente. Essa confiança mantém nossa intimidade conjugal em expansão e em pleno desenvolvimento.

Deus, ajuda meu cônjuge e eu a crescermos em confiança um no outro e a manter nossa união nos dias bons e maus.

[?] O que você e seu cônjuge farão hoje para dar um ao outro a certeza de que estão empenhados em manter seu casamento?

24 DE DEZEMBRO — *confiança*

Construindo blocos de confiança

...meus queridos irmãos: cada um esteja pronto para ouvir, mas demore para falar e ficar com raiva. —TIAGO 1:19 NTLH

Teresa e eu dizemos aos casais que, para construir um relacionamento, é preciso ser vulnerável e discutir um número cada vez maior de assuntos. Infelizmente, muitos casais criam uma lista de assuntos sobre os quais não querem conversar, como emoções, dinheiro, parentes, sexo, carro, golfe e assim por diante. À medida que essa lista cresce, a distância entre o casal aumenta e o abalo no alicerce conjugal logo se torna evidente.

Para examinar essa questão da lista de assuntos "proibidos" e incentivar maior confiança no relacionamento, pedimos aos casais que façam perguntas um ao outro sobre intimidade. Por exemplo: "Que mudanças eu posso fazer para melhorar nossa intimidade?".

Desafiamos também os casais a conversarem sobre a confidencialidade no casamento, para que cada um tenha a certeza de que os pensamentos e sentimentos que revela ao outro sejam mantidos dentro do relacionamento conjugal.

Por fim, pedimos que pensem no tipo de apoio que darão um ao outro enquanto se esforçam para melhorar a intimidade entre eles. Perguntamos se cada um deles pode confiar que o outro será solidário e lhe dará todo o apoio ou se ambos "derrubarão" as ideias do outro e negarão seus sentimentos.

Esses ingredientes incentivam a vulnerabilidade, porque a confiança aumenta e abre um leque maior de assuntos para serem discutidos. Uma vez que tenham dado esses passos, os casais podem começar a conversar a respeito de tópicos sobre os quais desejam trocar ideias. Recomendamos que escrevam a seguinte frase: "Eu gostaria de poder falar mais sobre _____". Depois, eles trocam as listas e começam a incluir um dos assuntos em suas "reuniões conjugais semanais".

Quando os casais começam a adicionar assuntos para discussão, descobrem que a proximidade aumenta à medida que estabelecem o diálogo.

> *Pai, ajuda meu cônjuge e eu a aprofundar nosso relacionamento ampliando o leque de assuntos sobre os quais podemos conversar.*

? Que assuntos você precisa abrir para discussão dentro de seu casamento?

25 DE DEZEMBRO

entendimento

Conhecendo sem julgar

...para inclinares o teu coração ao entendimento. —PROVÉRBIOS 2:2

O entendimento é uma questão do coração, da mesma forma que o conhecimento é uma questão da cabeça. Entender é conhecer intimamente por experiência; é se familiarizar profundamente. O entendimento começa com Deus, que conhece tudo intimamente. Muitas pessoas veem o exterior, mas Deus vê o coração. O salmista afirma que o Senhor conhece meus passos antes que eu ande e conhece minhas palavras antes que eu as profira. Ele formou o meu interior e me teceu no ventre de minha mãe e conhece o número de dias que viverei. Ele conhece as intenções de meu coração e as lutas interiores de minha carne. E mesmo assim Ele me ama. Ele me conhece e não me julga. Mesmo conhecendo minhas falhas futuras e não me rejeita.

O maior testemunho de "entendimento" foi o Verbo que se tornou carne e habitou entre nós (JOÃO 1:14), ou seja, Deus vivendo conosco, como nós! Cristo poderia ter vindo à Terra, morrido na cruz para pagar pelos nossos pecados e retornado imediatamente à glória. Não precisava permanecer aqui por uma semana, um mês nem um ano. Mesmo assim, Ele teve uma vida aqui na Terra. Viveu de modo que também suportou dor, tristeza, mágoa e decepção. Ele quis viver como nós vivemos porque queria nos entender. Esse entendimento é mais milagroso ainda porque, apesar de nos conhecer, Ele não nos rejeita. Ao contrário, Ele nos acolhe. Ele não veio para julgar com base em Seu entendimento, mas para nos amar.

Temos o desafio de inclinar o coração e nossos esforços para ter o mesmo entendimento sobre nosso cônjuge. Precisamos conhecer nosso cônjuge profundamente e, ainda assim, oferecer amor e aceitação.

Pai, cria esse mesmo entendimento entre meu cônjuge e eu.

> Como você pode começar a entender seu cônjuge de maneira mais profunda?

26 DE DEZEMBRO

entendimento

Entendendo o eterno

...porque o Senhor te dará compreensão em todas as coisas. —2 TIMÓTEO 2:7

O versículo de hoje nos oferece uma oração empolgante sobre como adentrar ao conhecimento de Deus. Paulo ora pelo jovem Timóteo e pede que ele tenha entendimento "em todas as coisas". Essa é ou não é uma oração empolgante?

Somente Deus conhece tudo. Ele está intimamente familiarizado com todas as coisas do passado, do presente e do futuro. Ele se revela como eterno em nosso mundo temporário. E, para ter o Seu entendimento em tudo, precisamos ter um vislumbre de Sua perspectiva eterna.

Pense em um casal andando em um labirinto com cercas altas. O marido e a esposa só conseguem ver o caminho adiante deles. Tentam virar para um lado e encontram um beco sem saída. Agora imagine se o casal pudesse ver o labirinto pelos olhos de um pássaro. Veria desde o começo até o fim, veria os becos sem saída e os caminhos favoráveis. É essa a perspectiva eterna de Deus. Ele vê e entende tudo.

Quando compreendemos e aceitamos a perspectiva eterna de Deus temos mais facilidade de entender muita coisa sobre nossa vida. Para ter essa perspectiva e entendimento, precisamos ler Sua Palavra, ouvir o que Ele tem a nos dizer quando oramos e estar dispostos a seguir Suas orientações.

Deus também nos ajuda a entender o que é verdadeiramente eterno por meio de Sua perspectiva. Deus é eterno, portanto nosso relacionamento com Ele é muito importante. A Bíblia é eterna, portanto assumimos o compromisso de lê-la e memorizá-la. As pessoas são eternas, portanto investimos em nosso casamento, família e amizades. Porém, as coisas materiais não são eternas, assim devemos gastar menos tempo, energia e dinheiro para conquistá-las.

De que forma esse entendimento da perspectiva de Deus o ajuda a investir nas coisas eternas? De que modo o entendimento do eterno o ajuda a conduzir seu casamento?

> *Senhor, precisamos de Tua visão eterna da vida*
> *para darmos prioridade ao que é eterno.*

[?] O que você vai fazer hoje para mudar o foco das coisas temporárias a fim de comprometer-se com o que é eterno? Como expressará isso em seu casamento?

27 DE DEZEMBRO *entendimento*

Por que você não resolve isso?

Existe entre vocês alguém que seja sábio e inteligente?
Pois então que prove isso pelo seu bom comportamento e pelas suas ações,
praticadas com humildade e sabedoria. —TIAGO 3:13 NTLH

A frustração crescia dentro de mim (Teresa) todas as vezes que algo em nossa casa precisava ser consertado ou que eu queria começar um projeto de decoração e David não me ajudava. Eu queria que nós dois trabalhássemos juntos no projeto, mas ele sempre achava que devia contratar alguém. Eu não entendia.

Alguns dos conflitos mais dolorosos que David e eu tivemos foram causados porque ele não queria me ajudar a pendurar os quadros ou colocar o papel de parede. Para mim, era fácil concluir que, se David não queria me ajudar a pendurar um quadro, ele não se importava comigo. Embora eu veja agora que aquele modo de pensar era irracional, o sofrimento era muito real. Diante de minhas acusações, David dizia que eu levava as coisas para o lado pessoal e exagerava em tudo. Tivemos muitas discussões antes de resolver e encerrar esse assunto.

Certa noite, David me contou que não tinha habilidade para fazer "consertos em casa". Comecei a entender que ele não estava tentando fugir do trabalho e passei a compreender melhor meu marido. Depois dessa conversa, comecei também a perceber que o comparava com meu pai, um homem que sabia consertar tudo. Estava julgando David, o que não era justo.

David e eu tivemos muitas outras conversas sobre minhas expectativas e sua falta de habilidade. Fui capaz de consolar meu marido, e David foi capaz de entender melhor que eu necessitava de seu cuidado em muitas áreas. Aquelas nossas conversas criaram uma aproximação maior entre nós em vários níveis.

Senhor, ajuda-me a não comparar, mas amar
e entender meu cônjuge.

> **?** Que atitudes você e seu cônjuge podem tomar para entender melhor as necessidades e a falta de habilidade, um do outro, em certas áreas?

28 DE DEZEMBRO — *entendimento*

Ah, entendi o que você quer dizer!

O entendimento, para aqueles que o possuem, é fonte de vida...
—PROVÉRBIOS 16:22

Depois de muitas tentativas fracassadas, finalmente Orville e Wilbur Wright conseguiram levantar voo em dezembro de 1903. Entusiasmados, telegrafaram a Katherine, irmã deles: "Percorremos uma distância de 36 metros. Passaremos o Natal em casa". Ela levou o telegrama ao editor do jornal da cidade. O editor leu o telegrama e disse: "Ótimo. Os rapazes passarão o Natal em casa".

O editor não entendeu o ponto principal.

Você já deixou de "entender o ponto principal" em seu casamento enquanto ouvia seu cônjuge falar? Quando ouviu: "Tive um dia difícil demais, principalmente quando fui ao shopping", você replicou: "Ah, você foi ao shopping? Comprou a camisa que lhe pedi?".

Intimidade conjugal significa ouvir seu cônjuge da melhor maneira possível. Significa ouvir seus mais profundos sentimentos, preocupações, esperanças e medos.

Teresa poderia dizer que sou "lerdo" para entender o ponto principal. E o Senhor me trouxe à mente esta dolorosa constatação para eliminar meu hábito de não entender o ponto principal do que Teresa estava me dizendo: A raiz do problema é que sou muito autocentrado. Vivo tão concentrado em minha agenda, ideias, planos e necessidades que me torno insensível para com os outros.

Deus mostrou-me que o Cristo dos evangelhos é um exemplo de quem nunca deixou de "entender o ponto principal" quando conversava com as pessoas a Seu redor. Ele ouvia o povo com altruísmo, sensibilidade, atenção e cuidado. Esse é o amor que nosso Senhor sentia por aqueles que recorriam a Ele.

E é esse amor que devo sentir pelas pessoas que me rodeiam, principalmente minha esposa.

> *Deus, ajuda-me a entender meu cônjuge*
> *da melhor maneira possível.*

[?] Como você pode começar a ser um melhor ouvinte, tendo a certeza de que "entendeu o ponto principal" quando seu cônjuge conversa com você?

29 DE DEZEMBRO

entendimento

Coloque-se em meu lugar por alguns momentos

...cada um de nós agrade ao próximo no que é bom para edificação.
—ROMANOS 15:2

John era feliz no casamento. Tinha uma esposa amorosa e filhos. Fazia anos que se tornara cristão, e a vida era boa. Certa manhã, contudo, um rapaz telefonou para seu escritório, dizendo que era filho de John e tinha 21 anos. O rapaz explicou que foi adotado quando era bebê e que passou os dois últimos anos procurando seus pais biológicos. Perguntou se John aceitaria se encontrar com ele.

John ficou estarrecido. Nunca soube que sua namorada dos tempos de escola estava grávida quando eles se separaram. Agora, sua maior preocupação era saber se aquela notícia destruiria ou não seu casamento. Prometeu ao rapaz que ligaria mais tarde dizendo se iria ao encontro dele ou não e desligou. Depois de muita oração e de receber o conselho de um amigo de confiança, John contou a história toda à esposa.

Sem hesitar, a esposa de John abraçou-o e disse que entendia todo o sofrimento pelo qual ele estava passando. Disse que o amava e que o apoiaria. A reação compreensiva da esposa aumentou o amor e o respeito de John por ela.

O versículo de hoje nos apresenta o princípio de "agradar ao próximo", uma parte fundamental do ministério de Cristo. A atitude de agradar ao próximo em primeiro lugar é uma evidência crucial do amor *agape* de Deus.

A esposa de John demonstrou esse amor de forma única quando apoiou o marido apesar da notícia difícil que teve de ouvir.

É esse amor que devemos estender ao nosso cônjuge — um amor que entende e aceita, um amor que nos coloca no lugar dele por alguns momentos.

> *Obrigado, Pai, porque o casamento é um lugar no qual o sofrimento pode ser compartilhado e entendido.*

? Em que áreas específicas você necessita mais da compreensão de seu cônjuge?

30 DE DEZEMBRO

entendimento

Alguém me entende?

Vocês [...] ainda não entenderam? —MATEUS 15:16 NTLH

Perguntamos sempre às pessoas casadas quem as "conhecia" realmente nos tempos de infância. A resposta comum, triste e trágica é que ninguém as conhecia bem. A vida prosseguia e os assuntos superficiais recebiam atenção, mas ninguém entrava no mundo delas para conhecê-las de verdade. É em torno disso que o entendimento gira. Cada um de nós necessita de pessoas que se importem conosco e nos entendam.

O poder que o entendimento divino transmite ao casamento nos faz "conhecer" tanto um ao outro que Deus restaura a perda que sofremos.

No versículo de hoje parece haver tristeza no coração do Salvador quando Ele pergunta: "Vocês [...] ainda não entenderam?". Um dos maiores anseios do coração do Mestre é que aqueles a quem Ele está se dirigindo possam entender. Eu (David) tenho certeza de que Teresa pensa nessas mesmas palavras e, às vezes, chega a dizê-las: "David, você ainda não *me* entende?".

Em nossa caminhada para nos entender melhor, Teresa e eu nos centramos em várias questões práticas. Esforçamo-nos para entender melhor o que cada um de nós considera importante e perguntamos quais são as opiniões, as ideias e os sonhos um do outro. Preocupamo-nos com todos os tipos de sentimentos — alegria e esperança, tristeza e ansiedade. Aceitamos esses sentimentos e não os julgamos. Somos solidários com os sentimentos um do outro e não os analisamos. Investigamos os reflexos da infância.

Essa comunicação traz informações reveladoras para nossa "jornada". Ela nos ajuda a entender algumas de nossas necessidades e, possivelmente, algumas de nossas mágoas. Enfim, ajuda-nos também a aceitar nossas fraquezas — dar certa trégua um ao outro quando se trata de imperfeições.

Esse é o verdadeiro entendimento que deve existir dentro do matrimônio.

Pai, conduz-nos para entendermos cada vez mais um ao outro.

> Que atitudes você e seu cônjuge podem tomar para comunicar melhor seus sentimentos um ao outro?

31 DE DEZEMBRO

entendimento

Comunhão, amizade e paixão

...tornando-se os dois uma só carne. —GÊNESIS 2:24

Em nossos treinamentos, cursos, livros e outras publicações, referimo-nos ao plano de Deus para a intimidade no casamento como a liberdade de compartilhar todo o seu ser com seu cônjuge — corpo, alma e espírito. Oramos para que o casamento de vocês seja motivado pelo mistério do plano de Deus de dois se tornarem um. Ele tinha um plano para o casamento desde os primeiros capítulos das Escrituras, e grande parte desse plano pode ser visto no mistério da unidade conjugal.

Esperamos que vocês caminhem como:
- Dois santos sempre em comunhão um com o outro.
- Duas pessoas que receberam a plenitude e a graça de ser amadas por seu Criador (JOÃO 1:16).
- Dois simples seres humanos experimentando juntos a alegria indizível de serem filhos de Deus e coparticipantes da natureza divina (2 PEDRO 1:4).
- Dois amigos de Cristo que conhecem profundamente um ao outro e conhecem Aquele que os chamou para a vida eterna (JOÃO 15:15).
- Dois peregrinos andando neste mundo, sem pertencer a ele (1 PEDRO 2:11; JOÃO 17:16), trabalhando juntos como embaixadores de Cristo, sendo transformados juntos em Sua imagem (2 CORÍNTIOS 3:18; 5:20), almejando juntos a Sua volta (1 JOÃO 3:2).

Oramos para que vocês se tornem amigos íntimos — dois corações desejosos de querer bem um ao outro, experimentando juntos as alegrias e as lutas da vida. Desejamos que vocês apreciem a peculiaridade de duas pessoas que se amam, compartilhando a paixão, o prazer físico, a expectativa e o estímulo que produzem o desejo de se tornar "uma só carne".

Oramos para que sejam capazes de vivenciar a unidade em cada aspecto de seu casamento, glorificando Àquele que o criou. E, finalmente, nossa oração mais sincera é que vocês sejam capazes de testemunhar que *nunca estão sozinhos!*

Pai, abençoa nossa caminhada juntos.
Obrigado, pois devido à Tua provisão não estamos sozinhos.

> Como você avalia a intimidade nas três dimensões de seu casamento — corpo, alma e espírito? Como pode desenvolver mais "unidade" em cada uma dessas dimensões?

Notas

Notas